青海

本书作者
何苗苗　尼佬　盛洋
沈明笃　丁桢桢　杨欣松

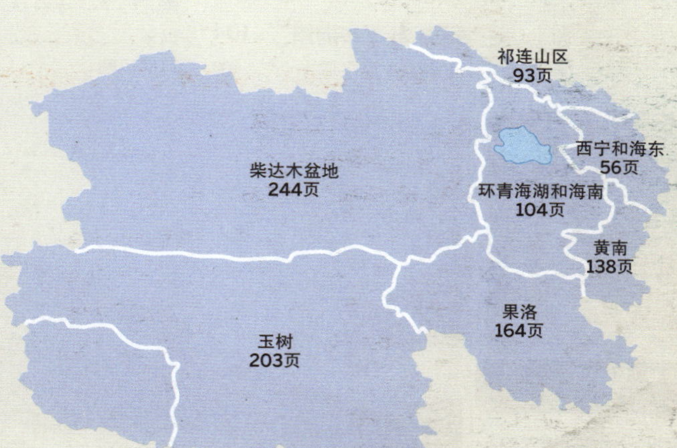

中国地图出版社

计划你的行程

欢迎来青海 4
青海地图 6
青海Top15 8
行前参考 18
新线报 20
如果你喜欢 21
当地人推荐 24
省钱妙计 26
每月热门 27
旅行线路 30
负责任的旅行 40
行摄青海 41
自驾游 46
青海湖骑行 50

在路上

西宁和海东 56
西宁市 60
塔尔寺 75
丹噶尔古城 77
老爷山 77
海东 78
互助和平安 79
北山国家森林公园 82
乐都 84
化隆 86
循化 88

祁连山区 93
门源 96
祁连 100

环青海湖和海南 ... 104
西海镇（原子城）..... 107
二郎剑景区（151基地）... 114
茶卡盐湖 118
龙羊峡 120
贵德 121
鸟岛 126
环湖西路 128
刚察县及周边 130

黄南 138
同仁 141
同仁周边 148
尖扎 154
坎布拉国家森林公园 ... 157
泽库 160
河南 161

果洛 164
玛多 169
阿尼玛卿 173

王培亮 摄

热贡唐卡（见139页）

王鹤 摄

青藏铁路线（见34页）

GETTY IMAGES 提供

目录

大武（玛沁）..........178
达日..........182
甘德..........184
年保玉则..........186
久治..........192
班玛..........193

玉树..........203
玉树市（结古镇）..........208
玉树周边..........214
勒巴沟小环线..........214
玉树到称多（经214国道）..........216
玉树到称多（经隆宝滩）..........216
称多..........225
杂多..........227
囊谦..........228
囊谦周边..........231
香达镇到达那寺..........231
香达镇到尕尔寺..........234
玉树到囊谦..........235
尕朵觉悟..........236
玉树到不冻泉..........238
治多..........238
治多县城到长江七渡口..........239
曲麻莱..........240
曲麻莱县城到黄河源头和星宿海..........242
曲麻莱到不冻泉..........243

柴达木盆地..........244
德令哈..........248
天峻..........255
乌兰及周边..........256
格尔木..........258
都兰及周边..........265
大柴旦及周边..........269
花土沟..........272

了解青海

今日青海..........276
历史..........278
青海人..........288
宗教..........291
建筑和艺术..........298
唐卡..........308
饮食..........310
环境..........313

生存指南

出行指南..........320
交通指南..........327
健康指南..........331
索引..........336
地图图例..........341

勒巴沟的马队（见215页）

特别呈现

青海湖骑行..........50
西宁小吃大搜罗..........69
阿尼玛卿徒步转山..........176
户外..........197
自然保护区..........217
唐卡..........308

欢迎来青海

有一首“青海的草原，一眼看不完”的歌曲，在台湾和香港，人人能唱，可见青海天地宽广，早已在所有华人心中留下了印记；而在海子的诗句中，德令哈亦是永恒的荒野记忆。对中国人来说，青海，就是辽阔无际，就是万马奔腾，就是天涯传奇。

雪域与荒原

如果要在中国拍一部亡命天涯的传奇西部片，最合理的发生地只应该在青海。它几乎没有一丝温情脉脉，很多地方一年中有小半年被茫茫大雪覆盖，其余时间干燥荒芜，算得上是亚洲腹地最广阔的戈壁。它冷酷地阻拦着人类的足迹，只有那些聪明和执着的旅人，能在转瞬即逝的春夏之交，在荒凉的戈壁和四千米海拔以上的湖泊旁，马踏花丛，遇见世间仅有的璀璨。

千山与万水

山有多高，水就有多长。巍巍昆仑从帕米尔高原向东延伸几千里，直插入青海的心脏，巴颜喀拉山、阿尼玛卿山和可可西里山都是余脉；祁连山和阿尔金山于北，唐古拉山于南，形成天然的屏障。大江大河蜿蜒山下，黄河、长江和湄公河这三条亚洲长度领先的河流，都起源于青海不朽的冰川融溪。

正由于此，青海成了众多神话与传奇的滥觞，无论是西王母的蟠桃，还是格萨尔王的骑兵，甚至是漂长江、反偷猎的勇士，都成为充足的理由，让你在千山万水间寻寻觅觅。

牧民与神殿

超过70万平方公里的广袤土地上，人口却不过区区数百万。在青海的绝大部分地区，人们依然生活在一望无垠的草原上。安多藏人和蒙古人的生活，依然有着马背上的飘荡感，而逐水草而居仍是壮观和动人的万年传统。

这种自由的迁徙，自佛教北传后已经有所转变。在青海牧区，几乎每个人都有自己供奉信仰的庙堂。你可能一天都碰不到一个城镇，但很可能偶遇恢宏的寺院。在几处海拔略低的农耕谷地，世界最好的唐卡、瑰丽的佛教艺术与堂皇的清真寺和睦共处。

天路与通衢

青海也许是中国最能给你带来“行路快感”的区域之一。在荒无人烟的高原，飞驰在条件良好的公路上，与一个又一个雪山、羊群和经幡相遇，旅途的出世感非常强烈。青藏铁路和兰新高铁穿越雪山和湖泊时，万鸟惊起或是风吹麦浪的景象，将会成为你青海之行永难磨灭的记忆。

我为什么喜欢青海

本书作者 尼佬

当我乘坐高速动车穿越雪顶下的祁连山，进入那浩瀚无边的花海时，忍不住提醒自己，这不过是高原夏日的昙花一现，草原的寒风和垭口的雪暴，才是青海的四季常客。也因此，抵达这最具野性的西部便成了一个骄傲的挑战。从风吹麦浪的河湟谷地，跨过昆仑山抵达那些巨流江河的冰川发源地，再到万里无人的可可西里戈壁滩，车马孤独奔腾在没有尽头的路上，像是载着我们行走在连接人间与荒野的桥上，天地浩荡，再没有比这更像“在路上”的所在了。

关于作者的更多信息见342页。

上图：玉树的经幡阵

青 海

南八仙雅丹
地形千奇百怪，风声诡秘慑人（270页）
祁连
草原、峡谷、雪山、冰川在此集结（100页）
察尔汗盐湖
盐湖的色彩随光线不断变化（264页）
烟瘴挂大峡谷
云雾缭绕、群峰耸峙，犹如世外仙境（240页）
肃北
当金山口
苏干湖
阿尔金山
柴达木盆地
大柴旦
南八仙雅丹
察尔汗盐湖
格尔木
昆仑山口
风火山口
烟瘴挂大峡谷
各拉丹冬峰
唐古拉山 6205
唐古拉山口
布喀达坂峰 6860
雅拉达泽峰 5214
曲麻莱
治多
杂多
安多
索县
丁青
新疆维吾尔自治区
西藏自治区
青藏高原
海拔高度
7000m
6000m
5000m
4000m
3000m
2000m
1500m
1000m
500m
200m
图 例
高铁
铁路
高速
国道
省道

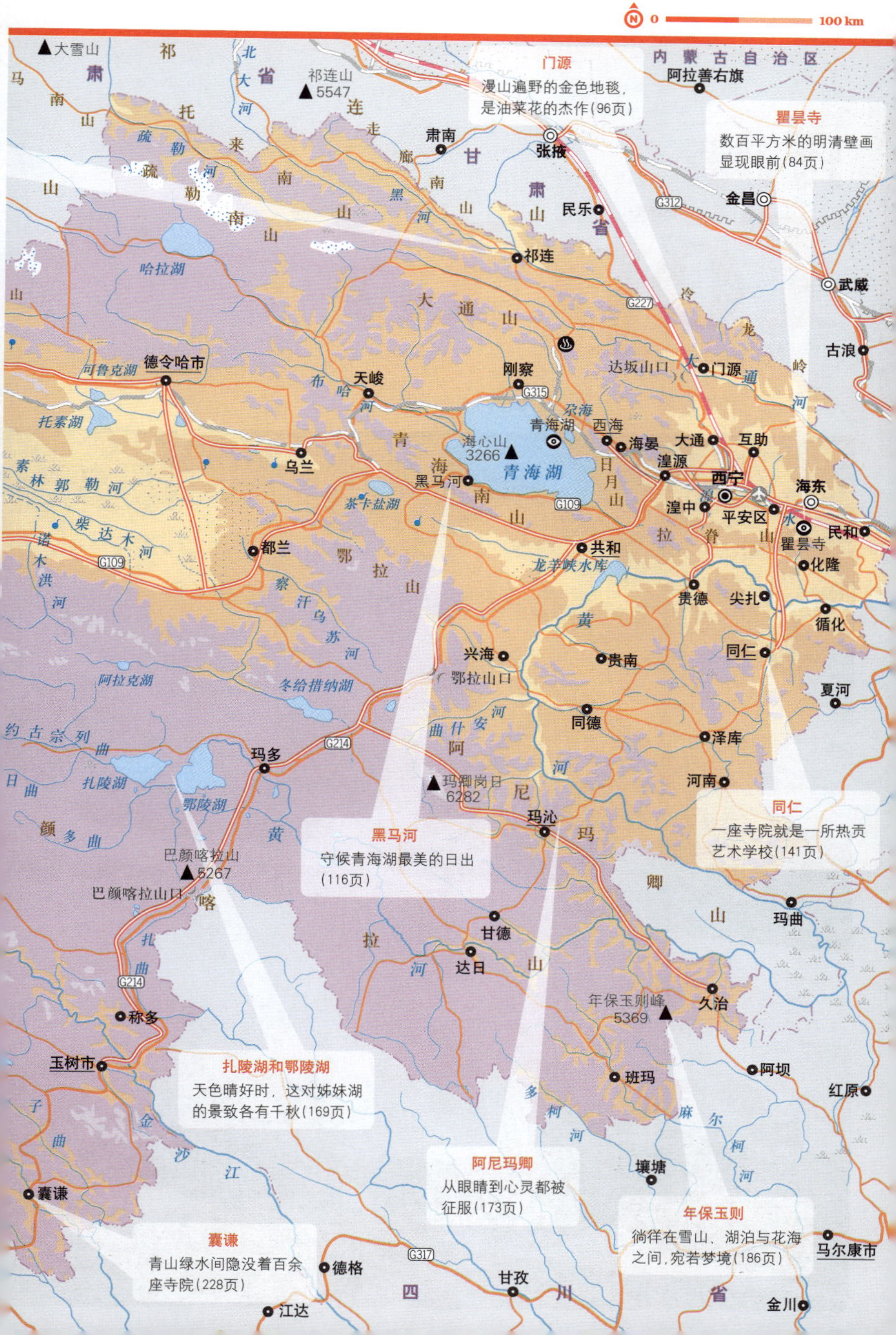
0 100 km
门源
漫山遍野的金色地毯，是油菜花的杰作(96页)
瞿昙寺
数百平方米的明清壁画显现眼前(84页)
黑马河
守候青海湖最美的日出(116页)
同仁
一座寺院就是一所热贡艺术学校(141页)
扎陵湖和鄂陵湖
天色晴好时，这对姊妹湖的景致各有千秋(169页)
阿尼玛卿
从眼睛到心灵都被征服(173页)
年保玉则
徜徉在雪山、湖泊与花海之间，宛若梦境(186页)
囊谦
青山绿水间隐没着百余座寺院(228页)
大雪山
祁连山 5547
内蒙古自治区
阿拉善右旗
甘肃省
肃南
张掖
民乐
金昌
武威
古浪
祁连
大通山
刚察
达坂山口
门源
青海湖
海心山 3266
西海
海晏
大通
互助
湟源
西宁
海东
湟中
平安区
瞿昙寺
民和
化隆
黑马河
青海南山
日月山
拉脊山
共和
龙羊峡水库
贵德
尖扎
循化
同仁
夏河
兴海
贵南
鄂拉山口
同德
泽库
河南
德令哈市
可鲁克湖
托素湖
天峻
布哈河
乌兰
茶卡盐湖
都兰
柴达木河
素林郭勒河
诺木洪河
哈拉湖
疏勒南山
托来南山
走廊南山
黑河
阿拉克湖
冬给措纳湖
察汗乌苏河
鄂拉山
约古宗列曲
扎陵湖
鄂陵湖
玛多
玛卿岗日 6282
阿尼玛卿山
玛沁
巴颜喀拉山 5267
巴颜喀拉山口
颜多曲
甘德
达日
久治
年保玉则峰 5369
班玛
阿坝
红原
玛曲
称多
玉树市
子曲
金沙江
囊谦
多柯河
麻尔柯河
壤塘
马尔康市
德格
甘孜
江达
四川省
金川
G312
G227
G315
G109
G214
G317

青海 Top 15

1

与阿尼玛卿冰川亲密接触

1 阿尼玛卿的山间发育了40多条冰川（占黄河源区冰川总量的90%），有不少可以近观，甚至可以走在其间，如同亲临神话与卡通世界里的冰雪王国。与花久高速咫尺之遥的知亥代垭口（见174页），是亲近冰川最容易的位置，请接近再接近那座神殿般的巨型经幡塔，穿过乱石岗，如奶油蛋糕堆积出的“千顶帐篷”冰川赫然出现在你面前，在岩石的映衬下，像是巨大的白色海浪突然凝固在空中。在有向导确保安全的情况下，可以爬上高高的冰川面，在宏大的自然奇观中感受自己的渺小。不要忘记在冰川的西部，还有天然形成的冰室，藏民在冰室中央供奉了经幡，你也可以站在冰室中，想想宇宙洪荒的严肃问题。

雅丹地貌探险

2 或许你并不知晓，柴达木盆地的西北部有着迄今国内发现的面积最大的雅丹地貌群。大漠狂风将一望无际的戈壁沙漠和错落林立的岩沙丘雕琢成千奇百怪的形态。由于地形奇特，风声也诡秘慑人，再加上地磁强大，常使指南针失灵，雅丹地貌也被称为“魔鬼城”。大柴旦的南八仙（见270页）一带是最精华的部分，除了最密集的雅丹林群，还有难得一见的水中雅丹——鸭湖（见270页），林立的风化土丘与分布其间的湖泊在这里邂逅，仿佛一个陌生的星球，眼及之处全是惊喜。不妨选择一辆性能佳的四驱越野自驾穿越，并露营一晚，当躺在这里遥望寂静星空时，也许旅途的艰辛都会随着嘶吼的风声烟消云散。

杜春华 摄

2

GETTY IMAGES 提供

GETTY IMAGES 提供

环游青海湖

3 诗意、远方、在路上，青海湖（见104页）满足了人们对于旅行最文艺的想象。翻过日月山，跨过倒淌河，辽阔深蓝的湖水渐渐显现在蓝天与草原之间。夏季是青海湖最美的季节，金色的油菜花海是最好的陪伴。但是冰封千里的湖面、覆盖着白雪的远山、春日里成群归来的候鸟、水中奋勇洄游的裸鲤，也不失为青海湖馈赠旅人的独特礼物。环湖是人们对青海湖最好的致敬方式，你可以悠闲地坐在车中环游两天，也可以骑行上路，或者和藏民们一起徒步朝圣。夜晚星空如洗，住进湖畔的帐篷，枕着风声入眠，做一个蓝色的梦。

纵身年保玉则花野

4 年保玉则（见186页）拥有十多个高山湖泊，每年6月下旬到8月，不同海拔的草甸上，鲜花次第开放成海。神山圣湖和花海的搭配听起来有点甜腻，但身临其境时仍能感受高海拔特有的洁净和清冷。如果你没打算进行四至五日的徒步，那最好也咬咬牙，走到仙女湖和妖女湖之间，那里是一般游客可抵达的花、湖、山三色映衬得最壮观的地点。如果想在更壮观、更没人干扰的花海里拍照，可以从黑河桥骑马到日干措（见188页），盛夏时，这一片牧场漫山遍野的花，让你只恨无法随时下马拍照。

4

热贡唐卡

5 如果想与唐卡来一次亲密接触，热贡地区是最好的选择。藏于村落之中的小寺，几乎每座经堂、每个佛殿都展示着上乘的唐卡作品，足以令爱好者醉心而忘返。要是有心一睹唐卡的制作工艺，村庄里的家庭作坊定能让你大饱眼福。从研磨矿物颜料、给画布刷浆打磨等基础工作，到勾画线稿、描金上色之类考验功力的过程，你都有机会见到。在不打扰画师工作的情况下，你还可以向他们请教辨识唐卡品质的方法。假如你已决意加入传习唐卡的队伍，这里甚至有数间颇具规模、免费教学的画院，有缘或许就能拜得名师。

狂欢六月会

6 这无疑是青海最值得探秘的民间盛会（见145页），没有之一。在每年农历六月的黄南同仁，二十多个村庄似娱非娱的舞蹈与诡异的祭仪此起彼伏，狂欢的节日气氛中，弥漫着一股原始信仰的遗风。今天在其他藏区，你已很难看到如此独特的文化现象。无论是身着奇异华服而面容肃穆的少女，还是锣鼓声中再现武士雄风的青年男子，或是刀砍于额却不动声色的法师，所有人都如获神谕一般，全情投入这场一年一度的神秘派对。或许只有在此刻亲身走进这片沸腾的土地，你才能真正感受到神之降临。

5

走进油菜花海

7 你没有理由不到门源一睹这富有“西北气场”的油菜花田。百里油菜花海（见96页）无须任何修饰，就这样简洁豪放地铺在盆地之中，在雪山和蓝天的映衬下更显气势磅礴。平日那些形容鲜花的华丽辞藻都与油菜花无关，可当油菜花簇拥在一起，成就了遍地金黄、一望无际的花海时，那种蔚为壮观顿时有了夺目的风采。青海湖边、祁连山区和海东北部都有盛景可观，但花期、景致和风韵却各不相同，踩准时间十分重要。早了，含苞的油菜花是墨绿巨毯中星星点点的嫩黄；晚了，就只有枯黄的背景与萎靡的菜秆子形影相吊。

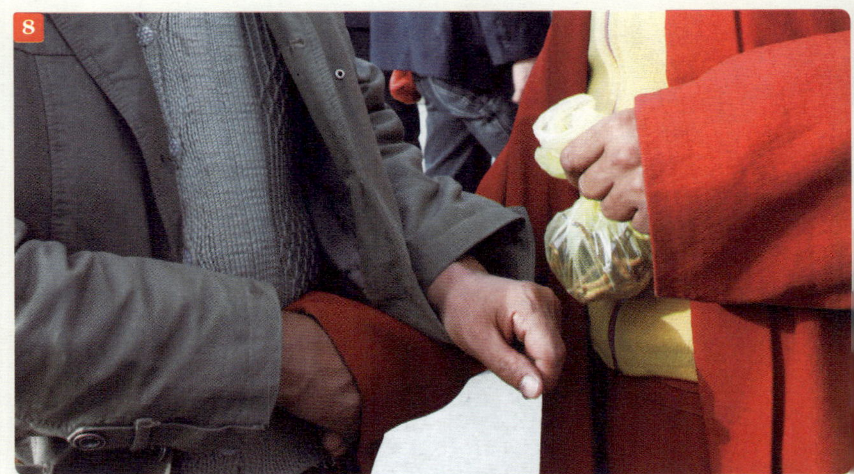

逛虫草市场

8 作为国内顶级虫草的两大产区（另一为那曲）之一，每到五六月份，玉树人的生活就开始围绕着虫草打转。此时你将见识到玉树最富江湖气息的一面：街头随处可见寻找交易机会的商人，康巴汉子们在袖管里用手势讨论着价格，你旁边那个人衣着普通，却可能腰缠万贯。人们讨论着价格、行情和一夜暴富的传闻，而话题的中心——大城市里包装精美、价格昂贵的“软黄金”，却以泥巴裹身的面貌出现在你面前。不管买不买，在玉树和杂多的主要虫草市场（见213页）里，你都能学到不少门道。

巡游黄河源

9 玛多县几乎每一个湖泊海拔都超过了4000米，这使得它们拥有低地湖泊无法比拟的蓝色、重重雪山倒影，以及奔跑的野马和野驴。扎陵湖和鄂陵湖（见169页）的壮阔让人叹为观止，冬给措纳湖（见170页）在金秋时节的红蓝映衬，会让你觉得天上人间已相连。虽然，向西深入到星宿海（见242页）去寻找黄河源头是难以实现的探险梦，但你还是可以跨过星星海和野马滩，去214国道东侧的草原深处，在一连串如珍珠似的湖泊群上，寻找阿尼玛卿的倒影和最灵动的高原野生动物。

穿冰探访海心山

10 每年1月至3月，青海湖都处于封冻之中。寂静的天地之间，热爱探险的人们踏上了冰面，步向冰湖深处，去探访神秘的海心山（见127页）。这是一年之中唯一可以步行前往海心山的机会，天寒地冻的环境和坎坷不平的冰面，让这长途跋涉显得格外刺激。穿冰的形式各种各样，徒步、三轮车、越野车应有尽有，路线也越来越多，但也曾出现过湖面冰裂、车辆落水的事故。每年冬季都有政府和民间户外团队组织穿冰活动，但为了安全请勿单独行动。

寻访囊谦的寺庙

11 幽深宁静的峡谷、高踞山巅的古寺，这样的组合在囊谦周边广为分布。宗达寺（见232页）、达那寺（见233页）、尕尔寺（见234页）无不如此。清幽的自然环境，时间缓慢流逝而留下的痕迹，加上不方便的交通，使它们富有遗世独立的迷人氛围。还有以天籁般诵经声闻名的改加寺（见232页）、囊谦王的家寺才角寺（见234页）、莲花生降妖除魔的觉拉寺（见235页），都不会让远道而来的你失望。上百座寺庙，每一座都沉淀着故事。花些时间深度游览，你将收获良多。图为囊谦公雅寺。

吃在西宁

12 西宁可称作面食爱好者的天堂，即便你来自不常吃面的南方，也会为这里层出不穷的面食小吃倾倒，甚至无法自拔。牛肉面、羊肠面、炮仗面、尕面片、干拌面、干拉面、酿皮等十数种面条吃法，光听名字就足以让你食指大动（见69页方框）。此外，青海的牛羊肉同样不可辜负，尤其是回民聚集的西宁和海东地区，烹制手法多样，味道更胜一筹。抓肉和炕羊排既是家常也是特色。深度爱好者不妨尝尝这里的牛羊杂碎和内脏烧烤，无论羊腰、羊肚还是羊肝、羊蹄，都别有风味。大通的生烤羊排也非常出名。

穿越自然保护区

13 到可可西里和三江源两大自然保护区探险，并没有想象的那么难，虽然穿越核心保护区对普通旅行者来说依然可望而不可即，但沿着已建好的公路，开上一辆普通轿车即可实现外围穿越。辽阔的草原、视线尽头的雪山、自由奔跑着的野生动物，壮美的自然景观等着你来。最简单的一日自驾线路是从曲麻莱到不冻泉（见243页），可以近距离欣赏三江源的原始风貌；其次是青藏线的自驾（见46页），可以用1~2天时间穿越可可西里。如果你有性能可靠的越野车和丰富的自驾经验，还可以到黄河源头（见170页）转一圈。

GETTY IMAGES 提供

登临八一冰川

14 隐于祁连山南麓，海拔约4600米的八一冰川（见100页）有着强大的震慑力。它并非从山顶一泻而下，而是立体端正地坐镇山巅。不妨穿过雪原走到面前与之近距离接触，看看在长约2千米、高约10米的冰川表面上的粗粝纹络，领略岁月沧桑。距离祁连县城170多公里的八一冰川是黑河的源头，随着2012年到八一冰川的公路竣工，这座庞然大物逐渐被旅行者认知。我们调研时，这里依然保存着原始的样子，但看到山下的扩路工程如火如荼，预计不久就会被开发成景区了。

鸟岛观鸟

15 青海湖有两个观鸟季。春来4月，成群回迁的候鸟敲开冰冻的青海湖，择地筑巢。5月至6月，鸟岛（见126页）和仙女湾（见130页）成了鸟的天堂，鸟蛋遍地，幼鸟成群，可以近距离观赏斑头雁、棕头鸥、鸬鹚等。深蓝色的青海湖和澄澈的天空成了背景，群鸟翱翔时遮天蔽日，场面壮观。而11月至次年1月，来自俄罗斯的大天鹅在鸟岛和仙女湾短暂停留后，迁往终年不冻的泉湾湿地，度过漫长冬天。它们静静地游弋在湖面上，沐浴在金色的阳光中，青海湖便成了"天鹅湖"。

行前参考

更多信息，请参考“生存指南”章节（见319页）

简称
青

少数民族
藏族、回族、土族、撒拉族、蒙古族等

现金
刷卡消费在青海并不普及，建议你在大城镇取足现金。偏远乡镇以邮政储蓄银行和农业银行为主，时而出现ATM未联网、因停电或钱量不够而取不出钱的情况。

语言
在较大城镇和旅游区都可使用普通话。西宁和海东地区主要使用青海方言，果洛、黄南、海南、海北藏族自治州主要使用安多藏语，玉树地区主要使用康巴藏语，海西州则主要使用德都蒙古语。

通讯
电信、联通、移动三大通讯公司的基站覆盖全省，凡乡、村都有信号，少数大城镇有4G信号。偏远地区电信和移动的信号占优，但在路上或山中经常没有信号。

上网
除少数偏远山区外，绝大部分城镇的住处都能提供Wi-Fi无线上网。

何时去

旺季
7月至8月

- 金黄色的油菜花铺满门源盆地和青海湖畔。
- 六月会、赛马节、花儿会、那达慕等庆典陆续登台。
- 前往玉树、果洛等高海拔藏区的最佳时机，山花遍野但天气多变。
- 与暑热难耐的内地相比，这里仍有着日均十余度的凉爽气候，但大量旅行者的涌入致使处处拥挤，各项费用飙升。

平季
5月至6月，9月至10月

- 5月、6月，大部分地区从寒冬中苏醒，春寒料峭但仍然供暖；玉树迎来了最繁忙的虫草季。
- 9月、10月，秋高气爽，北山林场、黑河峡谷、玛柯河谷等地上演色彩盛宴；青海湖入冬，玉树和果洛开始飘雪。

淡季
11月至次年4月

- 青海湖冰雪覆盖，数千只天鹅是这里的主角。
- 藏区的节庆、法会和宗教活动是人文爱好者的福音。
- 西宁周边和祁连地区的滑雪场是冬日的好去处。
- 住宿价格触底，部分高寒地区会出现断水断电的情况，不少景区和住宿点歇业。

网络资源

大美青海（www.qhly.gov.cn）青海省旅游局门户网站。

青海湖网（www.amdotibet.com）了解青海湖旅游和藏民族文化的窗口。

青藏高原生态保护网（www.qtpep.com）聚焦以青海、西藏为主的西部地区生态保护。

青海行（www.qhxing.com）容易找到结伴同行者或俱乐部活动的论坛。

美团网（hotel.meituan.com）青海房源最多的订房网站，常有优惠活动。

重要号码

在拨打报警电话时，记得加上区号，能帮助警方更快定位。

报警求助	☎110
医疗救助	☎120
青海旅游服务热线	☎12301
青海旅游投诉电话	☎0971-6159841

高原地区海拔

西宁	2275米
青海湖	3260米
西海镇	3115米
门源	2876米
德令哈	2980米
格尔木	2800米
果洛州	4000米以上
玉树州	4000米以上
可可西里	约4700米

每日预算

经济 200元以下

- 青旅床位40~100元；
- 面条7~15元；
- 尽量使用公共交通或搭车；
- 避开旺季。

中档 200~500元

- 旅馆标间120~400元；
- 下餐馆炒个小菜；
- 公交车和拼车相结合。

高档 500元以上

- 豪华酒店标间400元起；
- 自驾租车300元起；
- 包车走偏远路线控制好预算。

营业时间

- **餐馆** 7:00~21:00（旺季夜间时间延长）。
- **银行和邮局** 工作日9:00~17:00，部分邮局有午休，周末和节假日营业时间缩短。
- **景点** 9:00~17:00，多数博物馆周一休息，部分景点在11月至次年4月无人管理或歇业。
- **夜店和酒吧** 20:00至次日2:00。
- **商铺** 10:00~20:00。

抵达青海

飞机

西宁机场 有3条往返市区的大巴线路，票价为21元/人。从机场打车到市区一口价100元。

玉树机场 机场大巴按航班时刻运营，20元/人，乘出租车至县城70元。

格尔木机场 从格尔木机场乘出租车到市区50元。

德令哈机场 机场大巴免费，每天上午7:30从金世界宾馆发车，航班落地后接客返回；打车去机场80元。

火车

西宁火车站 位于西宁城东，普通列车和动车都在此乘坐。站前有大型公交枢纽通达市区各地。

格尔木火车站 有多条公交线路前往市区，投币1元。

长途汽车

有频繁的省际班车往来于青海和甘肃，也有班车从四川和西藏开往青海的果洛州和玉树州。

当地交通

- 青海省内可从西宁乘飞机往返玉树、格尔木、德令哈、花土沟和果洛玛沁。
- 兰新第二双线在青海省内穿过海东市、西宁市和门源县3地，共设6站，青藏线经停西宁、德令哈和格尔木3站。
- 长途汽车是主要的交通工具，但班车仅可抵达城镇和部分乡村。绝大多数景点都在城镇之外数十至百余公里，必须包车才能到达，且费用高昂，最好约伴共同前往。
- 自驾不失为省时省钱的好方式，但青海地形、路况和天气复杂多变，必须注意安全。

更多交通信息见
交通指南（见327页）

新线报

动车驶入青海

兰新铁路第二双线已于2014年12月全线贯通，在青海省内设有民和南、乐都南、海东西、西宁、大通西、门源共6个动车车站。乘动车从西宁至兰州仅需1小时10分钟，前往张掖、嘉峪关等周边热门旅游地也舒适便捷，方便了旅行者的出行。

环湖公路添自行车道

自2014年起，青海湖边开始铺设自行车道。截至2015年8月，已完成环湖东路从倒淌河甲乙村到二郎剑景区门口的路段，路宽3米，总长31公里，实现了自行车道与机动车道分离。未来环青海湖有望全部铺设自行车道。

手机买长途车票

2015年9月起，旅行者通过携程网、携程网手机客户端或者微信公众号“携程汽车票”，就可以在线订购西宁市4个汽车站始发的长途汽车票，购票后到车站售票窗口或自助取票机，换取纸质车票后即可乘车。

厕所革命

青海将在2016年旅游旺季到来前，新建、改造升级500座旅游厕所，预计2017年累计建成1000座旅游厕所。

八一冰川面向游人

距祁连县城170多公里的八一冰川（见100页）是黑河的源头。公路的逐段修通，使这个冰雪童话世界变得触手可及。

新机场的建设

2014年、2015年，德令哈机场和花土沟机场相继通航。2016年7月，果洛玛沁机场正式通航，乘飞机往返西宁只需50分钟。海北州的祁连机场也已全面进入建设实施阶段。

龙羊峡开门迎客

这个黄河上游第一座大型梯级水电站，如今变身景区可供游览。除了可参观电机轰鸣的大坝内部，还可乘船游龙羊峡谷（见120页）。

茶卡盐湖景区升级

近年来大热的茶卡盐湖景区，于2015年10月至2016年6月进行封闭式改造升级，完工后，景区的基础设施、管理、环保、购物和服务水平都将得到提升，年底将达到国家4A旅游景区标准。

共玉高速全线贯通

穿越青藏高原多年冻土区的首条高海拔高寒地区的高速化公路——全长636公里的共（共和）玉（玉树）公路，一期基本建成通车。二期国道改扩建工程预计于2016年8月建成，届时西宁到玉树开车仅需8小时。

公路直入阿尼玛卿

正在紧张施工的花久高速（花石峡经大武至久治）长驱直入神山腹地，预计2016年夏秋之际通车，届时到达阿尼玛卿腹地将变得轻而易举，但景区也可能开始收费。

狩猎场变保护区

都兰国际狩猎场改头换面，从狩猎度假村变成了野生动物自然保护区（见268页），除了可与多种野生动物近距离接触，保护区内的自然风光也赏心悦目。只是尚未对游客开放，需联系站长，获得同意后方可进入。

如果你喜欢

户外探险

青海省内可开展的户外活动种类繁多，不管是入门级的徒步、骑行、登山，还是骨灰级的穿越和探险，总有一样能让你的运动神经得到刺激。记得要找好同伴，买好保险。

环青海湖骑行 举办国际大赛的优质路面是初级骑行者的福利。选个风和日丽的季节，用4~5天的时间轻松完成360公里的青海湖环湖。（见133页）

尕朵觉悟转山 藏区四大神山中最隐秘低调的一座，路线轻松，没有任何人为开发迹象，有转山情结者不可遗漏。（见237页）

探秘哈拉湖 想一睹这片无人区深处的原始净土，需穿越茫茫旷野上的多处沼泽、河流，朝着目的地闯出一条路，气候和装备是决定成败的关键要素。（见254页）

从觉拉乡穿越到杂多 一条堪称越野挑战赛的捷径，草原上重重车辙为你指示方向。（见235页）

黄河源区自驾越野 在星宿海与咒泉乡的迷雾中，驾车越过无人区和沼泽，追寻真正的黄河源。（见242页）

青海湖徒步穿冰 避开冰沟冰洞徒步前往海心山，除了体力和勇气，还需要不俗的技巧和应变能力。（见128页）

攀登岗什卡雪山 想登顶雪山却又能力有限的登山者，可以借由风险相对较小的岗什卡雪山，实现你的“处女登”愿望。（见98页）

哈熊沟攀岩 石林耸立的山谷是攀岩爱好者满意的天然运动场地。（见255页）

自然风光

大美青海，浑然天成，妙而多情。更重要的是，这里没那么浓厚的商业气息，使得旅行者有了一睹真容的机会。

年保玉则花海 让年保玉则从芸芸高原湖光山色中脱颖而出的，是无边的绚丽花海。（见186页）

阿尼玛卿雪山 抛开宗教内涵，这里18座海拔5000米以上的山峰和山间发育的40多条冰川，足够猛烈地冲击你的感官。（见174页）

黑河大峡谷 黑河激流奔腾冲破祁连山脉而成的中国第二大峡谷，秋时的橙黄赭红是摄影发烧友们的最爱。（见100页）

八一冰川 9月、10月，满目雪墙横空出世，冰川如瀑垂悬直下，蔚为壮观。（见100页）

门源油菜花 看过波澜壮阔、伴雪山而生的百里油菜花田，才算见识过与南方油菜花不一样的西北风暴。（见96页）

褡裢湖 一咸一淡、景色截然不同的两个湖泊，由一条小河连通，有“情人湖”之称。（见254页）

南八仙魔鬼城 中国面积最大的雅丹地貌区，游人寥寥，不收门票。（见270页）

诺木洪贝壳梁 上千亿个贝壳，经历了上万年的沧桑，只为今生能在寂静无人的戈壁滩上与你相遇。（见268页）

宗教寺院

宗教是青海最不可被忽视的组成部分，各大古老的

如果你喜欢考古遗址

若你对黄河上游的史前文明和彩陶艺术感到好奇，柳湾彩陶博物馆（见85页）堪称开阔眼界的历史艺术读本。

寺院是信仰在人间的最好见证。

丹斗寺 前往丹斗寺本身就是一个曲折而美妙的过程，散落山间又嵌于崖壁的间间佛殿让人惊叹。（见86页）

瞿昙寺 保存完整的明代汉式宫廷建筑群，以及近800平方米的明清壁画，是瞿昙寺的最大亮点。（见84页）

吾屯下寺 富有历史感的壁画、木刻和泥塑，热贡艺术的精华汇集于此。（见149页）

旺加寺 走进这座青海最大的苯教寺院，便会明白“小布达拉宫”这个称谓的由来。（见152页）

阿什羌寺和白扎寺 艺术和时光令古刹散发出不同凡响的韵味和强大的磁场。（见194页）

龙恩寺 寺内有三座形状奇特的佛塔，其中高60米的尼泊尔式白塔和塔身精美的绘画，尤其令人称奇。（见184页）

达那寺 安静古朴，不易到达，却是世间仅存的一处格萨尔王家寺，还能一睹格萨尔王与三十大将的白塔。（见233页）

改加寺 清贫圣洁、绝尘孑立的尼姑庙，法会期间，尼姑们的唱经声犹如天籁。（见232页）

艺术人文

艺术与人文是人类文明发展史上的瑰宝。隐藏在青海各个角落的文化遗存和手工技艺，是了解青海文明的重要窗口之一。只要用心发现，美无处不在。

热贡唐卡 随意走进一家挂有“热贡艺人之家”牌子的藏族人家，都能近距离观看画师们现场作画。在公路两旁的画院中还能

（**上图**）杂多的庙墙
（**下图**）年都乎村跳於菟

欣赏到各个时期的唐卡精品，让人大开眼界。（见150页）

堆绣 在年都乎村里家家户户都是堆绣好手，观看堆绣的制作过程是一件有趣的事。（见302页）

东吉多卡石经墙 由94万块刻满经文的石板砌成的石经墙就在路边，走过路过千万不要错过。（见184页）

勒巴沟石刻 文成公主进藏时留下的唐代岩画，值得细看。（见215页）

塔尔寺酥油花 塔尔寺“三绝”之一，展柜内用酥油制作的佛像人物惟妙惟肖，色泽鲜艳。你只能透过大玻璃橱窗欣赏。（见76页）

囊谦黑陶 濒临绝迹的手艺，有着朴实厚重的历史气息。（见230页）

伏俟城遗址 青海历史上第一个封建王国——吐谷浑的都城，历经1500多年沧桑，如今只剩城墙依稀可辨。（见127页）

民俗活动

多彩的民俗风情同样是青海的精粹所在。各个民族、宗教不同的生活习俗和庆典活动，张扬着鲜活的生命力和蓬勃的生机。

六月会 同仁一年一度的夏季盛会。人们以舞娱神，身着盛装纵情欢庆。从一个村庄奔赴另一个村庄，狂欢持续十余日。（见145页）

青海湖祭海 祭祀青海湖活动神圣又热闹，大规模的祭海活动每年只有一两次，可遇不可求。（见132页）

花儿会 到河湟地区听一听“花儿与少年”，从这个山头唱到那个山头，爱情是永远不变的主题。（见57页）

於菟舞 土族传统的“高原裸奔”，是一种神秘的驱魔避邪仪式，寒冬腊月里把自己画成老虎还光着身子满村跑，可不是哪里都能见到的。（见152页）

赛马会 每年7~8月是草原的狂欢节，不仅可以看骏马，还有穿戴着一身金银珠宝的帅哥美女，活脱脱一场民俗服饰表演。（见211页）

射箭赛 这居然是一场中国各省乃至国际都有队伍参赛的高等级赛事，欣赏精准的箭术之后，可加入当地的歌舞狂欢。（见156页）

野生动物

高山草原、沼泽湿地、雪山峡谷，多样的地理环境和气候条件造就了野生动物的王国。

都兰沟里野生动物自然保护区 在这片面积巨大的天然草场上，不怕人的岩羊、白唇鹿、旱獭都会成为你的朋友。（见268页）

可可西里藏羚羊 你可以扒着火车的玻璃窗，在青藏铁路可可西里段寻找它们的身影；也可以驱车在不冻泉和沱沱河之间，追踪它们的足迹。它们是青藏高原的精灵，也是这片土地的魂。（见184页）

隆宝滩黑颈鹤 带上望远镜和长枪短炮，和中国独有的高原鹤类黑颈鹤群来一次亲密接触。（见184页）

青海湖天鹅 冬天的青海湖冰天雪地，但至少还有美丽高贵的天鹅可以陪着你。（见127页）

祁连鹿场 在这个亚洲最大的半野生鹿驯养基地，想看到萌萌的小鹿概率很大。（见102页）

鸭湖野鸭 每年6月，无数的野鸭飞到这片水中雅丹成为主角。（见270页）

当地人推荐

久美克智

丹斗寺才旦夏茸活佛的管家,在丹斗寺修行33年,《丹斗圣迹》作者。

青海东部寺院众多,哪些最值得拜访?

从历史、规模和地位来说,塔尔寺、隆务寺和夏琼寺都很出色。如果想看建筑和壁画,可以去乐都的瞿昙寺。丹斗寺是佛教后弘期的发祥地,宗教地位很高,也不能错过。

我最推荐同仁的隆务大寺。除了寺庙本身,它的佛法、辩经等佛教文化专业水平很高,人才济济。那里也是热贡艺术的中心,同仁周边的几个村庄各有看点,在六月会期间,那里更是必去之地。

普通信徒或旅行者能否在寺院修行或体验?

一般寺院都接受修行者,可以向该寺僧人询问具体情况。部分寺院在结夏安居(农历六月十五至八月初一)期间不接收女性修行者。修行主要有念经、磕长头、转经堂、供水供灯等方式,完成这些初级的功课后,可以闭关修行,也就是借宿在僧房的佛堂内,潜心学经,谢绝见客。

葛玉修

生态摄影师,被誉为青海湖“鸟王”“中华对角羚之父”。

怎样拍摄野生动物?

摄影师首先应该是环保主义者,一切拍摄都应以不破坏动物生活和生境为前提。从技术上而言,最好使用500mm以上的长镜头,这样不会对野生动物及环境造成大的惊扰和损害。我在拍摄时一般采用“步行跟踪、挖掩体潜伏、加强伪装”的方法,尽量不干扰、不破坏野生动物的自然生活。只有用照片表现出动物最本真的自然状态,才能使人们更好地了解动物的生存现状,用动物的美来唤起人们的保护意识。

青海湖现在的生态及野生动物生存情况如何?

由于自然环境的恶化和人为影响,青海湖鱼类、鸟类的数量都有所减少。这几年从政府到民间对自然保护的力度加大了,比如严禁捕捞湟鱼、对普氏原羚种群进行保护等,还是有一些效果的。令人欣喜的变化是,过去青海湖是大天鹅迁徙的中途驿站,现在已经在那儿安家落户了。

尼玛江才

玉树州博物馆馆长、民俗学者。

您认为什么时间来玉树最好?

玉树是个文化底蕴深厚的地方,体验当地民俗的最好时机是重大节庆期间。比如每年7月25日至30日的赛马节、牦牛文化节、12月底在嘉那嘛呢石堆一带的萨迦起源大法会。夏天还有其他不少小规模的地方节庆。

玉树有什么特别值得留意的看点?

我觉得玉树的土房建筑有一种天人合一的美感,它的很多细节设计既美观,又满足现实生活的需要,或者有一定的宗教含义。藏式建筑分为民居、宫廷、寺院三大类,很多人会混淆这三者的形制和装饰,所以新盖的房子往往不具备这种文化价值。玉树地震以后,市区的老房子大部分受损或拆毁重建。如果你对藏式民居建筑感兴趣的话,可以到玉树市周边的仲达乡、安冲乡,还有曲麻莱县的巴干乡那一带去转转。尕朵乡（尕朵觉悟神山所在地）有个布由村，村中有座叫“吾云达瓦”的房屋，是当地一个富人的老宅，保存完好，至今还有人正常居住，那就是典型的玉树民居建筑。

杨熠

旅行者，西宁土生土长，在藏蒙牧区工作。

你眼中的青海人有没有区分于外地的性格共性？

青海汉人是数百年间陆续移民至此的，且很大一部分是因为遭受贬谪、流放至此，加上青海自然条件恶劣，使得青海人更加重视乡情及人际关系；同时青海人不喜外出闯荡，更愿意在熟悉的环境闲适地生活。旅行者想和青海人愉快相处，最好提前了解一下青海的各方面情况，尽量适应当地环境，不用太拘束。

汉、回、藏的青海人都喜欢的青海特产是什么？

那一定是饮食方面的了，面片、炮仗面等面食及烤羊肉，从河湟地区、柴达木戈壁到青南草原都很受欢迎。碗装老酸奶也很受欢迎，但藏区产的酸奶并不是所有人都能接受的。

推荐一些你喜欢的、但少人到访的小地点？

我喜欢去西宁的西山植物园闲坐，也喜欢去东关清真寺后的下南关巷，里边甚至还有回民开的手工作坊。同仁的吾屯上下寺也是我推荐的，热贡河谷的农村到现在游客还是很少，建筑却很漂亮且各有特色。

张清哲

户外指导员，青海多条户外线路的开拓者。

柴达木盆地有哪些特别值得推荐的景观？

柴达木盆地的旅游资源非常丰富，哈拉湖、冷湖的鄂博梁雅丹地貌、水中雅丹鸭湖，还有都兰县的海寺花海一带都很美。如果对盐湖感兴趣，大柴旦盐湖和达布逊盐湖是比茶卡盐湖更理想的选择。柴达木盆地唯一的丹霞地貌——五彩山也值得一去。

柴达木雅丹地貌有什么特别之处？

与甘肃和新疆相比，柴达木的雅丹地貌面积大、海拔高，风化的岩石连接紧密，形态多样。沙漠与雅丹共存、湖泊与雅丹共存的地貌更难得一见。在魔鬼城中，推荐鸭湖、冷湖鄂博梁一带，南面的土城丘一带包含了城堡雅丹、船形雅丹等。

对于热衷雅丹地貌探险的旅行者有什么建议和忠告？

柴达木盆地雅丹的相关资讯较少，我建议你尽可能再找些当地人了解情况，设计好线路，尤其要选择好进入和出去的地点，并将路线告知朋友、家人，千万不要独身冒险进入。进入前，还需准备充足的饮水和食品，以及防风防晒的装备。一个好消息是，目前整个雅丹地区近一半的地方已有移动手机信号。

省钱妙计

交通

➡ 青海的好风景基本都在无人处。由于地广人稀、交通不便，包车常常是旅行者唯一的选择。多留意青旅的布告栏，经常发布的拼车消息可助你省下一大笔费用。

➡ 在汽车站附近或高速公路出入口，通常都能找到小车拼车。若从西宁到较偏远的地区，如玉树、果洛，不妨去各州驻西宁办事处附近打听一下。

➡ 旺季时，长途班车的车厢是聊天搭讪的好地方。灵活找人拼车，旅行者、当地人都行。

➡ 果洛、玉树地区的一些寺院会在人流比较密集的城镇上设有进香处。想拜访寺院的人可去这些“分理点”找车，省钱搭便车的概率很高。

住宿

➡ 青海的青旅时常会招募义工，免费入住的同时还能深入当地。可关注他们的网站、博客与微博，留意相关信息发布。若有青旅打折卡，请随身携带。

➡ 不少地区的住宿（以中小型旅馆和农家乐为主）都有普间和标间的选择，“普间+公共淋浴”能比标间节约至少20%的花销。

➡ 包车出行时，若提前预订了酒店，也可告知“我是司机介绍来的”，这样或许可以省下司机的住宿费用。

➡ 比较偏远或规模较大的寺院多设有信徒接待室，也可借宿僧房，但条件相对简陋。

➡ 携程网的“惠选”、去哪儿网的“夜销”和美团网等订房网站上，常会有价格低廉的房间给你惊喜，还有针对手机客户端预订的折扣。但在旺季最好先跟酒店确认可以使用后再购买。

➡ 遇上七八月的旺季，务必要及早预订并预付房款，否则你将面临的不仅仅是无折扣的心碎房价，还有被先到者抢走预订房的风险。

餐饮

➡ 结伴同吃、分摊饭费是最可取的，既吃得好，又花得少。

➡ 去物资紧缺的地区之前，多备些食品和饮料。

➡ 一些青旅、酒店公寓提供自炊厨房设施，自己动手，丰俭由人。

门票

➡ 青旅、客栈的前台有时能拿到折扣门票，包车司机也可能有打折或者免票门路。

➡ 去哪儿网、淘宝网和一些团购网站经常可买到折扣门票。

➡ 不妨向当地人打听，不少景区或寺院在上午开门前可免门票入内，部分景区如北山林场、阿咪东索等，在“十一”过后至次年4月可以免费游览。

购物

➡ 购买贵重物品时（如虫草、珠宝），最好请深谙此道的本地人陪同前往。

➡ 从一些公益组织或村民手中购买纪念品，不仅价钱相对厚道，还能给他们一些实际的帮助。

旅游淡季

➡ 淡季出行是不变的省钱真理。除了常规的淡季，在黄金周后价格一般也会暴跌，此时很适合“抄底”。

➡ 不追求“招牌景观”，就能不受传统淡旺季左右。

每月热门

最佳节会

六月会，农历六月十六至六月二十五

世界和平大法会，藏历九月二十二至九月二十六

赛马节，8月

於菟，农历十一月二十

酥油花节，农历正月十五

1~2月

春节期间无论是汉族还是少数民族，都有丰富多彩的节庆活动。各大寺院也会在这时举办隆重的法会，在玉树还可以看到奇特的“冰嘛呢”。不过此时的青藏高原笼罩在一片冰天雪地里，这个时间来凑热闹的旅行者，一定要能扛得住冻。

藏历新年

藏历正月初一，和汉族的农历新年时间大致相似，是藏区的全民节日。在持续近15天的庆祝活动里，能看到祭祀、敬神的仪式，也是欣赏藏族歌舞的最好机会。各大寺院一般都会在这段时间举行属于自己教派的法会，其间还会跳神舞。

酥油花节

和汉族的元宵节同日，主要看点是露天的、足有2米多高的酥油花群像。这个季节无须保温的玻璃橱窗罩盖，这是一年中唯一可以像观赏鲜花那样直面精美的酥油花的机会。当天还能看到塔尔寺珍藏的诸多唐卡和堆绣。

当卡寺女神节

玉树当卡寺的护法神比较特别，尊称“阿斯秋吉卓玛”的女护法神，每年只会在农历大年三十这天降临人间，所以寺院的僧众会在当天为迎接这位女神而跳起独一无二的女神羌姆舞。

曲热法会

改加寺神奇的曲热法会，只在农历腊月十五的晚上才会举行。改加寺是尼姑寺，举行法会时尼姑们必须祛衣净身，因此只能女性观看，男性甚至会被谢绝进入寺院范围。前去观赏的旅行者要注意御寒，山里会非常冷。

隆务寺“毛兰姆”法会

正月初三至十七在同仁隆务寺举行，为时15天，场面盛大。

拉加寺祈愿法会

在果洛地区的拉加寺，以正月十三的晒佛最为隆重，朝拜群众达上万人。

3~4月

青海北部万物初醒，花儿盛开，南部牧区依然寒冷，节庆法会仍是此时的主打。

贵德梨花节

每年4月中旬，黄河边上盛放的梨花宛若跳跃的精灵，“香风百里梨花雨，莫道高原不江南”，飞花盛景是这个季节的亮点。

郁金香节

每年4月底5月初，想看优雅高贵的郁金香来西宁就好。无须相比荷兰，青海自己的花节，热烈繁盛，足够好看。

德合隆寺庙会

每年藏历二月一日起举行为期11天的庙会，有诵经、藏戏等内容丰富的法事。

白玉寺法会

在藏历三月一日起为期10天的法会上，天天好“戏”连台，还有晒佛、法舞等活动，而久负盛名的藏戏，更是不能错过的重头戏。

5~6月

青藏高原的春天来得比其

他地方都要晚些，此时开始迎接八方宾客。“五一”期间游客数量不会很多。不过从5月中旬开始到6月底，是青海各地的虫草季，虫草商们络绎不绝地从各地涌入青海。

☆ 沙雕与大地艺术节

每年6～9月在沙岛景区展出各种沙雕作品。

鸟岛观鸟季

候鸟们纷纷回来产蛋孵卵，新生命的孕育让鸟岛重新焕发生机。观鸟季非常短，过了6月可能就只剩一地鸟毛了。

☆ 龙恩寺藏戏团

举办时间是藏历的三月二十九至四月十日，会有藏戏隆重上演。这是被果洛官方认可的当地最优秀的藏戏团。

北山杜鹃花节

6月前后，北山浪士当景区23万亩杜鹃花竞相开放，绚丽铺满山头。

高原花季开始

自青海湖边开始，小小野花随春风吹拂，渐渐铺展。一度萧索的高原终于进入了苏醒期，变得美轮美奂起来。年保玉则文措湖边已是遍地鲜花。

7~8月

这是青海一年里最好的季节。气候怡人，草长莺飞，油菜花用摄人心魂的金黄色映亮了雪山。各种节会接踵而至，欢歌笑语的热闹氛围让人心情格外明媚，冷热适中的天气也让旅行成为一种享受。

环青海湖国际公路自行车赛

每年7月中下旬举办，比

（上图）玉树赛马会
（下图）玉树僧人的舞蹈

赛线路主要是环青海湖公路，近年也有拓展的甘肃、宁夏赛段。想跟骑的自行车爱好者，可关注官方网站的每年路线更新。

油菜花

不管是青海湖边的花田还是门源的百里花海，花期都是有限的，盛放时间不同，去之前最好多咨询一下青旅工作人员或当地人。

六月会

农历六月十六至二十五，同仁周边的十多个村子都会举行六月会，这可能是西部最神秘的节日，也是一场民俗的狂欢。

花儿会

农历六月六是属于河湟地区传统节日"花儿会"的。在花儿会上，除了能欣赏"花儿"，还有民族歌舞和皮影戏表演，特色食品和手工艺品也尽数登场，气氛非常热闹。

赛马会

这是藏族的传统活动。每年的七八月间，牧区的草原上会有无数场赛马会等着你参与。在赛马节上能看到各种有趣的竞技项目，包括赛马、赛牦牛、抱沙包、射箭、摔跤、藏式拔河等。赛马会上挂满珠宝、盛装出席的人们会告诉你，什么才是真正的高端大气上档次。

那达慕大会

每两年一次的盛大节日，在8月初于黄南鲜花盛开的河南草原上举行。

鲜花的盛宴

玉树地区林木葱茏、鲜花满目的缤纷画面，能为你的旅行增色。年保玉则北岸和东部的花朵也会遍地怒放。

王洛宾音乐艺术节

通常在7月中旬举行，每两年一届，2016年将举办一次。届时金银滩草原上会有歌舞演出。

东关清真大寺开斋节

每年8月中下旬（伊斯兰历10月1日）举行的伊斯兰传统开斋节上，经历了30天斋月、头戴白帽的青海穆斯林，会在这一天来到西宁市内的东关清真大寺，参加开斋节聚礼。人数可达30万之多的教民，将跪满整个大寺以及邻近的马路。

9~10月

萧瑟会在瞬息之间侵占整片青藏高原，这时的秋色是最美、最辉煌的，但这份灿烂会像烟花一样转瞬即逝，取而代之的将是漫长的冬天。

北山林场

北山林场五彩的桦树林是秋天的明星，从国庆开始展露的金秋气息，到10月中旬将绚烂无比。

冬给措纳湖

国庆前后的冬给措纳湖姹紫嫣红，火焰般艳美的红草滩让天地失色。

八一冰川

冰川披上新雪，融化的缝隙被抚平，加上气温不会太低，此时是观赏冰川的最佳时期。

玛柯河谷

果洛南部的玛柯河谷迎来了最美的季节，吉德寺下的山坡层林尽染，河谷田园中也是一片金黄。

藏戏

每年农历八月初二起，用传统藏戏乐器演奏、连续表演三天的《格萨尔》等藏戏在沙陀寺上演，其他地方难得一见。

11~12月

冬季的青海是寒冷而沉寂的，所有的山川湖泊都在冰雪下安睡，到处白茫茫，天鹅从北方迁徙而来，少数民族节庆开始慢慢多起来，新年的气息临近了。

青海湖天鹅

11月，来自俄罗斯的大天鹅在鸟岛短暂停留后，来到终年不冻的泉湾湿地度过漫长冬季。

於菟

黄南地区另一个惊世骇俗的民俗活动。每年的农历十一月二十在年都乎村上演，民俗爱好者绝对不要错过。

世界和平大法会

上千僧众齐念《普贤心愿和文殊菩萨赞》的场面十分隆重浩大。藏历九月二十二是传说中的"降凡日"，又称"天降日"。大法会由那天开始，共5天，届时还有活佛高僧在场为信徒们做灌顶加持。

吾屯下寺大法会

时间在11月（农历九月）间，想一睹沙坛城的绘制过程和感受刹那间繁华消逝的旅行者，再冷也要去走一趟。

黄侃淳摄

旅行线路

浅识青海

环青海湖是青海旅行的常规路线，一般2天就可完成。虽然青海湖一年四季都可游玩，但油菜花盛放的7月最为亮眼。无论你是不是油菜花的狂热粉丝，门源气势非凡的油菜花海，应与青海湖一样成为你的首选。

传统环湖路线一般要两天。从西宁出发后先去**塔尔寺**（见75页），再翻过**日月山**（见115页）到达**倒淌河**（见115页）。沿G109前行，青海湖南岸景色一览无余。游览**二郎剑景区**（见114页）后可直抵**茶卡盐湖**（见118页），当晚返回**黑马河**（见116页）住宿。第二天观赏日出后沿环湖东路、G315经过**金银滩草原**（见109页）回西宁。如果是5月，可增加**鸟岛**（见126页）赏鸟这一项目，再返回西宁。

若你有3~4天的时间，可在第二天看完黑马河日出后，沿环湖东路到**刚察**后往北，翻越海拔5120米的**大冬树山垭口**到达**祁连**，游览**卓尔山**（见101页）。然后经**阿柔大寺**（见102页）、**岗什卡雪山**（见98页）到达**门源**，在一望无际的油菜花田过把瘾后返回西宁。

蔡理摄

（**上图**）茶卡盐湖 （**下图**）卓尔山油菜花

大通
老爷山
西宁
坎布拉国家
森林公园
贵德
循化
郭麻日村
吾屯下寺
同仁
吾屯
隆务寺
拉卜楞寺
甘
肃
省
郎木寺
四川省

GETTY IMAGES 提供

7~10天 人文览胜

青海民族和宗教信仰众多，各种节庆法会、手工技艺十分丰富。尤其在青海东部的海东、黄南地区，每年农历六月，精彩纷至沓来。加入他们纵情歌舞的盛会，观看传统手艺的制作和传承，将是一段触动心灵的人文之旅。

狂欢从六月六的“花儿会”开始。每年农历六月初三到初八，“花儿”从大通**老爷山**（见77页）唱响，不管是专业的花儿歌手，还是民间的花儿爱好者都聚集于此，整个城镇热闹非凡。除了花儿，每天还有不重样的民族舞蹈、皮影戏等节目上演，建议你待上两三天。除了大通，海东民和的七里寺、乐都瞿昙寺、互助丹麻镇都有比较大型的花儿会举办，时间从六月初六至六月十六不等。

听完花儿，可以到**循化**看看。聚居在此的撒拉族，传说在十三世纪从中亚迁徙而来，带有神秘色彩。至今在循化的街头巷尾，依然能感受到些许异域风情，你能在此找到他们的印记。

接着，抵达**同仁**，步入黄南一年一度的盛大狂欢。每年的农历六月十六至二十五，同仁各个村落轮流进行趣味横生的民俗表演，每个人都无拘无束地玩乐。如果时间允许，不妨待上一周，或者可以只选择观看节庆的最精彩部分，例如神舞和血祭。观看节庆表演的间隙，别忘了逛逛**隆务寺**（见143页），欣赏大经堂里那些精美绝伦的唐卡与堆绣；顺便去镇外的**吾屯**上、下庄走走，看那里的唐卡画师们怎样在画布上描出繁复的线条；**吾屯下寺**（见149页）弥勒殿墙上的几幅老壁画很美，驻足观望间，先人的虔诚能通过细腻的笔触栩栩如生地展现于你眼前；与吾屯隔河相望的**郭麻日村**（见150页）值得你深入探寻，那里保存完好的古城寨是活着的标本。

狂欢过后，你可以前往**坎布拉国家森林公园**（见157页）、**贵德**，让独特的橙红色丹霞地貌和碧绿色黄河水抚平你的意犹未尽。也可以去往甘南的**拉卜楞寺**、**郎木寺**，继续感受藏传佛教的殊胜。

GETTY IMAGES 提供

图）同仁的喇嘛舞

图）吾屯上寺

7~10天 火车之旅

不必为拥堵的交通或不着调的班车烦恼，“兰新铁路第二双线+青藏铁路”的完美组合，足以让你游遍青海多个主流与非主流景点，把史前遗址、古刹名寺、自然风光都收入囊中。列车沿途所停站点条件舒适，前往周边景点也无难度，还能看到公路无法抵达的风景。

第一站：**乐都**。从兰州乘动车前往乐都，包车前往**瞿昙寺**（见84页），近800平方米的明清壁画和保存完好的明朝宫廷建筑群，是瞿昙寺的精华所在。然后前往**柳湾彩陶博物馆**（见85页），看看此处的墓葬和出土的4000多年前的彩陶展品。

第二站：**平安**。动车即将到达平安站时，在列车右侧（北方）可见一座白色的寺院嵌在红色丹霞山体中，这就是**白马寺**（见81页）。在火车上看白马寺是最佳角度，无须再专程前往。抵达后可包车前往**佑宁寺**（见79页），看看这座“湟水北岸诸寺之母”。

第三站：**西宁**。不妨在西宁多待两天，看看市内的**东关清真大寺**（见61页）和马步芳公馆（见61页），博物馆控可参观青海省博物馆（见64页）和藏文化博物院（见65页），或到力盟商业巷，体验一下这个高原省会的现代与活力，让多种多样的牛羊肉和面食小吃满足你的味蕾。湟中的**塔尔寺**（见75页）自然也不容错过。若正逢农历六月初三至初八，或7月油菜花季（这两个时段偶尔重合），可以乘动车到大通**老爷山**（见77页），看看热闹喜庆的“花儿会”，然后继续前往**门源**，观百里油菜花海再返回西宁。

第四站：**德令哈**。参观完市区，包车前往**褡裢湖**（见254页）和**白公山**（见254页），看看传说中的“情人湖”和“外星人遗址”。前往德令哈尽量选择白天的班次，火车从西宁开出约1小时后，你将在列车左侧（南方）看到**沙岛**（见112页）和青海湖。

第五站：**格尔木**。只有乘7581次列车前往格尔木，才能在火车上再次看到褡裢湖和邻近格尔木的**察尔汗盐湖**（见264页），与茶卡盐湖相比，这里不管是面积还是风光都更胜一筹。包车前往**昆仑山口**（见265页），不要惊讶于车窗外的野生动物，此时你已到达可可西里边缘。

王鹤 摄

王鹤 摄

（**上图**）青藏铁路线
（**下图**）德令哈托素湖

内蒙古自治区
甘肃省
内蒙古自治区
德令哈
褡裢湖
察尔汗盐湖
白公山
格尔木
昆仑山口
门源
老爷山
大通
沙岛
东关清真大寺
塔尔寺
西宁
佑宁寺
平安
白马寺
海东
乐都区
瞿昙寺
柳湾彩陶博物馆
甘肃省
四川省
四川省

甘 肃 省
内蒙古自治区
内蒙古自治区
央隆
八一冰川
祁连大草原
黑河大峡谷
祁连
哈拉湖
门源
魔鬼城
大柴旦
海子诗歌陈列馆
可鲁克湖
德令哈
托素湖
白公山
茶卡
西宁
察尔汗盐湖
万丈盐桥
格尔木
贝壳梁
都兰
昆仑山口
甘
肃
省
四川省
四川省

GETTY IMAGES 提供

10~14天 野性穿越

远离"景区"！这趟"拓荒之旅"将带你从冰川到荒漠，深入无人区的处女地。要走这条路，务必准备好高性能的越野车、户外装备和相机，还需具备高超的驾驶技术和修车技能。纯净的自然风光和多样的野生动物，是对你"屁股受罪"最大的回馈。

从**西宁**出发，经**门源**前往**祁连**，若碰上油菜花季，可以预热眼球。第二天一早，沿S204一路向西，依次经过**黑河大峡谷**、**祁连大草原**直达**八一冰川**（见101页方框）。从冰川下来后，把握央隆这个进入哈拉湖前最后一次加油和粮草补给的机会。从央隆经苏里、尕河后进入无人区，穿越多处草原、湿地、冰河，沿着车辆碾压形成的便道，到达**哈拉湖**（见254页方框）。这个深处祁连山腹地的青海第二大湖泊至今人迹罕至，美丽却孤独。若天气允许，可以在此扎营一晚，欣赏日落和星空；也可以一鼓作气，继续开往**德令哈**。经过数日颠簸，不妨在德令哈休整两天，看看市区的**海子诗歌陈列馆**（见250页）。这条线路难度较大，还需密切关注天气情况。

接着深入柴达木腹地。从德令哈往西，从戈壁滩绕行到**托素湖**（见254页），再到**可鲁克湖**。这两个一咸一淡、中间由一条小河连接的湖泊，景色也截然不同。4~9月的托素湖是观察黑颈鹤的好地方。还可以看看附近的"外星人遗址"**白公山**。接着前往大柴旦镇，这里有中国面积最大的雅丹地貌景区**魔鬼城**（见270页方框），绝对是能与火星媲美的"寂静之地"。从大柴旦镇前往格尔木，会经过**万丈盐桥**和中国最大的盐湖**察尔汗盐湖**。在格尔木可以来个往返**昆仑山口**的一日游（见259页方框）。

从格尔木往东，途经由上亿个贝壳组成的自然景观**贝壳梁**（见268页）到达**都兰**县，然后便可经茶卡、环湖南路返回西宁。此时再看茶卡盐湖和青海湖，大概也不过如此了。

赵忠侠 摄

图）祁连山雪景

图）大柴旦魔鬼城

20天 玩转青海藏区

地处青海南部高原的果洛、玉树是一片丰盛的区域，这里有名号响亮的自然景观、大有来头的神山圣湖、唐蕃古道的千年遗迹和名扬藏区的佛教寺庙。来将它们一网打尽吧！

从四川**阿坝**出发前往久治，在**年保玉则**（见186页）停留几天，用1~2天时间，或骑马或徒步环游两大湖——**仙女湖**和**妖女湖**。如果想徒步穿越整个景区，那还得多花上3~4天时间。也不要错过附近的**白玉寺**（见191页）和**玛柯河谷**（见194页）。然后前往达日，看看**查朗寺**（见183页），在日落时分去**格萨尔林卡**（见182页）欣赏夕阳下的旖旎黄河。再经**甘德**到达**大武**（见178页），不要错过将近甘德时路边的**东吉多卡寺**（见184页），里面的石经墙光彩夺目。

神山**阿尼玛卿**（见173页）自然是大武最受人瞩目的景点，包个车去**知亥代垭口**（见174页）观遗世冰川的圣洁，再花上1~2天开车转山，或选择有更多磨难和艰苦的6~8天徒步转山（见176页方框）。然后经**花石峡**前往**玛多**，若逢国庆前后，定要先去**冬给措纳湖**（见170页）看看那媲美稻城的红草滩。

在玛多稍作休整后，直上黄河源区的**扎陵湖**和**鄂陵湖**（见169页），这两个澄净透亮、蓝如宝石的湖，足能让见惯了“黄”河的人，在视觉上来个大颠覆。之后你将要穿过**星星海**（见171页），翻越**巴颜喀拉山**，经清水河、歇武进入**玉树**境内。

建议你以**玉树市**为中心到周边游览。去**结古寺**（见208页）和**文成公主庙**（见215页）感受千年文化，随**新寨嘛呢堆**（见209页）的转经人一起虔诚地转几个圈。**勒巴沟**（见215页）里的“山嘛呢，水嘛呢”，能让你体会宗教的神奇力量。若逢3~10月，还可以去**隆宝滩黑颈鹤保护区**（见216页）和黑颈鹤打个照面。有神山情结的也可前往**尕朵觉悟**（见236页）。作为康藏地区的四大神山之一，尕朵觉悟转山的难度是相对最低的，7~9月最为合适，常规的线路两天一夜即可走完。

从玉树继续往南前往**囊谦**，不管是**达那寺**（见233页）一线，还是**尕尔寺**（见234页），都值得你花上几天的时间。如果要继续前往西藏，可由**多普玛**（省界）进入西藏的**类乌齐**，由类乌齐前往**昌都**。

GETTY IMAGES 提供

GETTY IMAGES 提供

（**上图**）玉树结古寺
（**下图**）勒巴沟的马队

冬给措纳湖
花石峡
鄂陵湖
扎陵湖
玛多
星星海
知亥代
垭口
大武
阿尼玛卿
巴颜喀拉山
东吉多卡寺
格萨尔林卡
甘德
查朗寺
达日
尕朵觉悟
隆宝滩黑颈鹤保护区
仙女湖
久治
白玉寺
妖女湖
年保
玉则
玛柯河谷
阿坝
玉树
新寨嘛呢堆
文成公主庙
勒巴沟
结古寺
达那寺
囊谦
多普玛
尕尔寺
类乌齐
昌都
甘
肃
省
四 川 省
西 藏 自 治 区

计划你的行程

负责任的旅行

旅游业在推动地区经济发展的同时，也或多或少地影响着当地居民的生活，这些影响甚至已成了部分旅行者和环保人士的心头痛。我们无法左右一个地方发展的脚步，但我们可以以一种心怀尊重的方式，以一种对当地文化、环境以及居民都负责的心态来旅行。

参考网站

➡ **绿色江河**（www.green-river.org）专注于长江上游自然生态环境保护的民间环保组织。可在淘宝网通过购买绿色江河的书籍、画册等义卖品对其进行资金支持，捐助款项将用于环境保护项目。

➡ **青藏高原生态保护网**（www.qtpep.com）聚焦青藏高原生态环境，包括气候变化、环境污染、动植物保护、能源开发、公益活动等专题的新闻报道网站。

➡ **安多手工艺品**（www.amdocraft.com）青海和甘肃的藏族农牧民接受统一培训后，利用自家的牛羊绒制作而成的家居用品及饰品。产品的销售利润用于改善他们的生活处境和子女教育状况。

➡ **穆斯林在线**（www.muslimwww.com）了解伊斯兰教信仰、习俗的窗口。

对文化负责

➡ **从了解开始** 青海少数民族和宗教信仰甚多，事先阅读和学习相关知识，能使你更加了解这片土地的历史、民族、宗教、政治和文化差异。

➡ **尊重文化传统和宗教禁忌** 在宗教场所，不要因行为或着装不当而触犯信众。此外，女性通常不允许进入清真寺的礼拜大殿和佛教寺院的僧舍厨房等地。

对环境负责

➡ **带走你的垃圾** 尽可能使用可降解的产品，减少一次性产品的使用。不要把垃圾遗留在大自然中。

➡ **尽量节约能源** 虽然贵为江河源，但使用能源时仍需注意节约。尤其是在山区和牧区，纯净水、电和燃料是非常紧缺的资源。

➡ **保护野生动植物** 不要吃鳇鱼和野鸭等受保护动物，切勿购买麝香等违禁药材、藏羚羊绒毛制品或动物皮毛。没有买卖就没有杀戮。

对当地人负责

➡ **让当地人直接获益** 购买牧区的牛羊肉以及奶制品，住当地人开的旅店或家庭旅馆，从当地手艺人那里直接购买工艺品，并且不过分压价。

➡ **礼貌拍摄** 未经允许，不要拍摄私人或宗教活动。对“禁止拍照”的告示更应严格遵守。

计划你的行程

行摄青海

青海的风光有你无法想象的丰富。在无垠的土地上，辽阔的天、浩瀚的沙漠和戈壁，以及魔鬼城里撕裂的风吼，都充满了广袤而又苍凉的气息，神山阿尼玛卿庄严矗立，或大如明镜、或小如珍珠的无数高原海子，郁郁葱葱、生机盎然的原始森林，质朴却灿烂的山间野花，中和着这片土地坚硬的外表，它们都是值得专程探访的摄影地。一按快门，就是一张风光大片。而想拍人文题材，这里也毫不逊色，众多少数民族的风俗和庆典，都是你摄影创作不可多得的主题。

何时去

无论什么时候来到青海，你的快门都会停不下来。5月，青海湖成群的候鸟率先让这片土地鲜活起来，种类丰富的鸟儿将成为你取景器里的主角；6月，藏区的草原进入最美的季节，光是草原、羊群就能谋杀你大量的快门；7~8月，各地绿意盎然、山花烂漫，花中“明星”油菜花竞相开放在青海湖畔和门源盆地，神山圣湖和柴达木盆地特有的盐湖景观，也迎来了最佳观赏季，同仁传统的六月会也等着你“一拍到底”；9~10月，秋季德令哈的柏树山与格尔木的胡杨林自高向低渲染成金黄。11月进入冬季，千万别以为会平淡无奇，结冰的湖泊、成片的雪景、藏区丰富的节会，以及同仁土族於菟舞，都能满足你对“大片”的热望。

最佳摄影点

- 阿尼玛卿知亥代垭口（见174页）
- 年保玉则妖女湖（见188页）
- 青海湖（见126页）
- 茶卡盐湖（见118页）
- 南八仙魔鬼城（见270页）
- 水中雅丹（见270页）
- 夏琼寺（见87页）
- 卓尔山（见101页）
- 门源（见96页）
- 北山国家森林公园（见82页）

建议摄影器材

- 超广角镜头：宽视角的镜头，能增强戈壁、湖泊等景色的视觉冲击力。
- 长焦镜头：远距离抓拍山花、候鸟以及人物的利器，且不会打扰对方。
- 偏振镜或中灰渐变镜：前者可以压暗蓝天，使色彩更加饱和，后者不仅可延长曝光时间，还可为你拍摄日出、日落等大光比风光时锦上添花。
- 三脚架和快门线：拍摄高原星空和夜景时不可或缺的好帮手。
- 相机清洁工具和UV镜：做好随时清理被风沙和尘土污染的相机的准备。

2

GETTY IMAGES 提供

3

GETTY IMAGES 提供

经幡下的牦牛 **2.** 倒淌河镇的小喇嘛 **3.** 年保玉则

青海热门摄影点

题材	摄影点	季节	拍摄内容	观景点	备注
雅丹地貌	魔鬼城	全年	密集的风化石柱、城堡雅丹、船形雅丹等	大柴旦南八仙一带、冷湖鄂博梁，以及土城丘一带	下午6点左右拍魔鬼城日落，晚上9点后拍摄星空
	水中雅丹	全年	雅丹地貌点缀其中的各式湖泊和野鸭	湖泊周围岩石顶部	野鸭一般密集出现在6月
盐湖	茶卡盐湖	夏、秋	“天空之境”、星空	盐湖深处、小火车处	拍摄请选择晴天，拍“天空之境”的理想时间是日落前两小时，夜幕降临后在小火车处拍摄星空最佳
	察尔汗盐湖	全年	盐湖和盐花	中心码头湖边	
湖泊	青海湖	夏、秋	油菜花、候鸟、青海湖	环湖东路、鸟岛	7月的油菜花最艳，5月候鸟聚集，拍摄需要长焦镜头
	哈拉湖	夏、秋	雪山环绕的哈拉湖以及雪山、戈壁	环湖路上	
山峰	阿尼玛卿	夏、秋	冰川、雪山远景	知亥代垭口	需避开雨季
	年保玉则	夏、秋	妖女湖、花海、雪山	妖女湖西侧徒步道	7月底西侧徒步道花开最盛
	卓尔山	夏、秋	多变的云彩投射在山体上不断变换的光影、阿咪东索全景	环山顶修建的木栈道	夏季大雨后，次日清晨拍摄油菜花烘托下、晨曦中的阿咪东索
	北山国家森林公园	秋季	色彩纷呈的900多种树木、穿梭其间的溪流	浪士当景区的白桦林、红桦林，元甫达坂景区山顶	
丹霞地貌	南宗峰（坎布拉）	全年	坎布拉丹霞地貌全景	南宗峰最高处	
民俗节日	六月会	农历六月十七至二十五	龙舞、“开红山”血祭活动	浪加村	需提前了解舞蹈、祭祀时间
	土族於菟舞	农历十一月二十	於菟舞服饰妆容、整个庆典活动	年都乎村	清晨尽早前往，提前了解於菟进村的路线，占据高地势。“於菟”化妆过程在二郎神庙内进行，可以花钱进去观看、拍摄
	吾屯寺的藏历新年	藏历正月初一，和汉族农历新年时间大致相似	祭祀、敬神仪式、藏族歌舞、跳神舞，以及服饰等	吾屯寺	

题材	摄影点	季节	拍摄内容	观景点	备注
	塔尔寺的酥油花节	酥油花节，与汉族元宵节同日	酥油花群像、唐卡和堆绣	塔尔寺	
	玉树赛马会	七八月间	赛马、摔跤、射箭等民俗活动，以及华丽的藏族服饰	结古草原	建议配备长焦镜头
	那达慕大会	8月初，每两年一次	赛马场面、蒙古族传统服饰	河南草原	建议配备长焦镜头
油菜花景观	门源	7月15日至31日	百里油菜花海	照壁山和达坂山观景平台可拍摄门源盆地全景，位于花海中的圆山观花台和花海芬芳浴，适合拍摄人像和花海近景	门源县城花期比仙米林区略晚一周，比祁连地区要早一周左右，前往前，建议你留意天气预报
黄河景观	夏琼寺	全年	九曲黄河	山上观景平台	日出和日落会形成丰富的明暗层次，一个长焦镜头和中灰渐变镜会让拍摄更得心应手
野生动物	都兰野生动物自然保护区	夏、秋	岩羊、白唇鹿等野生动物	山坡上	
寺庙	丹斗寺	全年	悬崖峭壁间的寺庙	寺庙前的土路上	长焦镜头可拍近景
	瞿昙寺	全年	明代宫廷建筑群	寺庙外围地势较高的山坡和寺庙内部钟楼二楼	
	吾屯下寺	全年	壁画、木刻和泥塑	寺庙内	请勿使用闪光灯

卓尔山间的公路

计划你的行程

自驾游

青海湖、柴达木盆地、可可西里、三江源，青海令人心醉的美景分散于这片地广人稀的区域，其间的距离动辄数百公里，而当地公共交通又相对不发达，很多边远地区根本没有班车前往，因而包车或自驾是最方便的游览选择。

GETTY IMAGES 提供

最佳风景路段

- G109环青海湖段，湖景和油菜花海
- G109昆仑山口—唐古拉山口，可可西里
- G215德令哈—大柴旦，穿越柴达木
- G214玉树—囊谦，峡谷江南风
- S203同仁县—尖扎县，尖扎丹霞地貌

热门线路

- 青藏线
- 唐蕃古道青海段
- 黄河源探秘线
- 柴达木盆地穿越精华短线
- 西宁人文体验线
- 环青海湖
- 祁连花海雪山线
- 玉树直达不冻泉

为何去

提到高原，第一反应就是西藏？可别忘了"青藏高原"的"青"，青海的高海拔风光同样荡气回肠，洗涤心灵。圣洁雪山和雪山融水孕育的长江、黄河、澜沧江，辽阔草原和草原上自由奔跑着的多种野生动物，构成了青海独特的自然景观。这里也是汉、藏、回、撒拉、土、蒙古等多个民族的世居之地，他们为这片土地增添了多姿多彩的人文风情。寺庙周边，六字真言的念诵声从不间断；河湟谷地的清真寺，每天五次准时传出悠扬唤礼；还有民间节庆时层出不穷的法舞、演奏。这些都会给你带来独特的视觉、听觉乃至心灵体验。

和山重水复的川藏线、滇藏线不同，由青海通往拉萨的G109和G214两条公路，鲜有较大的海拔落差，几乎全程都在高原行驶。以西宁为中心，通往其他下辖区、县的国道和省级公路路况都不错，但如果你想沿着毛细血管一样的道路深入到乡镇甚至村落，最好选择越野车型。

何时去

青海地域广大，各地区的最佳季节受海拔影响略有不同，总的来说6月至10月气候较好，7月和8月为最佳，届时草原花开，气候凉爽，雪山与蓝天白云相得益彰，更有丰富的民族节日如玉树赛马节、同仁六月会等。不过那时也是整个青海的旅游旺季，住宿价格暴涨，还需及早预订。

11月至次年4月是青海漫长的冬季，天气寒冷、万物萧条，很多商家关门歇业。即使你冲着玉树、果洛地区的藏传佛教法会而来，也最好不要自己开车，冰雪道路有一定的危险性。5月开始，整个青海的旅游业逐渐复苏，祁连山区迎来春天的气息。由于这时是虫草季节，在西宁、玉树一带包车的话，司机会比较难找，价格也偏高。

热门长线

- **青藏线** 西宁—拉萨是公路进藏最便捷的选择，基本上是铺装路面，弯道也比较少。全程近两千公里，一般4~5天就可走完。可从西宁出发，经共和县或者青海湖南岸抵达**茶卡盐湖**；然后经都兰至格尔木，穿越柴达木盆地；接下来向南，海拔抬升至4000米以上，进入青藏高原，草原和雪山与你相伴。翻越海拔4768米的**昆仑山口**，进入**可可西里自然保护区**，沿途很容易看到藏羚羊和其他野生动物。跨越长江的上源沱沱河，然后经过青海和西藏的省界，翻越此行的最高点——海拔5231米的**唐古拉山口**。接下来海拔略有下降，经安多、那曲、当雄，抵达拉萨。

- **唐蕃古道青海段** 唐蕃古道是文成公主进藏时从西安到拉萨的路线，其中一半以上在青海境内。这条路线自驾需要7天左右，途中部分路段

青海自驾锦囊

租车

在青海租车自驾一般以西宁为起点。各州府城市也有一些小的租车行，但大多数都只能提供带司机的包车。

神州租车（☎400 616 6666；www.zuche.com）目前是西宁最大的连锁租车店，共有19家门店可供选择，支持异地还车。其中曹家堡机场店24小时营业。如果你想租SUV车型，最好提前预订。

一嗨租车（☎400 888 6608；www.1hai.cn；⏲8:00~20:00）现在西宁只有两家门店，分别在八一路和南川东路。有旅行者反映曾在西宁遇到过"山寨"的一嗨门店，所以下单之前最好在官网上确认一下。

加油

中石油和中石化在青海有广泛分布的加油站，90号、93号汽油和柴油都不是问题，价格比内地省份略高。但是97号汽油比较少见。

危险与麻烦

➡ 青海的公路看似宽直平坦，但驾驶时间过长很容易产生疲劳感，并造成司机对速度的麻木。注意不要超速或疲劳驾驶。

➡ 青藏线上重装卡车较多，注意不要跟他们车距过近，以免路面坑洼导致前车急刹时来不及闪避。

➡ 进入牧区或无人区时需留意过路的野生动物。如果恰逢藏羚羊繁殖期，过青藏公路可可西里段时不可鸣笛，以防惊扰到胆小的它们。

➡ 秋、冬季行驶时最好带上防滑链或使用冬胎，以安全通过冰雪路段。

预防车辆高反

➡ 高原缺氧环境也会对汽车有一定的影响，汽车会出现汽油燃烧不充分、动力不足的情况，只能减速、降挡行驶。

➡ 买一个轮胎气压表，海拔每升高500米检测一下，适当根据情况充放气。

➡ 更换高沸点的刹车油，以免频繁踩刹车造成刹车短暂失灵。

➡ 秋、冬季柴油类的车辆一定要加高标号的柴油，免得夜里结冻，第二天无法发动。

➡ 使用质量更可靠的防冻液，冬季需使用适用于零下30摄氏度的防冻型玻璃水。

路况较差，适合追求藏地深度体验的旅行者。从西宁出发，走G214往西南到玛沁。朝拜过**阿尼玛卿**后，再欣赏一下**年保玉则**的英姿。之后折回玛多，探访黄河源头的湖区。接着前往玉树，经囊谦到类乌齐，沿途有绝美的峡谷风光。然后转G317至那曲，接着进入G109（青藏公路）。你也可以在类乌齐转G318前往拉萨，虽然远一点但路好一些。我们调研期间，昌都境内多处道路维修，近两年前往的话，最好开越野车。

➡ **黄河源探秘线** 此线路跨越青、川、甘三省的黄河源区域，蜿蜒于雪山、草原、湖泊、藏寺之中，融合自然与人文，视你的游览区域，需要5~7天时间。由西宁出发，环青海湖后过共和、花石峡到达玛多，接着到**扎陵湖**、**鄂陵湖**观黄河源头，之后返回花石峡，经达日、班玛前往久治，在**年保玉则**的一片花海中领略**仙女湖**和**妖女湖**的风采。继续往四川阿坝方向前行，到唐克看**黄河九曲第一弯**，再经过风情万种的**红原大草原**，前往甘肃甘南境内的玛曲。玛曲县的采日玛乡传说也有一个"黄河源头"，时间充足的话不妨去看看。最后你可以从玛曲经夏河（有黄教六大寺之一的**拉卜楞寺**）和同仁（欣赏著名的热贡唐卡）返回西宁，或者经夏河、合作前往兰州。

➡ **柴达木盆地穿越** 此条线路是青海东部切入甘肃河西走廊的快速通道，沿途路况极好，经典景点众多，值得你花5~6天时间走上一遭。从西宁出发后，先走常规的环湖线游览**青海湖**和**茶卡盐湖**，随后抵达德令哈，顺便去一趟**可鲁克湖**。再经大柴旦过鱼卡，翻越当金山后进入甘肃省，途经阿克塞后继续往北，之后走敦煌（莫高窟无疑是你不能错过的线路亮点）、嘉峪关、张掖，看看民乐的**马蹄寺**，最后在神圣美丽的**岗什卡雪山**的注视和庇佑下，从青石嘴过达坂山口回到西宁。也有很多旅行者会从敦煌上连霍高速，继续前往新疆。

精华短线

➡ **西宁人文体验线** 从西宁出发，花3天左右时间在海东和黄南两州小转一圈，体验青海丰富的宗教人文景观。先到平安参观那里的藏传佛教寺庙，然后前往大热门**坎布拉**，寄情于黄河两岸的山水之间。继续往南到达同仁，热贡唐卡艺术会让你大开眼界。然后折向东北，进入撒拉族的大本营循化，了解一个民族从迁徙到定居的历史。经化隆到达乐都瞿昙镇，让仿若故宫的**瞿昙寺**为这次人文之旅画上完美句号。

➡ **环青海湖** 这是西宁周边最为热门的路线，全长360公里，路况极好。两天就可以开车环湖一圈并游览沿途所有景点，但七八月份你需为堵车预留出部分时间。四五月份是观鸟的最佳季节，那时自驾前往体验更好。自驾路线与骑自行车环青海湖一致。骑行环湖这项活动是如此流行，以致我们的作者为你撰写了更为详细的环湖攻略，请参见133页。

➡ **祁连花海雪山线** 虽然热门程度不比青海湖，

GETTY IMAGES 提供

大柴旦山路

但在七八月的旺季时分道路也十分拥挤，尤其要避开周末出行。从西宁出发往互助方向，沿S103（威北公路）至甘禅口向北转向S302（岗木线），过门源在青石嘴借道G227到达三岔口峨堡镇，S304的尽头就是祁连县城八宝镇。**门源油菜花**固然是祁连线的亮点，但绝不是唯一的。10月初秋时分，树林红黄相间，层林渐染，远处点缀着白色的雪峰，路上的风景最是怡人。

➡ **玉树直达不冻泉** 从城市到无人区，从通天河到楚玛尔河，在三江源和可可西里两大自然保护区之间穿越，而且对车辆和驾驶员没有特殊要求，是不是听起来很爽？这就是玉树—称多—曲麻莱—不冻泉线路的魅力所在，你可以花2~3天的时间完成这次穿越，详情请参见238页。

以上线路的更详细介绍请参见Lonely Planet《中国西北自驾》。

青海湖骑行途

计划你的行程

青海湖骑行

以海北州西海镇为起点，环青海湖一周约360公里，全部为沥青马路，路况极佳，其中环湖东路有专门的自行车道。除了途中翻越海拔3450米的垭口外，其他地区起伏不大，对体力、骑行技术和装备要求不高。就算途中遇到状况，无法完成全程，各租车行提供的救援车服务，也可以将你从青海湖沿线的任何地方连人带车运回租车点。

GETTY IMAGES 提供

最佳骑行体验

环湖西路：离湖最近，忘却一路疲劳

环湖东路：沿专用自行车道赏油菜花

哈尔盖到西海镇：最后26公里下坡刺激又轻松

最佳景观

黑马河日出：等待和不确定令美景更加分

二郎剑油菜花：蓝天碧水下金色耀眼

金银滩：田园牧歌式的生活

青藏铁路：看火车经过草原的诗意

小众看点

沙陀寺：在山上俯瞰布哈河

伏俟城：遥想吐谷浑王国当年

泉湾湿地：夏天野花遍地，冬日天鹅驻留

何时去

除了11月至次年4月，青海湖其余时间都可骑行。5月、6月，环湖地区气温较低，但也有骑行者陆续上路。此时备足御寒衣物是关键。7月、8月温度适宜，雨水不多，正值油菜花花期，是青海湖旅游旺季，也是骑行的最好季节，但此时不但住宿吃紧，价格也较淡季翻番。9月多雨，下雪和冰雹也不足为奇，油菜花凋零殆尽，消费整体回落。顽劣的天气非常考验人的意志。9月下旬至10月，天空晴朗，路边零星可见旅游局小范围种植的油菜花，大部分帐篷宾馆已经撤离，好在环湖乡镇还能找得到歇息之地。夜里气温骤降，日落后非常寒冷。

骑行装备

除了一辆结实的自行车和骑行配件（头盔、雨衣、手套、头巾、防风眼镜等）以外，还需要：

衣物 即便是夏季，保暖衣服也不可少；备一条骑行裤将为你减少很多皮肉之苦。

护肤 防晒霜、润唇膏、保湿护肤品。

食物 带够一天的水和干粮足矣，一路都有补给。

药物 防高反药物（复方党参片、红景天胶囊、黄芪茯苓复方剂等）、感冒药、止泻药、创可贴、云南白药，带一些葡萄糖泡水喝，既防高反又补充能量。

当然，还可以带上保温水壶、手电筒、随身小音响，为摄影装备多加一层防水外套。最后，出发前别忘了买一份骑行保险，一旦发生意外，"肉疼钱不疼"。

预算

若自备自行车，只需支付沿途食宿费用和托运车辆的费用。若是租车，依据车型，一辆单车租金30~120元/天。旅游旺季时，一个铺位价格40~120元/天，餐费平均30~80元/天。如果不游览景点，以西海镇为起点，食宿费用可控制在100~200元/天。若是对食宿要求较高，环湖一圈则需上千元。

租车

目前西海镇有大大小小20多家租车行，押金500~1000元，租金30~120元/天，它们通常会签署租车协议，一般都会免费提供驮包、头盔、坐垫、车锁、修车工具等骑行配件。另外，一些青旅、单车俱乐部等组织会建立一些QQ群，可以提供即时咨询，还可以与骑友讨论、结伴。规模大、较正规的租车行有：

青海湖自行车骑兵营（见108页地图；www.qhhzxc.cn；☎138 9710 9209；门源路2号）一家

老牌的自行车租车行，拥有上千辆单车，大部分车较新。车型以捷安特ATX660、2013款770，美利达560、660、勇士600、领航者300为主。租金50~120元/天。提供8~12岁儿童自行车和摩托车（160~200元/天）出租。此外，还为企业提供户外拓展服务。车行在原子路的**黄楼**和**将军路**设有住宿点（铺40~50元；📶）。

裸鲤单车俱乐部（见108页地图；www.qhzxc.com；☎136 3970 9250；西海大街5号2楼）俱乐部空间宽敞，还设有一处藏式休息区，一共350余辆单车，车型以捷安特ATX750、770、3300为主，租金40~110元/天，也有折叠自行车、8~12岁儿童自行车、公路车。可提供后勤车（500元/天）和多人间高低床住宿（铺40元；📶）。除了租车，也组织环湖、丝绸之路、祁连山等的团队骑行活动。车行兼营一个户外用品店，可购买冲锋衣、抓绒衣、登山鞋以及骑行配件。

西海镇211骑吧（见108页地图；www.221qb.com；☎864 4117；金滩路50号）老板口碑很好。车型以捷安特ATX740、750、770、777，美利达公爵600，美利达勇士550为主，租金50~100元/天。在西海镇租车也可在151基地、黑马河、刚察异地还车。提供帐篷（20元/天）出租，还可在此购买骑行保险，配备的二手备胎可免费使用。骑吧兼售头巾、手套、太阳镜等骑行配件，免费为自备车

GETTY IMAGES 提供

青海湖骑行者的背影

租车时，请记得……

大部分租车行可免费提供驮包、雨衣、头盔、打气筒、修车工具、备胎（若使用需收取费用）和物品寄存服务，以及救援服务（2元/公里/人）和后勤保障车（400~600元/天）。租车合同上会列明物品明细，签订合同时，切记按照清单详细核对租借物品，以免还车时发生纠纷。

租车行的工作人员大多没时间为骑行者亲自选车，你可以根据以下几点判断车况：

➡ 除了观察整车的新旧程度，细节上，着重观察链条和齿轮的锈迹，锈迹越少代表传动越顺畅，骑起来越轻松。观察轮胎，胎纹越深，代表磨损越小，爆胎的可能性越低。

➡ 分别让前后轮空转，听有无异响，检查车轮是否圆整，最好没有或较少偏摆，并检查有无刹车皮蹭车轮的现象。然后，同时捏住两个刹车，原地前后推动，测试刹车力量的同时，感觉整车有无松旷。

➡ 骑一小圈，在此过程中不断变速、刹车，确认零件正常工作，感觉脚踏是否牢固，车座有无下滑现象。

➡ 根据身高调整座椅高度，不要过低，以坐直身体、前脚尖刚刚够到地面为宜。如果需要，请车主为车补气，并给链条上油。

GETTY IMAGES 提供

环湖赛的骑行选手

的骑友调适车辆。

海北美湖单车俱乐部（见108页地图；☎136 1970 0892；刚察路13号楼1单元1楼）老板为人热情，提供免费接站服务。车型主要有捷安特ATX670、730、770，美利达公爵500、600，租金50~80元/天，车况较好，出租帐篷和防潮垫（30元/次），也提供多人间高低床的住宿（铺30~50元；📶）。

达玉部落环青海湖自行车服务基地（见108页地图；www.qhdayubuluo.com；☎183 0970 0002；金银滩草原达玉民俗村）西海镇规模最大的一家车行，位于西海镇3公里之外的金银滩草原，车型较全，车辆也较新，有捷安特ATX750、TALON2、TALON770、FCR3100等，租金70~120元/天。另外还有青少年山地车出租，租金40~50元/天。基地建有一个民俗村和几个简单的藏文化展厅，并提供餐饮和住宿（铺60元，标双380元；📶）。

西海岸自行车联盟（见108页地图；www.qhxha.com；☎596 3999；刚察路478号）2014年成立的户外俱乐部，有160辆单车，租金70~120元/天。车新、车况好，车型跟西海镇大多数车行都不一样，其中订制款的HASA最受欢迎，租金100元/天，其他车型还有崔客3700、喜德盛200和喜德盛300等，可在此购买骑行保险。也有住宿，见110页**西海岸唯美人文旅馆**。

圣湖自行车俱乐部（见108页地图；www.qinghaihu.cc；☎8644123；刚察路17号楼1单元）十多年的一家老店，车型主要以美利达公爵500、600和挑战者300为主，50~70元/天，租车送一晚住宿。

实用信息

骑行保险

中国人寿保险公司（见108页地图；刚察路171号；☎864 3691；⏰周一至周五9:00~16:40）位于刚察路和六一巷路口，10元钱即可购买一份10天短期骑行险。

美骑保险（bx.biketo.com）提供针对短途骑行的

行程安排

4天为常规环湖路线时间，对于体力不好和边走边玩的旅行者，5天也可轻松完成环湖。当然，经常骑行的人如果赶时间，可以3天完成环湖。你也可以依照兴趣、体能选择分段骑行。环湖各乡镇很容易雇到皮卡车，可将你连人带车运往下一个目的地。

3天线路

第1天 西海镇—金沙湾—湖东种羊场—青海湖渔场—二郎剑—江西沟，全长102公里；

第2天 江西沟—黑马河—石乃亥—鸟岛镇—泉吉，全长141公里；

第3天 泉吉—刚察—哈尔盖—甘子河—西海镇，全长117公里。

4天线路

第1天 西海镇—金沙湾—湖东种羊场—青海湖渔场—二郎剑—江西沟，全长102公里；

第2天 江西沟—黑马河—石乃亥—鸟岛镇，全长103公里；

第3天 鸟岛镇—泉吉—刚察，全长67公里；

第4天 刚察—哈尔盖—甘子河—西海镇，全长89公里。

5天线路

第1天 西海镇—金沙湾—湖东种羊场—青海湖渔场—二郎剑，全长80公里；

第2天 二郎剑—江西沟—黑马河，全长70公里；

第3天 黑马河—石乃亥—鸟岛镇，全长54公里；

第4天 鸟岛镇—泉吉—刚察，全长67公里；

第5天 刚察—哈尔盖—甘子河—西海镇，全长89公里。

保险项目，可网上投保。

网络资源

环青海湖国际公路自行车赛官方网站（www.tdql.cn），有赛事新闻、日程、详细线路和排行榜信息，方便骑行者了解赛事时部分路段封路信息。

骑众自行车运动网（www.wecycling.com）针对骑行爱好者的网站，除了环湖攻略，对骑行新手来说，还能学到不少选车和骑行小技巧。

危险和麻烦

➡ 青海湖地区平均海拔3200米左右，对于大多数人来说不用担心高原反应，不过初入高原需避免剧烈运动，并保证充足的休息。不少骑行者中午从西宁赶到西海镇便匆匆租车上路。如果不是时间紧，我们更建议你利用半天时间适应高原环境，也可安排较为轻松的西海镇及周边景点骑行游览。

➡ 夏季青海湖一般在8点以后日落，一路没有灯光、路况难辨，请避免夜骑。

➡ 高原昼夜温差大，日落后要及时增添衣物，避免感冒。

➡ 部分从西宁到西海镇的班车司机因收了车行回款，会将旅行者直接拉到某车行门口。西海镇不大，若是没有挑到满意的单车，也可步行前往其他车行选车。

在路上

祁连山区
93页
西宁和海东
56页
柴达木盆地
244页
环青海湖和海南
104页
黄南
138页
果洛
164页
玉树
203页

西宁和海东

包括 ➡

西宁市......60
塔尔寺......75
丹噶尔古城......77
老爷山......77
海东......78
互助和平安......79
北山国家森林公园......82
乐都......84
化隆......86
循化......88

最佳餐饮

- 富滨炕羊排（见69页）
- 益鑫羊肉手抓馆（见68页）
- 拜酿皮（见69页）
- 泉儿头杂碎（见69页）

最佳寺庙

- 丹斗寺（见86页）
- 瞿昙寺（见84页）
- 夏琼寺（见87页）
- 塔尔寺（见75页）

为何去

青海东部是青海古文明的发祥地，也是青海最富饶的地区。但大多数旅行者只把西宁城和城郊的塔尔寺作为目的地。殊不知，这片湟水谷地的旖旎风光和万种风情，远不止西宁可以囊括。湟水两旁分布着数千年的历史遗迹。游牧的原始与农耕的发达，让草原牧歌和田园诗画同时呈现。"河湟花儿"一年一度骄傲地"盛开"，北山国家森林公园的无限风光则四季变幻。阳光下的佛塔经幡，指引着条条公路翻过重重垭口又伸向高山深壑，蜿蜒至那些隐没于大山中的藏传佛教寺庙。

这里的少数民族以回族人口最多，但宗喀巴大师和十世班禅都出生于此，源源不断的朝拜者营造出浓厚的藏传佛教气息。13世纪从中亚迁徙而来的撒拉族，有"彩虹"之称的土族，都让这片热土燃起激情。若有幸融入当地礼拜、祈祷、诵经、朝觐的人潮，更是一次触动心灵的旅程。

何时去

4月至6月 大地苏醒，5月西宁的郁金香节和6月初互助北山的杜鹃花节，预示着春天的到来。

7月至8月 "夏都"西宁弥足珍贵的盛夏时分。周边所有的景点都正当时，想避开如织的游人，可深入山野踏青，享受自然。农历六月六的花儿会也在此时举行，大通、互助多地都能欣赏到这场歌舞盛会。

9月至10月 天气转凉，北山国家森林公园的树木色彩纷呈，是海东最动人的秋色。

11月至次年3月 海东的山野、森林银装素裹，白雪覆盖下的塔尔寺也恢复了应有的宁静。

河湟盛会——花儿会

“人间六月芳菲尽，河湟花儿始盛开”，青海花儿因集中在西宁和海东所在的河湟地区，又叫河湟花儿，是“花儿”中的一个流派。

每年农历六月，热闹的花儿会在这片大地此起彼伏地上演，规模较大的有：大通老爷山花儿会（六月初三至初八）、民和七里寺花儿会（六月初六）、互助五峰寺花儿会（六月初六）、互助丹麻乡花儿会（六月十一至十五）和乐都瞿昙寺花儿会（六月十四至十六）。在花儿会上，人们除了歌舞欢庆，还伴有集会和民俗表演。特别是互助土族的花儿会，俨然一个展示土族文化和民俗风情的秀场。

错过了六月大型的花儿会也不要紧，在西宁麒麟湾北边的小湘园中，常年都有“花儿”爱好者在园中演唱。

宗教文化初体验

西宁密集分布着多种宗教场所，且历史悠久。有藏传佛教塔尔寺（见75页）、伊斯兰教东关清真大寺（见61页）、汉传佛教南禅寺（见66页）、法幢寺（尼姑寺）、道教土楼观（见65页），还有几座基督教堂和天主教堂。

其中最浓郁的要数伊斯兰风情了。除了随处可见的清真寺、清真小吃，东关地区可谓是西宁穆斯林的生活集中地。以清真大寺为中心，旁边的穆斯林商城出售各种穆斯林服饰和宗教用品，北边的下南关街，则是一个巨大的回民生活市场。周五“主麻日”的中午时分，成千上万的穆斯林头戴白色顶帽，手里抱着拜毯在街道上做礼拜。不必等到开斋节和古尔邦节数十万人参加的聚礼，这样每周一次的盛况也会直击你的心灵。

初来乍到，请注意

西宁和海东的吃食以面食和牛羊肉为主，味道辛辣。加上气候干燥，补充水分很重要。除了多吃水果蔬菜，还需备上润唇膏、润喉片和清热解毒的药品。

这里是多民族聚居区，要注意民族禁忌。在宗教场所切勿随意拍照、喧哗，着装也不宜过于暴露。不要带非清真食品进入清真餐厅，若在穆斯林的餐厅或宾馆喝酒，则有被赶出去的危险。

这里是青海海拔最低的地区，初到高原，这里不失为一个很好的缓冲地带。如果此时你已经出现头痛、失眠等高原反应的症状，请咨询医生，并慎重考虑是否继续后面的旅程。

快速参考

➡ **西宁市**

人口：199万

电话区号：0971

海拔：2275米

➡ **海东**

人口：168万

电话区号：0972

如果你有

➡ **1天**

早起去**塔尔寺**（见75页），寻找宗喀巴大师的渊源。下午返回西宁，去**益鑫羊肉手抓馆**（见68页）品尝地道的黄焖羊肉，晚上到**东关清真大寺**观摩一场穆斯林的宵礼。

➡ **2天**

第1天同上；第2天前往**乐都**（见84页），游览**瞿昙寺**，可继续前往考古遗址**柳湾彩陶博物馆**，也可以回到西宁看看**马步芳公馆**（见61页），晚上去莫家街吃小吃。

➡ **3天**

前两天同上；第3天早上去**平安**（见79页）。包车游览**佑宁寺**和**白马寺**。在西宁的最后一个夜晚，可到夏都大街感受西宁的小资，也可到力盟商业巷认识动感西宁。

阅读西宁

➡ **《老西宁》（壹）（贰）**，靳育德著。用街巷、寺院、遗迹和历史名人，记录西宁这座古城的历史发展和文化形成。

➡ **《麒麟河》**，陈元魁著。近百万字的巨著，文中经历动荡仍默默坚守的4个家庭，仿佛是西宁城的缩影。

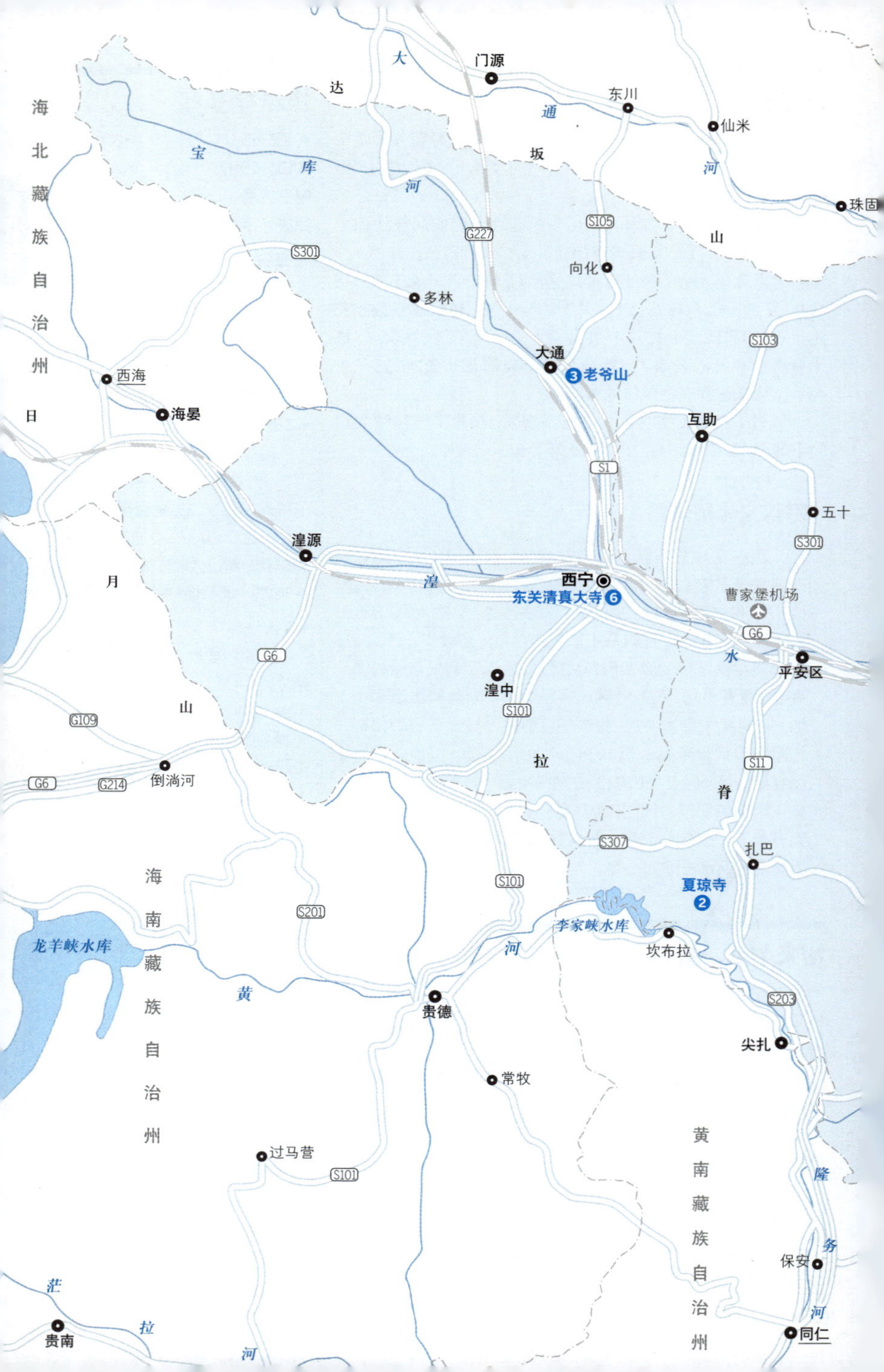

门源
大
达
通
坂
东川
仙米
河
珠固
宝
库
河
山
S105
G227
S301
向化
多林
海北藏族自治州
S103
大通
3 老爷山
西海
海晏
日
互助
S1
五十
S301
湟源
月
湟
西宁
东关清真大寺 6
曹家堡机场
G6
水
平安区
G6
湟中
S101
G109
山
拉
S11
倒淌河
G6
G214
脊
S307
扎巴
海南藏族自治州
S101
夏琼寺 2
S201
李家峡水库
坎布拉
龙羊峡水库
河
黄
S203
贵德
尖扎
常牧
黄南藏族自治州
过马营
S101
隆
务
保安
芒
河
贵南
拉
河
同仁

西宁和海东亮点

❶ 翻山越岭，寻访深藏山崖绝壁中的**丹斗寺**（见86页），领略藏传佛教文化的前世今生。

❷ 借宿**夏琼寺**（见87页）僧院，清晨在诵经声中等待九曲黄河上的日出。

❸ 农历六月六，到大通**老爷山**（见77页）听“花儿”唱响城镇乡村。

❹ 初秋时节，到**北山国家森林公园**（见82页）享受色彩盛宴。

❺ “史前控”们请到**柳湾彩陶博物馆**（见85页）集结。

❻ 在西宁**东关清真大寺**（见61页）看一场主麻日的礼拜。

西宁及周边

盛夏的西宁格外凉爽宜人，赢得了“夏都”的美誉。尽管这座高原城市迫不及待地追逐着现代化都市的步伐，却难掩其本真的悠闲、淳朴。市郊的座座茶园和树林草坪，是当地人钟爱的休闲纳凉之地，盖碗茶中品出了生活的从容惬意。农历六月六，大通县的老爷山花儿会最是精彩热闹。而湟中县的塔尔寺，却在夏季之外才回归它应有的肃穆和平静。

历史

一个地域的命名，常常寄予了统治者的愿望，西宁也大抵如此。宋徽宗崇宁三年（1104年），北宋夺取原名青唐城的唃厮啰藏族政权的都城，取“西陲安宁”之意命名为西宁，也似乎是缘于西北边陲千余年间几易其主的过往。

早在汉武帝元鼎六年（公元前111年），霍去病出兵10万横扫河西走廊驱逐羌人，胜利后于今西宁筑西平亭，已有“西陲平定”之意。西平亭是西宁历史上最早的建筑，至东汉时此处已发展为西平郡。东晋十六国时期，西平先后落入前凉、前秦手中，后来鲜卑族秃发氏在河湟地区建立南凉国，一度以西平为都。

西平在隋朝重新回到中原汉族政权手中，于唐朝恢复“鄯州”之名。鄯州经常受到邻国侵扰，也见证了文成公主远赴吐蕃的和亲之行。安史之乱后，吐蕃攻陷鄯州，并统治鄯州长达三个半世纪之久。北宋时，西宁名为青唐城，作为唃厮啰藏族政权的都城长达72年。直至1104年宋军夺取青唐，更名为西宁州，西宁的名称一直沿用到今天。然而西陲并未就此安宁，北宋灭亡后，西宁又先后被金、西夏等政权占领。

元明时代，藏传佛教和伊斯兰教在青海迅速发展，西宁的塔尔寺与东关清真大寺先后建成。清朝雍正初年，在罗卜藏丹津事件平息后，设立青海办事大臣，管理青海蒙、藏各部和广大牧区，正式在西宁府城设衙置署，为日后青海建省埋下了伏笔。

1914年，青海开始长达近40年的马氏家族（马麒、马麟、马步芳）的军阀统治。在此期间，南京政府在1929年设立青海省，以西宁为省会。1939年，王洛宾受马步芳委派，在青海湖畔协助拍摄纪录片时，创作、改编了《在那遥远的地方》《半个月亮爬上来》等民歌，传唱至今。

1949年9月5日，西宁解放。20世纪50年代，随着兰青铁路的通车，大批内地移民到达西宁支援西北建设。工厂建立起来的同时，古城门和古城墙也遭到拆毁。1966年，“文化大革命”波及西宁，城市处于动乱和瘫痪状态。

2000年“西部大开发”启动后，国家级经济技术开发区的建立，吸引了不少内地企业来此投资建厂，西宁的城市发展终于进入快车道。随着2006年7月青藏铁路通车，大量旅行者的涌入推动了西宁旅游业的发展。2014年12月，兰新铁路第二双线通车，西宁步入动车时代。

西宁市

相比内地许多省会城市的忙乱和熙攘，西宁依然保留着大西北的质朴和中小城市的闲适。每到夏天，大批旅行者的到来会让这座小城稍显拥挤。然而，除中转后便匆匆离去的过客之外，也有不少人迷恋着这座平和低调的“夏都”。盛夏时分，这里的平均气温不过十余度，你可以在东关大街体验民族风情，在高楼广厦之中寻找千年前的历史遗迹，在夏都大街的咖啡馆里消磨悠长的午后，再登上凤凰台，把整座城市尽收眼底。傍晚清真大寺传唤晚祷的悠扬歌声，是夜生活的序幕。不要错过西宁的大排档和小吃摊，让辛辣爽口的酿皮和鲜嫩多汁的烤肉激活你的味蕾，再用一碗熬茶解去油腻。夜幕中的麒麟湾和力盟商业巷霓虹闪烁，是西宁动感喧嚣的另一面。

作为青藏公路和青藏铁路的起点，西宁源源不断地收留了无数的旅行者，然后目送他们踏上进藏的旅途。而2014年年底新开通的兰新铁路第二双线，也使继续乘动车探访丝绸之路直至新疆的旅程得以实现。

方位

西宁市区就像一片柳叶，落在东西狭长的山谷中。湟水自西向东穿城而过，一座座公园和绿地伴河流淌。城市中心的大十字、莫家街、中心广场一带是西宁的传统商业区，而时尚活力的力盟商业巷、史料丰富的青海省博物馆以及汇集东西南北舌尖滋味的口福街，在城西可以找到。西宁重要的交通枢纽——火车站、客运中心站、八一路客运站集中在城东，从这三处发出的班车，目的地涵括了青海绝大部分热门景点。机场距城东28公里，位于平安曹家堡。

景点

西宁市区并没有特别的观光景点，倒是随处可见的民族风情更加亮眼。若是碰上穆斯林的主麻日（星期五），中午时分不妨去清真大寺一带看看，上万人做礼拜的场面会让你大开眼界。除此之外，放慢脚步，在大街小巷中寻古觅今，享受西宁的慢生活，也许会有新感受。

东关清真大寺 清真寺

（☎817 7306；东关大街31号；周五12:00~14:00为礼拜时间，非穆斯林不得入内）**免费** 西宁的东关地区在明代已经成为回族聚居区。建于明洪武年间的东关清真大寺，距今已有600多年历史，与西安化觉寺、兰州桥门寺和新疆喀什艾提尕尔清真寺，并称中国西北四大清真寺。

东关清真大寺几经毁建，一度被夷为平地。直到民国初年，军阀马麒政府才集资在废墟上重建大寺。虽然不可避免地在“文革”期间遭到破坏，但寺院的五拱门、宣礼塔和塔顶的八角楼未受严重损毁。现在看到的清真大寺是1998年改建后的，增建了一道兼做正门的三层主楼，以及楼顶上的大穹顶和两座高45米的圆拱顶式宣礼塔。

穿过五拱门，青砖铺就的寺院广场尽头是宏伟的**礼拜大殿**，殿内可容纳1000多人礼拜。殿内门梁上悬挂着国民政府高官题写的七块牌匾。除了前来礼拜的穆斯林，其他人不允许入内。可以在玻璃门外向室内观看，拍照没有绝对禁止，注意不要张扬就好。

清真寺的讲解员会不定时地到院子中召集参观者，进行伊斯兰教基础知识和教义的讲解，内容通俗易懂，可以说是游览清真大寺的最大收获。你也可以到北厢楼的**文苑**（志愿者服务站）咨询和听取相关知识，这里的回族讲解员都非常热情。不妨问问当天做礼拜的时间，平日里每天5次的礼拜（殿内和广场坐满3000余人）是允许旅行者观看的，但必须保持礼貌和安静。若是恰好赶上周五，跪满信徒的清真大寺连同附近的街区，以及他们色彩斑斓的拜毯，又是一幅令人叹为观止的画面。

清真寺大门主楼的一层，展出伊斯兰教圣城麦加禁寺的地形沙盘和朝圣盛况图片，观赏性较强。二、三层是阿訇进修班和伊斯兰经学院的教室。主楼临街的一面是一座很有西北民族特色的**西宁穆斯林商城**，可以花些时间闲逛。

距离清真大寺最近的公交车站是东稍门站，1路、2路、5路等多路公共汽车经过那里。

马步芳公馆 故居

（☎813 1080；城东区为民巷13号；门票30元，讲解费30元；⏲夏季8:00~19:00，冬季9:00~17:30）这是民国时期统治西北40年、人称“西北王”的马步芳的府邸，建于1942年，当时堪称青海的政治军事中心。幸亏马步芳1949年离开大陆时没有下令炸毁，这座府邸才得以完好地保留了下来。公馆有近300个房间，7个独立且相连的院落。院子开阔，厅房宽敞，摆设雅致豪气，地下有暗道相通。经过2004年大规模的清理修复，这座占地3万平方米的民国建筑气派地独占一方。

前院作接待宾客之用，院子中间摆放着1942年蒋介石赠予马步芳的一辆美式悍马小吉普，小有震慑来人之感。院子正中的**玉石厅**是公馆中最引人注目的厅房，因内外墙体均用产于青海的“羊脑石”砌成而得名，尽显奢华，专门接待重要显赫人物。靠北面的**贵宾厅**里，地毯、矮桌以及玉质的波斯风格壁炉，专为接待少数民族宾客而装潢。厅中还挂有蒋介石和纪晓岚的两幅真迹。

正院是马步芳一家生活起居的处所。时任中华民国国民政府主席的林森提写的“馨庐”二字石碑立于院中，显示了马步芳的政治地位。进入西侧的**马步芳居室**，不妨等等，听导游的解说，马氏三代族谱图是讲解的重点，马氏家族的轶事和马步芳生平在这里也有介绍。居室二层蒋介石和李鸿章的真迹罕见珍

西宁城区

A
B
C
D
1
2
3
4
5
6
7
至藏文化博物院(5km)
至大通老爷山(39km);
门源(130km)
海湖大道
祈连渠
小桥大街
北川河
门源路
朝阳公园
朝阳西路
朝阳东路
宁大高速
柴达木路
海湖路
文化公园
海晏路
人民公园
祁连路
湟
五四大街
冷湖路
盐湖路
新宁路
胜利路
西交通巷
22
东交通巷
交通巷
47
2
23
20
七一西路
西关大街
昆仑西路
新宁广场
6
29
9
解放渠
西宁植物园
南业巷
黄河路
南川河
西久公路
中心广场
儿童公园
长江路
水井巷步行街
30
5
南川西路
南川东路
昆仑中路
南山路
砖厂路
43
4
南山公园
西塔高速
南川公园
至塔尔寺(26km)

0 600 m
E
F
G
H
1
2
3
4
5
6
7
建设公园
北山绿化区
8
长江路
滨河南路
祁连路
中
水
庄
京藏高速
25
上滨河路
七一路
劳动公园
27
北大街
32
33
39
26
五一路
滨河南路
祁连路
北园巷
渠
18
西大街
40
东大街
36
花园北街
44
45
14
南大街
莫家街
11
16
28
46
七一路
41
共和路
人民街
15
37
东关大街
17
3
建国大街
互助路
南关街
花园南街
24
下南关街
1
21
至曹家堡机场(26km);
平安(36km)
31
34
夏都大街
乐都路
大众街
12
七一东路
10
7
35
共和路
13
38
19
建国大街
昆仑中路
解
南山路
南
夏都大街
德令哈路
互助路
放
八一路
42
滩
南山东路
渠
南山绿化育林坡
昆仑东路
渠

西宁城区

景点

1 东关清真大寺……F5
2 虎台公园……B3
3 马步芳公馆……G5
4 南山公园……D6
5 浦宁之珠……B5
6 青海省博物馆……C3
7 青唐城遗址……E5
8 土楼观……E2
9 西宁高原野生动物园……A3
西宁市博物馆……（见2）

住宿

10 彩门青年旅舍……E5
11 成林大厦品质酒店……E5
12 东城嘉艺宾馆……G5
13 理体……E6
青海恒裕国际青年旅舍……（见3）
14 青海行青年旅舍……E5
15 尚俭太空舱莫家街店……E5
16 西凉驿青年旅舍……E5
17 夏日丽景酒店七一路店……G5
18 珠穆朗玛宾馆……E4

就餐

19 白驼牦牛退骨茶餐厅……G6
20 拜酿皮……D3
21 成贵羊脖子手抓专卖店……G5
22 富滨炕羊排……C3
23 古城木桥牛肉面……D3
24 火柴人……E5
25 九村烤脑花……E3
26 青海土火锅……E4
27 歪猪蹄……F4
28 益鑫羊肉手抓馆……F5

饮品和娱乐

29 501悦coffee club……C3
30 Good beer进口啤酒体验馆……C4
31 诺尔布……E5
32 唐璜……E4
33 天堂时光……E4
34 新式浓缩茶馆……E5

购物

35 安多咖啡馆……E5
36 大羽户外……E4
37 冬冬精羊专卖店……F5
38 读行天下……F6
39 玉树牦牛酸奶……E4
藏毯研究中心……（见6）

实用信息

40 大十字邮政支局……E4
41 青海省人民医院……G5

交通

42 八一路过渡站……H7
43 南川西路客运站……C5
44 汽车过渡站……G4
45 西宁火车站……H4
46 西宁客运中心站……H5
47 新宁路客运站……B3

贵。对面的**夫人楼**梳妆女红，绣床靠椅，富有生活气息。

女眷楼也叫南楼小院，二层由马步芳的7位夫人和女宾居住，如今充作**青海省民俗博物馆**，介绍青海各民族的民俗风情，也售卖纪念品。

距离马步芳公馆最近的公交车站是省医院站，乘3路、7路、17路公交车下车后进入为民巷约300米即到。由于公馆离西宁火车站和汽车站仅一站之遥，若是在西宁转车，时间允许亦可来此一观。

青海省博物馆 博物馆

（☎611 1164；www.qhsbwg.orgcc.com；西关大街58号；凭身份证免费，讲解费100元；⏲4月15日至10月15日9:00~17:00，10月16日至次年4月14日9:30~16:30，周一闭馆）就外观而言，青海省博物馆决不辜负“恢宏”二字，但内里却有些不大相称。整个一层除了入口处的一小片博物馆礼品区，基本都已出租做商业展销用了。

博物馆的展厅设置在二楼，分为青海省历史文物展和非物质文化遗产展两部分。北馆历史文物展厅围绕江河源文明展开，不乏精彩亮点。入口左侧墙上标注了“青海之最”，列入的十件“宝物”都可在展馆中找到。不妨留意一下部分展品旁边的二维码，扫一扫即可知来龙去脉。另外，你可以寻找一下古彩陶，新石器时代及之后的古文化遗址，在河湟谷地到柴达木一带多达500余处，出土的彩陶也十分丰富。入口处不远的舞蹈纹彩陶盆等珍贵藏品，距今已有四五千年历史了。

南馆是非物质文化展厅，用文字、录像、模型等方式，还原了这个多民族地区的手工技艺、民俗、歌舞、生活等场景，正对着入口的一人高的**铜鎏金观音像**，制于明代，是博物馆的"镇馆之宝"。

乘2路、9路、12路等公交车在新宁广场下车即到。

藏文化博物院

博物馆

（www.tibetanculturemuseum.org；生物科技产业园区经二路36号；凭身份证领票参观，特展"彩绘唐卡大观"60元，20人内讲解费100元；⏲5月至9月9:00~18:00，10月至次年4月9:00~17:00）如果你有兴趣了解学习藏文化，这里绝对值得一看。可以在服务台租用电子语音导览器（20元/台，押金100元），或请一位导游讲解。8个展厅细细看过，大约需要半天时间。

最引人注目的藏品是二层"彩绘大观馆"内长达618米的"藏族艺术彩绘大观"。这幅唐卡堪称一部藏地历史、文化、宗教、医学的百科全书。还有三幅并排陈列的金、红、黑唐卡也十分珍贵。它们分别以金、红珊瑚、珍珠、玛瑙等研磨成的粉末打底，描绘着释迦牟尼、马头金刚和吉祥天母等密宗肖像，立体感极强。古籍文献馆中的《四部医典》和天文历算馆中的"时轮坛城"也是博物馆的重要展品。

比较有趣的是藏医史馆，你会惊讶地发现，4000多年前的西藏医生居然已经能做穿颅手术。曼唐器械馆可以迅速了解藏医学，其中的三幅"树形"曼唐，概括介绍了藏医对人体生理病理、诊断和治疗的理解。藏药标本馆中所展示的，几乎是一部关于青藏高原动植物和矿物的自然史。如果你还没有深入过藏区，不妨先在这里一睹高山雪莲、冬虫夏草的芳容。

位于藏文化博物院东侧的**青藏高原自然博物馆**（☎522 6789；门票60元，1.2米以下儿童免票；⏲每周二至周日9:00~17:00，周一闭馆）展现了青藏高原的地质地貌、生态环境、动植物种群等内容，是科普和学习青藏高原沧海桑田的自然课堂。

乘坐1路、34路公交车在新乐花园站下车，即可到藏文化博物院和青藏高原自然博物馆。

土楼观

道观

（又称北山寺或北禅寺；祁连路西38号；⏲7:00~19:00）免费 这座借势凌空、有"中国第二大悬空寺"之称的土楼观，在北魏郦道元的《水经注》中已有记载。此地最早为纪念汉朝护羌校尉邓训的"圣贤之祠"，后因佛教、道教的先后到来演变为寺庙和道观，一度佛道共存，直到1983年改名为土楼观，才名正言顺地成为道教活动场所。现在这里是青海省道教协会所在地。

土楼观位于北山之上。从山脚的**灵宫殿**拾阶而上，可到2008年重修的土楼观主殿**王母宝殿**。沿陡峭的"天梯"攀登或选择左侧平缓的盘山坡道上行，经过迎仙桥，便到达土楼观的主体部分——**九窟十八洞**，洞内有壁画，供奉着佛像。但由于年代久远，风雨的不断冲刷导致山体不稳，这些洞窟也岌岌可危，时常处于整修之中，不时封闭谢客。

沿山前公路往东而上，盘山坡道上可找寻**闪佛**的踪影。"闪佛"因借山势而凿，因而有"闪现"之意。崖壁上高四五十米的佛像为唐代所修，西面的一尊已风蚀坍塌，东面的一尊尚有想象余地。路的尽头可达一座始建于明代的六角实心砖塔——**宁寿塔**。此外，北山因常隐现于烟雨朦胧中，得名西宁古八景之一"北山烟雨"。

乘80路或109路公共汽车到北山市场，穿过铁路，上台阶向西绕过尘土飞扬的建材市场，走100多米后右转，沿北禅路一路向北，经过**西宁天主堂**（北禅路24号）后约300米就是灵宫殿。

南山

公园

（☎824 7315；南山公园路口）免费 也许你早已注意到城南山顶一座造型新颖的建筑，远看像一组白色的风帆，这就是位于南山公园内的**凤凰台**。置身其上，可以看到与之相对的北山和西山之间狭长的西宁市区。凤凰台下一座精致考究的庭院，是元代的伊斯兰贤哲陵墓**凤凰山拱北**，现在是穆斯林举行宗教活动的场所，暂时不对旅行者开放。顺大路往下，公园正门里是大片草坪、树林、水潭，成了一片小憩、野餐的好地方。

凤凰台台阶的后方有一条土路，沿路下行约20分钟，山脚有青海省最大的汉传佛教比丘尼寺**法幢寺**（南山路75号；⏲5:00~19:00）免费，新修的大雄宝殿十分气派。隔壁的

另辟蹊径

遗落繁华的古迹

在现代化的国际村中心，有一座**青唐城遗址公园**。园中一段300多米长的黄土墙，带你穿越到900多年前，并将青唐城的故事娓娓道来：建于公元1032年的青唐城是唃（gū）厮啰政权的都城，由于丝绸之路的河西走廊段曾经受阻，青唐城曾是中西交通枢纽和贸易集散地，丝绸南路青海道也一度复兴。公元1009年，青唐城被宋军攻破后改名为鄯州，随后被唃厮啰收复。公元1104年再次被宋军占领，并改名为西宁州，"西宁"一名沿用至今。

位于西关大街、距新宁广场不远的**南凉虎台遗址公园**是西宁城最古老的遗迹。这个30米高的土台已经有1600多年的历史了，它是东晋十六国时期南凉王朝建都西宁时人工垒成的阅兵台。想象一下公元402年的情景吧：南凉王朝第三代君王秃发傉檀，高高地站在这座黄土夯成的九层高台上，台下陈兵十万，号角雷动，何等壮观。然而在公元414年，南凉被西秦所灭，永远地消失在中国的版图上，唯有这座已看不出棱角的阅兵台，仍在诉说往日辉煌。

虎台公园内，西侧的一排平房是**西宁市博物馆**（周二至周日10:00~16:00）免费，内有名为"湟水古韵"的民族聚居交融文物展，可以了解古羌、鲜卑、吐蕃人在西宁的生活情况以及这些少数民族建立的政权，对唃厮啰政权和南凉国也有更深入的解说。

南禅寺（858 6071）免费 始建于北宋，如今佛、道建筑共存，是汉传佛教信徒（净土宗派）进行宗教活动的重要场所。若恰好碰上两寺每年六次的法会，众多居士超度祈福的场面十分壮观。

如果这几处景点都想游览，可乘16路、18路、24路等公交车到南山公园路口。这里有小摩托（10元/车，可坐4人）直达山顶公园门口，也可步行30分钟上山。进入南山大门后可先逛逛左侧的公园区，再返回登上凤凰台，观景后再沿小路下山参观南山寺和法幢寺。小路阶梯较陡，若逢雨天十分泥泞湿滑，不建议你涉险。若你只想看看寺庙，乘16路、21路、43路等公交车到南山寺即可。

西山

公园

（814 9850；行知路9号；成人30元，1.2~1.4米儿童15元；工作日9:00~17:30，节假日9:00~18:30）设在西山林场内的**青藏高原野生动物园**其实有点盛名难副。与普通动物园有些区别的是，在草食动物区可以认识藏野驴、野牦牛、普氏原羚等几种高原野生动物，另外还有一座**藏獒园**。从入口处不远可乘环园小火车（20元）游览，或乘电瓶车（5元）到达猛兽散养区，然后换乘中巴车（凭门票免费），坐在车上可透过玻璃窗观察处于散养状态的虎、狼、熊等猛兽。全园仔细看下来约需3小时。

西宁最高的建筑**浦宁之珠**（见62页地图；又称高原明珠、西宁电视塔；624 6458；西山一巷7号；门票50元；11:00~23:00）是上海浦东援建的"东方明珠"高原版，位于西山东部。塔楼上的**观光厅**可俯瞰西宁全景。若想到塔上的360度**旋转餐厅**就餐，可购买78元代金券（含门票费）在餐厅消费，少补多不退。在每月8日和18日的"公众免费开放日"，可免费登塔（11:00~17:00，限额500人），碰上天气好通常到下午两三点就满额了。

乘14路到终点站就是野生动物园，或乘6路、9路等公交车到海湖路市场（昆仑大道和海湖路交会处），南行300米就到动物园西门。距离浦宁之珠最近的公交站是西山一巷，2路、29路、30路等公交车经过那里。沿西山一巷上行大约30分钟可到。

住宿

随着青海旅游的不断升温，作为最大的旅游中转站，西宁各类中小型酒店、家庭宾馆、青年旅舍也雨后春笋般地冒了出来。然而每逢七八月的旅游旺季，即使酒店价格毫不留情地翻上2~3倍，房源依然紧张，就连大型连锁快捷酒店也动辄三四百元。若你不想背包拖箱地找上好几条街，请务必提前预订，并预付房款。

西宁的青年旅舍事业格外发达。不管是

小楼独院儿的大家，还是开在居民楼中的小户，除了几十元一张的床铺和方便的旅游咨询服务外，青旅里大把准备环湖、进藏，或走张掖、敦煌的背包客们，或许能成为你一起拼车拼饭的好旅伴。即便你不住在这里，也不妨进来交换搭伴信息。

以下所列的房间价格均为旺季时的执行价格。若你在春、秋前来，房价可以降下三四成，11月至次年3月打个四五折也可以成交，但部分青旅铺位价格浮动不大。

莫家街附近

地处西宁中心的“大十字”商圈，吃饭、购物、交通都是最发达和便利的。多家老牌青年旅舍和各品牌快捷酒店都集中在此，如果你喜欢热闹，这里是不错的选择。

西凉驿青年旅舍

青年旅舍 ¥

(☎821 2658；城中区石坡街9号；铺40~50元，双120元；Wi-Fi)旅舍藏在旧居民楼中央的一个院子里，门口的波斯菊把老院子衬得十分惬意。青旅一楼的休闲区域很开阔，每层都设有公用卫生间，而房间却局促了些，双人间是榻榻米式。美中不足的是时常连不上的Wi-Fi和仅设置在一层的淋浴。这里提供丰富的旅游、拼车信息，还有帐篷、睡袋等户外用品出租。

尚俭太空舱莫家街店

青年旅舍 ¥

(☎823 2260；生产巷金座碧城9单元16楼9162室；普通舱/豪华舱96/106元；Wi-Fi)这家青旅位于莫家街旁居民楼的高层，视野开阔，房间也干净敞亮。所谓普通舱和豪华舱的区别，就在于舱门在脚底还是在身侧，另外，豪华舱空间更大些。每个舱内均配有电源、电灯、风扇、镜子，舱口的小竹帘拉下后私密感十足。只有两个卫生间和一个淋浴，会让你在使用高峰期有些着急。

青海行青年旅舍

青年旅舍 ¥

(☎826 6944；www.qhxing.com；民主街4号；铺35元起，普双/标双120/200元；Wi-Fi P)不要被破旧的门面吓倒，这家拥有150个床位的青旅不管是房型种类，还是功能区都十分强大，部分房型带独立卫浴。休闲角、交流区、书吧、酒吧和卫浴设施也对得起它的规模。青旅老板同时经营一家正规的户外旅行社，因此在这里捡伴儿和参团都比较方便。

成林大厦品质酒店

酒店 ¥¥¥

(☎811 9333；东大街7号；迷你单间268元，标双398元，均含早餐；Wi-Fi P)市中心难得的一家精致酒店，价格与周围几家连锁品牌酒店相当，但舒适度高得多。推荐迷你单间，紧凑但不显拥挤，1个人住会很舒服。

珠穆朗玛宾馆

宾馆 ¥¥¥

(☎820 2788；教场街5号；标双300元起，藏式标双380元；Wi-Fi P)一座显眼的藏式建筑，正对着基督教堂，靠近中心广场。藏式标间和普通标间的区别仅在于天花板的装饰。房间较大，木地板显得清爽。我们调研期间酒店暂未开通网上预订，需致电咨询。

国际村附近

这里的西宁很从容。宽阔的马路、现代的建筑、有腔调的酒吧和咖啡馆，还有可人的小花园，因此也成为不少老外的聚集地。若你打算在西宁多待几天，这里是体验西宁“慢生活”的不二之选。

理体

青年旅舍 ¥

(☎820 2090；www.letehostel.com；建材巷国际村公寓5号楼15层；铺55元起，普间/标间140/200元，套间290元；Wi-Fi)客房从13层到16层，设计和布置都很摩登，不少房间都有落地玻璃窗。这里的旅行社可以办理外国人进藏许可，因此吸引了不少老外，咖啡吧也提供比萨等西式简餐。淋浴和卫生间非常干净。旅舍有好几个公共露台，是发呆、聊天的好去处。

彩门青年旅舍

青年旅舍 ¥

(☎827 7707；建材巷9号；铺40元起，标间258元；Wi-Fi)从公共区域到房间内饰甚至床品都是五彩缤纷的，与店小二的热情服务相得益彰。房间有些拥挤但还算整洁，只是公共卫浴在一层，稍有不便。值得一提的是，这家青旅会从每位住客的房费中抽取1元钱，用于公益捐赠，还有一些旅行者也能参与其中的公益活动，详情见68页方框“彩门的公益之路”。

火车站附近

如果你到西宁仅为中转，住在市区东边最方便。这里集中了火车站、发往主要旅游目

彩门的公益之路

彩门青旅的分店——青海彩门公益之旅（☎827 7709；南山路附13号南山地矿庭苑15号楼1单元111室；铺40元起，标间258元；📶🅿）是彩门公益的志愿者服务中心。负责人张明琪老师，原在果洛州达日县教育局工作，每次下乡都会发现许多孩子生活和学习上急需解决的困难，后来他在爱心网友的帮助下，走上了公益之路。

孩子们最急需的是什么？

书籍，正规出版社出版的儿童读物、经典图书，或是新华字典、藏文字词典等工具书。冬天御寒的衣帽鞋袜、护手霜、冻疮膏等也是孩子们急需的。

如果不接受现金捐赠，是否接受邮寄物品呢？

可以邮寄，但运输成本太高，所以并不提倡。"多背1公斤"就是一种很好的方式。如果你路过西宁，不管是否住在彩门，背两件衣服或者两本书送来这里，就足够了。

有没有适合旅行者参与的一些短期的、简单的公益活动呢？

有，比如"周末有约"，就是周末到乡村去引导和陪伴孩子们读书、绘画。在秋、冬季节，手巧的客人可以利用闲暇时间，在青旅织围脖、手套赠送给孩子。爱好摄影的旅行者可以参与"快乐影像"项目，用镜头帮乡村的孩子、老人记录生活点滴，冲洗出来再送给他们。这些项目我们长期都组织实施。

可参与的较长时间的公益活动有哪些？

每年七八月的旅游高峰期，长期项目比较少。其他时段有多种偏重于助学和健康的公益活动。若想了解彩门公益的具体项目和实施情况，可以随时拨打青旅的电话咨询，或关注新浪微博@雪域张明琪。

的地的客运中心站、八一路汽车站，离马步芳公馆和东关清真大寺也很近。

青海恒裕国际青年旅舍 青年旅舍 ¥

（☎522 3399；城东区为民巷13号马步芳公馆1号院；铺55元起，普双/标双150/218元；📶）这家青旅令人眼红地占着马步芳公馆旁一个偌大的四合院，离火车站也仅有一站路，因此也就铺位紧张。灰色的砖墙和木质的高低床，有点民国军营的味道。广阔的院子就是公共空间，夏季午后不免有些热。

夏日丽景酒店七一路店 酒店 ¥¥

（☎717 2666；七一路62号青百超市旁；标双338元起，含双早餐；❄📶）在旺季以这个价格住到一家硬件设施堪比四星的酒店可称超值。虽然门面在一家KTV旁边有点难找，但内部不管是走廊还是房间都宽敞得出乎意料，还有一个空中小花园。大床房是内窗，所以有点闷。门前的公交车一站路直达火车站。

东城嘉艺宾馆 宾馆 ¥¥

（☎521 9966；七一路延伸段26号；标双278元起；📶）开业不久的小型宾馆，房间干净，细节精致，设施较新。标双房型临街，在落地玻璃窗边摆放了茶几和布艺沙发，十分惬意。

就餐

也许你在计划来青海时就已经垂涎这里肥美的牛羊肉了，就连当地人也对自家的羊肉赞不绝口："我们青海的羊，肉嫩、不膻，黄焖、烧烤、清炖、炕锅，怎么吃都对味儿。"而地处大西北，这里的面食、小吃的种类和吃法也是五花八门，酿皮、酸奶和甜醅最具代表性。此外，口福街（西交通巷）、小新街有各地口味的炒菜、海鲜，国际村的西餐厅和甜点也总有一款适合你。

★益鑫羊肉手抓馆（花园北街店） 清真菜 ¥¥

（☎817 9336；花园北街白玉巷5号；人均70元；⏲10:00~21:30；禁带酒精饮料）这家深巷小店前弯弯曲曲的队伍，印证了"肉香不怕巷子深"的说道。食客进店请自行找座儿，然后派一人上门口点菜，如点了抓肉直接端走。招牌是黄焖羊肉（88元/斤），肉嫩而不膻，即使牙口不好也毫无难度。店里还有多种炒菜和小吃，但不要让善于推销的点菜伙计影响了你的理智。吃完别聊天了，把桌子让给在你身边眼巴巴等位的客人吧。

★富滨炕羊排

清真菜 ¥¥

（城西区交通巷220号，近胜利路；人均50元；⏲17:00至凌晨；可带酒精饮料）炕羊排是青海当地菜，羊肉一斤起点（75元/斤），里面是羊排、土豆片、洋葱、宽粉等一锅端。除了招牌菜，这家的烧烤也毫不逊色，可以尝尝软糯可口的烤羊蹄（7元/个）、脆嫩多汁的羊腰子（10元/个）和软烂入味的烤羊肚。若不事先说明，辣椒粉会撒得特别多。

成贵羊脖子手抓专卖店

清真菜 ¥¥

（☎151 0971 3814；共和路33号；人均60元；⏲11:00~23:00；可带酒精饮料）虽然手抓也是招牌，但这里的羊脖子名气更大（88元/斤）。肉是现从做好的羊脖子上剔下来的，切成薄片后蘸料吃，相比手抓，瘦而不柴。还可试试青海风味的酸菜炒粉丝，酸辣爽脆的口感可解肉腻。蘑菇丁和牛肉丁做的干拌面（10元）也不错。

白驼牦牛退骨茶餐厅

清真菜 ¥¥

（☎130 8627 1000；大众街25号；人均60

西宁小吃大搜罗

西宁的面食和小吃多种多样，这里介绍的多是当地人推荐的老字号和最常光顾的小吃店，味道正宗、价格实惠，只是有的环境不太理想。这些馆子大多都只营业半天，一般卖完就关门了，所以去之前看好时间，以免扑空。

拜酿皮（兴海路；⏲7:00~17:00）在同一条路上有两家，口味都正宗，但南边的一家人气更旺些，错过饭点也许能避免排队。各种酿皮7元/碗，卖完即止。花园南路华联超市南边的**穆仨尔酿皮**（⏲9:30~18:30）店面很不起眼，但深得当地人喜爱，酿皮比拜酿皮薄些，但口味略重。

马子禄牛肉面（共和路与七一路路口北；⏲6:40~21:00）是兰州的连锁品牌。牛骨熬制的高汤清亮地淋在面上，加上白萝卜、葱花、辣子油，看起来就像一碗艺术品。牛肉面7元/碗，免费加面，就是几个肉丁难寻踪影，建议你加肉（8元）。**舌尖上的牛肉面**（夏都大街188号）味道也不错，24小时营业，能时刻满足你的食欲。

冶家尕黑娃抓面（花园南街与中南关街路口；⏲7:00~14:30）这里的抓面是机器压制的，口感较软，拌的酱料也比较柔和，可加羊肠或肉皮冻似的杂碎切片（12元），加肉16元。

古城木桥牛肉面（兴海路，城西区检察院旁；⏲6:00~16:00）这里的干拉面比牛肉面（均为8元）更出名，口味较重，不能吃辣要提前说，否则就是一盆红面。建议你加肉（7元），牛肉铺满整碗，吃着更带劲。

泉儿头杂碎（☎812 0791；大众街74号；⏲5:00~14:00）是家老字号的连锁店。杂碎20元/碗，肉质筋道，分量不大。羊杂碎一般11:00前就卖完了，牛杂碎晚些。还有羊脑（3元）可以试试。受当地人追捧的**马尔沙牛杂**（纸坊街，海一大厦西侧；⏲5:00~11:00）从5:00营业就开始排队。建议你避开早高峰去，但再晚点就卖完了。

华英炮仗碗拌（乐都路北磨尔园清真寺对面；⏲10:00~16:00）是西宁连锁的老字号炮仗面专营店，五一路与祁连路路口的那家最火爆，这家位置靠中心些。炮仗面9元/碗，牛肉丁和少许蔬菜带着汤汁一拌即可。

马忠食府（莫家街路口；⏲6:30~23:30）各式小吃、肉类、经典面食一应俱全，适合时间有限的旅行者。这里味道尚可，还有不少改良版本，但价格比普通店铺高出近一倍，光顾的也多为游客。旅游旺季的饭点或周末晚上，门口拥堵不堪，店内一座难求，连路边轿车的引擎盖也沦为食客的饭桌。

元；⏲11:00~23:00；禁带酒精饮料）不用担心抱着骨头啃的吃相太狼狈，饭馆里卡座小包厢的设置，可以让你暂时放下矜持。带骨牦牛肉（82元/斤）肉质细腻，酸奶人参果（42元）也值得一试。结账时别忘端着吃剩的骨头过去，端上来的分量减去骨头的重量，才是你要付的牛肉钱。

青海土火锅

火锅 ¥¥

（☎491 0881；饮马街31号，近十四中；人均50元；⏲约11:00~21:30）这家土火锅（小/中/大锅118/138/158元）的吃法的确与众不同。锅是铜锅，食是熟食，所以锅一端上来，筷子就可以齐刷刷地下去了。土火锅面上整整齐齐地摆放着一圈牛肉、羊肉、丸子、炸带鱼、猪肉片等荤菜，下层则是粉丝、酸菜、菌类、海带等素菜。分量十足，一个小锅就能满足3人食量，吃得不过瘾还可以单点加料。晚饭时间客人爆满，但不提供电话订位服务，要想尝鲜只能早早去等。

歪猪蹄

川菜 ¥¥

（☎845 7498；七一路328号；人均40元；⏲11:00~22:00）如果牛羊肉已不能唤起你的食欲，不妨到这里来换换口味。招牌的猪蹄68元/份，有红烧、香辣干锅和滋补蹄花汤三种口味，川菜小炒也很地道实惠。

九村烤脑花

烧烤 ¥¥

（☎823 9887；七一路，西宁宾馆东30米；人均50元；⏲16:00~24:00）这家重庆烧烤店，能让你出现已远离青海的错觉。猪脑花（16元/个）是放在盛满红油的锡碗中烤的，入味又多汁。烤猪皮也不错，事先卤好的猪皮撒上作料烤制，外脆里弹。还有烤茄子、烤豆腐等素菜，但烤生蚝和烤扇贝只可解馋。

火柴人

西餐 ¥¥

（☎824 2626；夏都大街半山花园222-42号；人均50元；⏲10:30~24:00；📶）这家西餐厅的出现也许能让你从辛辣的重口味中解脱出来。薄底比萨均是现揉面团现烤，所以上菜速度和这里的生活节奏一样慢慢悠悠。比萨种类丰富，还有意大利千层面、墨西哥牛肉卷等西式餐食，出品精致。推荐招牌比萨"比尔的选择"（58元/8寸）。

饮品和娱乐

西宁最有"范儿"的咖啡馆，大多集中在国际村附近的夏都大道上。美式乡村风、中式古典风、藏式民族风，加上各家不同的看家饮品和甜点，大概能满足每一颗想要"小资"的心。

相比之下，西宁的酒吧则比较单调，没有精酿啤酒和单一麦芽威士忌。但气氛还过得去，驻唱演出多在1~3小时。酒吧主要集中在四个区域：夏都大道的酒吧清静优雅；力盟商业巷的酒吧活力四射；麒麟湾酒吧街依水而建，喝酒之余还可沐风赏景；文庙街的酒吧则有些年头了，那里是当地人常光顾的地方。

诺尔布

藏式酒吧 ¥¥

（☎829 8008；夏都家园东区，花园南路延伸段；⏲13:00至次日2:00；📶）这家装修精致、藏式风情浓郁的酒吧以藏式饮品为主打，康巴奶茶（48元/壶）和康巴酥油茶（88元/壶）颇具特色，也售卖一些自酿甜酒和大众品牌的啤酒，佐以糌粑坨坨、酸奶干、牦牛肉等藏式小吃，飘扬着轻快悠扬的藏族音乐。

天堂时光

咖啡馆 ¥¥

（☎516 8024；文化街22号；人均35元；⏲10:30~23:00；📶）入口处的一片蓝——摆满整个书架的Lonely Planet指南书很容易引起你的注意，屋内木制书架和绿植清新扑面，这是一家以阅读为主题的咖啡馆。明信片摆满了两面墙，可用店里的彩色笔、印泥和个性印章即时创作，店内提供邮寄服务。一层图书用于售卖，阁楼上的畅销书可免费阅读，此处也提供咖啡、茶饮、简餐。

新式浓缩茶馆

茶馆 ¥

（☎824 0989；夏都大街222-16；人均30元；⏲9:30~24:00；📶）中式古典的装修和饰品摆设，加上现代简约风的桌椅，整个茶馆明亮、舒适。主打以茶为底，加入果汁、苏打或奶泡等新元素调制出的各类新式饮料。如果想品尝纯正的中国茶，可到隔壁的**铁观音生活馆**，是同一位老板开的。

Good beer进口啤酒体验馆

啤酒吧 ¥¥

（新华巷昆仑阳光城3号楼；人均60元；⏲11:00至次日2:00；📶）在西北找到这样一家

有上百种进口啤酒的酒吧并不容易，可惜仍然没有精酿啤酒。酒吧规模不大，内部是帘子隔开的小包间，还算宽敞。啤酒80%来自德国，唯德夜宴45元/听，比利时智美修道院45元/瓶，还有全套的林德曼果啤等，若听装的不过瘾可以来5L桶装的。

唐璜 酒吧 ¥

（☎822 2549；北大街华侨大厦2楼；⏲10:00至次日2:00；📶）与不起眼的门面相比，酒吧内部面积很大，清一色古典宫廷范儿的大沙发坐起来很舒服。白天这里是个安静的咖啡厅，晚上逐渐热闹起来，在驻唱时间（22:00~23:00）气氛达到高潮。喜力、百威25元/听，啤酒经常做活动，也有预调酒和洋酒。

501悦coffee club 咖啡厅、酒吧 ¥¥

（力盟商业巷7号楼1层；⏲11:00至次日1:00；📶）这个用集装箱铁皮做外墙的club内部有些分裂，一侧是美式复古工业风的酒吧，打着镭射灯光、音乐动感十足。晚22:00~24:00有驻唱表演，酒品种较多，人气也很旺。穿过玻璃墙，另一侧却是光线柔和、安静的咖啡厅，出品精致。

购物

西宁有两大集中的商业区。以**大十字**为中心的传统商业区，汇集了西宁数家大型百货商场，旅行者最熟知的莫家街和水井巷步行街也在这里。到了夜里，饮马街—兴隆巷一带的夜市生意兴隆，以售卖普通服装和小商品为主。而位于城西的**力盟商业巷**则是近年新兴的商业中心，星巴克、优衣库、三叶草等品牌的进驻，让这里显得时髦起来。

户外用品

户外连锁**大羽户外**（大新街靠东大街口；⏲9:30~20:00）遍布全市，可以满足基本需求。凯乐石、探路者等品牌，也在西宁开设了多家分店，在西大街的百货和超市可以找到。

南小街靠近国际村公寓的一段，聚集了多家户外用品店和自行车店。在这里可以补充进藏的物资，也可以租到专业的自行车。**读行天下**（☎808 4151；南小街55-45号）从户外服装到露营器具等装备一应俱全，自行车租赁押金按车型为1000~2000元，日租金40~60元。**西宁途乐单车用品店**（☎139 9728 0395；南小街55-45号）是专卖自行车零件、装备的商店，还可租赁（押金500元，租金50/日，含头盔）和组装自行车。

手工艺品

购买藏饰等手工艺品，可以到**水井巷步行街**。这里有许多小藏饰店，货品良莠不齐，需要你拥有一双识货的眼睛和讨价还价的技巧。但我们更建议你去游客少的精品小店碰碰运气。如果想买些别致的藏饰或羊毛制品，**安多咖啡馆**（☎821 3127；www.amdocraft.com；乐都路19号；⏲9:00~20:00，冬季9:00~18:00，周日休息）是个好地方，这里的牦牛手工皂也十分精巧。这些手工艺品的制作者，是青海和甘肃藏区50多个家庭的60多名安多藏人，销售收入将回馈藏区，用于支持安多藏区的教育事业和健康卫生培训。

位于青海省博物馆北厅的**藏毯研究中心**（☎512 0936；www.tibetansheep.com.cn）是专门的藏羊地毯、挂毯销售点，并提供邮寄、托运服务。

食品

说到青海土产，牦牛肉干、老酸奶，恐怕是多数旅行者的第一反应。如果仅仅想买些大众化的特产，西宁最大的**北京华联超市**（城中区花园南街2号；⏲9:00~21:00）足以满足你的需求。**莫家街**和**水井巷**也是旅行者集中购物的地方，购买牦牛肉干等食品的时候，一定要注意包装上的信息，部分商家不时会用"三无"产品鱼目混珠。尽量不要购买散装的牦牛肉干。

市场上常见的青海老酸奶多为含糖产品，若想购买原生态的酸奶，可到**玉树牦牛酸奶**（七一路479号旁，中医院斜对面；⏲9:30~18:00，周日休息）。酸奶产自玉树称多县，隔日从称多运往西宁售卖，保质期为10天，200克装15元/盒，1公斤装50元/桶。

购买手抓牛羊肉，最好的地方是**益鑫羊肉手抓馆**（见68页），最好避免饭点过去。称好的肉消毒冷却后进行真空包装，常温可保存5天。若想购买一些新鲜牛羊肉，位于南小街与中南关街路口的**冬冬精羊专卖店**（☎131 9578 0091）店面卫生，可抽真空带走。

此外，下南关街不少清真肉档也都提供抽真空服务。

实用信息

危险和麻烦

不要过于信任西宁的人行交通灯。即使绿灯亮起，右转车辆和对面左转的车辆依然可以行驶，且毫无减速避让之意，所以请眼观六路，适时出动。否则等到车辆快走完时，交通灯又转红了。

在任何清真餐厅就餐都不要带入非清真食品，穆斯林十分忌讳。大部分清真餐厅都不允许饮酒，穆斯林的宾馆严格禁止带酒进入。

在每年七八月的旅游旺季，开往各旅游景区的班车不仅车票紧俏，而且车程也难免要延长。特别是青海湖周边和祁连方向，道路拥挤、事故频发，堵车是家常便饭，遇上周末情况更糟。所以制定计划时，务必多预留一些机动时间，以免耽误了后面的行程。

医疗服务

如果以西宁为出发点前往高原藏区，可预先购置抗高原反应药物，药店很多。就诊可去**青海省人民医院**（☎817 7911；青海省西宁市城东区共和路2号），这是西宁市较大的综合类三甲医院。

银行

市区有多家银行和24小时ATM，银行工作时间一般是周一至周五9:00~17:30，双休日、节假日9:30~17:00。

邮局

大十字邮政支局（城中区西大街1号；⏲8:30~18:00）进门上电动扶梯，邮局在二楼，附设有火车票、飞机票代售点。

旅行社

西宁的青旅和旅行社都提供西宁周边短期旅游线路的服务，时间从1天到7天，但行程大致相同。最热门的青海湖周边游和祁连门源都在2~3天。4~7天的行程大多涵盖了甘肃的张掖、敦煌，甚至嘉峪关。

在青年旅舍，一般以合伙拼车的形式成团，通常是4~7座小车。旺季每天每人平均的价格在150~200元，含拼车费、路桥费和油费，不含吃住、景点门票。司机的食宿是否需要平摊，得跟青旅提前确认。住宿可由司机代订（通常是铺位），也可自己安排，请提前跟司机沟通。

在旅行社报名的拼团费用高些，每天每人的费用在350~400元，车型多为中巴或旅游大巴。费用包含旅游大巴车、食宿、部分景区门票、导游，大多数也包含旅行社责任险。在火车站出站口、飞机场到达大厅和力盟商业巷，都设有**西宁市旅游咨询服务中心**（☎400 609 7103，633 4264），可咨询参团、包车游的具体情况，也可选择正规大型的旅行社进行咨询。

旅游信息

青海省旅游局网站（www.qhly.gov.cn）实时更新青海旅游景点情况、热门道路情况等。

青海旅游服务热线（☎12301）

到达和离开

飞机

西宁曹家堡机场（☎813 3333；互助县曹家堡）位于市区以东28公里的互助土族自治县境内。南航、国航等十多家航空公司有航线飞往北京、上海、广州、西安、乌鲁木齐、拉萨、成都等30多个城市，以及省内的格尔木、玉树、德令哈、花土沟。2014年年底，西宁还开通了直飞泰国曼谷和韩国首尔的国际航班。

每年七八月份旅游旺季期间，从内地直飞西宁的票价鲜有折扣，动辄上千。而飞往兰州票价更低，飞抵兰州后可转乘兰新动车，1小时10分钟即可到达西宁。

长途汽车

西宁有5个主要的汽车客运站，分别为西宁汽车客运中心、公交汽车站、八一路过渡站、新宁路客运站和南川西路客运站。

2016年1月22日，位于西宁火车站广场东侧的**西宁汽车客运中心**（☎633 3006；⏲售票时间6:30~18:30）正式启用。开往兰州、临夏、银川、西安、重庆等地的省际班车，青海各州州府所在地的班车，海东地区各县市的班车，青海主要旅游目的地如祁连、门源、坎布拉、环青海湖地区的班车，以及发往海西州、玉树州主要县市的班车都在此乘坐。

位于西宁火车站广场西侧的**西宁公交汽车站**有发往大通、平安的城际公交车和去互助的高客。

发往海东地区各乡镇和黄南地区（除同仁、坎布拉之外）的班车在**八一路过渡站**（☎881 7472；八一中路90号；⏲售票时间6:20~18:30）乘坐。此外，每年4月15日至10月31日，这里还开通去往沙岛（35元；9:20；3小时）、二郎剑景区（37元；7:30~9:30，共6班；2.5小时）和151基地（37元；16:00；2.5小时）的旅游直通车。去往八一路汽车站，乘公交车在康乐站下车。

新宁路客运站（615 5795；城西区新宁路19号；售票时间6:40~19:00）主要有发往西宁周边如湟中、湟源、大通、乐都、互助、门源和兰州的高客。公交车盐湖路口站、新宁广场站距离新宁路客运站都很近。

南川西路客运站（624 2241；城西区南川西路48号；售票时间6:10~18:30）的班车主要发往海南州的贵德、贵南、同德，果洛州的大武、久治、班玛、达日、玛多等方向。前往南川西路客运站，可乘公交车在六一桥西站下车。

此外，西宁周边的大通、湟中、湟源、互助、平安、乐都等地均有公交车可达。公交车沿路停站较多，运营时间几乎比高客多出一倍，价格也便宜3到5成。具体信息请参见上述地区的“到达和离开”。

车次时刻表

西宁汽车客运中心

目的地	发车时间/班次	票价（元/人）	行程（小时）	备注
西海镇	7:30~17:00，约20分钟1班	25	2	
茶卡	8:00~18:00，30分钟至1小时1班	58/65.5	5	
坎布拉	10:30~17:00，约30分钟1班	22.5	2.5	
同仁	7:30~17:00，约40分钟1班	35.5	3.5	
祁连	8:15~15:30，共7班	58	6	
玉树	11:00~18:30，约1小时1班	191/211	18	卧铺
德令哈	9:15~17:00，共5班	98/108	6.5	
格尔木	14:00（隔日）、17:00、18:00	164.5	10	卧铺
兰州（高速）	7:20~17:50，约1小时1班	65	3	
临夏	7:15~12:30，共8班	61/73	5	
张掖	15:30、17:30	103.5/77.5	8/6	

新宁路客运站

目的地	发车时间/班次	票价（元/人）	行程	备注
兰州（高速）	7:40~18:30，约1小时1班	65	3小时	
湟中（高速）	7:00~18:30，20分钟1班	5.5	50分钟	前往塔尔寺
湟源（高速）	7:00~18:30，1小时1班	12	1小时	
互助（高速）	6:40~18:30，10分钟1班	12	1小时	
乐都	7:00~18:30，1小时1班	18	1小时	
门源	8:50~15:20，共5班	32	3小时	

南川西路客运站

目的地	发车时间/班次	票价（元/人）	行程（小时）	备注
贵德	7:45~17:40，约20分钟1班	26	2	
大武（玛沁）	8:45~12:30，约1小时1班；14:30、18:00	104.5/126.5	8	
玛多	8:00	111	8	
久治	8:00	239	14	

西宁汽车站购票提示

旅行者可通过登录青海省西宁汽车站网站(www.qhsxnqcz.com),或关注微信公众号"青海省汽车运输集团公司"获取班车信息。西宁市的5个汽车站已全部实现联网售票,车站售票窗口可预售5天内的车票,西宁地区大多数的邮政营业网点也开设了联网代售车票业务。

同时,也可以通过登录携程网(www.ctrip.com)或携程网手机客户端、携程网微信公众号(携程汽车票)三种方式在线订购西宁始发的部分车次的汽车票,但需到汽车站的售票窗口或者自助取票机上换取纸质车票后方可进站乘车。

火车

2014年12月26日,随着兰新第二客运专线的全线通车,西宁进入了动车时代。与此同时,经过三年施工改造的新**西宁火车站**(城东区互助路)也投入使用,普通列车和动车都在此乘坐。

对旅行者来说,这趟兰新动车所带来的最大福利,就是实现了方便快速地从西宁去往兰州(二等票58元;1小时10分)、门源(二等票30元;40分)和张掖(二等票91.5元;1小时50分)。动车不但穿越门源油菜花海(见100页方框)和祁连山脉,使西宁到门源、张掖的"一日游"成为可能,也为到兰州游览或交通中转提供了便利。

西宁每天有多班列车发往国内各大城市,但作为青藏铁路的起点,开往拉萨的列车(卧铺495元;约21小时)更引人瞩目。随着青海旅游的不断升温,加上不少旅行者把西宁作为进藏的中转站,旅游旺季(暑假和黄金周)时进出西宁的车票往往需要提前数周购买。

以下几处市内火车票代售点(手续费5元;⏲8:30~12:00,13:00~17:00)对旅行者比较有用:

大百大众店代售点(城东区建国南路大十字百货商店大众店下)此处还提供改签和退票服务。

大十字代售点(城中区西大街1号大十字邮局)上电动扶梯到二楼即到。

五四大街代售点(城西区五四大街70号)在交通巷与五四大街交会处,新宁广场东北角。

自驾车

人多的话,包车旅行不失为一种理想方式。在西宁的包车分为两种,带司机的和租车自驾。但出于安全因素和违章处理的角度考虑,更多旅行社或租车公司只提供带司机的包车方式。

旺季时,租车自驾的价格为小轿车500元/天,高级轿车800~1000元/天,SUV越野车1200~1800元/天。如果你的旅行节奏比较慢,大部分的租车公司也接受按公里数租车。办理租车时,需要提供本人的身份证、驾驶证,另外按车型和租车时长交2000~5000元的押金,用于缴纳违章罚款,余额通常在还车后15日左右退还。非旺季时段的租车价格通常为旺季时的一半。

带司机的包车均价比裸车高约200元/天,也就是说,普通轿车约700元/天,越野车约1500~2000/天,7座商务车在800元/天左右,是否需要负责司机的食宿,各公司要求不同,请提前跟租车公司确认。但由于司机对本地景点、路况比较熟悉,安全系数也有所提高。另外,司机会从"小道"进入一些景点,或帮你联系熟悉的住宿点,也能为你省下一笔费用。

建议你选择大型连锁公司。**神舟租车**(☎845 5222;城东区花园北街3号省军区招待所院内)目前在西宁有多家分店。**领航租车**(☎137 3468 9008;www.lh0971.com)规模也比较大。也可以致电各青年旅舍咨询包车、拼车信息。

当地交通

抵离机场

西宁曹家堡机场距市区约28公里,打车单程一口价100元。

市区到机场的**机场大巴**(☎139 9703 0201;21元)有3条线路,乘坐点分别是**八一路客运站**(6:00,8:00~20:00,30分钟1班;50分钟)、**青海宾馆**(8:00~18:00;1小时1班;1小时)和**西宁汽车客运中心**(8:00~18:00,2小时1班;50分钟)。

从机场前往市区,1条线路经中心广场、西宁宾馆、五一路口、七一路口,到达八一路西宁机场城市候机楼,距离大十字最近的站点是五一路口(五一路和七一路交叉口);另外两条分别直达青海宾馆和西宁汽车客运中心。20:00后至最后一个航班落地后30分钟,机场大巴只经停中心广场,后返回八一路。

在八一路客运站门口也有出租车拼车前往机场,30元/人,满4人出发。

公交车

西宁市内的公交四通八达,十分方便。主要

公交线路如1路，从火车站经过西宁市中心大十字，终点到达生物园区的藏文化博物院。28路连接火车站和八一路汽车站。25路从八一路汽车站始发（康乐站），经过大十字、中心广场、新宁广场，到达新宁路客运站（盐湖路口站）。

公交车实行无人售票，上车投币1元。需要注意的是，西宁公交车的末班车时间都比较早，大多数在晚上八九点就没车了，夜间出行请留意站牌信息，以免空等。

出租车

西宁出租车起步价为3公里8元，超过3公里后白天1.6元/公里，夜间（23:00至次日6:00）1.9元/公里。可拨打☎96530预约出租车，起步价15元。

塔尔寺

（湟中县鲁沙尔镇西南；门票80元，藏传佛教僧众、信教群众免费，导游费120元起；⏲夏季8:00~18:00，冬季8:30~17:30）作为藏传佛教格鲁派创始人宗喀巴（1357~1419年）的诞生地，寺院的许多建筑都长期处于修缮中或刚刚被粉饰一新，虽有失古朴之色，但仍弥漫着宗教圣地的庄严氛围。金碧辉煌的装裱之下，更有历史、宗教和艺术的丰厚积淀，更不用说，那些每天围绕着大金瓦殿“五体投地”磕长头者发自内心的虔敬了。

塔尔寺又名塔儿寺，始建于明洪武十二年（1379年），它不仅是广大信众心中的圣地，也是藏传佛教的高等学府——寺内设有显宗、密宗、医明、时轮四大学院。此外，这里的酥油花、壁画和堆绣知名度很高，并称为塔尔寺“艺术三绝”。

这座名列藏传佛教格鲁派六大寺院之一的寺庙，如今热门程度堪比青海湖。加上往返西宁便捷的交通，在七八月份的旅游旺季，游人密集程度用“比肩接踵”来形容毫不为过。在每年农历的正月、四月、六月、九月，还有农历十月的“燃灯节”和农历十二月底的“年终祈祷”期间，寺内都举行大型的宗教活动，是游览塔尔寺的最佳时间——不但能看到塔尔寺返璞归真的样子，还能进一步了解藏传佛教的风俗。但近年也出现过信众太多而不对游人开放的情况。此外，冬季的白雪红砖也是塔尔寺的另一道风景线。

景点

清晨参观塔尔寺，风轻人静。路线一般从小金瓦殿开始，顺着整齐的石板路前进，沿游览指示牌可以到达开放的各个大殿。如果不想走马观花，建议你请导游讲解，或者在游客中心租用语音导览器（押金200元，租金30元）。即使有时会遇到某些经堂、佛殿内部维修而关闭的情况，塔尔寺细细看下来也需要半天时间。大金瓦殿是塔尔寺的核心所在，自是必应游览之处。登上高处的吉祥行宫，寺院全貌尽收眼底。

另外，请严格遵守寺内规定：佛殿内部禁止拍照和大声喧哗，并请遵循左进右出、顺时针走动的规则。寺内告示的口气已经很不客气。

如来八塔 佛塔

矗立在塔尔寺广场的八座如来宝塔，赞颂释迦牟尼一生的八大功德，是塔尔寺的标志性建筑。如今，在此合影、自拍的参观者，已成为塔尔寺一道新的风景线。

小金瓦殿 寺庙

又名护法神殿。进入院内，别让二层回廊上的野牛、石羊、猴子等动物标本把你吓倒，这些都是用自然死亡的动物尸体制成的，有“以魔降魔”之意。一层的壁画是塔尔寺中比较出色的，可细细观赏一番。

大殿内供奉着五勇猛明王护法神像，两侧有虎、熊等猛兽标本，象征着驱逐邪恶、保护正法的威严。大殿左侧还有一个白马标本，相传九世班禅骑着它从日喀则到达塔尔寺，这匹白马后来死在这里，被认为具有灵性，故制成标本保留了下来。

祈寿殿 寺庙

又名长寿佛殿、花寺。这是为祈祝七世达赖喇嘛长寿而建的，现在也是信众祈求健康长寿之地。这里拥有一个清幽的小型院落，院内种有菩提树。殿中供奉着释迦牟尼及其弟子佛像，请留意观赏建筑上的木刻。

大经堂 寺庙

这是塔尔寺建筑中规模最大的平顶藏式建筑，内部有168根大柱，其中60根埋于四壁墙内，而其余108根柱子都围裹着蟠龙图案的

从旃檀树到塔尔寺

据传说，宗喀巴大师出生时，其母亲剪断脐带的滴血之处，长出了一棵白色的旃檀树。枝繁叶茂的旃檀树生出十万片叶子，每一片叶子上都显示出一尊狮子吼佛像。宗喀巴大师早年学经于夏琼寺，16岁赴西藏深造。6年过去了，母亲思儿心切，寄去白发一缕，并在信中告知她已年迈体衰，希望儿子能回来见上一面。宗喀巴为学佛而决意不返，给母亲和姐姐寄去用自己鼻血绘成的自画像两幅、狮子吼佛像一轴，并在信中说："若在我出生的地方以十万尊狮子吼佛像和菩提树（即白旃檀树）为胎藏建一佛塔，就如同见到我一样。"

次年（即1379年），宗喀巴大师的母亲与众信徒依照他的意愿，将白旃檀树用绸缎包裹，与印成的十万尊狮子吼佛像作胎藏，周围砌石加固，建成一座莲聚宝塔（即大金瓦殿内的大灵塔），后又修一瓦屋以覆塔身，这就是塔尔寺最早出现的宗教建筑。后来，众信徒又在塔的周围修建了佛殿，逐渐扩展为寺院，直到今天的规模。也因此处先有塔后建寺，故称塔尔寺。

藏毯，悬于柱子之间的十八罗汉堆绣也十分精美。大经堂四壁的神龛中，供有千尊鎏金宗喀巴大师的佛像。这里是寺院喇嘛集中诵经和举行重要佛事的地方，地上铺设的地毡坐垫，可供三千僧人集体打坐诵经。

大金瓦殿 寺庙

这里有豪华的外观、庄严的氛围，还有门外廊中磕长头的信众。也许走近它时，你已感受到这座大殿的强大气场。大金瓦殿是塔尔寺的主殿，也是塔尔寺最早的一处殿堂。

这里最重要的是位于殿内正中的一座金塔——传说当年宗喀巴大师在这里出生，在殿内侧面的小窗可以瞻仰它的真容。这座高11米的塔以银作底，表面镀以黄金，并镶嵌各种珍宝。外面裹着数十层白色哈达，以示高贵。塔顶有一佛龛，龛内供有宗喀巴大师镀金药泥像。塔前佛龛里则供奉着从西康迎请来的九世班禅塑像。而塔芯就是那棵著名的旃檀树（见本页方框）。

站在殿外，请注意看它的三层歇山式屋顶和琉璃瓦墙，融有汉、藏建筑的特点。最上层的镏金铜瓦顶，经过多次重镀，含金量难以估量。最近一次修葺是在2002年，用去黄金160公斤，耗资3600万元人民币。殿堂正门上方悬有乾隆亲题的"梵教法幢"牌匾。而大金瓦殿门前那棵围栏之中的旃檀树，据说是从大殿塔中的那棵旃檀树的根蔓延长出的，有佛缘的人会在旃檀树的叶片上看到狮子吼的佛像。

殿前走廊的木地板上，总有许多虔诚的信徒、僧众在这里跪拜、磕长头。正因为塔内白旃檀树的十万片叶子上有十万个佛像，每磕一个代表敬一尊佛像，所以要磕十万个长头才能圆满。因此大殿前面这些数厘米厚的木板，每过三五年就必须更换一次，否则会被磨穿。这是塔尔寺宗教气氛最浓的地方，请不要把相机镜头对准磕长头的藏族同胞，静静地在一旁感受就好。

时轮经院 寺院

这是塔尔寺四大学院之一，是修僧研习天文、历算、占卜知识及研究"工巧明"（工艺、历算之学）的学府。经院设有"泽仁巴"（历算博士）学位，授予在历算方面有特殊成就的僧人。进入平顶三层藏式大殿，通过侧边的木梯可上到二楼的财神殿，供财神佛。

酥油花馆 展览馆

虽然只能隔着玻璃在展柜外观看，但这绝妙的手艺依然会让你瞠目结舌。酥油花的诞生历尽艰辛，为了避免酥油花受温度的影响而融化走样，作坊的室温须控制在0℃左右，艺僧们工作时要不时将手浸入冰水方可完成。这里展出的酥油花每年正月十五都要更换一次，并在"展柜"中吹空调恒温保存。

食宿

由于往返西宁的交通十分便捷，没有必要在湟中住宿。塔尔寺门前的广场可解决吃饭问题。从出口出来，往印着"昆仑宝玉"四个大字的旅游商业步行街走去，有不少卖酿皮(10元)、酸奶(10元)、烤串的小铺,烤红薯和炸土豆也可解饿。

要是不赶时间,可以尝尝当地特色"阿卡包子"——看起来就像是灌汤水饺。在去往车站的路上不难找到。

到达和离开

位于西宁南川东路的"管理站"公交站,是去往塔尔寺最方便的地方,在这里可以搭乘西宁(始发站警官学院)至湟中的公交专线(3元;6:40~19:30,8分钟1班;1小时),或选择小车拼车(10元/人;40分钟),也可以到新宁路客运站乘坐西宁到湟中的高客(5.5元;7:00~18:30,20分钟1班;50分钟)。下车后,沿指示牌方向步行10分钟即到。

返回西宁的车集中在距塔尔寺西门约500米的上十字。公交车(末班车19:30)、高客(末班车18:00)和小车拼车都在这里。需要注意的是,公交车由于沿途停站较多,也是当地人的交通工具。在旅游旺季时,约下午16:00开始就比较拥挤,经常没有座位,而此时高客车票也多已售罄。在公交车和高客收车后,回西宁的小车涨至20~25元/人,建议你计划好时间,早去早回。

丹噶尔古城

(湟源县东大街;通票 4月16日至10月15日80元,10月16日到次年4月15日60元;⏲收费景点9:00~18:00,老街24小时开放)"丹噶尔"是湟源县的旧称。丹噶尔地处汉、藏交界地区,自唐朝就担负起茶马互市的商贸功能,并逐渐发展为西部地区的贸易重镇和畜产品集散地。丹噶尔在清道光九年(1829年)设立厅署。到了清末民初,更有英、美、土耳其等国商人及京、津、晋商贾前来开洋行做生意,给湟源带来"小北京"的别称。1913年,丹噶尔正式改名为湟源县。

进入古城无须买票,通票可以让你走进**城隍庙**(10元)、**丹噶尔厅署**(15元)、**仁记洋行**(10元)、**文庙**(20元)和**演艺厅**(15元)5个收费景点,它们也分别单独售票。丹噶尔厅署和演艺厅在旅游旺季每天分别有多场县太爷升堂表演和青海花儿等民族歌舞。在仁记洋行依然可以看到当年外商在此经商和生活的用品、图片。和中国很多地方打造的"古镇"一样,新修的仿古建筑不免有些违和,800多米长的主路两旁多是贩卖旅游商品的小店,细细看完不用2个小时。

在西宁新宁路客运站乘坐发往湟源的高速客车(12元;7:00~18:30,30分钟1班;1小时),可以让司机在东大街口停车,向西步行10分钟就到古城门口。返回时到**湟源汽车站**(建设东路与湟倒公路交会处)乘坐,末班车为18:30。湟源往返西宁的公交车(6元;10分钟1班;1.5小时)在古城前的东大街停靠。

老爷山

(大通县建国东路;4月15日至10月15日

湟中旅游新动向

随着塔尔寺几乎成为每个来西宁旅行者的必到景点,湟中也趁热打铁。2015年年初在金塔路沿路新开设的3个景点,已成为不少旅游团的"新看点"。当然,他们也为旅行者准备好了连接塔尔寺和各点的往返环保车(5元/人),只是这些崭新的景点似乎与高额的门票并不相称。

八瓣莲花(门票35元;☎400 070 4288;⏲8:00~18:00)是一个展示藏族手工艺品制作技艺的展馆,馆内的三十五佛鎏金坛城十分亮眼。参观唐卡、银铜器、堆绣的现场制作之余还可参与体验。当然工艺品售卖厅规模也很大,与门外那些旅游大巴的阵势配套。

藏文化馆(门票60元;☎223 3111;⏲8:00~18:00)跟西宁的藏文化博物院相比,不管从规模还是展品都显得逊色不少。虽然打着"现代技术"和"多媒体手段"的宣传,但由于鲜有参观者,故我们调研时这些设备并未开启,而以文字和图片展览为主。

河湟文化博物馆(☎223 4258;⏲9:30~16:30,周一闭馆)**免费**即原湟中博物馆。虽名为河湟,但展出内容仍以湟中文化为主,可以一看。在二层历史文物展厅中,出自汉代的错金银铜盆和北魏的僧人骑马铁像是本馆最出众的藏品。三层则是有关湟中民俗、文化的展厅。

不要错过

老爷山花儿会

每年农历六月初三至初八，大通就成了"花儿"的海洋。大通花儿会的产生可追溯到明代，是伴随着朝山庙会而演变成的岁时民俗活动，演唱内容以歌咏爱情、生活为主，也涉及宗教、民俗、历史故事等。在大通县老爷山、文化广场、桥头公园和西山公园都能看到花儿演出。

位于**老爷山风景区**半山腰的平台，是大通花儿会最主要的会场，需要购买景区门票才能进入。在这里，你可以欣赏到专业花儿歌手的演出（表演时间9:30~11:30，14:00~16:00），据说歌手要从层层选拔中脱颖而出，才能在这个舞台上一展歌喉。相比之下，县城中心的文化广场和桥头公园要热闹得多。来这里表演的多为民间的花儿艺人，也穿插有专业歌手的演出。除了花儿表演，每天还有秦腔、维吾尔族歌舞等不同主题的民族歌舞表演。广场上满是小吃和购物摊，还能看到大通皮影戏。

30元，10月16日至次年4月14日20元；⏲8:00~18:00）对旅行者而言，这座因关公而得名的老爷山并没有太多吸引力，若是爱好爬山，可以来此打发一天时间。由于山势较陡又地处高原，对体力要求也较高。从入口处的**关公殿**到山顶的**玉皇殿**，完成跨越三个山头的登顶往返需要约5个小时。也可沿山后公路驾车，经过多个道教宫殿直至**老虎洞**。

比山景更有趣的是农历六月六的朝山会，现在变成了纯粹的"花儿会"，原有的道教含义已不存在。如果你恰好此时在青海旅行，我们建议你来体验这个被列为国家级非物质文化遗产的民间音乐盛会（见本页方框）。

在解放南路南段集中了不少生烤羊排店，由于量大、实惠、味道好，每天晚上路边都停满了西宁人过来吃饭的车子，推荐**沙里海生烤羊排**（解放南路87号）。若想在大通停留一晚，老爷山桥对面的**老爷山宾馆**（☎285 0999；标双188元起；📶🅿）位置便利，条件也不错。

我们调研时，原大通汽车站正在扩建改造，落成时间未知，过渡站位于老爷山风景区前。这里有往返西宁公交汽车站的公交车（6元；6:00~20:00，5分钟1班；1.5小时）以及往返新宁路客运站的高客（11元；7:00~19:00，15分钟1班；40分钟），也有发往门源（26元；10:00；3小时）等方向的班车。

海东

海东因在青海湖以东而得名。青藏高原在这里结束，转变成广袤的黄土高原。这片湟水与黄河勾勒出来的三角地带，不仅密密麻麻地留下了几千年的历史痕迹，也是青海省最适宜农耕的谷地。但这里并非一马平川——公路在青山碧水间穿行，多彩的庄稼覆盖着起伏的山脉，清清黄河水穿流而过，火红的丹霞逶迤其间。种种突破固有认知的景观，都是这片边缘地带的奇妙所在。

对旅行者而言，这个和青海湖南辕北辙的地方似乎总难成为青海行的首选，但新开通的兰新动车方便快捷，使海东成为旅行者在青海的第一站成为可能。即使在青海旅游最热的七八月份，海东也还是一片静悄悄的土地。不妨去那些隐于群山之中，或嵌于崖壁或立于山巅的古老藏族寺院，进行一场朝拜，聆听至今依然古朴醇厚的心灵梵音。秋天的海东缤纷绚烂，而更浓郁的是多民族共同居作带给这里的万种风情。

历史

作为河湟谷地的一部分，海东地区的历史可追溯到六千多年前。石器时代的出土文物表明，海东先民爱美食也爱艺术，他们懂得制作面条，也懂得在陶罐上塑出立体的裸人。大禹的传说很可能是真实发生过的事情，他曾来到河湟谷地东南角的积石峡一带治理黄河。汉武帝则派骠骑将军霍去病进兵海东，攻击匈奴，也驱逐羌人。

魏晋南北朝时，河湟地区被前凉、前秦、后凉等多个地方割据政权相继统治，直到鲜卑族的一支秃发部发展壮大起来，并逐步占据了河西和湟水流域，建立起南凉王国，定都乐都。

隋唐时期，隋炀帝御驾亲征吐谷浑，文成公主远嫁吐蕃松赞干布，都在海东留下足迹。唐初，乐都是河湟地区的政治中心。从文成公主嫁到吐蕃后的一百多年中，唐与吐蕃既有茶马互市的安定时期，也有兵戎相见的征战年代。直到安史之乱后，吐蕃成功占领海东地区达百年之久，把这里称为"安多"，海东地区的藏化过程就是从那时开始的。

自元朝成吉思汗西侵，大量穆斯林被征服并迁徙到东方。土族、回族、撒拉族的形成都是元明时期的事情。伊斯兰教在海东东部传播，街子清真大寺建立。同时，格鲁派在蒙古势力的扶持下逐渐壮大，一大批藏传佛教寺庙在此兴建，瞿昙寺、佑宁寺是其中代表。

明末清初，罗卜藏丹津反清事件搅乱了这一地区，佑宁寺一度被清军摧毁。乾隆四十六年（1781年），循化伊斯兰"新教"（哲合忍耶）与老教派争执械斗，进而反清，最终遭到平定。但穆斯林地区在同治、光绪年间一再反清，"河湟事变"极为血腥。

在民国元年（1912年）至1949年新中国成立的马步芳独裁统治时代，循化、化隆、乐都、民和、互助相继建县，青海建省。在此期间，十世班禅和十四世达赖喇嘛在海东地区出生。

除了隐于深山的丹斗寺，海东地区的众多藏传佛教寺院在1958年后遭到灭顶之灾，街子清真大寺也一样未能逃脱厄运。这些寺庙在1980年后陆续重建，成为海东地区最能吸引旅行者的景点。

2000年，"西部大开发"带动海东地区的发展，化隆人和循化人把"兰州拉面"开遍全国。传说中大禹治水的积石峡修起了发电站，负荷沉重的古老黄河还在继续为海东人的生存贡献能量。2013年年初，海东市成立，也让这里成了全中国最年轻的地级市之一。2014年年底，民和南、乐都南、海东西三座新火车站落成启用，动车开进了海东。

民族

海东少数民族人口约占人口总数的45%，回族、藏族、土族和撒拉族是其主要的民族构成。

回族在海东的少数民族中人口最多，主要分布在化隆回族自治县和民和回族土族自治县，其他各县也都有回族乡。元代后，大批回族以传教、经商、"西域亲军"的驻守屯垦等多种形式，进入河湟流域，在此定居并发展起来。海东回族通用汉语，宗教人士兼用阿拉伯语和波斯语。

海东的藏族是安多分支，生活在海拔较高的地带，几乎每个县都有藏族乡。与青海其他地区的藏民不同，海东地区的藏民主要从事农业生产。藏族普遍信仰藏传佛教格鲁派等。藏族有保护林木草场、山体水源的传统美德，所以居住区有良好的生态环境。在互助土族自治县、民和回族土族自治县、大通回族土族自治县等地居住的绝大部分人口是土族。土族自称"蒙古尔"，其先民据说是留居此地的吐谷浑人，经过世代与藏、汉、蒙等民族融合成为现在的土族，语言和蒙古语相近。土族人普遍信仰藏传佛教。"轮子秋""安昭舞"是土族独特的民俗活动。

撒拉族主要居住在海东地区，古称"撒拉回回"，自称"撒拉尔"。这个部落来自土库曼斯坦，向东迁徙至循化，驻足生息，现在聚居在循化撒拉族自治县和化隆回族自治县。他们有着中亚人的相貌，使用中亚地区的语言，信仰伊斯兰教。撒拉族人，尤其是女性，长相和举止多少有些异域风情。

互助和平安

距西宁一小时车程的平安和互助，是初识海东的窗口。互助位于祁连山东段南麓，境内的北山国家森林公园是山林景致和地质风貌的最佳结合处。还因古时藏传佛教活动丰富，留下了佑宁寺、夏宗寺等名刹古寺，相比偏远的夏琼寺和丹斗寺，这里景致不输，也较易到达。此外，在平安前往夏宗寺的方向，有一岔路通往红崖村，一路上能欣赏到从乡村小景到壮阔的远山、丹霞和梯田的景致变幻，当你看到经幡舞动，便是到红崖村了。

景点

佑宁寺 寺庙

（见80页地图；互助县五十乡寺滩村）免费

佑宁寺的历史十分辉煌，始建于明朝万历年间，规模在康熙年间达到鼎盛。由于活佛众

海东周边

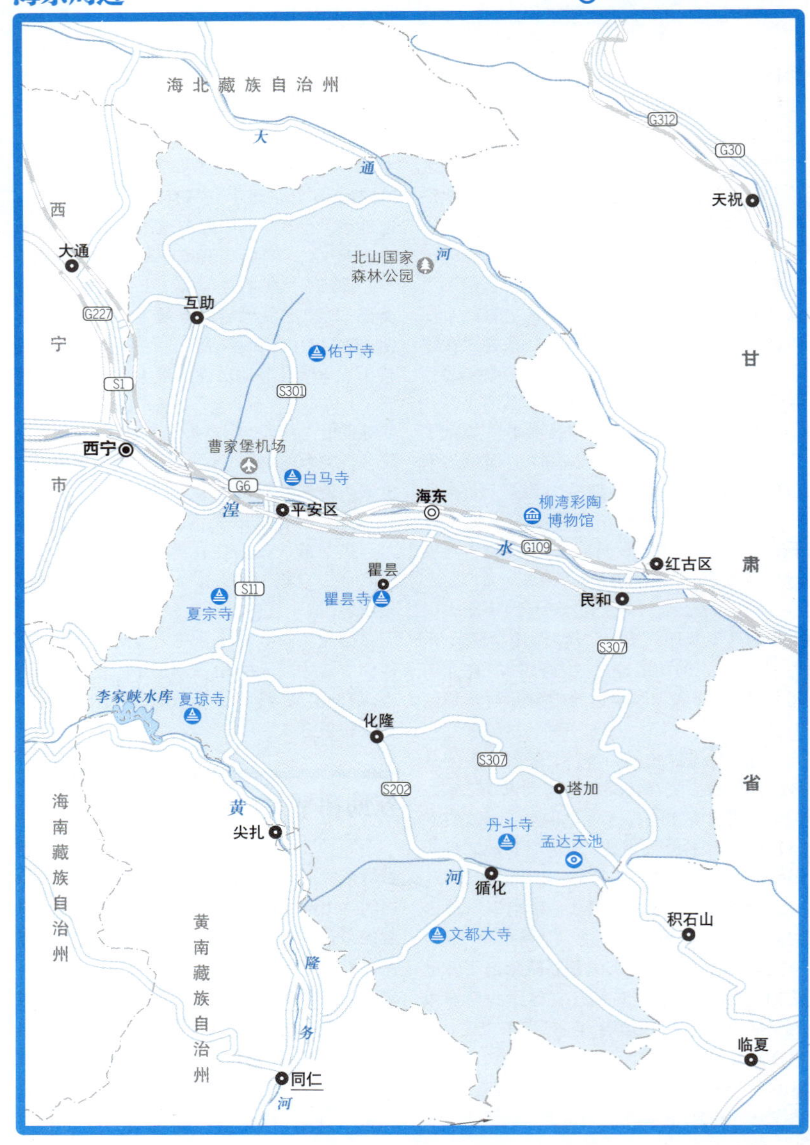

多，且声望传播到新疆甚至蒙古国和印度，它的影响曾一度超过湟水以南的塔尔寺，被称为"湟水北岸诸寺之母"。

更为重要的是，佑宁寺大小20多位活佛中，章嘉等五位活佛在清朝被封为"呼图克图"（蒙、藏地区喇嘛教上层大活佛的封号），其中章嘉活佛是青海驻京呼图克图首领，自第二世起被封为大国师，与达赖、班禅和哲布尊丹巴（蒙古国黄教领袖）并称为"黄教四圣"。三世章嘉活佛精通藏、汉、蒙古、满文和佛学经典，曾是乾隆皇帝的灌顶国师。

然而，寺院在清朝雍正、同治年间曾两次被毁、两次修复。在“文革”期间再次遭受重创，被焚为灰烬，文物几乎荡然无存。我们现在看到的寺庙是1980年后建造的，规模虽已远不如前，但其底蕴和风景仍值得细细探访。

寺院占据达坂山南麓的一面山坡，地盘很大，层层叠叠，细细走下来需要2~3小时。绕过山脚下新建的大经堂，顺着后方的土路向上，可见山间点缀着的数个小殿。**弥勒殿**和后面的**释迦殿**是佑宁寺的主殿，其中释迦殿的建设历时5年，光鲜亮丽的大殿在2015年7月刚刚落成。殿内供奉着八大菩萨的佛像，八幅丝线绣成的大幅唐卡特别显眼。

虽然上山的土路窄且陡，但山头的**白度母菩萨殿**，我们还是建议你去看看。殿前除了可以俯瞰寺中建筑，7月间对面山谷中大片的油菜花开放，观景尤好。也不要错过寺后半山坡上的**章嘉国师寝宫**，小院内供奉着一世章嘉活佛圆寂后的舍利灵骨塔，还有七世嘉色活佛的佛像。院中三株古柏如伞而立，十分肃穆。在佑宁寺对面的小山包上，可以一览寺院全貌。

从佑宁寺沿公路往东北方向上行3公里可到**天门寺**，公路已经修达寺门口。天门寺据说是佑宁寺初建之时，寺主嘉色活佛向寺僧讲修佛法的地方。这里石灰岩造型地貌很奇特，山上有一景“十八罗汉”，从观景点望见的18座小峰，据说是嘉色活佛从西藏带来的十八罗汉所化。

佑宁寺虽处在互助到平安公路的中间，但从平安前往的路况更好些，时间也更短。可搭乘往返于平安和互助的班车（从平安出发6.5元，50分钟；互助出发6元，1小时20分钟；班车时间见82页），在佑宁寺路口下车，此处到佑宁寺还有约6公里路程，需自行找车进入。西宁八一路客运站每天有一班车直达佑宁寺（11.5元；10:30；2.5小时）。更方便的走法是在平安包车，同白马寺一起游览，大半天时间120~150元，从西宁包车则需300元。

白马寺

寺庙

（见80页地图；互助县红崖子沟乡白马寺村）**免费** 这座嵌在丹霞崖壁上的“悬空寺”，虽然规模不大，但白色的寺院被包围在红色的山体之中，十分显眼。

这是藏传佛教后弘期下路弘法的祖庭，现在已经相当凋敝。沿着紧贴着崖壁的小道上山，你会发现佛像、经堂都藏在凿出的洞窟里。寺院最高处的3层经堂是白马寺的主殿，内部的木制楼梯陡峭又简陋。在2层可以看到十一面观音菩萨像。站在顶层的殿外，湟水河对岸的平安尽收眼底。

白马寺虽然位于互助县境内，但几乎就在平安城边上，仅仅一河之隔。从平安去湟水对岸的白马寺只有3公里左右，打车最方便，往返20元起。这里不容易等到返回的出租车，最好请司机在山下等你。

夏宗寺

寺庙

（见80页地图；平安三合镇寺台村；门票20元；7:30~19:30）当地方言称“峡群寺”，寺庙位于**峡群寺森林公园**（20元/人，10元/车）内，只能无奈购买两次门票。这座寺院之所以在藏地久负盛名，在于它跟格鲁派创始人宗喀巴大师非比寻常的关系：年仅3岁的宗喀巴在这里受近事戒，他的启蒙老师曲结·顿珠仁钦也曾在此修行。

夏宗寺的最大看点是一座仿佛攀在山岩上的7层庙宇，也叫**噶玛噶举**。循着廊道和台阶向上攀登，可探访一层又一层殿堂。顶层则是噶玛噶举黑帽派第四世活佛若比多杰的静修禅洞，殿内保存有若比多杰用过的法座及法器、佛像、经卷等。据说活佛当年应元惠宗召去北京时，途经青海，曾留居夏宗寺给宗喀巴受近事戒。若比多杰圆寂后，在此建有灵塔并殿堂一座。

沿噶玛噶举侧面的路走向山头，这里曾是清初五世达赖喇嘛的静修禅洞。再往上是清乾隆年始建的八卦亭，亭内供有十一面观音菩萨。八卦亭三面临崖，可以俯瞰夏宗寺全景。

不可避免地，夏宗寺毁于“文革”期间。大经堂前摆放着几幅夏宗寺旧貌照片，可以对照今昔差别。现在看到的7层佛宇大部分是1996年修复的，有些地方用了水泥，手法比较粗陋。

寺台村沿街有一些小吃摊，供应酿皮（6元）、面片（8元）等。虽都是西北常见的面食，但在波斯菊簇拥的小屋里吃饭，也不能不说是一桩乐事。

在平安汽车站乘发往寺台的班车（4元；6:40~18:30，40分钟1班），到寺台后再加8元，让司机把你继续带到夏宗寺路口，在新建的牌坊下顺着石阶向上，走约20分钟就是夏宗寺售票处。返回时需要搭顺风车到寺台村才有班车去往平安，若是碰到返回平安的出租车，只需5元/人。从平安包出租车到夏宗寺单程80元，车辆可以沿着盘山公路直抵夏宗寺门前。

食宿

平安和互助到西宁都很方便，从西宁出发来个一日游并不困难。若想多去几个寺庙，需要在当地住宿，我们推荐在平安中转。平安驿火车站广场正对着的平安路，有不少吃饭住宿的选择，离汽车站也很近。若想住得高档舒适些，就去城区主干道平安大道。

若要前往北山则住在互助县城或北山里面更方便。互助县城比平安小得多，住在县中心的汽车站周边即可。

好来家平安店

快捷酒店 ¥¥

（☎868 9444；平安区平安路海怡家园14号；标双/大床198/228元；Wi-Fi；P）离平安火车站和汽车站只有5分钟的步行距离，快捷酒店的价格和配置，周围有不少小吃，由于出行方便，旅游旺季时最好提前预订。

长城宾馆

宾馆 ¥¥

（☎866 1333；平安区平安大道211号；标双/大床348元；Wi-Fi P）宾馆位于平安区的主干道上，房间特别宽敞，卫生和设施比快捷酒店更好些。

锦皓天酒店

酒店 ¥¥

（☎831 7777；互助县台子路5号；标双/大床218元；Wi-Fi P）酒店位于互助汽车站西200米，房间设施、卫生都很好。附近出行、吃饭、购物也很方便。

到达和离开

长途汽车

西宁客运中心每天7:00~18:30有密集的高客（7.5元；7:20~18:30，20分钟1班；30分钟）和公交车（5元；7:00~18:30，5分钟1班；1小时）发往平安。平安**海东汽车站**（古驿大道196号；⏲售票时间6:20~18:30）返回西宁的公交车发车时间为6:30~18:20，高客为7:00~18:00。在车站门口不难找到去往西宁的小轿车拼车，10元/人。

每天有10班车往返于平安和互助（11元；平安发车8:00~16:20，互助发车8:40~17:00，约1小时1班；2小时）。若想从平安前往化隆、循化等地，可在平安大道与化隆路路口的西南角等西宁发来的过路车。

互助汽车站（台子路3号）门前有发往西宁八一路汽车站的公交（6元；8:00~18:00，5分钟1班；2小时）和开往西宁客运中心的高客（12元；6:40~16:20，10分钟1班；1小时），部分挂"新宁路"牌的高客，终点到新宁路客运站，票价14元，均为上车购票。互助车站外也有开往西宁的小车，10元/人。

火车

平安驿火车站位于古驿大道202号，海东汽车站旁，是普通列车停靠站。从西宁往返东部的列车，如北京、上海、西安、成都等大多车次都在此站停靠。

2014年年底启用的**海东西站**是兰新铁路第二双线上的动车车站，位于平安区西约5公里处。乘动车前往兰州（二等座50.5元；1小时）、西宁（二等座7.5元；15分钟）都很快捷。

在平安驿火车站门前可乘公交3路（1元；20分钟）到达海东西站，打车一口价20元。

北山国家森林公园

以林海、石峰、溪流、峡谷为主打的互助北山国家森林公园（当地人称"北山林场"）是一个天然的森林氧吧。由于地处黄土高原向青藏高原的过渡地带，海拔在2100米以上，北山的地质形态和动植物资源都相当丰富。1127平方公里的森林公园，现分为元甫达坂、浪士当、卡索峡、扎龙沟和下河五个景区。其中卡索峡和下河尚未开放。

由于地处高山密林之中，北山的气温比西宁总要低5℃~8℃，其中夏季和秋季是游览北山最好的季节。每年6月前后，浪士当景区23万亩杜鹃花竞相开放；秋季的北山，多种树木色彩纷呈，是绘画和摄影发烧友们流连不舍的天然场景；而在每年11月15日至次年4月

28日，北山所有景区都处于无人管理状态，旅行者可自驾进入（免费）。此时的北山虽然银装素裹，但由于雪天路滑，山中天气多变，一定要注意安全。

景点

浪士当中心景区

自然景观

（☎181 9727 1388；互助县加定镇桥头村；门票52元，观光车30元；⊙7:00~19:00）以自然景观为主的浪士当景区，是北山国家森林公园五大景区中旅游设施最好的。瀑布、溪流和森林在这里相伴生长，虽没什么让人眼前一亮的"景点"，但置身其中，漫步林间，可体验没有网络，甚至没有信号的林间生活。与这种质朴相比，景区有些牵强的"睡佛"等人造景观就显得索然无味了。

景区一般不允许自驾车进入，除非店家与检票人员确认你将在景区内吃饭住宿。在景区门口的广告牌上，列了满满一整板的农家乐联系方式可供参考。也可以让景区门口挂着工作牌的引导员（通常是农家乐的人）带进景区，但前提是你要在他家消费，否则只能乘观光车（⊙8:30~17:30）游览。观光车停靠在**白桦梦**、**索尔干狩猎场**、**胡勒瀑布**、**红桦林**和**神龙潭瀑布**五个景点（在杜鹃花节期间，加开**千亩杜鹃林**景点），每个景点只逗留5~10分钟，让大家拍拍照就继续赶路，花2小时走马观花一圈也未免有些无聊。如果不赶时间，建议你从胡勒瀑布下车后，沿木栈道穿梭林间，步行约30分钟到达神龙潭瀑布，再乘观光车返回，但要留意末班车时间。

可以在景区留宿一夜，更深入地探访北山。有两条较深度但颇费体力的路线可以选择：一条是在胡勒瀑布下车，沿步道往上走大约5小时，可到达位于海拔3800多米的山顶草地上，一大一小呈阶梯状分布的两个湖泊——**圣母天池**（也叫胡勒天池），上方是海拔4308米的北山主峰俄座岭。若是自驾进入，徒步长度可减少一半。另一条则是在神龙潭瀑布下车后继续往上，路过**门岗瀑布**、**千亩杜鹃林**至终点**森林睡佛**，也需近4小时的徒步时间，这条线亦可全程自驾游览。

扎龙沟景区

自然景观

（互助县扎龙口村；门票52元；⊙8:00~19:00）与浪士当景区相比，扎龙沟景区以地质地貌、景观取胜，岩溶、丹霞、瀑布是主要看点。景区没有公共交通，自驾是最方便的游览方式。从扎龙口村路口进入，经景区售票处到停车场约16公里，一路溪流相随，两侧山体在丹霞与森林之间转换。停车场就是上山的起点，这里有两条上山步道，分别通向**药水泉瀑布**和**一线天**，前者比较受欢迎。

沿停车场前的小路而上，总长2.2公里的山间步道穿行林间，经银练瀑、灯盏石等一连串瀑布群，约2.5小时到达神女峰下海拔2700米左右的**药水泉瀑布**。这里的水有钙化现象，澄澈碧绿的颜色会让人明白为什么扎龙沟有"青海小九寨"之称。泉水中含有丰富的游离二氧化碳，还有多种微量元素，据说饮用它对胃肠疾病有疗效，洗浴则对各类关节

另辟蹊径

天堂寺

从浪士当景区前的岗青公路继续往东约3公里，一座崭新的桥梁横跨于大通河上，河的对岸就是甘肃。正对桥梁，一座依山而建、规模宏大的藏传佛教寺庙岿然屹立于眼前。

这座建于唐宪宗年间的**天堂寺**（甘肃天祝县天堂乡；门票25元；⊙8:30~19:00）比塔尔寺早500多年。"天堂"之名源于藏语"却典堂"的转音。浓丽的屋顶和经堂是格鲁派寺院的标签。这里最值得一看的是西侧楼宇式的宗师见脱大殿（又名宗喀巴千佛殿），殿中高达23米的木雕鎏金宗喀巴造像，是1998年多识仁波切活佛发愿修造的。见脱大殿东侧的小布达拉以及龙尊佛殿依然蔚为壮观，而建于清代的释迦牟尼殿中，有5米多高的释迦牟尼镀金像。寺院最东端的空行母密修殿中，绘有精美的西藏密宗喜乐金刚壁画。

虽然位于甘肃境内，但从北山一侧前往要方便得多。在浪士当景区前找摩托，花费10元，10分钟就可到达。

不要错过

十二盘坡

从互助县城威远镇到北山国家森林公园的威北公路，会经过达坂山著名的十二盘坡（又称生肖十二弯）。坡顶海拔3448米，站在观景台，便可把坡下这段连续12个回形针似的盘山路尽收眼底。十二盘坡是环青海湖国际公路自行车赛的必经路段，由于弯急、坡陡，对选手考验极大，也最具观赏性，近年来亦成为环湖赛的标志性路段。

炎、皮肤病等有预防和治疗作用。

从停车场往回100米，是另一条长2公里的游览步道，步道经过溶洞、骆驼峰，到**一线天**即为终点。

元圃达坂景区 自然景观

（互助县柏木峡；门票42元，人多可优惠）景区尚未开发完善，只能自驾游览。在秋天（9月底到10月中旬），开车直达元甫山顶（9公里），漫山的红叶景观随峰峦渐远。在夏天，这里更像是一个周边市民野餐露营的大公园，山泉溪水在林间流淌，十分惬意。

景区距十二盘坡（见本页方框）仅6公里，所有到浪士当的班车都经过此地，但并不建议你徒步游览。

食宿

三个景区内都设有可供食宿的农家乐，但浪士当景区选择最多，设施也最完善，是最好的选择。

数十家农家乐分布在浪士当景区内的6个片区。才伦多区距景区门口约4公里，依山傍水，错落有致的小屋富有诗意；浪士当部落区则在景区的交通车换乘中心，去各景点都很方便。

才伦多森林农庄 农家乐 ¥¥

（☎138 9738 3969；才伦多；多人间80元/人，旺季标双380元；📶🅿）农庄完全就地取材，外观带有藏式民居特点。附设餐厅木质装修，十分别致。提供可口的早餐（套餐16元）以及如山野柳花菜炒肉等一些当地山珍菜肴（人均50元）。从景区入口处乘坐景区交通车，师傅会把你带到才伦多。

互助营院 酒店 ¥¥

（☎839 5288；北山林场场部办公区内；旺季标双320元，含双早餐；📶🅿）景区周边唯一一家酒店、也是标准的三星级酒店，干净舒适，早餐也很丰盛。住在这里可优惠购买浪士当景区门票，50元/人。

到达和离开

前往浪士当景区，可在西宁客运中心乘直达北山林场（28.5元；9:45；3小时）的班车。也可以先到互助，再乘坐互助到加定（15.5元；10:30、13:20）或扎龙口（21.5元；11:40、14:10、14:50）的中巴车，车程约2.5小时，在浪士当路口下车即到。

前往扎龙沟景区在互助至扎龙口的中巴车，下车后乘路边小车或摩托，到达步行起点的停车场单程需要20~30元，最好约定时间让司机来接，否则只能靠运气搭便车出去。

乐都

乐都城区并没有什么让你驻足的理由，但山野中的瞿昙寺和有4000多年历史的柳湾遗址值得造访。虽然这两个景点在城区的两个方向，但从西宁出发来个一日游完全没有问题。

景点

瞿昙寺 寺庙

（见80页地图；乐都县瞿昙镇；门票50元；⏲8:00~17:30）与海东地区其他寺庙不同，瞿昙寺并不因名僧宗师、传说或规模出名，而在于保存完整的明代建筑群和明清时期的佛教壁画。

也许你难以相信，这典型的汉族宫廷建筑群竟是一座藏传佛教的寺庙。**瞿昙殿**是瞿昙寺最早的佛殿，建于明洪武二十五年（1392年）。当时，寺院主三罗喇嘛带领当地藏族部众归顺明朝，朱元璋龙颜大悦，御赐“瞿昙寺”金匾，它至今还挂在瞿昙殿的殿门上。由此，三罗喇嘛家族的威望和宗教权力逐步扩大，瞿昙寺也一直受到朝廷扶持，以致寺内建筑完全采用了京城宫殿的典型风格——中轴线贯穿瞿昙殿、宝光殿和隆国殿的三进院落。其中后院中的隆国殿最为豪华：七间的面宽、粗壮的廊柱、华美的斗栱，重檐庑殿顶加以高阔的台座勾栏，明显仿自明代北京紫禁城奉天殿（即太和殿）的布局设计。难怪瞿昙寺有"青海小故宫"之称。登上钟楼，能看到寺院的大致结构。

近800平方米的壁画也是寺内臻品，瞿昙寺的壁画多数绘于明代，少数完成于清代。壁画用天然矿石颜料绘成，虽然各佛殿中的大多数壁画只是依稀可见，但后区廊庑约400平方米佛本生故事壁画仍保存完好，尤其是东侧的壁画色彩清晰，还能看清壁画上的说明文字。

作为藏传佛教寺庙，瞿昙寺在清代就已经衰落，现在也没有多少僧人，往来朝拜的多是附近村子的汉地信徒。因为它具有国宝级的文物价值，1958年后，瞿昙寺因被网开一面，成为青海省重点保护的11座藏传佛教寺院之一而幸免于难。

瞿昙寺位于乐都区南22公里，在乐都桥南车站（文化街大众旅馆院内）乘开往瞿昙寺（曲坛）的小面包（7元；8:30~18:30，30分钟1班；40分钟），车停靠在寺庙对面的河岸。返回也在此处等车，末班车是17:00，尽量提前到达，人满发车。从乐都包车去往瞿昙寺单程50元。

柳湾彩陶博物馆　　博物馆

（见80页地图；☎865 2151；高庙镇柳湾村；门票25元，讲解费50元）这座建立在巨大的原始社会氏族聚落墓地上的博物馆，外形如同一个巨大的陶盆。如果你对黄河上游史前文明和彩陶艺术感到好奇，这里便是开阔眼界的历史艺术读本。它与民和县的喇家遗址（见本页方框）是河湟地区最重要的两个史前考古遗址博物馆，也是国内同类考古博物馆中的翘楚。相比之下，彩陶博物馆侧重于史前艺术，而喇家遗址则有一股挥之不去的"末世之城"气氛。

柳湾本是湟水北岸一个平静的小山村，却因出土大量的墓葬和彩陶而引起世界关注。1974年至1980年，这里共挖掘出1730座墓葬。出土的4万件文物中，彩陶有近2万件。据考证，柳湾墓地属于新石器时代墓葬群，包括齐家文化、辛店文化，以及马家窑文化的半山、马厂类型，从距今4600年至3600年不间断地延续了一千余年。

在博物馆一层的第一展厅，可以看到按遗址原貌复原的四种不同文化类型的典型墓葬。留意墓中的陪葬品，从陶器数量的增加到被青铜器取代，再到人类陪葬出现，体现了从原始社会到奴隶社会的转变。第二展厅展出的生活遗址和生活用具表明：那时人们已会使用彩陶蒸煮食物，用陶埙吹奏礼乐，还会制作陶珠项链用于装饰和打扮。

二层展览以彩陶为主题，四个文化时期的彩陶用色、花纹、造型风格不尽相同，且富

喇家遗址

这里是实实在在发生在黄河之畔的灾难现场，也是齐家文化文明进程的见证。喇家遗址位于民和县官亭镇喇家村，4600年前的一场大地震和接踵而至的洪水，把这个史前聚落彻底摧毁。瞬间死亡和毁灭的场景，如同按下快门，被定格下来。倒塌的窑洞、冲毁的院落，更有那母亲保护孩子的骨骼造型，以及遗留在母亲颌面骨上极度恐惧、绝望祈求的面容。

遗址中的建筑形式、器皿工具，记录了聚落生活的状态。值得一提的是，考古人员在清理陶器时，在一只倒扣着的红陶碗里发现了面条状的食物——灾难发生时，面条和陶碗被渗入的泥土密封起来，就这样被保存了4000多年。在重见天日时，面条迅速被风干，只剩下轻如蝉翼的表皮。经分析，确认这碗"面条"的主要成分为小米，这大概是迄今最早的面条遗存。

如今，在喇家遗址以"原址保护"的方式修建了精致的考古保护棚。棚内同时展出遗址的发掘和考古研究过程。我们调研时，保护棚仅作考古、文博等相关部门专业交流之用，不对外开放参观。由于喇家遗址仍有未解之谜，发掘工程仍在继续。在官亭镇修建大型考古博物馆已有规划，但具体时间表尚未给出。

有变化。柳湾墓地出土的彩陶，最轰动的一件精品是"裸体人像彩陶壶"，它本应是这个博物馆的镇馆之宝，但被转移到了国家博物馆。你可以在展室的造型艺术单元看到它的复制品，这件陶壶的一面捏塑了一个亦男亦女的裸体人形，用夸张手法塑出的性器官，凸显了性崇拜的意念。

柳湾在乐都区东面15公里，从乐都**新乐街汽车站**（新乐大街东口）乘开往老鸦的小面包车（4元；7:00~18:00，10分钟1班；30分钟），或从西宁新宁路客运站乘坐西宁到老鸦的中巴（17.5元；10:05；1.5小时），在柳湾村口下车后往北走300米，博物馆在铁路北边。

食宿

桥北路与新乐大街交会一带是乐都最热闹的地区。这里集中了不少酒店、饭馆、超市和银行。如果你不得不留宿此地，三星级的**华西商务宾馆**（☎869 9999；西门路1号；标双260元；Ⓦ Ⓟ）是城中条件设施较好的宾馆。若想方便中转，**康泰大酒店**（☎862 4444；滨河路1号，高速路口；标双180元；Ⓦ Ⓟ）是更好的选择，往返西宁的高客就在门口停靠。

到达和离开

长途汽车

西宁新宁路客运站和西宁客运中心每天有高客（18元；7:00~18:40，约25分钟1班；1小时）往返**乐都汽车站**（西大桥南），从乐都返回西宁时间相同。由于乐都高客站离市中心约3公里，当地人常集中在高速路口（康泰大酒店门前）等车。在旅游旺季或周末晚上返回西宁时，最好还是先打车到汽车站（5元）购票上车，否则会经常出现没有座位的情况。这里也集中了不少去西宁的小车（25元/人），人满即走。

乐都往返西宁、瞿昙寺和柳湾的班车，分别在三个不同的汽车站上车。在这三个汽车站间打车均为5元。

火车

从西宁往返上海、成都、西安、北京等方向的普通列车停靠在**乐都站**（东门巷42号），而对旅行者更实用的应该是距市区4公里的动车车站**乐都南站**（熊沈家村），往返于西宁（17.5元；25分钟）和兰州（40.5元；50分钟）间的动车都在这里停靠。

从市区可乘2路公交车到达乐都南站（1元），打车到乐都南站为10元。

化隆

位于化隆地界的丹斗寺和夏琼寺，都处在远离乡镇的群山之中，化隆县城巴燕镇是交通中转的最佳地点。

景点

丹斗寺 寺庙

（见80页地图；化隆县金源乡下科巴村）免费 难以想象，前人要费尽多少周折，才能到达这座深藏在小积石山脉中的藏传佛教寺庙——在荒芜的群山中，沿崖壁盘山徒步八九公里，翻越两道山梁才能抵达。几百年来，脚力不好的信徒唯有放弃朝拜丹斗寺的念想。还好在2012年，一条颠簸的砂石路翻山越岭，直通山谷深处的丹斗寺，结束了往来必须徒步的历史。

正因为丹斗寺难以到达，它才得以在吐蕃灭佛时期成为保留藏传佛教薪火的"后弘"发祥地，也逃过了1958年和"文革"的劫难。

与一般寺院不同，丹斗寺200余间经堂、佛殿、僧舍或嵌于峭壁之中，或建于悬崖之下的山谷内。8座主要的殿堂分散地坐落于峡谷两侧的山体上，由一条修在岩壁上不足1米宽的"转经路"连接。由于山间小道岔路较多，又布满砂石，我们奉劝旅行者按以下指引沿大路游览，不要为了抄近路而使自己陷入危险之中。

沿停车场旁边的砂石路上行，先到左侧的**龙王殿**。在大殿左后方的石壁上，依稀可见一片绘于9世纪的佛像壁画。龙王被供在正殿背后的小窟内，每年农历四月十一敬奉龙王的日子才会开启，接受信众朝拜。原路返回，路口深处的**太子殿**因释迦牟尼前世（太子须达那）曾在此修行12年，而成为丹斗寺最神圣的殿堂，殿内还安放有才旦夏茸活佛的灵塔。殿前一棵系满哈达的菩提树，是朝拜者的精神圣像。殿后山体的岩洞有烟熏痕迹，据说一千多年前，来自拉萨的三位贤僧就在这里居住、修行。

沿着石壁下的转经路前行，绕过几个弯后就到达有两层飞檐的**比丘阿吉达修行殿**，再往前的**大成就殿**是明万历年间三世达赖喇嘛索南嘉措闭关之处。留意三世达赖塑像的对面，那一片白色的岩石据说是天然形成的白财神像。佛像下面是**息诤塔**。

此时沿山路往下，到达山谷中已有130多年历史的**大经堂**。殿中供奉着宗喀巴大师及两位徒弟的佛像，四周有不少精美的壁画。在山谷中的这一片建筑中，有下部府邸、慈心学校等，也是丹斗寺僧人和寺庙访客的住处，同时也免费接待朝圣者和旅行者，但住宿条件比较简陋。爬上另一座山，藏于深处的**大修行殿**是佛教后弘期的发源地，接着就是最后一个殿**弥勒殿**。

在每年农历六月十五至八月一日的结夏安居法会期间，寺中不接待女性访客。

前往丹斗寺，是一个曲折而美妙的过程，建议你提前到达化隆县城巴燕镇。往返巴燕镇与徒步上山的起点金源乡下科巴村的小面包车每天只有1班，早上6:30从下科巴村出发，14:00从巴燕镇的大十字路口北返回，票价20元。若想搭这班车最好早点儿去等，人满发车。到下科巴村后，可以选择徒步进寺（3小时，8公里），也可搭顺路的摩托车或小车。这意味着乘坐公共交通必须在寺内留宿一晚。从巴燕镇包出租往返丹斗寺，约需350元。

从丹斗山南面循化一侧也有山路可通丹斗寺，但只可徒步。路的入口在位于黄河北岸的循化县高级中学门口，15公里的盘山羊肠小道难度更大，不建议你贸然行走。

夏琼寺

寺庙

（见80页地图；化隆县查甫乡南9.5公里处；⏲8:00~18:00）**免费** 夏琼寺在藏区享有盛名，在于它和宗喀巴有千丝万缕的联系。1349年，曲结·顿珠仁钦（1309~1385年）创建夏琼寺，他正是宗喀巴的启蒙老师。1363年，7岁的宗巴喀在夏琼寺正式出家，学经9年，后来在拉萨成名，创立格鲁派，所以夏琼寺被说成是格鲁派之源。

从查甫到夏琼寺的公路沿山体延伸，在10公里后攀上了山脊，两侧临崖，可清晰看见大山的脉络伸向地面。路的尽头就是盘踞于崖壁之上的夏琼寺。在寺院凭栏远眺，山下不远处一条碧色河流蜿蜒向前，那是刚从李家峡流出的黄河水。如今的夏琼寺僧人众多，往来朝拜的藏民络绎不绝。但置身河流和山峦的迷雾中，仍能感受一份少有的宁静。

另辟蹊径

从夏琼寺到坎布拉

夏琼寺雄踞山头，正对着南面迤逦的黄河。黄河对岸便是黄南州的直岗拉卡乡，距坎布拉国家森林公园（见80页）仅有6公里。想要从夏琼寺直接到达黄河对岸并不难，驾车或徒步都可以。

自驾开出夏琼寺约1公里往夏琼寺宾馆方向走，这条X269公路通往22公里外的位于黄河北岸的牙什尕镇，过了黄河大桥往西，15分钟就能到达坎布拉。

若想徒步下山过河，最好找到一位僧人在夏琼寺的观景台处指点路线。目的地是正前方横跨黄河的大坝，大坝所在的村庄叫唐沙三村。徒步路线最关键之处就是眼前山下布满沟壑的平台。你必须确认好从平台下到村庄的出口，再寻找一条能避开沟壑的路。

从观景台前的小路继续往东，转入夏琼寺的转经路。走约10分钟，当你看到夏琼寺在你的头顶，就可以下山了。这一段直到平台的路是最危险的，一路碎石且坡度较陡。此后的路程十分平坦，按策划好的路线到达唐沙三村后，向人打听直岗拉卡水电站（跨河大坝）的位置即可。那里每天有水电站的班车（免费；8:00、9:00、10:00、11:00、11:40、14:30、15:30、16:30、17:30；从黄河南岸发车，15分钟后从北岸返回）往返于黄河两岸，若早到可以在值班室等候。下班车后，路南50米就是公路。往东是尖扎和同仁方向，往西2.5公里即可到李家峡镇，你可以步行前往，也可以在路边等候公交车。

这条路线是在夏琼寺还未通公路时村民和僧人走的路，如今已经没人再走，路也不太看得出了。寺中的喇嘛不建议旅行者独自行走。

“我们来自美丽的化隆”

不知你是否见过“化隆牛肉拉面”的面馆，或者牛肉面馆里“化隆，我们美丽的家乡”的宣传画。

早在1990年左右，化隆拉面就在南方燃起了“星星之火”。随后，当地政府为了鼓励更多外出务工人员加入“拉面大军”，举办了多期面匠培训班，对农村劳动力和下岗人员进行拉面匠、厨师等工种的培训，并出台了一系列鼓励农民外出务工的优惠政策。如今，化隆拉面已经开到了全国200多个大中城市，为了加强品牌保护，还注册了“化隆牛肉拉面”商标。化隆县的邻居循化县，也是“拉面人才”的输出大县。

在2015年8月12日天津港爆炸事故发生后，多位在天津开拉面馆的化隆人，自发组织来到受灾最重的滨海新区，为灾区群众免费发放拉面、蛋炒饭和矿泉水等饮食。

原先的夏琼寺在“文革”时毁于大火，1980年开始重新修复。我们调研时，一座在建的高二十多米的宗喀巴像雄踞山头，寺里的喇嘛师傅说，这是早先圆寂的夏日东活佛的遗愿。

和藏地一些显赫的寺院一样，夏琼寺也由经堂和医算院两部分组成。在停车场前的大殿就是**大经堂**（显宗学院），若在9点前来到，可以在此看一场早课。宗喀巴当年出家的地方**文殊殿**在两层佛殿之上，顺着转经筒绕道到大殿背面，留心小道上的一枚脚印，据说是当年大师的真迹。寺庙院落之外，面临黄河岸边峭壁的那座有金顶的经堂是**灵塔殿**（金瓦寺），供着宗喀巴上师曲结·顿珠仁钦的舍利子灵塔，这座殿堂香火最旺，殿门旁常年可见磕长头的喇嘛和藏民。此处有一条小路修于悬崖之上，除了两个小佛殿，这里也是观赏黄河的最佳位置。

从停车场往南，医算院位于寺院的另一端。矮小的院门进去，是一座开阔的院落。这里供有一千尊药师佛，至今也为僧人开具藏药。这些殿堂的正门多用布毡遮住，可以请喇嘛师傅帮忙开解，脱鞋进入。继续沿着医算院前的小路往南，到达一块比较宽阔的观景平台，这里距九曲黄河更近些。注意正前方河上的大坝，从这里可以到达黄河南岸的坎布拉（见87页方框）。

距离寺院大概一公里的**夏琼寺宾馆**（☎879 7006；铺40元，标160元）是香客们的歇脚地，也提供餐饮。亦可请示寺中僧人，借宿僧院，更能感受寺院简淡的生活。

西宁八一路客运站每天有一班车开往夏琼寺（21元；13:20；4小时），这趟车第二天6:00在夏琼寺宾馆路口前发车返回西宁，所以只能在寺院留宿。若从化隆出发，可以在化隆汽车站坐发往雄先方向的小面包（10:40、12:40；1.5小时），在查甫镇下车，然后包车往返夏琼寺（100元）。如果想当天离开夏琼寺，只有搭香客的顺风车到临平公路上的阿岱（扎巴镇，20元左右），再搭乘过路的班车去往平安、西宁或化隆、循化。

食宿

县府巴燕镇的西大街是全镇最热闹繁华的街道，这条街上的饭馆大多是清真菜，川菜等汉餐集中在建设路靠南大街一侧。**化隆宾馆**（☎771 2111；西大街邮局对面；标双120元起）有电梯，是县城条件最好的酒店。

到达和离开

化隆汽车站（西大街73号）往返西宁客运中心的班车（23元；7:30~17:00，30分钟1班；2.5小时）每天同时对开。要去往循化方向，可到建设路与S202的路口等西宁到循化的过路车（约25分钟1班）。

循化

积石山连绵交错，围绕着谷地中绿树成荫的循化县城，碧绿色的黄河穿城而过。这里是中国唯一的撒拉族自治县。八百年前从中亚迁徙而来，并在这里发祥的撒拉族，给循化县城带来了浓厚的伊斯兰色彩。但藏、回、蒙、汉等民族也在此居住，循化南边的几个藏族乡俨然是另一番风情——十世班禅大师故居前从来不乏虔诚的信徒和朝拜者，青海最早的藏传佛教寺庙也隐于山中。

景点

循化及周边的景点围绕三个主题展开：你可以追寻白骆驼的脚步，到街子镇揭开撒拉族的神秘面纱；或是到文都大寺和班禅故居，与藏民同来一次朝拜之旅；当然也可以抛开严肃的主题，把自己交给孟达天池和黄河边惬意的自然风光。若是紧凑一些，这些景点包车1天可以游览完。

骆驼泉 古迹

（☎889 8890；循化县街子乡三兰巴亥村；门票34元；⏲8:00~19:00）现在的骆驼泉，作为撒拉族发祥纪念地而建成公园。一尊汉白玉骆驼塑像卧于泉边，泉眼虽小，泉水却源源不断。

泉边的文化墙以连环画的形式，向我们讲述了撒拉族迁徙定居循化的故事：元代，一支自称为"撒拉尔"的部族带着故乡的水与土，牵着一峰白骆驼和一部手抄本《古兰经》从土库曼斯坦东迁。辗转行至循化时，随行的骆驼神秘失踪。第二天人们发现走失的骆驼卧于一眼清泉中，已化为白石。这似乎是一种指引，族人惊喜地发现，这里的水土环境与他们从中亚带来的故乡水土如此相似，便在这里繁衍生息。

穿过茂密的芦苇和花丛，3座仿明清时期的撒拉族民居，"保留"着传统的家具摆设、生活用品。值得一看的是靠近公园入口处的一座，现为**撒拉族民俗风情展览馆**。这里展出撒拉族民族历史、风俗风情、起居劳作和服装饰品等内容，图文资料和实物都比较详尽完整。

你可从积石镇打车到街子镇（3元）十字路口下车，步行约20分钟到清真大寺。继续向前即到相邻的骆驼泉。

街子清真大寺 清真寺

（循化县街子乡三兰巴亥村）**免费** 贵为撒拉族祖寺的街子清真大寺，始建于明洪武二年（1369年），礼拜殿毁于"文革"期间，目前这座阿拉伯风格的清真寺是1982年重建的。四座宣礼塔有23米高，能容纳1200人做礼拜，规模在青海仅次于西宁东关清真大寺。然而非穆斯林不允许进入礼拜大殿，只能隔着玻璃向里张望。

礼拜殿对面是**手抄本古兰经珍藏馆**，其一、二层为穆斯林学生研习宗教知识的教室。那部相传撒拉族祖先从撒马尔罕东迁时用白骆驼带来的《古兰经》，珍藏在馆内四层。它是世界上仅存的3本《古兰经》手抄本之一，距今已有约800年历史，非常珍贵。手抄本藏在有防盗、恒温、恒湿功能的特殊展柜中，犀牛皮函封及丝绸装裱极其考究。珍藏馆通常大门紧闭，也不常对非穆斯林开放，若想一睹真容，可以尝试拨打挂在楼外的寺管会通讯录大牌子上的电话。

撒拉族先民首领**尕勒莽、阿合莽陵墓**也在清真大寺旁，围墙是新修的，陵墓和古树互相映衬，颇有沧桑感。

从县城积石镇打车到街子镇（3元）十字

循化城区

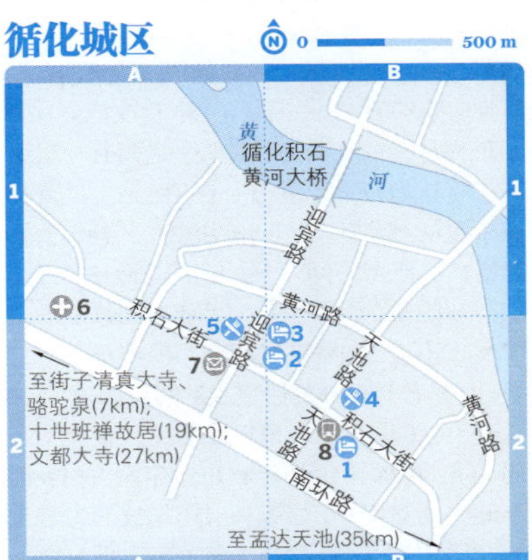

循化城区

住宿
- 1 交通宾馆 B2
- 2 金河湾宾馆 B2
- 3 循化宾馆 B2

就餐
- 4 牛肉面大王 B2
- 5 撒拉人家特色美食 A2
- 循化宾馆四合生态园 .... （见3）

实用信息
- 6 循化县人民医院 A1
- 7 邮局 A2

交通
- 8 循化汽车站 B2

路口下车，步行约20分钟可到清真大寺。

十世班禅故居

故居

（文都藏族乡麻日村）免费 这个名声显赫的大院子并不张扬，一块"十世班禅故居"的金属铭牌挂在简单的木制门旁。但众多的朝拜者穿梭流连在佛堂、居室、廊道和班禅肖像前，顶礼膜拜、敬献哈达，如此就知道这里在藏民心目中的神圣地位了。

与达赖喇嘛并称格鲁派两大教主的班禅，被奉为无量光佛（香巴拉世界第25代国王）的化身。十世班禅额尔德尼·确吉坚赞出生在1938年，1943年被确认为九世班禅的转世灵童。1989年，他在班禅的传统驻锡地西藏扎什伦布寺圆寂。

这座班禅故居分为里、外两个院落，靠里的老院子已经有140多年历史。不要忽略了角落上那间破旧的屋子，这间居室的里间曾是班禅父亲的卧室，外间是羊圈（后改成灶房）和班禅母亲的一张床铺。两室之间有一根系满了哈达的顶梁木柱，柱子下便是十世班禅额尔德尼·确吉坚赞出生的地方。班禅曾回故里给柱子开光，并称之为自己的生命柱。

新院是1981年起耗时两年时间修复的二层藏式小楼。从两院之间窄小的楼梯上到二层，这里曾是班禅的卧室、会客厅、餐厅和佛堂，佛堂中供有释迦牟尼的佛像和班禅父亲的灵塔。班禅在1983年和1987年两次回乡都在此生活和工作。如今一层用作故居内僧人的起居和会客室，还有一些关于十世班禅大师的生平介绍。

若你到来时大门紧闭，可以拨打外院门前的电话，尽量避免休息时间造访。新院二层偶尔不对旅行者开放，但只要你足够礼貌和客气，想参观一圈并不困难，还可让僧人稍作讲解。来班禅故居前不妨备些小文具或小食品，在停车场上时不时会有一些顽皮的孩子，这些小礼物会让你的离开更加顺利。

在班禅故居北面的山脚下，一座崭新巨大的佛塔，名为**楞严金刚护法塔**。塔内设佛殿138座，供奉了11,990尊金刚橛和大黑天护法神王，从班禅故居步行15分钟即到。

去往班禅故居，可在循化汽车站乘坐发往同仁的班车（10元；9:00、11:00、13:00、14:30；30分钟），但返程只能靠运气拦顺风车。更保险的方法是从循化包车，加上文都大寺一起游览，半天价格在120元左右。

文都大寺

寺庙

（文都藏族乡拉代村）免费 这座元朝忽必烈时期经帝师八思巴法王授记、由第二任帝师亦怜真于1272年创建的文都大寺，是青海最早的藏传佛教寺院。而文都大寺为旅行者所知，更在于其与十世班禅大师的渊源。这里是十世班禅幼年学经的母寺，也是他在青海弘扬佛法的重要场所，他圆寂后，藏有其舍利的灵塔也回归于此。

12座佛殿依山势错落排开，除了欣赏精致和考究的建筑外观，最值得一看的是位于山下的**大经堂**、**十世班禅大师灵塔**和**十世班禅大师纪念馆**。

大经堂内供奉着释迦牟尼佛像，其左、右两侧分别是宗喀巴大师和两个徒弟，以及十世班禅的佛像。这座班禅佛像的形貌与班禅本人极为相似，是十世班禅大师1987年回到文都大寺亲自开光的。在班禅佛像边上的橱窗里，摆放着一只镶裱在相框里的金色脚印纸模，是宗喀巴大师4岁时的脚印，形状异于常人。若你在5:30、10:30或17:30来到这里，还可以看看僧人学经的场景。

沿着大经堂右侧的指示牌步入十世班禅大师灵塔殿。这座文都大寺中最庄严神圣的佛殿，用1400斤白银、26公斤黄金于1991年修建而成。一层大殿正中就是纯银包金，镶嵌着玛瑙、珊瑚、宝石的灵塔，内有十世班禅大师的舍利、袈裟、经书、法器等。在灵塔四周陈列了不少班禅与家人的老照片。四周墙壁上的壁画也值得推敲，让僧人点亮烛灯，一千幅释迦牟尼的描金小像跃然墙上。

旁边院中挂着金色布幔的三层大殿，是2005年修建的十世班禅大师纪念馆，在二层除了三位创建者的塑像，更值得一看的是塑像后展示的九世班禅所制的历世班禅唐卡。出于文物保护的原因，如今看到的只是唐卡的图片。殿堂两侧存有六世班禅大师以来所用的《丹珠尔》《甘珠尔》佛经共340卷。大殿顶层，一座8米高的木雕十世班禅大师大像立于正中。

从纪念馆外右侧的小门往上走，是文都大寺最悠久和最重要的**大黑天护法神王殿**。

不要错过

黄河边的生动风景

如果你打算在循化过夜，不妨在天黑前到县城中的循化积石吊桥散散步。这座钢索吊桥于1979年建成，曾是城中唯一连接黄河两岸的桥梁。随着上游不远处循化积石黄河大桥的通车，这里成了市民休闲观景之地。

袅袅婷婷的撒拉族女子从桥上走来，小伙子们则是骑着摩托张扬逍遥，带着白帽的大叔和裹着头巾的阿姨三三两两闲聊散步。3米多宽的桥面不显拥挤，晃晃悠悠的钢索承载了许多欢乐。桥头和两侧岸边，有简易便道通往河边的平台和石滩，可亲近黄河之水。若碰上好天气，夕阳把下游两岸的丹霞山体映衬得更是娇艳，与清澈的黄河水相得益彰。但若是几日内下过暴雨，那么抱歉，黄河马上露出真面目，浑黄的河水汹涌奔腾，请打消下岸的念头。

这里是当时亦怜真大师创建的第一个佛殿，大黑天护法神王被奉为文都大寺的主尊，只是通常不开放给旅行者参观。沿着山势往上，还可参观到观音殿、弥勒殿、小经堂、班禅行宫等。

请尽量避免在12:00~14:00和18:00后造访，这是寺院僧侣们的休息时间。你也可以碰碰运气，试着拨打贴在各院门口的联系电话，让僧人来帮你开门，但别抱太大希望。

没有公共交通直达文都大寺，可从循化包车，与班禅故居一同游览，价格在120元左右。

孟达天池 自然景观

（☎881 9200；门票65元；⏲7:00~18:00，4月1日至10月31日期间开放）虽然在名气和规模上都无法与长白山天池、天山天池媲美，但身处孟达国家级自然保护区内，坐拥360度的随山峦起伏的森林景致，孟达天池也未必会让你扫兴而归。

既然是天池，就意味着登高方可一睹真容。景区交通车（免费，3公里）会带你到半山腰，这里是自行上山的起点。千万别被看上去坡缓、宽矮的木栈道迷惑，后面坡度变陡，1000多级台阶在恭候你气喘吁吁地到来（上行约1小时，下行40分钟）。也可在栈道入口旁的平台上骑骡子（单程/往返50/100元，约30分钟）上山，省时省力。但一定要注意安全，骡子是附近撒拉族村民家养的，不属景区管理。

到达山顶穿过一片小森林，深绿色的天池显现眼前。沿着临湖的栈道行走可环湖一周（3公里；1小时），经幡随栈道延伸，请给在“转湖”的藏民让出去路。也可以登上湖边的鹰峰（20分钟），观天池全景。若是在9月中下旬到来，森林逐渐呈现多种色彩，又是另一种风景。

夏季天池边上和上山栈道途中都有可供歇脚的小吃摊，提供酿皮（12元）、盖碗茶（15元）等。不妨自己带些小吃和水，记得不要留下垃圾。

若是从循化去孟达天池，路上的风景也别轻易错过。循化县城以东，黄河勇猛地闯入壁立千仞的小积石山，形成壮观的峡谷，奇险之外还有色彩瑰丽的丹霞地貌。清大公路（循化县清水乡至甘肃积石山县大河家镇）顺着黄河南岸曲折而行，河水最窄处叫狐跳峡，洪水季节最大流量可达每秒4800立方米，宽仅5.7米，这里是黄河最终冲出积石山的突破口。

从循化可在汽车站西约100米处乘坐发往大河家的小面包（20元；人满发车），在天池路口下车，步行约800米就是景区售票处。返回时可回到原路口拦车。从循化包车往返孟达天池约120元。

住宿

循化的住宿大多集中在积石大街两侧，虽然不是热门旅游区，但在每年七八月，价格也会上调约30%。住在汽车站附近，吃、玩、逛、出行、包车都比较方便。需要注意的是，循化是传统的穆斯林地区，所以请注意不要带酒进入。

循化宾馆 宾馆 ¥¥

（☎881 9999；积石镇迎宾路县政府后院；标双248元起，含自助双早餐；📶🅿）除了干净舒适的客房和礼貌热情的服务，这家四星级酒店配套服务也很齐全，餐厅、茶馆、足浴皆有，还有一个精心打理的花园，亭台座椅安放在花木丛中，十分惬意。

金河湾宾馆 宾馆 ¥¥

（☎881 9188；积石镇积石大街118号；标双160元；📶Ⓟ）酒店有电梯。虽然价格略高，但环境和设施在县城中是比较出色的，你会感到价有所值。

交通宾馆 酒店 ¥

（☎881 2615；积石镇积石大街111号；标间100元；📶Ⓟ）这是同等价位宾馆中较好的一家，紧邻循化汽车站和广场，饮食和出行都十分方便。客房宽敞，只是卫生间稍显简陋，个别会有异味，入住时注意一下。

就餐

一般的餐馆都找不到撒拉族特色的油饼、油搅团、撒子、炸糕等小吃，要到农家乐才能尝到。在街子镇清真大寺路口的三兰巴亥村和积石镇黄河岸边，都集中了不少农家乐，由于院落大都装饰考究，是附近市民休闲小聚之地，所以价格也不算便宜。

循化宾馆四合生态园 撒拉菜 ¥¥

（☎881 6000；迎宾路循化宾馆一层；人均60元；⏲9:30~21:00）这是一家开在四星级宾馆里的室内"农家乐"。园林、秋千、别致的小包间，伴随着民间音乐，虽然少了些农趣，却多了几分优雅。这里的菜品丰富且精致，各种撒拉族特色小吃都能找到，价格也不比普通农家乐贵。

撒拉人家特色美食 撒拉菜 ¥¥

（☎138 9772 6919；迎宾路，循化宾馆对面；人均40元；⏲8:30~22:30）一间普通的撒拉小馆人气却很旺，菜品量大实惠，推荐羊肉炕锅。也有面食和盖浇饭等快餐。

牛肉面大王 小吃 ¥

（☎187 9725 6161；积石大街，汽车站斜对面；人均10元；⏲7:00~23:00）当地人爱吃的面馆，即使下午两三点也坐满了人，拉面7元，干拌、炒面9元，口味偏咸，也经营炒菜。

循化夜间美食基地

天池北路靠近积石大街一侧，各种清真烤肉馆子蔓延约百米。每当夜幕降临，这条街便变得热闹红火，直至凌晨。烤肉的香气伴随着烟雾在召唤，马路旁停满了小轿车，人行道上坐满了食客，加上店家支出来的烧烤架子，只留一条通道可以通过。这些小店大多经营大盘鸡、白斩鸡（30元/斤）、手抓羊肉（65元/斤）、炕羊排、烤肉等"硬菜"，也有各种面食。撒拉族遵守严格的伊斯兰教规，餐馆里不销售酒精类饮料，也请你不要自带酒类，还是喝点熬茶应景解腻吧。

实用信息

循化县人民医院（☎881 2313；积石镇上草路与南环路交会处）县城里规模最大的医院。

邮局（积石大街201号；⏲周一至周五9:00~17:30，周六、周日10:00~17:00）也代售飞机票。

到达和离开

在西宁客运中心可乘坐发往循化的班车（32元；7:20~16:50，约30分钟1班；3小时）。

循化汽车站（☎881 5958；循化县积石镇积石大街；⏲6:30~16:30）有班车开往西宁（32元；6:40~16:30，约30分钟1班；3小时）、同仁（17元；9:00~14:30，共4班；2小时）以及甘肃临夏（30元；8:00~15:00，共6班；3小时）。车站外靠积石宾馆门口一侧，有去往西宁的小面包车（40元/人）和轿车（50元/人）拼车，人满发车。

从县城积石镇到街子镇，可乘坐汽车站外面的出租车（3元）。若想包车把循化周边景点一网打尽，往返一天约250元。

祁连山区

包括 ➡

门源 96
祁连 100

最佳观景点

- 圆山观花台（见96页）
- 照壁山景区（见96页）
- 卓尔山（见101页）

最佳住宿

- 观花台农家宾馆（见97页）
- 卓尔山国际青年旅舍（见103页）
- 沁香园农家客栈（见103页）

快速参考

祁连、门源

- **人口：** 20万
- **电话区号：** 0970
- **县城海拔：** 2732米、2867米

为何去

匈奴语称“天”为“祁连”。祁连山脉在青海境内绵延近千公里，浩然如天。雪线之上的群峰穿戴白色盔甲，巍峨列阵，围护着这片被称为“祁连山区”的大地。丰沛的冰川融水滋养了广阔的祁连大草原，也滋养着柴达木盆地北缘的城镇和绿洲。黑河在这里发源，它的激流冲击祁连山脉而形成黑河大峡谷，并于悬崖峭壁间咆哮向北。祁连山东部丰沛的降雨孕育了茂密的森林，夏日躲进仙米林场戏水纳凉、秋季驾车穿行在金黄、火红的色彩中，这些都是在辽阔的西北难得的享受。而祁连山和达坂山之间这块号称“金门源”的盆地，更是吸引旅行者接踵而来。每年七八月，万亩油菜花田蔓延数百里，耀眼金黄、满坑满谷，或与绿油油的青稞田相间直铺天际，或随山坡起伏，恣意流淌，绘成盛夏高原最盛情的杰作。

祁连山区不如青海湖那样抢眼，也没有河湟谷地厚重的历史和宗教渊源，但它静谧之下的气势磅礴、天野苍凉以及夏秋时节的丰富热烈，会引你的脚步走近再走近。

何时去

5月至6月 春天到来。油菜花刚刚播种，小草冒出新芽，田间、草原、山坡处处是嫩绿的生机。

7月至8月 门源、祁连大片的油菜花和凉爽的气候，吸引着大批旅行者前来，但景区交通和住宿都面临极大考验。在这个高海拔山区的短暂夏季，平均14℃的气温仍提醒你要带上外套和抓绒衣。

9月至10月 一场秋雨一场凉。山峰披上洁白的新装，青稞田转为收获的金色。这个时节能领略不同于“花海”的初秋之美。黑河大峡谷两岸和仙米国家森林公园色彩绚烂，层林尽染。

11月至次年4月 漫长的冬季，大部分景区因大雪封山而关门谢客，而银装素裹的林海倒也别有一番风情。

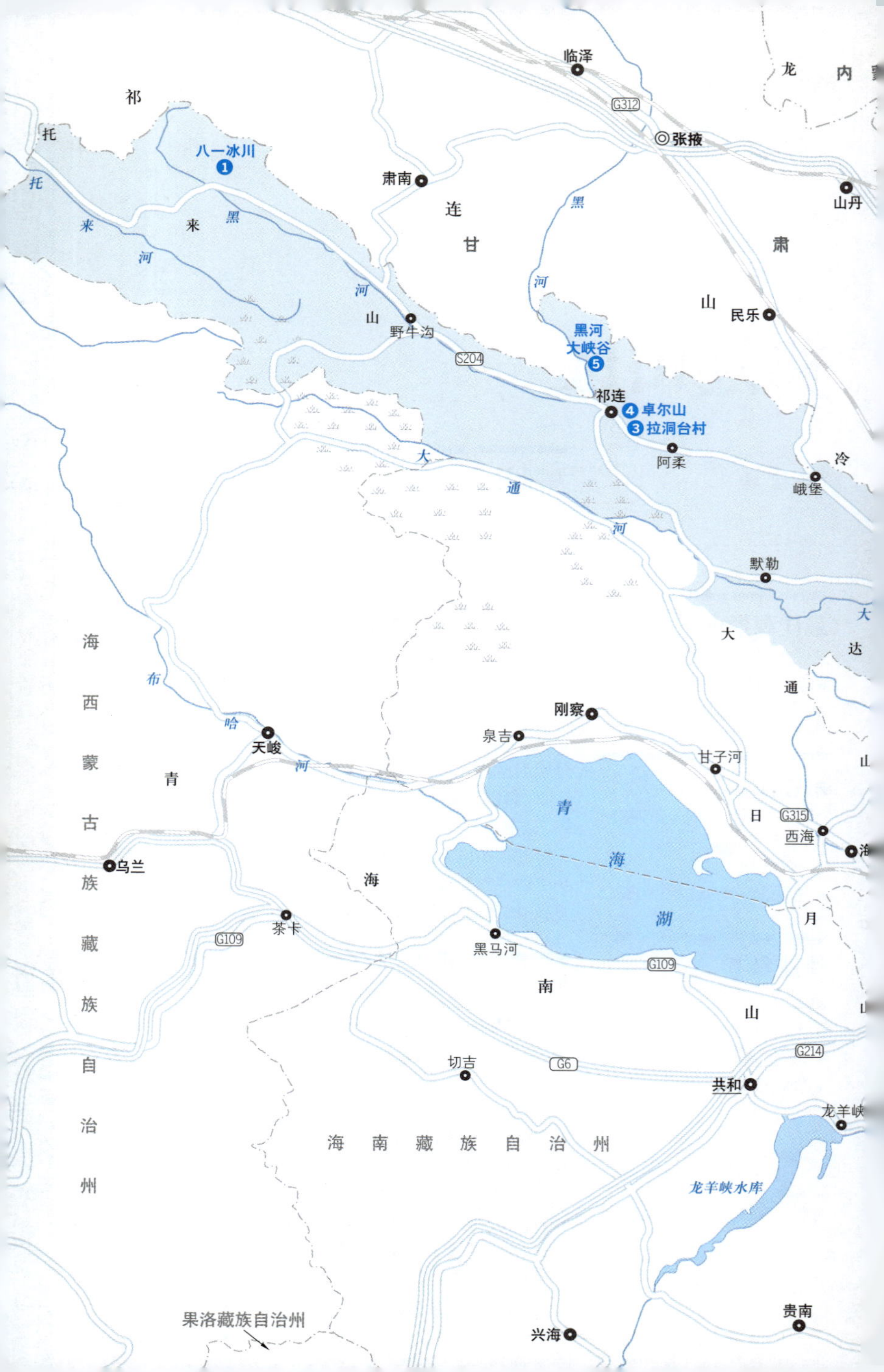

临泽
G312
张掖
山丹
祁
托
八一冰川
1
托
来
河
来
黑
河
山
野牛沟
S204
肃南
连
甘
黑
河
肃
山
民乐
黑河
大峡谷
5
祁连
4 卓尔山
3 拉洞台村
阿柔
冷
峨堡
大
通
河
默勒
大
达
大
通
刚察
泉吉
甘子河
布
哈
天峻
河
海西蒙古族藏族自治州
青
青
海
湖
G315
西海
日
月
乌兰
海
茶卡
G109
黑马河
G109
南
山
G214
切吉
G6
共和
龙羊峡
海南藏族自治州
龙羊峡水库
贵南
兴海
果洛藏族自治州

祁连山区亮点

1. 驾车前往**八一冰川**（见100页），一路赏尽峡谷、草原、雪山美景，再叹冰川气势磅礴。
2. 7月中下旬到门源**圆山观花台**（见96页），看万亩油菜花装点大地。
3. 在**拉洞台村**（见101页）体验农家生活，院中远望阿咪东索，夜晚在玻璃阳台坐观满天繁星。
4. 在**卓尔山**（见101页）的山顶平台上，静候第一缕阳光唤醒小城的蓬勃朝气。
5. 10月到**黑河大峡谷**（见100页），看河流奔腾之上，漫山赭红橙黄。

门源

与同因油菜花而知名的婺源、罗平相比，大西北旷野中的门源油菜花多了几分粗犷和大气。没有古民居的装点和梯田层级，但那“50万亩黑土地上用10,000亿朵油菜花编织的金色梦境”来得狂野又浪漫。每年7月，金黄色的油菜花与青绿色的青稞编织出巨大的花毯，肆意地铺满整个门源盆地。当白色的高速列车在花海中飞驰而过，环青海湖国际公路自行车赛的选手穿梭其间，时代气息也就随之而来。

景点

百里油菜花海 自然景观

“赏花”是门源行的重头戏。除了照壁山景区，门源县的几个观景点多集中在青石嘴镇周边，因位置、地形的差异，所见“花海”各有千秋。如果时间充裕，值得一一造访。

➡ 圆山观花台 观景点

(见本页地图；青石嘴镇东1公里处；门票60元；⏲5:00~21:00，每年6月20日至8月31日开放）这里是观赏油菜花海最热门的观景点，景观也最好。铺满油菜花的圆形小山包就像花海中涌起的浪头。顺着“之”字栈道登临坡顶的两层环形观景走廊，360度黄绿交错的油菜花海和青稞田所组成的“大地艺术”尽收眼前。观景台位于岗青公路237公里处，距离公路1.5公里。有环保车（单程/往返10/15元）往返于路口游客中心和观花台间。

➡ 照壁山景区 观景点

(见本页地图；浩门镇；门票30元；⏲24小时）这是位于门源县城浩门镇的唯一一处观景点，距镇中心约4公里。公路直通山顶停车场，而后你可以再沿上山石阶登临最高处的观景台。这座海拔3400米的观景台，不仅可以观赏黄绿相间的油菜花和青稞田，还能将孕育花海农田的山川河流和城镇村庄尽收眼底，此时你便能领会山顶石碑上“金门源”三个大字的含义。对于摄影爱好者来说，这里不仅能拍摄全景式的城乡花海，还是拍摄日出和日落的绝佳机位。

从浩门镇包车往返照壁山100元。

➡ 花海芬芳浴 观景点

(见本页地图；☎139 9740 8433；苏吉滩乡苏吉湾村；门票40元；⏲7:30~21:00；每年花期6

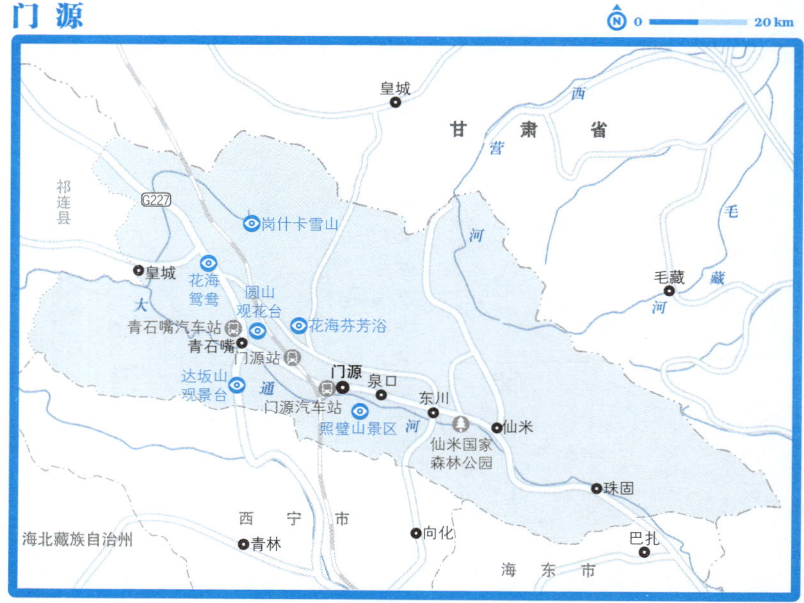

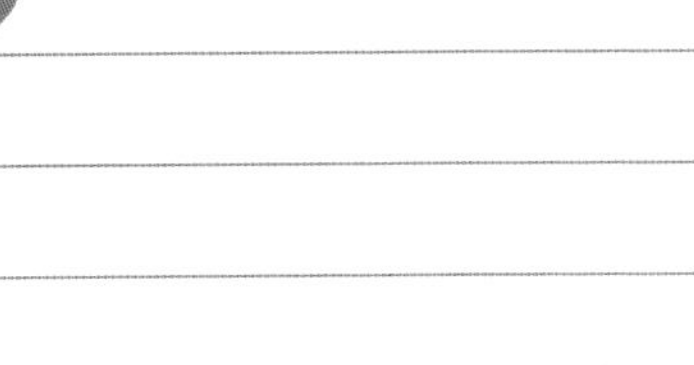

图片 / 年保玉则湖边的牦牛　摄影 / GETTY IMAGES 提供

lonely planet

“只要决定出发，最困难的部分就已结束。那么，出发吧！”

托尼·惠勒 (Tony Wheeler)，Lonely Planet 联合创始人

月底至8月初）这里并非是高高在上的观景台，你可以徜徉于花海之间，与油菜花亲密接触。长长的木栈道伸向花田，连接花海之中的小亭，在亭中小坐、品茶、赏花，可以避开熙攘的人群，独享滔滔花海。若想来点刺激的，这里还有热气球升空观花项目（150元/人，4人起；约15分钟）。

从青石嘴镇圆山观花台景区前的小路沿指示牌往东，行驶10公里左右即到。

➡ 达坂山观景台

观景点

（见96页地图；免费，停车5元）若从西宁方向过来，出达坂山隧道后，不久就会路过这个在G227边的开放式观景台。此处距离北边的青石嘴镇还有13公里，是预览花海、给眼球和心情热身的好地方。想象一下无边无际的金黄色霎时跃入眼帘的那一刻，虽然只能远眺，但山下那条通向门源的公路，会让你兴奋的神经迫不及待。

如果从别的方向进入门源，没有必要专门到这里。照壁山是更好的选择。

仙米国家森林公园

森林公园

免费 从浩门镇向东南往珠固方向，近百里的S302穿越青海省面积最大的天然林区，仙米国家森林公园就在这里。由于公园标识并不明显，旅行者往往是进入之后才惊奇地发现路边的景色如此美丽。

门源盆地北侧的祁连山冷龙岭和南侧的达坂山在此处汇合，大通河冲破这片两山汇拢地带，在森林公园内形成了70多公里长的仙米峡谷。河道上筑起的一座座水坝，让上游湍急的河水平静下来，形成一片片高峡平湖。留意道路两侧的景点指示牌，那里有行车便道通往林区深处。其中一条岔路S105去往甘肃武威，路上途经门源地区著名的藏传佛教寺院——位于讨拉沟的仙米寺。仙米寺依山而建，虽然规模不大，但历史悠久，据说是16世纪末三世达赖喇嘛去蒙古途经此地时提议修建的。

7月初，大通河两岸的油菜花田早于门源开放，仙米的林间是当地人野餐、纳凉的热门地点。9月是仙米最美的时节，漫山纷呈的色彩不容错过。

S302沿河岸横穿园区，自驾是最好的游览方式。

脱颖而出的油菜花

祁连山区是个没有绝对无霜期的高寒地区，甚至六七月份也可能遭遇冰雹袭击。1968年门源县经历特大霜冻灾害，小麦、青稞和马铃薯统统减产过半，而油菜仅仅减产三成。于是，在自然优胜劣汰格外严酷的西北高原地带，生命力超强的油菜便胜出了。

经过农科专家多年调理，门源培育出的油菜品种不但能耐低温，甚至还能抗风沙。

此外，吹送到祁连山深处的东南季风，给门源县带来充足的降水，也满足了油菜花生长的必备条件。最不能忽略的是人的因素——广阔灿烂的油菜花田，大多是由浩门农场服役劳动的犯人们耕种的。

住宿

动车的开通使从西宁往返门源的一日游能够轻松实现。如果你贪恋金黄色的花海，住在青石嘴镇是最理想的选择。

青石嘴镇上住处并不算多，倒是南边的下铁迈村和北边的红牙合村开了不少农家乐（每年5月至10月营业），但大多数是公共卫浴，自驾车比较方便前往。相比之下，门源县政府所在地的浩门镇虽然离景区稍远，但正规宾馆选择多一些。此处列出的价格是观花季的价格，油菜花季过后，价格最多能回落到三分之一。

★ 观花台农家宾馆

农家乐 ¥¥

（☎138 9700 8166，138 9750 1068；青石嘴镇圆山观花台西800米；标双220元起；📶Ⓟ）这是距离观花台最近的住处，只要走出房间就能步入花田。房间不大但五脏俱全，也显得比较干净利落，只是要到大厅才有Wi-Fi信号。餐饮价格还算实惠。店家提供往返青石嘴汽车站和圆山观花台的免费接送服务。

鑫福源宾馆

宾馆 ¥¥¥

（☎861 6887；青石嘴镇青浩路，青石嘴汽车站路口东；标双380元起；📶Ⓟ）只是一般配置的小型宾馆，条件相对周边的住处较好，在旺

另辟蹊径

花海鸳鸯和岗什卡雪峰

随着旅行者的大量涌入，门源附近的一些小景点也逐渐开发并圈地收费，花海鸳鸯和岗什卡雪峰是“知名度”最高的两个，不少拼车和包车司机都会吆喝着把你带到这两处景点。由于离青石嘴镇尚有20公里，所以交通费用也偏高。

花海鸳鸯（门票30元）虽在门源境内，但它与油菜花绝无关系。这是门源县城西皇城大草原内的一处湿地，但划为景区的只有一片浅湖。春、夏季节，这里能看到并不漂亮的野鸳鸯等水禽，湖边牛羊漫步。四周的小山岗上开满野花，对面的岗什卡雪峰清晰可见，这里也可以骑马（50元/15分钟）。

岗什卡雪峰 免费 大门距离花海鸳鸯约1公里，一条公路直通雪山营地（海拔3400米），可走上观光栈道近观峰顶，但不如远看来得壮观。**七彩瀑布**位于栈道旁边，但只在冬季雪后的阳光下才能显出真容。若你是登山爱好者，并有冰雪攀爬的基础，可以联系当地户外俱乐部参加登顶岗什卡（海拔约5200米）的活动（可参考青海省户外运动协会网站www.qhsxh.org），但切忌独自攀爬。雪山脚下还有一处滑雪基地，全年开放。

季即使价格离谱也依然抢手。

浩城大酒店　酒店 ¥¥¥

（☎767 2888，767 2999；浩门镇东大街中心广场对面；标双488元起，含双早餐；Wi-Fi P）前台在4层，是县城最高档的宾馆。房间不大但温馨典雅，自助早餐比较丰富，就是晚上热水不太稳定。酒店附近吃饭选择很多，门前小公交3元可直达门源站。

海北饭店　酒店 ¥¥¥

（☎861 1658；浩门镇东大街29号；标双320起，含双早餐；Wi-Fi P）酒店紧邻金源广场，出行方便。房间数量充足，室内也宽敞明亮，旺季性价比较高。

就餐

炕锅肉、火锅、牛肉面、烧烤……不论是地道的清真小吃，还是无处不在的川菜，都能在镇上找到。浩门镇的餐馆较多，集中在南大街和民俗街一带，青石嘴镇则集中在青浩路和宁张公路上。但总的来说，不管是农家乐还是饭馆，在门源吃饭的价格并不算便宜，口味也不要太强求，农家乐里的炒油菜花可以一试。

回香阁　清真菜 ¥

（☎132 2972 3328；青石嘴镇宁张公路边，青浩路路口北约150米；人均30元）清真炒菜、凉菜和面食品种都很丰富，价格也实惠，餐后还可以尝尝味道正宗的酸奶和奶皮。

巴蜀人家川菜馆　川菜 ¥

（☎136 1970 8683；浩门镇民俗街西街；人均35元）当地人爱去的川菜馆，够辣够味，炝锅鱼（60元）、巴蜀排骨（42元）最受欢迎。

小圆门餐厅　中餐 ¥

（☎861 3616；浩门镇西大街47号）有牛肉面等各色面食，价钱比街边小馆略贵一两元；也可以尝尝具有本地特色的生炸羊排（128元）和炒人参果玉米（58元）。饭馆位于门源中医院西边。

购物

门源是有名的蜂蜜生产基地，公路沿途可见养蜂人兜售自产的蜂蜜和花粉，油菜花蜂蜜15元/斤起，蜂王浆130元/斤。另一种特产是“奶皮”，镇上有多家酥油奶皮店，可在浩门汽车站旁边的**艾米乃酥油奶皮**或民俗街西路的**海兰酥油奶皮蜂蜜**买到，25~30元一张。

实用信息

危险和麻烦

在油菜花田边摆放着养殖蜜蜂的蜂箱，花田中也有不少蜜蜂飞舞，可用头巾遮挡脸部，不要招惹它们。

邮局

邮局位于浩门镇西大街3号和青石嘴镇东街16号，邮政营业厅内均设有火车票代售点。

银行

浩门镇的中国农业银行位于东大街90号，建设银行在其正对面。青石嘴镇的中国农业银行位于西街。两个镇上的邮局旁边均设有邮政储蓄银行。

到达和离开

长途汽车

门源汽车站（见96页地图；☎861 3636；浩门镇西关街73号；⏰7:20~17:00）每天有3班车发往西宁客运中心（32元；9:10、11:00、13:30；3.5小时），七八月旅游旺季，班次会有所增加。还有发往祁连（36元；9:00、14:00；3.5小时）、民和（46元；7:40；3小时）和西海（43元；9:00、15:00；3小时）的班车。除民和方向外，班车在开出20分钟后会先经停**青石嘴汽车站**（见96页地图；青石嘴镇南街36号；⏰8:30~17:00）。在门源汽车站外也有往返青石嘴汽车站的小巴（5元）。

火车

兰新铁路第二双线进入门源后，迅速抢去了汽运的风头。每年油菜花季期间，**门源站**（岗青公路，浩门镇和青石嘴镇中间）有频繁的动车发往西宁（30元；约40分钟）以及兰州、张掖、嘉峪关等旅游热门城市，但车票仍供不应求，需提前预订，尽量避开周末出行。

当地交通

公交车

由于大部分旅行者选择动车出行，门源站的站前广场也成为门源最大的旅游集散地。当地的公共交通多为车身贴着“城乡公交”的小面包车，在广场前可乘坐到浩门镇（3元）和青石嘴镇（10元）的公交车。

拼车和包车

门源站站前广场还有发往各景区的小车，人满即走。最频繁的是开往圆山观花台（10元）的小车，也有去往花海芬芳浴（10元）、花海鸳鸯（20元）等景点的小车，也可选择火车站往返于花海鸳鸯、圆山观花台、花海芬芳浴的环线（50元/人，约4~5小时）。几乎各种组合的搭配线路都能找到。

包车游览的费用常按景点个数计算。通常是4个人的小车每个景点100元，加上照壁山会稍微贵些。常规路线是圆山观花台、花海鸳鸯、岗什卡雪峰和达坂山观景台4个景点400元，若还想去花海芬芳浴和照壁山景区则要600~700元。

青石嘴镇的包车和拼车集散点在圆山观花台门口，去往上述几个景点的小车都很容易找到。到浩门镇可以到北大街街口或汽车站门口去看看，这里客人相对少些，因此以包车为主。但在旺季期间，拉客的小车随处可见，若对私人的车辆不放心，正规出租车的价格也是相同的。

自驾车

G227（大通、张掖方向）纵贯门源南北，S302（祁连、互助方向）横穿东西，从任一方向进入门

油菜花观景提示

每年7月15日到31日是欣赏门源百里油菜花海的最佳时期。门源县城的花期比仙米林区略晚一周，但比祁连地区要早一周左右。留意天气预报，壮美的景观往往终结于花季末期忽然来临的一场大雨或冰雹。

门源的4个观景点理所当然是最佳的摄影点。其中照壁山和达坂山是拍摄整个门源盆地的好地方，长焦镜头更能把穿梭于花田之间的村庄和河流表现得细致生动。圆山观花台和花海芬芳浴，则位于花海之中，不管是拍摄人像还是风景，都能让金黄色溢出取景框。

沿G227从青石嘴镇继续往北的3公里内，公路两侧尽是油菜花田，全线都被当地人圈起来收费（10元/人），但这并不影响游人进入花田拍照的热情。在油菜花盛开初期，这里能与油菜花合影出丰满的画面，但不出几日，花田的边缘便被踩踏得一片狼藉。另外一条景观路，是从圆山观花台门口的小路前往花海芬芳浴沿线，此处的花海更广阔，还可以拍摄到火车穿过花田的场景，由于游人较少，保存相对完好。如果你来到这里，请一定爱护花田，尽量不要进去踩踏，以免让此处沦为跟前者一样的拍照商业区。

另辟蹊径

开进门源的"赏花专列"

如果你并不执着于在油菜花田中留下倩影，往返于兰新铁路第二双线上的列车，已经可满足你视觉上的需求了。若乘坐动车，请打听好列车到达门源站的时间，提前15分钟就打起精神；普通列车不停门源站，西行列车离开西宁站后约1小时就请时刻准备着。

门源站就位于油菜花海之中。虽然进入门源地界后就开始出现大片小片的油菜花田，但抵达门源站前后10分钟的一段才是门源百里油菜花海最核心、精华的地段，两边的车窗同样精彩。当列车经过圆山观花台旁，看到密密麻麻的游人聚集山顶，或许你会觉得还不如这趟"赏花专列"来得写意从容。

源的道路都称得上是景观公路。青石嘴镇上和浩门镇以西都有加油站。

出租车

县城内出租车一般不打表，不出县城的价格是5~6元。

祁连

"天境祁连"这块矗立在进城国道上的石碑，是对它最确切的注解。登上卓尔山就能把县城生动的色彩尽收眼底——油菜花从北侧的丹霞山谷间淌出，注入绿色的青稞田，随地势起伏，涌上对面阿咪东索的山腰。然而，与"油菜花专业户"门源相比，祁连的风光还远不止这些。从县城一路往西，沿途穿过黑河大峡谷、祁连大草原，两侧雪山绵延相伴，直达雪线之上的八一冰川。再贪婪一些，从八一冰川继续前行，从央隆转入海西州的苏里乡，穿越无人区到达哈拉湖，更是一段令人心生敬畏的"天境"探险之路。

祁连是个季节性很强的旅游目的地。若时间允许，你大可不必在七八月处处"爆满"的油菜花季到来，9月底也是探访祁连的好时机。黄藏寺村的黑河大峡谷沿线，从谷底到山巅的色彩变化如同仙境，此时的冰川也更为壮观。

如今，当地对旅游资源的开发正如火如荼地进行着，我们调研时，城内城外修路修桥，还有数个"景点"在圈建中。所以来祁连旅行记得趁早。

景点

八一冰川 冰川

（祁连县野牛沟乡）**免费** 距离祁连县城约180公里的八一冰川是黑河的源头。当视野随车攀上海拔4600米的峰顶，一座约2200米长、15米高的冰川，如一堵巨幅雪墙般横空出世，冰川前是一片开阔平坦的雪原，一座挂满经幡的白塔立于其中。穿过雪原走到冰川脚下，仰望雪墙上层层累积的岁月年轮，沧桑浩瀚。看冰川最好的时节是9月和10月，这时的冰川因新雪飘洒而洁白如洗，雨雪和低温砌平了融化的缝隙，雪墙峭拔壮观。

如果单是赏景、拍照，无须特殊的户外装备，但要注意保暖。即使难抑兴奋或"凹造型"也切勿跑跳或大呼小叫，近5000米的海拔容易让你气短心悸。此外，冰川附近数十公里都没有小卖部或卫生间，前往之前需要多备些水和干粮。路上的野牛沟乡是最后的补给站，这里有一些面馆、快餐店可以就餐。

前往八一冰川只能包车或自驾。沿二尕公路（S204）一路往西，过野牛沟乡后继续往央隆方向行驶约70公里，可见一蓝色指示牌，这里便是进入八一冰川的岔路入口。从这里开始，是约50公里的盘山砂石路，海拔一路升高。虽然大路直通冰川脚下，但请保持冷静，将车在离冰川较远的裸露砂石路上靠边停稳，再步行前往冰川。切忌将车辆驶入临近冰川有冰雪覆盖的路面，否则极易造成陷落或打滑。此处位置偏远，难以实施救援。

自2016年5月起，凡前往八一冰川的旅行者须先到**祁连县旅游局**（☎867 6879；⏲8:00~18:00；林场路加油站东）听取冰川生态保护相关知识的讲座（免费），持旅游局发放的"培训备案表"方可进入冰川，建议提前致电咨询确认。

黑河大峡谷 峡谷

（祁连县西黄藏寺村起）**免费** 在西距八宝镇大约20公里的黄藏寺村附近，自西而来的黑河（也叫托勒河）与八宝河迎面汇流，突然折向北方，切断祁连山，朝着甘肃张掖方向流去，形成黑河大峡谷。除了高山峡谷素有的

"壮阔"之外，这个中国第二大峡谷最独特的标签却是"色彩"——这个藏在深山、游人罕至的地方，却备受摄影师偏爱。

黄藏寺村是山坳中一个回民聚居的小村庄，从这里进入峡谷的8公里行车山路上，雪山、树林、溪流和村落叠成的丰富层次，就开始让你应接不暇了。在路的尽头停下车，转入在峭壁间穿行的小道，可步行一段欣赏峡谷景色。到路程艰险难以把握时，可原路返回。

这里目前还不通公交车，自驾和包车是仅有的抵达方式。从八宝镇出发，往西北方向上二尕线（S204），行驶大约20公里后向右转入村道C079，过黄藏寺中桥开始进入峡谷区。但从二尕公路通往黄藏寺村的这条山路十分曲折，在雨水较多的夏季，山体滑坡多发，经常无法通行。若无法进入也不用遗憾，放弃前往黄藏寺村的山路，驱车沿二尕公路继续前行，可看到汇流之前的黑河，两侧峡谷依然，只是跟前者比起来少了几分探险的意境。

我们调研时，山路就因山体滑坡而多处在施工。建议你找当地熟悉地形的司机代驾。包车半天的价格是300元左右，可以和祁连鹿场、油葫芦景区一起游览。

卓尔山风景区 山

（祁连县八宝镇；门票60元）这座紧邻八宝河边的丹霞山体，实际上是个巨大的观景台。在这里可以远眺阿咪东索，欣赏丹霞山下连绵起伏的油菜花田。

景区的至高点是一处西夏烽火台遗址，可惜"台"小人多，环山顶修建的木栈道上视野更佳。这里是观赏和拍摄阿咪东索的最佳位置，阳光穿过厚厚的云层，投射在山体和大地上，变化多端的光影会赋予你摄影创作的灵感。卓尔山的日出对摄影爱好者来说同样不可错过，烽火台上是最好的拍摄点。据说夏季若逢大雨，次日清晨油菜花田烘托出的阿咪东索，在晨曦中更显得十分美丽。景区门票有效期到次日8:00，请务必保存好。

景区入口处有往返山顶的景区车（往返10元；旺季6:00~20:00），也可以沿着公路和步道步行（40分钟）至山顶。步道上有几处丹霞地貌的拍摄点，建议你乘车上山、步行下山。

从卓尔山西北的麻拉河村或东南的拉洞台村都有公路上山，在旅游旺季难免会有些拥堵。也可以在县城乘摩托车（40元/2人）或打车（50元/单程）上山，不堵车10分钟可达，下山可给司机打电话来接。从县城步行到景区售票处则需要1小时左右。

阿咪东索 山

（门票30元；🕗7:30~18:00）"阿咪东索"是牛心山的藏语名，意为"众山之神"。沿50公里长的绕山公路行驶，可欣赏雪山、高山草甸和溪流，间或出现的藏民帐篷、白塔经幡以及牦牛，给这天然画卷又添了几分人间烟火。

景区有两个入口，正门位于祁连县东10公里的峨祁公路（S204）旁，十分显眼。后门则在祁连县南二尕公路的**冰沟林海**景区附近，冰沟林海是雪山之下的一片松树林，设有露营区。再往北2~3公里处的岔路，有一个不起眼的指示牌，从此处进入阿咪东索可免去门票费用。

不要错过

通往冰川的景观大道

祁连县城通往八一冰川近200公里的公路，不会让你感到无聊，除了憧憬中的冰川，你还将收获沿途免费又壮丽的黑河大峡谷、祁连大草原等景观。

从祁连县城出发约20公里便进入黑河大峡谷，这里峭壁耸立，激流轰鸣，车辆贴着崖壁而行。随着河床逐渐变宽，会先后经过以原始森林、草原等自然地貌为主的**油葫芦自然保护区**和**祁连鹿场**。随后，公路笔直划入**祁连大草原**。春、夏季的草原碧绿宽阔，在雪山脚下起伏远行，牛羊星星点点洒落在草原柔和的曲线里。百里草原风光无限。尽管不舍，也必须按路标转向一条狭窄的砂石公路，人、车顿时颠簸在茫茫荒原之中。雪山近了，荒原变成雪原，50公里砂石路的最后一段，已完全置身于冰天雪地之中。

即便路上景色怡人，随手一拍便是明信片，我们仍建议你一站直达八一冰川，少做停留，且要尽早出发。到了10:00以后，到达冰川的车辆就越来越多了。

从峨堡到扁都口

由于祁连山区与甘肃接壤，加上便利的交通，不少旅行者选择把青海北部与甘肃的张掖、敦煌等地连起来游览。G207是连接青海与甘肃的交通要道，其中从峨堡镇到甘、青交界的扁都口约30公里的一段穿越祁连山脉，景色十分壮观。若是自驾游览，峨堡镇上和扁都口各有一处古迹，可以一看。

据《西宁府志·古迹》记载，峨堡镇上这座东西宽约200米、南北长约300米的峨堡古城建于元朝，如今只剩下四面残破的城墙，现在在古城遗址旁修建了**峨堡古城遗址公园博物馆**，展示了这座丝路古城的出土文物、历史和发展历程。从峨堡往甘肃方向，进入扁都口峡谷，可见路边有一座石佛寺紧贴崖壁而建，寺庙外表五彩斑斓。这是信徒化缘建起来的一座小寺庙，用以保护里面山体上有着1300多年历史的石佛像。主佛双手合十，端坐于莲花台上，两侧依稀还有两尊站佛。汉、藏佛教信众陆续前来朝拜，寺内香火不断，墙上还有一些新绘制的壁画。此时，你已经位于甘肃境内了。

从后门进入约9公里，有一小片天然**石林**。规模虽远不及昆明石林，但浅褐色的大石柱在山间凸起的景象也算壮观。观赏石林的最佳位置在石林往上不远处的**万佛崖**。在万佛崖石碑处向路边步行大概两百米，可见一处开阔的高山草地，此处可近观石林全貌，远看连绵起伏的雪山、草场和星星点点的牛羊。夏季雨后，草地上长满各种菌类，但切勿随意采摘食用。这一带便是阿咪东索的核心景区，继续往前再无特别，公路一直通到景区前门，途中设有一处露营点。由于景区里人烟稀少，即使在旅游旺季，也不难享受到和自然“独处”的乐趣。

我们调研时，景区内还没有景区交通车等配套设施，只能自驾或包车前往。从祁连包车横穿景区约100元。

祁连鹿场 自然保护区

（祁连县西40公里处；门票60元；⏲8:00~18:00）这个亚洲最大的半野生鹿驯养基地，生活着马鹿、梅花鹿等珍贵的保护动物。从售票处进入，车可以直接开到“近鹿楼”下。这个城门似的小楼是个观鹿台——楼下就是养鹿场，不远处则是小鹿们“放风”的山坡，不过气味稍重。观鹿的最佳时间在上午，一般到了16:30左右，鹿群就上山回圈了。此外，鹿场还可以购买鹿茸、鹿血等产品。

祁连鹿场距县城40多公里。首选抵达方式为自驾或包车。从黑河、八宝河汇合处往西，二尕线（S204）溯黑河而上，经过长20多公里的黑河大峡谷后，可见祁连鹿场路标。从县城包车，半天的价格在200元左右。

阿柔大寺 寺庙

（祁连县阿柔乡；⏲7:30~19:00）作为祁连县境内最大的格鲁派寺院，阿柔大寺最令人瞩目的却是巨大的黑色牦牛毛帐房。帐房由50人共同缝制而成，内部面积300平方米左右，据说共用去将近一吨牦牛毛。在新的大经堂建成前，牦牛帐房曾经作为大经堂使用，现在为小经堂。

如今这里排列着崭新的经堂和僧房，让你很难想象这座寺庙久远的历史。早在17世纪时，三世达赖喇嘛就曾在这里讲经传法，而20世纪40年代，阿柔大寺就已是祁连县境内最大的格鲁派寺院了。阿柔大寺旁边设有跑马场和牧家乐，游人可以在阿柔部落（或称“阿力克”部落）藏民家品尝牦牛酸奶，体验策马祁连山草原的感觉。

寺院的僧人可能会站在路口向游人收费，每车10元。阿柔大寺在祁连县八宝镇东约25公里处，沿八宝镇到峨堡的省道，在距阿柔乡约1公里处的公路边可以看见阿柔大寺。可在祁连县城八宝镇的大十字乘坐到阿柔的小面包车（7元），比汽车站的大巴更方便。

住宿

随着旺季旅行者的不断增多，祁连的住宿业也蓬勃发展。除了在建的高档度假村、酒店、小型旅馆外，祁连县周边的拉洞台村、麻拉河村和东索台村都兴起了农家乐。但在每年七八月和“十一”黄金周，仍然一房难求，且价格翻倍（我们此处列出的均为旺季价格），必须提前预订。

占尽地理优势的拉洞台村，这两年成了祁连住宿的热点，地处卓尔山脚下，出门就能看到卓尔山和阿咪东索，村前公路边大片的油菜花田，是拍摄日落的好去处。村子里没有专门就餐的饭店，一日三餐都可在住处解决，通常素菜20元/份、荤菜30元/份、早餐10元/人。由于拉洞台是回族村，若想饮酒必须征得老板的同意。

祁连县大部分农家乐，以及部分小型旅馆和青旅，都只在每年6月至10月8日之间营业，若在其他时间前往，请提前致电确认。农家乐和青旅都可以联系包车。

卓尔山国际青年旅舍

青年旅舍 ¥

[☎867 1361；拉洞台村；铺70元起，大床房（无卫浴）220元；Ⓦ Ⓟ]这家2015年新开的青旅，位于拉洞台村深处，位置不太好找，但周边环境是最大卖点——公共区域和房间的窗外，都能看见大片的油菜花和远处的阿咪东索，还能上天台看星星。青旅床位较多，但房间稍小，在旺季期间洗澡、热水和卫生都成问题，但平时还好。

阿咪东索青年旅舍

青年旅舍 ¥

（☎867 2188，189 0970 6919；祁连县林场路146号；铺60元起，大床房180/280元；Ⓦ Ⓟ）普通多人间和藏式多人间区别不大。公共区域是藏式布置，比较舒适。公共卫浴充足，但旺季也会有洗澡、热水和卫生问题。旅舍设有洗衣房，但旺季不提供餐饮，要打车（2元/人）到县城解决。青旅距离县城八宝镇1.2公里，若是从门源方向来，快到县城时可看见一个中石油加油站，旁边300米即是。

沁香园农家客栈

农家乐 ¥¥

（☎159 9700 6844；拉洞台村；标双180元起）与拉洞台村大部分农家乐一样，小院中花花草草，田园风十足。卓尔山、阿咪东索和花田都轻易可见。10间客房简单舒适，卫生条件较好，旺季价格也实惠。客栈的老板实在又热心，会尽己所能地解决客人的问题。

驰远商务宾馆

酒店 ¥¥¥

（☎868 5888；八宝西路58号；标双380元起；Ⓦ Ⓟ）比较舒适的三星级酒店，房间设施齐全，但卫生间稍显简陋。位于县城中心，楼下有很多餐馆，晚上还有烧烤大排档。

金河湾宾馆

酒店 ¥¥¥

（☎767 1618；滨河路近广场西路路口；标双360元；Ⓦ Ⓟ）酒店位于八宝河畔，闹中取静，出门就是卓尔山巨大的丹霞山体。房间面积很大，瓷砖地面和整洁的被褥显得十分利索，卫生间是玻璃隔出的一间，条件尚可。

就餐

镇上就餐主要是清真菜，也能吃到一些藏餐。野生黄蘑菇是祁连山草原特产，可以一试，但价格不菲。因为祁连县有鹿场，一些大点儿的馆子还供应鹿肉。团结北路（祁连汽车站旁）和八宝西路靠八宝北街一侧，在晚上都有不少烧烤摊在街上营业，生意火爆。在八宝北街一街的小吃店中，**鲁格牙酿皮**家的红彤彤的辣油烫菜，是标准的青海麻辣烫。城南、城北沿出城的省道有一些农家乐，餐饮大都是清真风味，也可以吃到藏式灌肠和藏式烤全羊。

到达和离开

祁连汽车站（☎867 2316；新城区人民路；⏲6:30~17:20）每天有发往西宁（58元；7:40~15:30，共7班；6小时）、门源（36元；9:20、14:00；3小时）、张掖（高速；51元；10:00、16:00；3.5小时）等地的班车。

县城大十字有小面包车前往阿柔（7元）、峨堡（15元），人满发车。

街边的本地出租车都可供包车使用，市区半日游约200元，要去往八一冰川一线需800~1000元。

高原珍品黄蘑菇

清朝时作为青海贡品进贡朝廷，有"皇菇"之称的黄蘑菇，是祁连山地区的特产。黄蘑菇蛋白质含量极高，富含多糖等各种营养物质，还有增强肌体免疫机能的功效。因祁连山地区海拔、气候适宜，所产黄蘑菇个头大、质量好，其中又以峨堡产的最优。在峨堡镇的路边有不少农家摆卖黄蘑菇的小铺，新鲜采摘的40~50元/斤，晒干的约500元/斤。若在西宁购买，价格至少翻倍。

环青海湖和海南

包括 ➡

西海镇（原子城）............107
环湖东路............113
二郎剑景区（151基地）............114
黑马河及周边............116
茶卡镇............118
龙羊峡............120
贵德............121
鸟岛及周边............126
环湖西路............128
刚察县及周边............130

最佳活动

- 自行车环湖（见133页）
- 青海湖祭海（见132页）
- 青海湖观日出（见126页）
- 青海湖徒步穿冰（见128页）
- 鸟岛观鸟（见126页）

最佳住宿

- 西海岸唯美人文旅馆（见110页）
- 锦绣江南农家宾馆（见123页）
- 莲度假客栈（见129页）
- 藏地民宿阿妈的家（见114页）
- 心灵树生活艺术家客栈（见115页）

为何去

从遥远的西王母传说中走来，青海湖褪去了“瑶池”的仙气，渐渐成为凡间的一湖碧水。越来越多的人造痕迹，并没有妨碍游客的兴致，环湖的人们一年又一年地奔向青海湖：骑行者挥洒着汗水，在风中感受着湖水的光影变幻；用脚步和身体丈量大地的信众，执着地完成朝圣之旅；而更多的游人，惊叹于蓝天碧水与金黄花海织就的彩色画卷。

青海湖的美在于“混搭”。大海般辽阔的湖泊、苍茫的沙漠、丰茂的草原、金黄的油菜花，分开来看并不稀奇，但是集中了这几大元素的青海湖，却是独一无二的。雄壮与柔美在同一面湖水中同时回响，令人难忘。

夏季是青海湖最热闹的季节，然而，春日里成群归来的候鸟、水中奋勇洄游的裸鲤，金秋时节的苍茫草原，冬季冰封千里的湖面，何尝不是青海湖独特的一面？而湖中若隐若现的海心山，吸引着人们在寒风猎猎的时节踏上冰冻的湖面，徒步去探访神秘的修行者。

何时去

3月至6月 青海湖解冻，在冰山与碧水的壮美回响中迎来春天。候鸟成群回迁。水鸟和湟鱼开始孕育生命。端午一到，湖岸的人们搭起帐篷，赛马、拔河、跳舞、对歌。

7月至8月 夏季的湖畔凉爽舒适，连绵的油菜花让湖光山色更加立体丰富。进入旅游旺季，食宿价格与次第开放的漫山野花同步增长。

9月至10月 雨季逐渐来临，沙陀寺藏戏《格萨尔王》开场了。农闲的牧人没准还会来场赛马会。国庆前后，反季节种植的油菜花点缀着萧索的湖岸，依旧绿意盎然。

11月至次年2月 几千只大天鹅成为湖岸的主角。青海湖冰封玉砌、浪花凝固，此时适合来一趟冰上徒步之旅。

地理和民族

青海湖古称“西海”，从北魏起更名为“青海”，面积4456平方公里，环湖周长360多公里。周边山系纵横，东、南、西、北分别被日月山、南山、橡皮山和大通山包围，从山下到湖畔是广袤的千里草原。成湖初期，青海湖还是一个淡水湖，与黄河水系相通。后来日月山逐渐抬升，湖水无法注入黄河，变成闭塞湖，再加上周边独特的地理气候条件，青海湖才逐渐变成咸水湖。

青海湖属安多藏区，居民主要以农耕、放牧为生的藏族居多，杂居以经商为主的回、撒拉、汉等民族。在藏传佛教中，青海湖属羊，人若在藏历阴水羊年转湖，获得的功德是普通年份的几百倍。上次藏历阴水羊年在2003年，60年一轮回。2015年的羊年也吸引了大批信徒和游客。

带着手机游青海湖

青海湖的绝大部分旅店都覆盖了Wi-Fi，许多餐馆门口也挂着“店内有Wi-Fi”的牌子揽客，而App和微信在景区的应用也越来越多。2015年8月开始，只要关注青海湖微信公众号“青海湖旅游”，就可以通过微信购买青海湖景区门票，而后可凭电子二维码门票在售票窗口取票。我们调研期间，二郎剑景区、鸟岛、沙岛已实现该功能。

除了买票，这个微信平台还提供语音导览，游客可以在以上景区边逛边用手机听讲解。这个功能目前看来更为实用。

另外，青海湖部分汽车站开通了网络售票功能，可以关注微信公众号“携程汽车票”“畅途汽车票”进行购买。

危险和麻烦

青海湖地区平均海拔3200米左右，对大多数人来说不用担心高原反应，但个别游客也会有头痛、失眠、气短等症状。若身体状况欠佳，刚到高原要适应一两天，避免抽烟饮酒，并充分休息。

天气预报对青海湖来说不太靠谱，高原天气变化快，防晒和防雨都不可少。昼夜温差大，任何季节都要注意保暖。

沿湖风景很美，但湖边大多牧场都是牧民私人所有，穿越草地或油菜花田时请注意是否收费，以免引起不必要的麻烦。自驾环湖时需格外小心在公路上“散步”的牛羊，如撞死或撞伤牛羊，赔钱是唯一的解决之道。并且，马路不是市场，不要妄图“付款”后带走“商品”。

快速参考

- **海南州区号：** 0974
- **海北州区号：** 0970
- **海西州区号：** 0977

如果你有

1天

适合游览**鸟岛**（见126页）。无鸟可看的初秋，从西宁出发，游览**二郎剑景区**（见114页）和**茶卡盐湖**（见118页），返回时改走共茶高速，经**倒淌河**（见115页）、**日月山**（见115页）回到西宁。

2天

可以环湖，但仅限走马观花。从西宁出发，游览**二郎剑景区**（见114页），如有时间再去**茶卡盐湖**（见118页），而后夜宿**环湖西路**（见128页）。次日看完日出后继续沿湖游览**鸟岛**（见126页）或**仙女湾**（见130页），在**沙岛**（见112页）看日落后返回西宁。

5天

如果体力足够，可以**骑车环湖**（见133页），中途还可包车去一趟**茶卡盐湖**（见118页）。

阅读青海湖

- **《时间搭成的阶梯》**，吉狄马加主编，是青海湖第四届国际诗歌节的作品选集。
- **《青海湖畔的人与神》**，仇保燕著，描述了青海湖周边逐水草而居的藏族民俗民风，包括衣食住行、婚葬嫁娶、生老病死和宗教信仰等。

环青海湖和海南亮点

❶ 骑行**环湖西路**（见128页），看一场"海"上日出。

❷ 步入**鸟岛**（见126页），近距离观察鸬鹚。

❸ 徜徉**环湖东路**（见113页），沉浸于油菜花海。

❹ 体验**金沙湾**（见113页）滑沙，惊声尖叫一回。

❺ 徒步冰封湖面，探访神秘**海心山**（见127页）。

❻ 走近不冻**泉湾**（见127页），遇见优雅大天鹅。

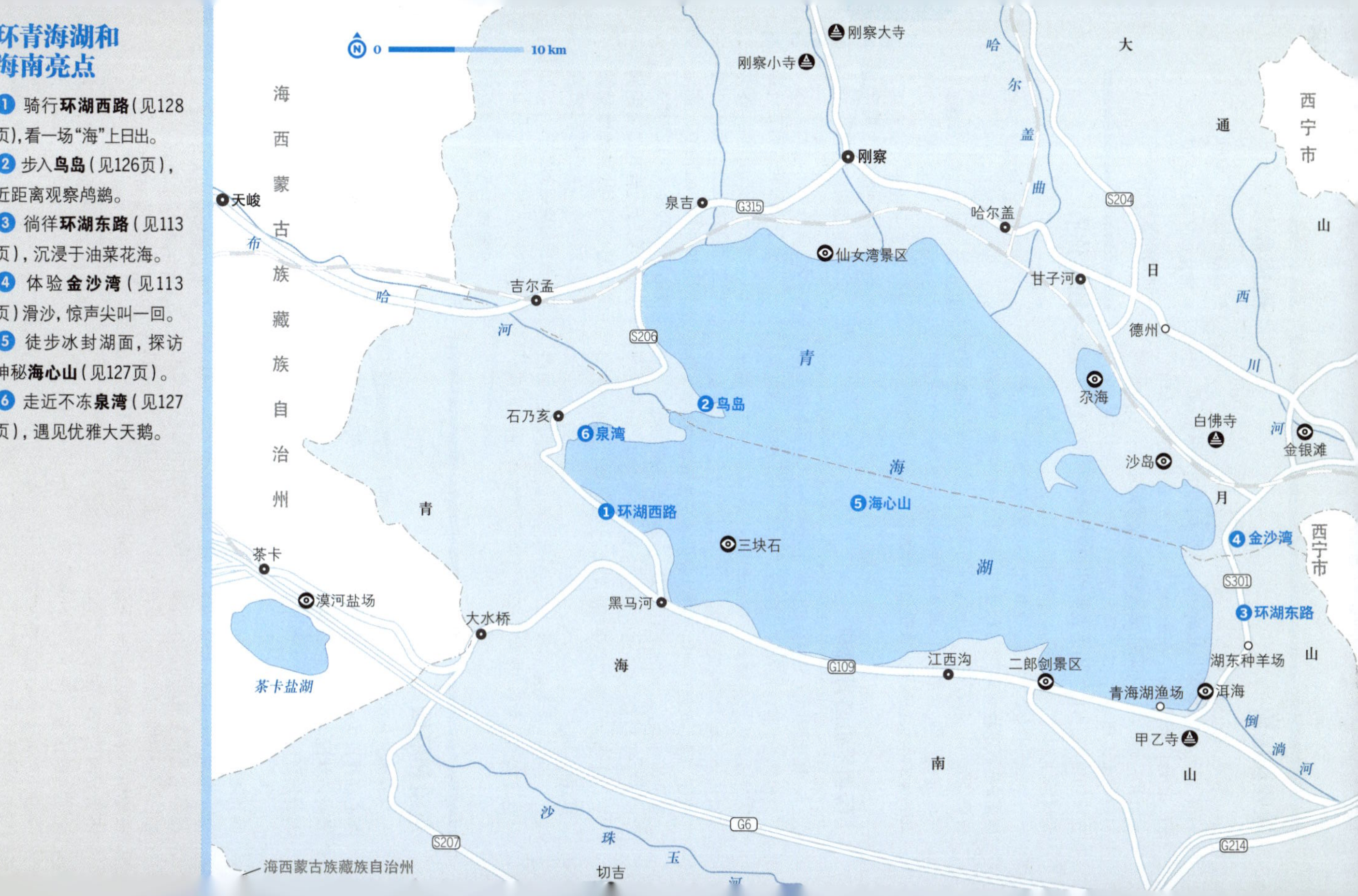

青海湖东岸

青海湖东岸离湖较远，但景色丰富，有草原、沙漠、湿地、山丘、湖泊，藏区特色也逐渐显现，不妨在草原的帐篷宾馆住一晚，体验牧区生活。对历史迷来说，诞生中国第一颗原子弹和氢弹的西海镇不可错过。出了西海镇，便是茫茫的金银滩草原，这里曾留下西部歌王的足迹和一曲《在那遥远的地方》。

西海镇（原子城）

海拔：3180米；人口：1.35万；区号：0970

这里仿佛被时光遗忘：安静的街道旁矗立着黄色的苏式小楼，路边的广播里正播着时政新闻，转角的路牌上赫然写着"前往避难区域"，空气中充满了怀旧的味道。每年夏天，蜂拥而至的游客，让这个安静的小镇突然变得喧闹起来。大部分人把西海镇当作环湖骑行的起点站，开始他们的环湖之旅。而另一部分则冲着"两弹一歌"而来。

这里曾是一个埋藏着许多秘密的地方，中国第一颗原子弹在新疆罗布泊爆炸成功，其制造地点就在此处。早在20世纪50年代末期，面对台海危机，西海镇曾被选为核武器研究基地，代号"国营二二一厂"，那时这里尚被称为"原子城"。20世纪60年代中期，中苏关系恶化，核弹基地逐渐从青海省秘密迁往他处。1987年，在"百万大裁军"的形势下，二二一厂正式撤销。但直到1995年5月新华社公开播发"中国第一个核武器研制基地全面退役"时，隐藏了30多年的秘密才揭开面纱。

如今的西海镇作为海北州府，城内保留了当年二二一厂总厂的许多重要建筑，城外则分布了一系列分厂遗址，有的呈废弃状态，有的则被旅游开发。

景点

原子城纪念馆　　博物馆

（☎864 4918；同宝路10号；凭身份证免费；⏲周二至周日9:00~17:00）这个谢绝"外宾"和"拍照"的特殊纪念馆，一进门就是镇馆之宝——一枚巨大的东风导弹。纪念馆的五个展厅以图片和实物的形式讲述了二二一基地从创建到两弹升空，再到退役的30多年的历史，各种模型和资料十分翔实，还能见到当年两弹爆炸成功后《人民日报》分别增印的《号外》和《喜报》原件。三号展厅的二二一基地微缩沙盘和制作原子弹的仪器设备也值得一看。纪念馆后有一个纪念园，虽荒草丛生，却正好可以感受当年先辈在这片荒土上开拓的心境。每日参观纪念馆有限额，10月到次年5月1500人次/天，6月到9月3000人次/天，旺季时最好上午来。也可以从纪念园入口（门源路2号）进入，走到底便是纪念馆的后门。

二二一基地应急地下指挥中心　　历史遗址

（☎189 0970 5011；西海大道近银滩路；门票20元，讲解费20元；⏲8:30~19:00）这座用钢筋混凝土浇筑而成的地下掩体，关上重达3吨的门后，水和毒气都无法入侵。当年基地核心领导就在这里坐镇指挥。各个房间内陈列的古董仪器，如今仍能正常使用。侧门挂着"矿区邮电局"的牌子，作为当年对外保密之用。入口在二二一厂撤离后被堵死，2007年才公开，但据说掩体之下还有隐藏得更深的秘密结构，尚未解密。

西海影剧院　　历史遗址

（西海大街近银滩路）**免费** 门口空旷的广场上耸立着毛泽东雕像，建筑两侧红底黄字的标语清晰可见，乍一看像是座气派的人民大会堂。这里曾经是20世纪60年代西北地区最大的影剧院之一，原来叫二二一厂电影院，虽未大门紧锁，却谢绝入内参观。

二二一厂图书馆科技楼　　历史遗址

（☎864 3709；原子路75号；⏲周二至周日9:00~20:00）**免费** 曾经是原子城纪念馆的前身"中国第一个核武器研制基地展馆"，现为海北州图书馆。旅行者可进入馆内查阅西海镇相关资料，楼梯转角处依旧保留着"文革"时期镌刻的语录。

王洛宾音乐艺术馆　　展览馆

（原子路26号；门票50元，讲解费100元；⏲9:00~17:00）相较于并不便宜的门票，这座内容单薄的展览馆令人失望。不过王洛宾的铁杆粉丝倒可前去一探，馆内展出了王洛宾生前的大量照片，以及上百件未经面世的歌曲、歌剧手稿。除了《在那遥远的地方》中的卓玛，王洛宾与三毛的故事也令人唏嘘。手稿

西海镇

中包括了三毛生前写给他的信，以及他写给三毛的歌曲《等待》。

二分厂

历史遗址

（☎864 5991；西海镇以北1.5公里；门票60元含讲解费；⏲9:00~17:00）这个分厂主要负责炸药的压缩。厂区车间大多是地下掩体和半掩体，表面覆盖着草皮。第一颗原子弹在运往罗布泊前便是在这里装配的，苏式工业建筑是这里的一大看点。从镇上去二分厂，出租车往返30元/车。

爆轰试验场

历史遗址

（西海镇以西6公里；门票40元，讲解费50元；⏲8:30~18:00）原先的六分厂，又叫“靶场”，第一颗原子弹和氢弹诞生之前，所有的模拟爆炸都是在这里完成的。656工号曾是第一颗原子弹爆炸前的1:1冷爆试验场，目前已改建成展览馆。掩体外一堵锈迹斑斑的钢板试验墙，是当年用来抵挡原子弹试爆辐射的，留有密密麻麻的弹坑。爆轰试验场不远处的“亚洲第一坑”，填埋着撤场后全厂的放射性核废料。从镇上去爆轰试验场，乘出租车往

西海镇

景点

1 二二一厂图书馆科技楼……C3
2 二二一基地应急地下指挥中心……C2
3 黄楼……B2
4 西海影剧院……C1
5 原子城纪念馆……D4

住宿

6 嗳悦家庭宾馆……B1
7 福兴圆商务宾馆……A3
8 海北宾馆……C2
9 明静家庭旅馆……A2
10 西海岸唯美人文旅馆……A5
11 行者居藏式青旅……B2

就餐

12 昂吉藏餐……A3
海北宾馆餐饮城……（见8）
13 金昊熬饭烤肉……A3
14 马乃烤肉……A2
15 西海砂锅……B2
16 西宁惠盛小炒……B2

购物

大羽户外……（见26）
17 农贸市场……B2
18 西海综合平价超市……B2

实用信息

19 西海镇211骑吧……B4
20 刚察路邮政局……B2
21 海北美湖单车俱乐部……A2
22 海北州第一人民医院……B3
23 红九网络……B1
24 金莱网络会所……B2
25 金银滩原子城游客服务中心……D4
26 裸鲤单车俱乐部……A2
27 青海湖自行车骑兵营……D3
西海岸户外俱乐部……（见10）
28 西海大众药房……B1
西海支局……（见2）
29 中国建设银行……B2
30 中国农业银行……B1
31 中国人寿保险公司……A2

交通

32 海北州汽车站……C2

返40元/车。

上星站　历史遗址

（西海镇以北1.5公里；门票20元；8:30~18:00）意思是装载卫星的车站，原称十一分厂，当年把第一颗原子弹运送到罗布泊的“零次专列”便在这里启程。出于保密考虑，车站设计格外简陋，如今铁路上停放着仿制的“零次专列”供人参观。位置在二分厂旁，从镇上乘出租车去上星站往返30元/车。

金银滩　草原

（西海镇外）免费 王洛宾先生创作的《在那遥远的地方》让金银滩成了青海最有名的草原。每年7月，金黄色的金露梅和白色的银露梅点缀着草原。如今的金银滩商业氛围很浓，各种民俗村和娱乐设施挤占着草原。但你依然可以欣赏免费的草原风光。建议你骑车游览，由西海镇沿刚察路出镇即是。

西海郡故城遗址　历史遗址

（海晏县县城以西1公里）免费 西汉新莽时代所设“西海郡”郡城遗址，曾出土了多种货币和瓦当残片，目前仅存一堆隆起的土坡，坡前有一块石碑。没有专门前往的必要，从海晏前往西海镇的315公路边即可看到，过海晏城西加油站约400米处，路边可见牌坊和石碑。

节日和活动

王洛宾音乐艺术节　艺术节

通常在7月或8月初举行，一般为两年一届，但最近一次是2015年8月举行（与上一届相隔三年）的。节目有露天歌舞演出（金银滩草原）和锅庄舞表演（奥凯广场）。

风马音乐节　音乐节

青海首个大型户外音乐节，于2015年8月初在金银滩草原达玉部落举行。音乐以摇滚、民谣以及当地藏族乐队的表演为主，在茫茫草原上观看格外酣畅。有望在2016年夏季继续举办。

骑马　骑马

金银滩草原有不少骑马点，**达玉民俗村**旺季骑马大圈1500米100元，小圈500米50元。民俗村外骑马更为便宜。

自行车骑行 骑车

西海镇是自行车环湖的理想出发地，有关租车信息和日程安排，见50页。

住宿

西海镇不大，但各种档次的旅馆齐全，多集中在刚察路沿线，以及原子路第一人民医院对面的**黄楼**，那里曾经是建厂初期科技人员和苏联专家的住所。

旅游旺季时，西海镇似乎一房难求，其实不然。西海镇家庭旅馆众多，但很多并未在网上开通预订，只是在自家窗口简单地贴了电话信息。所以，只要耐心在镇上转上一圈，还是能够顺利入住的。这些家庭旅馆多为共用卫生间的多人间，配有Wi-Fi和24小时热水，找人拼车非常方便，一般11月至次年3月歇业。以下参考价格均为旺季价，淡季房价一般至少便宜一半以上。

★西海岸唯美人文旅馆 客栈 ¥

(☎596 3333；刚察路478号，加油站北；铺80元，普双308元，标双388元；📶🅿)2014年开业的旅馆，装修很新，位于小镇的边缘，步行去小镇中心需10~15分钟，但除此之外就没什么可挑剔的了。标间中规中矩，值得称赞的是多人间。多人间不仅干净漂亮，而且设计很人性化，床位贴心地留出了置物空间，每个多人间都有独立Wi-Fi，信号非常好，并且有足够的公共洗浴位，冬天有供暖。旅馆自带餐厅和一个可租单车的户外俱乐部。

行者居藏式青旅 客栈 ¥

(☎138 9701 0224；原子路黄楼3号楼；铺70元；📶)2015开业的新店，名为藏式，其实并没有什么藏式风味，但老板是个爱开玩笑的藏族帅哥。房间内是木地板，很干净；只有三个多人间，旺季时阳台也铺上了地铺。因只有一个卫生间，常需要排队，可免费使用洗衣机。

嗳悦家庭宾馆 客栈 ¥

(☎133 6970 1515；将军路6号；铺50元；普双160元；📶)在将军路、黄楼、金滩路等都有分店，房型和价格都不同。白色的墙、床和被褥，虽略觉单调，但干净整洁。有双人、三人和四人间，全部为公共卫浴。提供单车租赁服务。淡季床位仅20元。

明静家庭旅馆 客栈 ¥

(☎186 0970 1239；刚察路19号楼2单元103室；铺40元，普双100元；📶)干净明亮，价格实惠，飘窗位被做成了床铺，有自己的单车俱乐部。

海北宾馆 酒店 ¥¥

(☎864 2755；银滩路17号；标双300元起；📶🅿)当地政府机关接待的三星级宾馆，规模大、条件好，房间很多但很难订到，旺季务必提早预订。设施比较陈旧，但性价比仍然不错。有简单的自助早餐。

福兴圆商务酒店 酒店 ¥¥

(☎864 5188；刚察路106号；标双320元；❄📶🅿)西海镇最好的酒店之一，偏古典风的装修。房间空间很大，还有在当地住宿难得一见的空调。有自己的中式餐厅。

达玉部落集装箱草原酒店 酒店 ¥¥¥

(☎183 0970 0005；金银滩达玉民俗村内；亲子间680元；❄📶🅿)如果预算足够，不妨去体验一下这家2015年7月开业的主题酒店。庞大而闭塞的集装箱，被装上了通透明亮的落地窗，使金银滩草原的美景尽收眼底。每个房间都配有1.5米的大床和1.2米的小床，适合家庭出行。房内装修豪华，空调热水一应俱全。网上预订有较多优惠。

就餐

西海镇餐饮以清真菜为主。西海镇遍布各种家庭小炒、盖饭、砂锅，多集中在刚察路和商业巷。当地早餐以酥饼、汤粉、牛肉面和杂碎汤配白饼为主，也有稀饭和包子。不过与当地的住宿一样，这里的饭馆多数在冬季歇业。

金昊熬饭烤肉 清真菜 ¥

(☎138 9710 9179；藏医院斜对面；人均15~40元；⏲9:00~22:00)可以吃到青海特色的熬饭，其实就是羊汤熬炖的烩菜，羊汤没有膻味，可配米饭，15元/份。中午不提供烤肉，牛羊肉按时鲜价卖，羊肉串1.5元/串。

西宁惠盛小炒 清真菜 ¥¥

(☎884 9756；刚察路139号；人均50~70元；⏲10:00~23:00)提供以牛羊肉为主的炒菜。我们推荐这家的炕羊排(98元)，羊肉肥而不腻，肉酥，鲜辣。黄蘑菇(38元)也是这里的必点菜之一。

海北宾馆餐饮城 中餐 ¥¥

(☎864 5548；银滩路17号；人均35~70元；⏲7:00~22:00)前身是二二一厂食堂，老一辈科学家都曾在这里就餐。尽管价格偏贵，却能体验到正宗的地方特色，如狗浇尿、炕锅羊肉等。

马乃烤肉 烧烤 ¥

(☎136 4970 0694；刚察路58号；人均25元；⏲10:00至次日1:00)晚上客人特别多，去晚了得排队。炕锅羊肉(98元/斤)是一大特色，一斤足够四人饱餐一顿。手工面食(10元)量足入味。

西海砂锅 砂锅 ¥

(商业巷64号；人均15元；⏲10:00~22:00)小小的一口砂锅，配个饼子或米饭，最适合独自旅行的人。这里只有四种口味的砂锅(12~13元)，味道浓郁，牛肉、粉丝、豆腐、蔬菜炖成一锅，有淡淡的牛油清香，非常下饭。

昂吉藏餐 藏餐 ¥

(☎183 0970 6821；刚察路福兴园南200米；人均25元；⏲6:30~21:00)老板特别热情。藏餐中最常见的酥油茶、奶茶、牛肉面都能在这里吃到，牦牛酸奶(5元)很地道，值得一试。

☆ 娱乐

达玉民俗村(www.qhdybl.com；金银滩草原；门票 4月1日至10月15日70元，10月16日至次年3月31日40元；在达玉俱乐部租自行车，可免费游玩民俗村)旺季时白天在草原上有马术表演，可以参加骑马、射箭、锅庄等体验活动。**民族演艺厅**(达玉民俗村内；人均50元起；⏲21:30~24:00)实际是一家演艺中心兼酒吧。藏族歌舞演出会定期更新，有时可以看到当地著名歌手洛桑尖措的表演。

购物

农贸市场 市场

(西海大街近刚察路；⏲8:00~18:00)主要出售生鲜牦牛肉、家居日用品、劳保用品和藏装。骑行者可从这里购买劳保手套和雨披。农贸市场南面的巷子还能买到新鲜水果、蔬菜和副食品。

大羽户外 户外用品

(☎137 0973 0164；西海大街5号2楼；⏲8:00~22:00)出售登山鞋、抓绒衣、冲锋衣、速干裤、太阳镜等户外用品，租车的话，购物可打九折。

西海综合平价超市 超市

(商业巷178号；⏲8:30~21:00)当地最大的超市，可以购置食物和生活用品。

ℹ 实用信息

上网

目前镇上的大部分旅馆都提供Wi-Fi，**金莱网络会所**(商业巷)、**红九网络**(西海大街82号)上网收费4元/小时。

医疗服务

海北州第一人民医院(☎864 4353；金滩路2号)位于镇中心，也是镇上最大的医院。

西海大众药房(西海大街90号；⏲9:00~21:00)是镇上较大的药店，除了日常用药，还可以买到抗高原反应的红景天和不少青海特产药用植物制品。此外，**富康医药连锁药房**在镇上随处可见。

银行

中国建设银行(六一巷32号；⏲周一至周五8:30~17:00，周末及节假日10:00~17:00)靠近将军路，从原子路步行只需3分钟。**中国农业银行**(西海大街70号；⏲周一至周五9:00~17:30，周末及节假日10:00~16:30)在农贸市场北门斜对面，两家银行都设有24小时ATM。

邮局

西海支局(银滩路3号；⏲周一至周五9:00~17:30，周末及节假日10:00~16:30)是镇上最大的邮局，就在西海影剧院对面。

刚察路邮政局(刚察路171号；⏲周一至周五9:00~17:30，周末及节假日10:00~16:30)在刚察路东边的小巷里，离旅馆聚集区较近。

旅游信息

金银滩原子城游客服务中心(☎139 0970 0754；同宝路6号，原子城纪念馆对面；⏲8:30~19:00)同时也是原子城纪念馆门票领取处，除了提供咨询外，中心还出售金银滩景区通票，包含王洛宾音乐艺术馆、爆轰实验场、二分厂、上星站、地下指挥

海北州汽车站车次时刻表

站点	发车时间/班次	票价(元)	行程(小时)	备注
西宁	7:10~17:10,25~30分钟1班	23	2	途经海晏、扎藏寺、湟源
祁连	8:40	45.5	4.5	
刚察	9:20、14:20	19.5	2	
门源	9:06、15:00	43	4	
共和	10:00	30	3	

中心和纪念碑等景点,旺季(4月15日至10月15日)160元/人,淡季(10月16日至次年4月14日)80元/人,不含观光车费。门口有循环观光车20~30元/人,可以到达通票的所有景点,不买通票也可乘坐游览。

到达和离开

西宁客运中心(西宁火车站广场东)7:30~17:00平均每20~30分钟有1班车发往西海镇,行程2.5小时,途经海晏。

海北州汽车站(原子路34号;☎864 3278;⏲7:00~17:30)主要发往西宁。

当地交通

西海镇没有公交车,步行可到达镇内任何地方。出租车不打表,城内5元,城外10元,一般以加油站为界。自行车出租行众多,有的还能租到摩托,建议你租借自行车游览城内城外。

沙岛及周边

沙岛西距西海镇约35公里,曾是青海湖最大的岛屿,因湖中沙垄突出水面,受风沙作用堆积而成,已与湖岸相连成为半岛。虽然沙岛景区人工开发味道浓烈,但黄沙与碧水形成强烈对比,使青海湖更如大海一般迷人。

景点

沙岛景区 湿地

(☎863 1360,189 9740 5669;微信公众号shadaojingqu;门票 4月16日至10月15日70元,10月16日至次年4月15日35元;⏲8:30~18:00)景区大门距离湖边8公里,需乘坐观光车(30元,淡季自驾游可开车进入)到达湖边。途中经过**芦苇湖**、**月牙湖**和**太阳湖**,春、夏两季各种水鸟在湖边觅食。9月后在湖岸边,可一睹连绵雪山和金黄沙滩衔接碧蓝湖水组合而成的美景。景区内的**沙滩娱乐区**提供沙滩摩托(40、70元/辆)、水上自行车(40、60元/辆)、皮划艇(60元/艇)、船舶(60元/人)等娱乐项目。售票处隔壁可租自行车(60元/天)。

白佛寺 寺庙

(沙岛景区以东5公里)免费 白佛寺是环青海湖地区最大的格鲁派寺院,已有500多年历史,游览者寥寥,多为朝拜的信众。请注意寺院对面一座白色“瓶塔”和一张白色靠椅,那是十世班禅和甘肃夏河寺第六世活佛20世纪80年代来此讲经的地方。从西海镇出发,去沙岛的路上即可经过白佛寺。

节日和活动

沙雕与大地艺术节 艺术节

景区重大节庆,每年6~9月举行,节日期间景区将举办大型沙雕展。

食宿

沙岛食宿点不多,不建议你在此住宿,**沙岛景区餐饮中心**(☎863 4669,4月15日后有人接听;沙岛景区售票处旁;人均30元起;⏲8:30~18:30)有南北地方菜和当地特色野味,价格较贵。**沙岛宾馆**(☎863 7000;沙岛景区门口;标双360~480元;Wi-Fi P)是景区附近唯一的一家酒店,楼层高,朝西的房间能看日落。房费包含早餐,一楼餐厅可提供餐饮服务。

到达和离开

西海镇到沙岛不通班车,乘出租车往返旺季200元/车,自驾和骑行是最适宜的方式。

西宁**客运中心**每天7:30~17:30之间有班车

开往沙岛，约20分钟1班。**八一路汽车站**每年4月15日到10月底有班车发往沙岛，9:00从西宁出发，15:00从沙岛返回西宁。

海晏汽车站（☎863 1885；海晏县西海大街近同宝路）每天13:30~14:00有1班车开往白佛寺，票价15元，次日一早返回。也可乘班车在白佛寺岔路口下车，步行1.5公里到达沙岛景区。

环湖东路

全长54公里的环湖东路是从西海镇到二郎剑景区的必经之路。

景点

金沙湾景区 沙漠

（环湖东路28公里处）免费 实际是沙岛的一部分，请留心路旁的几个停车带，其实是不错的观景台和摄影点。景区遍布**滑沙**、**沙滩摩托**、**吉普冲浪**等娱乐项目。拎着滑沙板爬上沙丘顶端，视野开阔，一侧是沙漠尽头的碧蓝湖水，另一侧是连绵无边的沙丘，9月过后甚至可见洁白雪山与金黄沙丘交融的美景。金沙湾路边有多家私人开设的沙滩游乐园，收费远低于沙岛。**金沙湾沙漠旅游景点**（环湖东路29公里处）规模较大，有沙滩摩托（150元）、沙漠吉普冲浪（200元/车）。**金沙湾最高滑沙店**（环湖东路30公里处）号称拥有金沙湾最长的滑道，滑沙（20元/人）人多时可议价。

小泊湖 湿地

（环湖东路23公里处）免费 紧邻沙漠的湿地，草甸上还能看到一座座沙包。春、夏时，黑颈鹤、赤麻鸭等在这里栖息繁衍，草甸上遍布野花。步行4公里穿越湿地可到湖边，但需要一双防水的鞋子。当地牧民南加在此建有普氏原羚保护驿站。

洱海 湖泊

（环湖东路6公里处）免费 由倒淌河水源形成的淡水湖，湖岸以湿地为主，夏季可见不少水鸟，运气好的话，还能赶上当地藏族人在湖岸举行的传统藏式婚礼。路边有个帐篷度假村可以休息用餐。

甲乙寺 寺庙

（环湖东路与109国道路口）免费 一座规模不大的格鲁派寺院，在洱海边即可远远望见寺内高达28米的金色**未来佛**（弥勒佛）。端午节期间（农历五月初一至初五），附近牧民身着盛装，自发在甲乙寺附近草场支起帐篷，举行民族节庆活动，此时是欣赏赛马、对歌、藏舞的绝佳机会。国道边的甲乙村有小商店和两家饭馆，可解决补给和用餐。西宁至二郎剑景区、黑马河的班车途经甲乙寺，可中途下车步行前往。

普氏原羚

普氏原羚又叫“中华对角羚”“滩黄羊”，现在仅存于青海湖环湖区域。在20世纪80年代，青海湖普氏原羚数量不到50只，是目前世界上最濒危的有蹄类动物。人为干扰对普氏原羚的生存空间造成了很大影响，如今青海湖边草场分界，竖起了铁丝围栏，河流上游还出现了许多用于农业灌溉的私搭水渠，这些都阻止了普氏原羚以及其他动物对周围环境的观察，许多普氏原羚在跳跃围栏时死亡。2015年7月，刚察县境内就有17只普氏原羚在试图跳过水渠时溺亡。近年来，青海政府、民间环保组织以及青海湖周边牧民，都采取多种措施保护普氏原羚。刚察县哈尔盖镇建立了普氏原羚保护区，通过政府补贴，将保护区周边牧民草场的网围栏从1.5米降低到1.2米，便于普氏原羚迁徙。而小泊湖湿地也有牧民南加建立的保护驿站。他不仅自己带领全家救护受伤的普氏原羚，还招募了周边县的一些热心环保志愿者，买了相机让他们学习监测普氏原羚。如果有兴趣，可以前往小泊湖保护驿站，向南加学习和参观。

随着人们保护意识的增强和对栖息地人为干扰的减少，普氏原羚的数量在逐渐恢复，2014年12月监测的普氏原羚数量已超过1000只。冬季普氏原羚喜欢集结成群，此时也适合到刚察县哈尔盖草原进行观察和拍摄。

食宿

环湖东路多为帐篷宾馆，主要集中在金沙湾至洱海沿线，条件简陋。

环湖东路15公里处的**湖东种羊场**，是骑行者的一处休息站，但这里美丽的日落却常被人忽略。种羊场北侧有几条直通湖边的小路可观日落，需要当地人领路。湖东种羊场沿街有很多住宿、餐饮、小卖部合一的店。饭馆在这里显然更受旅行者欢迎。其中**清芳饭店**（130 0774 3878；人均15~20元）的卤肉（35元/斤；10元起卖）和面片（10元）非常值得推荐。**荣华饭店**（851 9739；人均15~25元；）饭菜较合旅行者胃口，炒菜和自制酸奶都不错。**环湖旅友之家**（180 0974 6668；人均20~30元；）是一栋两层新楼，在当地看来十分豪华，一楼是餐厅，二楼可供住宿。

藏地民宿阿妈的家（151 0974 6892；环湖东路15.5公里处；铺30~50元；P）是一座布满藏式手绘的小屋，亲切的阿妈把客人当家人一样对待。住宿还能体验藏式生活，随阿妈挤牦牛奶、学做藏餐等，后院即可欣赏青海湖日落。阿妈兼营一家藏地餐厅**民宿阿妈的餐厅**（人均30~40元），有点私房菜的味道。除了手抓羊排全年供应，其他菜品随季节变换，黄蘑菇、野地皮菜、野沙葱、苦蕨菜等，都是现采的山里野菜，当季长啥吃啥，人多就餐需电话预约。

到达和离开

环湖东路尚无班车通行，游览景点以包车、自驾和骑行为主。从西海镇刚察路加油站路口，可搭乘顺风车。

> **当 地 知 识**
>
> ### 青海湖开湖
>
> 结冰和解冻是青海湖年年循环的生命周期，青海湖通常每年12月中旬开始进入封冻期，至次年4月中旬完全解冻。开湖非常戏剧化，分“文开”“武开”两种。某一天，先刮风，从早到晚，暖风吹拂湖面，次日停风之时，封冻的冰湖已经不知不觉融化，了无痕迹，这是文开；若是某个沙尘暴的日子，湖冰在猛烈暖气流冲击下，体积骤然缩小，不断炸裂，青海湖就像弹药库炸了一样，发出枪炮隆隆的声音，冰块也像炮弹爆炸一样在湖面冲撞，即为武开。

青海湖南岸

二郎剑景区无疑是青海湖南岸乃至湖区的王牌，匆匆来青海湖一瞥的旅行者，大多到此一游后便火速离开。盛夏时节，湖岸连绵数十里的油菜花是游客争相照相的背景。黑马河以西的茶卡盐湖，则是近两年迅速蹿红也极具争议的景点。而青海湖以南的海南州，由于地理条件限制，越往南面交通条件越差，也极少被游客注意到。喜爱自驾的人倒不妨一窥其中的野趣，峡谷、草原、原始森林，美景都在路上。

二郎剑景区（151基地）

海拔：3232米；区号：0974

二郎剑实际是一个深入湖中的半岛，20世纪60年代，这里曾是中国第一个鱼雷发射实验基地。因距离西宁151公里，周围没有明显标志，又考虑到鱼雷发射试验基地的保密因素，便直接以151基地命名，并一直沿用下来。后因青海湖水位下降，基地无法满足试验要求，退役后逐渐由军事重地变为旅游景区。各旅行社所谓的“青海湖一日游”也指的是这里。

景点

二郎剑景区 湖泊

（咨询851 9680，售票处851 9677；109国道2108公里处；门票 4月16日至10月15日100元，10月16日至次年4月15日50元；全天）二郎剑景区由**二郎剑景区广场**和**二郎剑**两大部分组成，门票只能进入广场，若想从广场登上13公里外的二郎剑，还得继续掏钱买张船票。

各种人工景点构成了二郎剑景区广场的主旋律，只适合匆匆游览。景区广场可租自行车（20/40元/辆），还有游览车（10元/人）招手即停。广场南侧有一段延伸进湖的栈道，夏季可观湟鱼。距离湖岸几百米处屹立水中的三层小楼，便是当年的**鱼雷发射试验基地**，现在还保留一部分原有的生产车间、实验区，还有鱼雷、电台等实物供游人参观。从广场**东码**

日月山和倒淌河

海拔4877米的日月山，是唐蕃古道和丝绸辅道的必经之地，也是内地和西藏道途的咽喉之地。历史上，日月山是北魏和吐谷浑、唐和吐蕃的界山，地理上则是青藏高原农业区和牧业区的天然分水岭。

从西宁至倒淌河镇的109国道，会翻越海拔3502米的日月山口，在**日月山景区**观景点（门票40元；⏲8:00~17:00）高处，山口南、北两侧立有纪念文成公主进藏联姻而建的两座仿古建筑——日亭和月亭。两座亭内都画有文成公主和松赞干布的唐蕃联姻故事，月亭里立有一座公元8世纪的**赤岭唐蕃分界碑**。

109国道翻过日月山向西到达倒淌河镇之前，会经过一条中国罕见的自东向西流淌的河流——倒淌河。它曾经也是一条东流的河，最终注入黄河，但由于地壳变动，日月山隆起，这条河才成为“倒淌”的河流，注入青海湖。现在它被围圈起来作为景点（门票40元；⏲8:00~17:00），可以换身藏装在刻着“倒淌河”的石碑前留影。

虽然日月山和倒淌河名声赫赫，但“百闻不如一见”这句话，对这两个地方并不适用。日月山除了两个石碑以外毫无看点，倒淌河更只是一汪水而已，站在路边就可窥见。

头可乘游船（110/150元）去往西岸的二郎剑码头。**二郎剑**是一小块遍布黄沙、蜿蜒入湖的半岛，集中了景区内大部分的娱乐项目，有沙滩摩托、水上自行车、赛马场等，一般收费都在100元左右。

二郎剑景区附近有不少由当地牧民开通的直通湖边的小路（10元/人），与景区高昂的票价相比，这样的选择更受旅行者的青睐。

一郎剑景区 湖泊

（二郎剑景区以西）**免费** 在二郎剑西侧的湖面上，还有一小截深入湖水的三角形天然堤岸，被当地人起名“一郎剑”，深入湖水的部分较二郎剑小了很多，但风景却并不逊色。每年四五月份，大量水鸟在此地栖息觅食，七八月份，岸边开满粉红色的格桑花。近年来一郎剑名声渐响，当地村民则开始设卡收费（30元/人，人多可讲价）。一郎剑附近有一座规模较小的**象牙寺**。

从二郎剑售票处沿着国道西行1公里处，有一条通向湖边的岔路，快到湖边，再顺着象牙寺的指示牌西行10公里，即可到达一郎剑。

节日和活动

二郎剑景区内的**演艺广场**，旅游旺季时，每晚8点半有民族歌舞演出。景区出口处马路两旁的饭店，也会在旅游旺季时提供藏族歌舞表演。

青海湖国际诗歌节每两年一届，最近一次举办是在2015年8月。诗歌节由开幕式、论坛、颁奖及交响音乐会等活动组成，旅行者参与度不高。可以登录官网www.qhhsgj.com欣赏优秀作品。

食宿

二郎剑景区是青海湖最热门的景区，一到旺季，周边住宿贵得离谱，淡季又有不少店铺歇业。这里交通便利，游览景区也无需太多时间，不必在此过夜。但对于骑行环湖的骑行者，这里却是一处重要的休息站。如果想要找性价比更好的住宿，可以选择景区东侧109国道2100公里到2104公里一带，那里是廉价客栈和家庭旅馆的聚集地。以下提供的均为旺季价格，淡季价格浮动较大，除床位以外，一般房间会便宜一半左右。

二郎剑景区对面的国道边，聚集了不少中档酒店和炒菜馆，以川菜、粤菜、清真菜居多，景区出口马路两边可找到一些廉价小饭馆。

★心灵树生活艺术家客栈 客栈 ¥¥

（☎852 8126；二郎剑景区东4公里处；普双/标双160/260元；📶🅿）红色的小楼、客厅的书架、走廊上的懒人椅、遮阳伞下的茶座、屋外满眼的格桑花，一种慵懒的度假气息扑面而来，这家客栈在周边一圈的农家乐中显得格外突出。每个房间都有电热毯，最简单的普通间虽然很小，却也点缀了沙发和茶几。公共卫浴干净，房价在这一带一点都不算高。唯一的

脚下留情

如今，牧区被护栏圈起的草场已承包给当地牧民，按片分配，各自管理。草场分为冬季牧场和夏季牧场，夏季时，有的牧场上不见一头牛羊，那正是处在养草期的冬季牧场，到了冬季便是牛羊赖以生存的生命线，而牛羊则是牧民的主要经济来源。翻越护栏践踏草场的行为影响牧草生长，无疑会招来牧民的反感，甚至刁难。不少人误认为牧民在"敲竹杠"，但当你知道了草场对牧民的重要性后，是否可以对他们多一点理解呢？

缺点是位置有点儿难找，最好提前联系。

扎西国际青年旅舍 青年旅舍 ¥

（☎852 8135；109国道2104公里处；铺50元，大床/标双360/450元；📶P）原来的扎西青年驴友之家，二郎剑景区字号最老的一家旅馆。藏式大炕床是一大特色。4楼的观景台可将周围青海湖、农场、群山、草原尽收眼底（可免费借用高倍观景望远镜）。提供自行车租赁（50元/天）的服务，弥补了距离景区稍远的不足。

牧民之家青年旅舍 青年旅舍 ¥

（☎851 9511；109国道2103公里处；铺35~50元，标双180元；📶P）独栋藏式小楼，院子中开满鲜花，氛围感十足。全实木风格的小酒馆不定期举办旅行讲座，适合年轻人驻足。冬季会组织徒步穿越冰面到海心山的活动。

在路上青年旅舍 青年旅舍 ¥

（☎852 2356；二郎剑景区东侧109国道约2107.5公里处；铺80元；📶P）2015年新装修，步行到二郎剑景区只需几分钟，房间可以看到青海湖。多人间有柜子、木质高低床，条件简陋但氛围很好，背包客和骑行者集中。隔壁同时经营一家更为高端的**在路上酒店**（标双580元）。住在这里的一大好处是省事，除了自带餐厅、酒吧，还提供篝火晚会、草原露营、车辆租赁、自助游领队等服务。

ℹ 实用信息

危险和麻烦

曾有人目击湖边有狼和狐狸出没，尽管从未发生过旅行者遭受野兽攻击的事件，但出于安全考虑，露营时尽量选择人烟密集处。

医疗服务

二郎剑景区唯一的一家小药店（☎851 9660；景区出口内侧西北50米处；⏲8:30~21:00），仅有简单的日常用药。如果不想因为购买药品而支付高昂的门票，可在出口处跟门卫说一声。

银行和邮局

中国建设银行（二郎剑景区入口处；⏲8:30~17:00）是景区周边唯一的银行，紧挨售票处，设有24小时ATM。

邮局（二郎剑景区停车场西侧出口；⏲8:30~10:00）出售青海湖风光和动物明信片（20~38元/套），在此邮寄明信片会印上"青海湖"的邮戳。

旅游信息

游客咨询中心（☎851 9680；二郎剑景区售票处西侧；⏲8:30~19:00）设有休息室和饮水处，可帮助旅行者订房，也可领取免费的青海湖旅游小单页。

ℹ 到达和离开

西宁**八一路汽车站**在每年4月15日至10月31日期间有班车（37元；7:30，8:00~9:30每15分钟1班，16:00；2.5小时）发往二郎剑景区，其余时间可到西宁客运中心乘坐发往乌兰方向的过路车。

二郎剑客运站（☎851 1561；游客咨询中心旁边；⏲8:30到每天售票结束）10:00以及14:00~16:00每隔半小时有一班车发往西宁，票价37元，行程约2.5小时。二郎剑10:50还有一趟去沙岛的班车。班车随淡、旺季会有调整。从二郎剑去往黑马河、茶卡镇，可在109国道路边等待过路车。

ℹ 当地交通

二郎剑没有公交车，交通主要靠步行、自行车、自驾或出租车，各旅馆也很容易联系到包车司机。

黑马河及周边

海拔：3210米；人口：0.4万；区号：0974

黑马河位于109国道和环湖西路交叉路口，小镇本身毫无特色，大部分在此停留的旅行者都是冲着黑马河日出而来的。黑马河一带靠湖的地方都可以观看日出，不过如果你想穿过牧民的草场去湖边，可能要缴纳5~10

元的过路费。

景点

班禅拉泽
观景点

（黑马河西北3公里处）免费 每天清晨，大量旅行者都在这里等待日出，景区实际是湖岸边一处开阔的空地。十世班禅曾在此祭海，对当地佛教徒来说，意义非凡，岸边的**祭海亭**便是为纪念十世班禅而建的。景区入口在环湖西路约0.5公里处，由此经过2公里的水泥路即可到达。

贡保洞
山洞

（环湖东路9公里处）免费 山洞就在环湖路边布满了风马旗和哈达的山坡上。相传贡保洞是莲花生大士的修炼之地，洞内供奉六臂怙主马哈嘎啦之像。爬上狭窄的阶梯，在洞口排队等待进入。洞口狭窄，仅容一人通过。进入20米后，分岔两路，据说一路通向拉萨，一路通向印度。此处是一重要佛教徒朝拜圣地，香火旺盛。

食宿

黑马河住宿条件较好，国道两边中档宾馆林立，洗个热水澡并非难事。旺季价格很高，标间常涨到五六百元，铺位也要100元左右，淡季价格不到旺季一半。饭馆以川菜为主，比较受欢迎的**渝蜀人家川菜馆**（☎138 9778 6030；109国道环湖西路路口；人均15~25元；⏲9:00~22:00）供应改良的川菜和面食，分量很大，味道不错。

青海湖奇石青年旅舍
青年旅舍 ¥

（☎155 9700 1664；黑马河东侧加油站斜对面；铺70~85元，标双660元；Wi-Fi P）淡、旺季房价差异极大，标间淡季只要180元，旺季飙涨至3倍多。多人间比较实惠，多人间的实木高低床宽大舒适，房间敞亮，还配有保险柜。这里可租到自行车（50~60元/天），可拼车去茶卡盐湖（80元/人）和看日出（15元/人），出租军大衣（10元）。副楼的清真餐厅提供早餐、面片、盖浇饭和炒菜（人均8~20元）。

218青年旅舍
青年旅舍 ¥

（☎851 9389；藏医院东南；铺60元，普双248元；Wi-Fi）露台正对青海湖，想偷懒的话可由此观日出。房间简洁实惠，全部为实木高低床，床足够大，但6人间稍显局促。每个房间都有电热毯，有一个宽敞的公共区域。淡、旺

在共和住下

在游览龙羊峡或二郎剑时，如果想有更多的食宿选择余地，可以前往海南藏族自治州州府所在地——共和县恰卜恰镇，同时，这里也是前往海南州各个县城的集散地。共和县住处很多，**高原红酒店**（☎852 5666；环城东路127号；标双180元，淡季128元；Wi-Fi P）旺季性价比高。**元年大酒店**（☎751 9999；青海湖南大街37号；标双360元，淡季168元；Wi-Fi P）处在县城中心位置，用餐购物都很便利，其所在的**香巴拉广场**是美食集中地带，选择较广。

共和汽车站[☎851 2551；恰卜恰镇兴海西路南侧（州车管所对面）]每天有班车前往西宁以及海南州各个县城。另外，位于黄河南大街76号的老汽车站仍然提供售票服务。共和与二郎剑之间没有班车，但是搭过路车前往也很方便，全程50多公里。

共和汽车站车次时刻表

站点	发车时间/班次	票价（元）	行程（小时）
西宁	7:00~17:55，20~25分钟1班	29.5	3
贵德	8:30、9:30、12:30、15:00	33	3.5
贵南	8:00、13:00	33	3.5
同德	8:10、8:30	54.5	5.5
兴海	8:40~16:40，每小时1班	33	2.5
龙羊峡	8:30	25	1

季价格一样。接待沙发客。

圣湖人家驿站

客栈 ¥

（☎133 0974 9827；班禅拉泽景区湖边；铺60元，普双180元；📶🅿）这家靠近湖边的帐房宾馆，提供24小时热水淋浴和干净的冲水卫生间，实在让人意外；此外还有藏式酒吧，甚至能拿着麦克风高歌一曲。用餐人均25~50元，邻近湖边，方便看日出。

云海宾馆

客栈 ¥

（☎187 9711 0701；加油站西行约100米；铺60元，标双200元；📶🅿）老房子，2014年重新装修，家具比较新，标间有24小时热水、电视机、电吹风等。公共卫生间比较简陋。走廊上即可看到日出。

ℹ 到达和离开

西宁**客运中心**每日8:30、9:45、12:00有3趟班车开往黑马河，票价43.5元，行程约3小时。从黑马河到茶卡盐湖可在黑马河包车（300~320元/车）。

茶卡镇

海拔：3059米；人口：0.1万；区号：0977

茶卡镇因茶卡盐湖而得名，历史上，这里曾是古丝绸之路的重要站点，也是商贾、旅行者进疆入藏的必经之地。如今，这里因旅游业再次受到关注，中国“天空之境”的美名，让茶卡盐湖在这两年迅速蹿红，慕名而来的游客几乎踏破了景区大门。从2011年到2015年，游客量从两万多暴增至百万。遗憾的是，景区基础设施远远跟不上游客递增的速度，以致盐湖环境和卫生状况每况愈下，多次被传“臭水沟”的恶名。同时，也产生了垃圾遍地、交通拥堵、乱收停车费等“旺季特色”。

2015年10月10日起，茶卡盐湖进入封闭式建设期，预计2016年夏季重新开放，其间不再接待游客。火爆了整个夏季的盐湖终于不堪重负，进入维护升级阶段。据了解，更多的停车场、卫生设施、餐饮住宿正在建造中，而新的盐业展示区、旅游广场、小火车站等设施的建设，也将让游览行程更为丰富，小火车终点还将设置游艇码头，坐游艇（140元）经航道至工业区可体验湖区风景。

呵护盐湖

旅游对盐湖造成的负面影响让景区一度关闭，虽然已经进行几个月的升级改造，但如果不注意保护，环境破坏很有可能在旅游旺季再一次上演。作为一个负责任的旅行者，请不要乱扔垃圾，不要购买一次性鞋套（用于进入湖区），可自带拖鞋或雨鞋下水，不要在人群集中的区域下湖，以免对盐湖产生过度踩踏。另外，要注意湖堤上的警示牌，避开危险区域。

茶卡盐湖

湖泊

（☎188 0978 7008；茶卡镇南4公里处；门票4月16日至10月15日90元，10月16日至次年4月15日45元；⏲7:30~18:30）“茶卡”是藏语，意为“盐池”，早在西汉时期，当地的羌族人就开始在此采盐。这里出产的盐叫“青盐”，因乾隆皇帝非常喜欢这种盐做成的菜，乾隆二十八年（1763年）开始大规模开采。茶卡盐湖是柴达木四大盐湖中最小的一个，盐湖的观感受天气因素影响非常大，下午2点到4点是游览盐湖最好的时间，此时阳光炙热，整个湖面像乳白色的溜冰场。若想深入湖心，可乘坐小火车（50元/人）或沿着铁轨步行至盐湖深处。但旅游旺季时，为了安全会停开小火车。从镇上乘出租车到盐湖单程20元/人。景区内外都有停车场（10元），但旺季景区内停车位紧张，自驾车可以选择停在景区门口，然后坐免费环保车进去。

漠河盐场

湖泊

（109国道茶卡镇西南15公里）**免费** 漠河盐场是茶卡盐湖的一部分，以开采青盐为主。湖岸边堆积着连片盐山，近岸湖水则结了一层厚厚的盐壳。若想领略湖水的镜面效果，可沿着土路步行深入湖心。109国道上有一处写着“漠河盐场”的不起眼石碑，由此进入，经过4公里的碎石路即可到达，但要警惕入口有人违规索取过路费。从茶卡镇包车往返60元。如果自驾车去盐湖盐场边走了一遭，记得返回时抓紧时间洗车，以免车身上的盐粒凝固。

去盐湖拍照

由于茶卡盐湖大量的湖盐类沉积矿物结晶析出，并结成数米厚的“盐板”，而其上又铺着一层几毫米厚的水，因此远远望去，人与天空的倒影清晰可见，造就了“水上漂”的奇观。夏、秋季节是前往盐湖拍摄的好季节，气温刚好，湖水也清澈透亮。得选择晴天，最好是暴晒的日子，湖面的光线反射更强。

➡ 拍人像。身着艳丽长裙，双手高举围巾站在水中作迎风而立状，是当下盐湖最潮的“pose”，但你也可以不随大流。拍摄最好选择早晨日出后2小时之内和日落前2个小时之内，光线柔和，不要挑中午时段。湖面“凹造型”的人太多怎么办？走远点，深入盐湖。

➡ 拍星轨。高原夜晚的银河很亮，星空与盐湖中倒影连在一起，光芒璀璨。延时拍摄星轨，三脚架自然必不可少，同时别忘了做好保暖工作，哪怕是夏天，高原的夜晚也足够冷。把铁轨和小火车纳入镜头会更有趣味。

➡ 拍天空。盐湖的夕阳西下时分，湖水中投射出另一面晚霞，此时按下快门，可以看到两片天空。晚霞灿烂或暴风雨来临前是最佳时机，可以适时使用偏振镜。

➡ 拍盐山。漠河盐场里白茫茫的盐山，也是一种独特的风景。在这里可以拍摄采盐车在水中工作，还可以拍摄岸边晾晒的盐山，但最好在晴天前往。

食宿

茶卡镇很小，一条国道贯穿全镇，住宿选择不多。大部分明智的旅行者游览茶卡盐湖后便匆匆上路。

天空之镜青年旅舍 青年旅舍 ¥

（☎824 0016；盐湖路4号；铺70元，标双260元；📶🅿）文艺小清新范儿，公共休息区的沙发和阳光相得益彰，沙发上最常见的客人是几只猫咪，房间装修得也很萌，有榻榻米大通铺。但部分房客反映，网上预订价格与实际入住价格不符。

商贸宾馆 酒店 ¥¥¥

（☎824 0414；盐湖十字路口；标单/双320元；📶🅿）位于国道与幸福路的交叉口，新近翻修过，性价比较高。房间宽敞，床品很新，配有液晶电视，部分房间还提供电脑。淡季时价格会有100元左右下浮。

青盐宾馆 酒店 ¥¥

（☎824 0254；盐湖十字路口西50米；标单/双280/480元；📶🅿）镇上经营年头最久的酒店，过于时髦的玻璃面墙卫生间，与稍显陈旧的室内装潢格格不入。后院的青盐餐厅是镇上最好的饭店，提供湘菜、粤菜和家常炒菜（人均25~35元），早餐（10元/位）。

实用信息

富康医药连锁（天使大药房）（交通街14号；⏲8:30~22:00）是镇上最大的药店，普通的日常用药都能买到。

到达和离开

西宁**客运中心**每天12:00有1班车去茶卡镇，票价58元。去乌兰（7:45、9:45、11:00、14:00、15:30）和去都兰（8:00、13:00、17:30、18:30）的班车都途经茶卡镇。

茶卡汽车站（☎824 0326；茶卡镇交通街22号；⏲7:30~17:30）前往西宁、乌兰的班次较多。

茶卡汽车站车次时刻表

站点	发车时间/班次	票价（元）	行程（小时）	备注
西宁	8:00、8:30、9:30、10:30、13:00、14:30、16:00	58	5	
乌兰	10:00、13:00、15:00、17:00	15	1.5	
都兰	12:00	28	2	
德令哈	12:00	43	4	经停乌兰

海南州自驾线路

海南州整体交通不便，自驾是更为明智的旅行方式。以下路线不走回头路，基本囊括了海南州除青海湖以外的所有景点。

第1天 共和—河卡—兴海。抵达兴海县城后，沿子青路绕过大河坝峡谷，前往山谷中的赛宗寺，沿途草原丰盛、峡谷气势恢宏，回县城时可以看一下文昌庙。全天车程约218公里，车行3小时。

第2天 兴海—巴沟乡—同德，途中参观宗日遗址，车程约100公里，路况较差，车行3~4小时，但一路黄河与山壁的视觉冲击，会让旅途别有色彩。到达同德县城后，如有充足的时间，可以沿西久公路前往河北乡游石藏寺，河北森林将让你见识另一面的海南州，单程100公里，来回需4~5小时。

第3天 同德—贵南—贵德，在抵达贵南县城之前，会先到达森多乡的鲁仓寺，游玩后不必前往县城，折回到西久公路上继续前往塔秀寺，在安静的小寺院中寻找梵音，而后再驱车向贵德县。全天车程约240公里，车行5小时。

第4天 贵德—玉皇阁—乜纳塔—龙羊峡，风景与人文兼具的一天，游玉皇阁、乜那塔，而后沿南滨河路徒步前往黄河清大桥。有时间可以再前往县城周边的南海殿或珍珠寺，尽兴后傍晚前往龙羊峡，车程约100公里，2小时足矣。

第5天 龙羊峡—西宁，早晨游大坝，再坐船游览龙羊峡谷，看看黄河水的另一种气质，别有风味。而后返回西宁，车程约150公里，2~3小时。

黑马河距茶卡盐湖80公里，中间要翻越一座海拔3800多米的橡皮山，大部分环湖骑行者，选择到黑马河后再包车前往茶卡盐湖，往返320~380元/车。要注意从黑马河到茶卡一路上几乎没什么手机信号。

当地交通

茶卡镇没有公交车，待客的出租车都停在盐湖十字路口，可包车游览茶卡盐湖、漠河盐场。

龙羊峡

海拔：3200米；人口：0.3万；区号：0974

龙羊峡是黄河流经青海大草原后，进入黄河峡谷区的第一峡口，峡口只有30米宽，坚硬的花岗岩两壁直立近200米高。这里的兴衰全来自1987年建成的黄河上游第一座大型水电站——龙羊峡水电站，因之兴起的龙羊峡镇曾有4万多人居住。在最风光的时候，这里有百货大楼、电影院和各种餐馆。但随着援建人员的撤离，这里衰落的速度令人惊叹，大量房屋空置。还留在镇上的几千人，仿佛被时代遗忘在了慢镜头中。

如今，政府试图通过发展渔业和旅游，来为龙羊峡寻求一线生机。2015年7月，龙羊湖景区正式对外开放，目前可去龙羊峡大坝、黄河大峡谷以及土林游玩。由于多为新景区，在我们调研期间，票价有很大折扣，但优惠时间能持续多久尚不确定。虽然设施并不完善，但也因此保留了较为原生态的风貌，可趁游人潮涌来前独辟蹊径游玩一番。

景点

龙羊峡大坝 水电站

（☎852 1155；龙羊峡镇；门票120元，含游船费）高178米，目前为亚洲第一高坝，2015年7月起对散客开放参观。坐在游船上，黄河自西向东穿行于峡谷中，两岸峭壁陡立，重峦叠嶂，河道狭窄，水流湍急。进入大坝内部，可以参观发电机的运转。也可去那些空置的楼群里逛逛，看看那些繁华时代的痕迹。包车前往库区水边价格为10~30元。傍晚时分，广阔的高峡平湖景致非常壮观。

黄河龙羊大峡谷 峡谷

（龙羊峡镇东南方向22公里处）峡谷全长

48公里，两岸处处绝壁如刀削，谷中黄河水清如碧玉。乘船沿峡谷顺水而下，可以观赏峡谷的险峻和黄河的雄伟，尤其是多隆沟，处于峡谷的大拐弯段，水流湍急，最为奇绝险峻。游船分三种：上游30分钟，船费120元；下游40~50分钟，180元；全程70分钟，260元。从镇上包车往返大峡谷景区150~180元。

土林国家地质公园 地质公园

（龙羊峡镇西北方向3公里处；门票60元）以沙沟、荒山、幽谷构成一个原始、荒凉、粗犷的世界，颇具原始美。跟西北很多地方的土林地貌大同小异，如果已经游玩过类似景区，可不必费心前往。

食宿

龙羊峡镇只有一条主干道，零星分布着几家清真小餐馆，在汽车站隔壁的**龙羊鱼庄**，可以吃到有名的龙羊峡库区虹鳟鱼。

龙羊假日酒店 酒店 ¥¥

（☎852 2500；龙羊峡镇；标单/双268元；@ 📶 P）是一家三星级酒店，也是镇上唯一的酒店。外观保持着八十年代的风貌，但内部装修现代，离龙羊湖近在咫尺。

到达和离开

西宁南川西路客运站每天有一趟车（13:30）直达龙羊峡。此外，从共和县到龙羊峡镇每天8:30、15:00、17:00各有一趟车，票价10元，行程约1小时。汽车快要驶入龙羊峡镇时，库区的绿水点缀山间，从车窗望出去非常美。龙羊峡车站每天8:30有一趟发往西宁的客车，8:00、8:30、10:00有车发往共和县。

贵德

县城海拔：2200米；人口：10.87万；区号：0974

“黄河之水贵德清”，此话不虚。贵德四面环山，位于一片开阔的河谷里。站在明黄色的**黄河清大桥**上，桥下碧绿的黄河蜿蜒而过。你可以走到河滩上近距离观赏这清澈的黄河水，也可以沿着河岸林荫道（南滨河路）向西散步而去，沿途会经过金灿灿的**中华福运轮**（门票80元），这座全世界最大的转经筒，至少得要十几个人合力才能推动几分。南滨河路的西端是**水车广场**，是一个免费的河滨公园，可以在广场的**游轮码头**乘坐游艇（50元/人），换一种方式，在黄河之中欣赏两岸灰秃秃的山壁与绿荫碧水形成的鲜明对比。

景点

玉皇阁古建筑群 历史建筑

（河阴镇北大街；门票60元；⏲9:00~17:00）贵德古城始建于明朝万历年间，在清朝同治年间毁于兵火，如今你看到的多是光绪年间修建的建筑群。这个庞大的古建筑群对称工整，庙观林立，集儒、释、道于一体。孔子、关羽、玉皇大帝的塑像以及一座衰败的佛教寺院，聚集在这个大约5000平方米的古城内。

从贵德的城中心一直往北，即可抵达玉皇阁的大门。大门所对广场的正北方，是一所藏传佛教寺院**大佛寺**，它始建于元代，如今那里只剩下一座大雄宝殿。大佛寺的西侧，紧邻着城隍庙。东侧则是**玉皇阁**、**文庙和武庙**。其中文庙花园中供奉着一尊孔子像。

从花园往北，则从文庙直接进入武庙，那里供奉着关羽、岳飞和马祖。这里供奉的马祖（俗称马王爷）在青海格外罕见，他是道教中的强力神将之一，像二郎神一样拥有三只眼。

武庙的西侧，即是玉皇阁（又名万寿观），是整个贵德古建筑群之首。上建三层歇山顶楼阁，内有梯级直达阁顶，顶层是观赏贵德全貌的最佳位置，不仅可以看到整个古建筑群的分布、土砌的城墙，还能看到黄河以及远方的山脉。清晨和傍晚是这里最美的时刻，不过旅游旺季时，拥挤的游客会使这一切大打折扣。

乜那塔 塔

（贵德古城西门外）免费 始建于唐代，塔高约30米，边长达18米。据说最初建塔时，光是塔顶的鎏金就用去赤金50两。如今，无论你何时到达这里，都可看见许多藏民在绕塔转经。而它的经堂奇迹般地在“文革”中保存了下来，因为青海电影公司曾把这里作为仓库。乜那塔南面有一座**乜那寺**，清代康熙时建成，经堂内梁木精心描画，装潢精美。在县城内搭出租车即可到达。

贵德城区

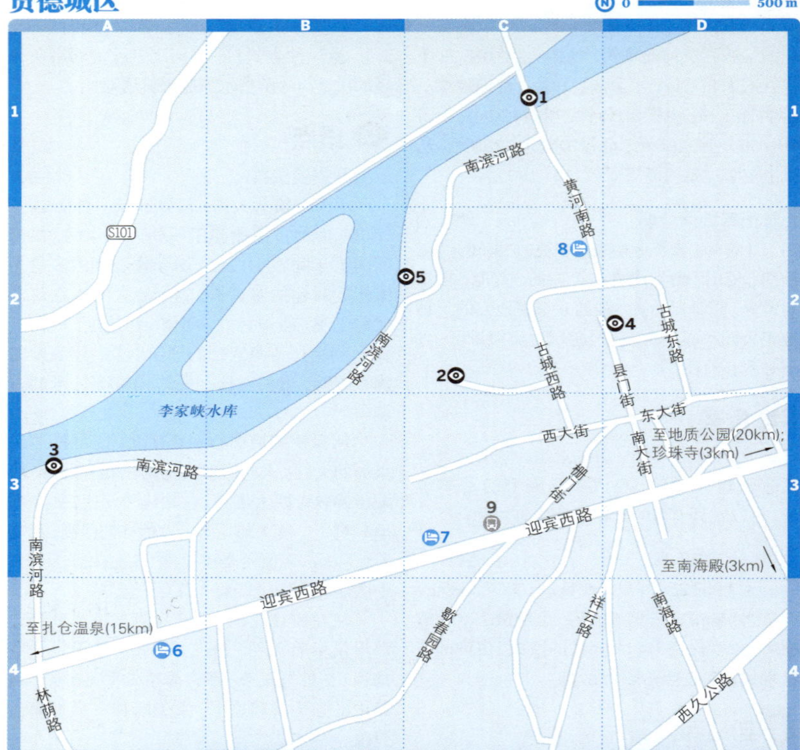

贵德城区

景点

1 黄河清大桥 C1
2 乜那塔 C2
3 水车广场 A3
4 玉皇阁古建筑群 D2
5 中华福运轮 C2

食宿

6 贵德温泉宾馆 A4
7 锦绣江南农家宾馆 C3
8 梨花村农家院 C2

交通

9 贵德汽车站 C3
游轮码头 （见3）

扎仓温泉

温泉

（河西乡扎仓山沟内）**免费** 因为有温泉，扎仓山沟又被当地人叫作热水沟，在整个安多地区都非常有名。这里利用温泉治病的历史已长达600多年。每年冬天，据说大约有4万人前来洗浴，那时候200米长的山谷里，到处是临时搭建的帐篷，前来沐浴、头戴五彩头巾的藏人，也是一道别致的风景线。但那些露天的温泉其实并不适合游客，它们看起来大多是一些混浊的小水坑。

从贵德县城前往扎仓温泉，可以在汽车站前的马路上包车，往返60元左右（在温泉停留1小时左右）。也可以和本地人拼车，每人10元。在温泉处有**温泉福利浴疗院**（☎856 0028）等住宿点。

南海殿

寺庙

（河阴镇；门票50元；8:00~18:00）据说南海殿所在的梅茨山有一条龙脉，被南海殿斩断，这座寺庙因此成为聚集灵气的地方，受到当地人推崇。整个建筑气势恢宏，佛教与道教并存，山顶修建了高达22米的观音塑像，主殿内供奉着南海观音，殿前塑有弥勒像和护法神，东、西两廊为“十八罗汉”。菩萨殿旁边分别是吕祖（吕洞宾）殿和三清殿，菩萨殿后有王母宫、文峰阁等建筑，错落有致。这里也是登高俯瞰贵德县城最好的地点。离县城2.5公里，出租车可达。

珍珠寺 寺庙

（河东乡保宁村西）免费 许多安多地区的朝圣者前往拉萨朝拜释迦佛时，需先到珍珠寺朝拜，然后再去拉萨。因为他们坚信，贵德珍珠寺主供的释迦牟尼佛像与拉萨大昭寺的觉卧佛像齐名，系藏地108尊释迦牟尼佛像之一。关于它的来历和建造年代，有很多种说法，但今天看到的寺庙是1987年重建的。殿内供着三世佛巨型塑像，用料金贵，造型优美，连同山门内两侧的四大金刚立像，都出自造诣高超的热贡艺术家之手。位于县城以东2公里处，出租车可达。

贵德国家地质公园 地质公园

（856 1262；阿什贡村；门票80元，游览车15元，导游讲解5元；8:00~18:00）又叫阿什贡七彩峰丛，荒凉贫瘠的砂砾岩呈现出深深浅浅的红色，嶙峋突兀。入口和出口各有一个博物馆，不过无甚看点。从贵德开车过去约1小时。

节日和活动

梨花节 传统节日

每年4月中旬举办，此时的贵德“千树万树梨花开”。除了赏梨花外，还可以参与各种大杂烩的文化活动，比如影剧院举办的锅庄舞比赛，水车广场上的舞蹈、车展等。

宗喀拉则文化旅游节 旅游节

2015年7月在拉脊山景区首次举办，有赛马、射箭、拉伊对唱、“鹿舞”“尚尤则柔”（一种藏族歌舞）等表演。主办方称今后将每年举办。

食宿

农家乐正成为贵德旅游宣传的卖点。它们大多由本地人经营，提供餐饮、住宿、休闲娱乐一条龙服务。一般来说，农家乐所占面积都很大，方便旅行团或者自驾车游客停车，拥有一个种满花草的漂亮大院子，偶尔还有几棵梨树遮阴。农家乐也是贵德最适合游客的就餐地点。但如果你在城中心，川菜和穆斯林面馆是仅有的选择。贵德新建的一些宾馆大都考虑游客的需要，建在临近黄河的区域，离城中心较远。

★锦绣江南农家宾馆 客栈 ¥

（131 3914 3164；迎宾西路汽车站加油站斜对面巷内；普双/标双80/100元；P）巷子里的两层小楼，有个大院子可以停车，二楼有露台。特别干净，哪怕是走廊的窗子都擦得锃亮，房间布置温馨，卫生间又大又新，硬件完全超越了农家乐标准。普通间没有独立卫浴，不过没关系，老板娘会帮你安排妥帖。淳朴热情的店主一家是这家店最暖心之处。从汽车站步行可到。

梨花村农家院 农家乐 ¥

（138 9754 5515；城北滨河路；铺30元；P）这里最大的特色是院子里的百年梨树，每年9月梨子成熟时，农家院还有摘梨的活动。可惜条件与宾馆相比略不方便，不能洗澡。规模很大，比起住宿，似乎更适合用餐。农家院位于玉皇阁背后北边的黄河南路上。从汽车站打车5元钱可抵达。从这里出发，步行2分钟即可抵达黄河边。

贵德温泉宾馆 酒店 ¥¥

（855 3534；迎宾西路355号；标间240元；P）三星级宾馆，餐饮、娱乐设施一应俱全，不过房间只是普通连锁酒店的水准。这里有从16公里外铺设管道引进的扎仓温泉水，24小时使用，另有温泉水游泳池（40元/次）。

到达和离开

西宁**南川西路客运站**（见122页地图；0971-625 1443；西宁市南川西路48号）每天7:45、8:30、9:00以及10:00~17:40每20分钟有1班车发往贵德，车程1.5小时。

贵德汽车站（855 3376；迎宾西路260号）来往西宁的班车频繁，除此之外还有发往贵南、共和、同德的班车。

贵德汽车站车次时刻表

站点	发车时间/班次	票价(元)	行程(小时)
西宁	7:50~17:45，15~30分钟1班	26	1.5
贵南	8:00、9:30、12:30、14:30	15	2
共和	8:30、9:30、12:30、15:00	30	4
同德	8:30、13:00	36	3.5

贵南

海拔：3100米；人口：7万；区号：0974

贵南拥有漂亮的高原草地，以及两座著名的藏传佛教寺院。但在青海，与贵南类似的地方实在太多，如果你不是专程前往这里的塔秀寺，也许没必要绕到此地。

景点

塔秀寺

寺庙

（塔秀乡）免费 塔秀寺是贵南最出名的藏传佛教寺院。2004年，已故十世班禅的经师之一、上师阿拉雍增在这里圆寂。塔秀寺坐落在一处低矮的半山腰，从寺院任何一个地方，都可以看到远处广阔的草原。如果你在傍晚时分抵达，不要错过这里的落日。每年正月十一日，寺里举行的晒佛节吸引着八方信众，非常热闹。

塔秀寺距离县城约半小时车程，没有公共交通直达，可包车前往。摩托车和出租车都是40元左右。

鲁仓寺

寺庙

（森多乡）免费 从塔秀寺返回县城的途中，你可以顺便去一趟鲁仓寺。寺院距离县城4公里，坐落在一个狭长的河谷上。从河对面望去，僧人们居住的土夯建筑围绕着金碧辉煌的寺院，构成一个庞大的建筑群。寺院并不大，但最高处的念经堂里，陈列着非常精美的雕塑，墙上有几幅用玻璃罩保护的壁画，年代久远。去鲁仓寺，乘摩托车5元，出租车15元。

贵南汽车站车次时刻表

站点	发车时间/班次	票价(元)	行程(小时)	备注
西宁	8:30、11:30、13:00	53	5	途经贵德
西宁	8:40、9:00	62	6	途经共和
共和	8:30、13:30	30	4	
贵德	8:15、9:30、12:30、14:30	33	3.5	

食宿

位于和谐广场北侧的**贵南宾馆**（☎850 1593；标双180元起；📶 P）是贵南最豪华的宾馆，有24小时电热供水。在广场的对面，还有一家四层楼高的**宗拉宾馆**（☎850 1500；标双160元；📶 P），由一家藏族人经营，性价比较高。

贵南本地餐饮以清真饭馆为主。可以尝尝这里的羊肉，它们一般直接来自附近的高原牧场。

到达和离开

西宁南川西路客运站（见122页地图；☎0971-625 1443；西宁市南川西路48号）每天8:30、10:20、13:00有班车发往同德，票价53元。

贵南汽车站（☎850 2449；解放路73号；⏲7:00~17:30）班车不多，主要是发往西宁、共和和贵德的。

兴海

海拔：3924米；人口：7万；区号：0974

除了赛宗寺，兴海似乎并没有太多吸引人的地方。但是，黄河及其支流——大河坝河，赋予了这片土地一种奇妙的生命力。深远的河谷、河谷上绿缎般的草原，视野在车道盘旋中豁然开朗，这种原生态的风景令人印象深刻。

景点

赛宗寺

寺庙

（桑当乡西18公里的赛宗山下）免费 赛宗

寺所在的赛宗山是安多藏区佛教四大名山之一，山上有“莲花生大师修行洞”“宗喀巴大师法座”“练经洞”等充满神秘色彩的地方。赛宗寺是环青海湖地区最大的格鲁派寺院，寺内有一尊高达7米的弥勒佛坐像，这是青海省境内最大的佛像。相传赛宗寺属猴，因此2016年无疑会是更多信众朝圣赛宗寺的年份。从县城通往赛宗寺的公路在2015年年底完工，为出行节省了不少时间。从县城前往赛宗寺会经过大河坝河谷，驱车一路从上至下盘旋到谷底，河谷风貌十分壮观。在县城包出租车往返赛宗寺130元。赛宗寺门口有一些简单的床位、住宿和餐饮。注意每月初八、初十、十五、二十五4天寺内举行佛事活动，禁止女性入内。

文昌庙 寺庙

（县城以西3公里处）免费 又叫图旦达杰寺。文昌信仰原本是汉族民间信仰和道教信仰的组成部分，随着民族的融合逐渐被藏族文化所接受。文昌庙供奉的是文昌帝君，这里还建有度母殿、观世音菩萨殿、时轮塔、八大佛塔等。在县城前往赛宗寺的路上，沿县城西大街向西徒步可至。

食宿

新世纪大厦（☎858 3777；东大街12号；标双228元起；@ 📶 P）是兴海最好的酒店，号称四星级，但实际得在标准之上打个折扣。相对价格还算实惠。独栋大楼，最小的房间都足够大，装修豪华。服务水准不如硬件。自营中餐厅、西餐厅、咖啡厅。如果预算不够，可以选择香格里拉商务宾馆（☎858 3333；北大街，永春公园对面；标双130元；📶 P），硬件设施一般但收拾得挺干净，带电脑的房间150元。要求不高的游客可以选择天福招待所（☎158 9704 8457；南大街；普单50元；📶 P），门口就是商业街，吃饭逛街都方便，但只有公共卫浴。

如果要吃饭，兴海的北大街和南大街上集中了大多数的饭馆，南大街的店铺相对营业较晚，选择也更为丰富。

到达和离开

西宁**客运中心**每天7:10、7:40、8:00、9:00、9:45、10:15、11:15、12:30、14:00、15:00有班车发往兴海，票价60元。

兴海汽车站（南大街4号；⏲6:30~17:00）班车主要发往西宁、共和与同德。

如果错过班车，可找私营车拼车。汽车站门口有很多前往**共和**方向的私家车可以搭乘，一般为50~80元/人。如果要前往**同德**，可在南大街路边找到等待拼车的私营车，一般为50元/人。

当地交通

县城靠步行足矣，县城内出租车5~10元/人，出城需先协商好价格。

同德

海拔：3660米；人口：6万；区号：0974

地处海南、黄南和果洛交接处的同德县，可以说是海南交通最不便利的地方。最好自驾前往，搭乘公共交通将耗费大量时间在路上。

宗日遗址是同德最重要的文化遗产，但其自然资源更为丰富，河流、草原众多，最南端的河北乡有大片原始森林，政府正打算将此打造成森林公园。

景点

宗日遗址 文化遗址

（巴沟乡团结村）免费 黄河上游发掘面积最大的新石器时代文化遗存，距今有5800多年历史，出土的文物之多令人咋舌：墓葬341座，生产工具、生活用具、装饰品等文物23,000余件，目前文物分别保存在青海省博物馆和海南州民族博物馆内。挖掘后的遗址

兴海汽车站车次时刻表

站点	发车时间/班次	票价（元）	行程（小时）
西宁	7:00~9:30，30分钟1班；11:30、12:00、13:45	60	6
共和	10:00、10:30、11:00、12:50、13:40、14:30、15:20、17:00	25	2
同德	9:30	26	3

同德汽车站车次时刻表

站点	发车时间/班次	票价（元）	行程（小时）
西宁	8:00、8:30、9:00、9:30、12:20、15:00	66	6
共和	8:00、14:30	54.5	5
兴海	15:00	25.5	3

如今大部分已经被林场、农田占用，还能看到地面上有残陶片。从兴海到同德的路上会经过巴沟乡，路况较差。

石藏寺 寺庙

（河北乡东12公里）免费 同德最大的格鲁派寺院，清乾隆年间初建，香火鼎盛时期僧人有千人以上。1941年、1958年寺院两度被毁，直到1981年重新修建并开放。藏在山坳里的石藏寺规模很大，有僧舍千余间。四十柱金瓦殿装饰精美，寺内有用3500两白银制成并镶有各种宝石的一世藏班智达灵塔。

节日和活动

宗日文化艺术节 文化节

截至2015年已举办十二届，每年的8月举行，其间会组织独具民族特色的射箭、大型锅庄舞、农牧民民歌对唱等活动。

同德黄河牦牛文化节 文化节

2013年首届黄河牦牛文化节在河北乡草原举行，2015年又举办了一次，有赛牦牛、赛马、牦牛选秀等活动，在草原上观看格外有趣。

食宿

住宿和餐饮大多集中在县城的东大街和西大街。**万科商务宾馆**（☎859 2133；东大街53号；普双/标双100/198元；WiFi P）在县城的中心位置，中规中矩的商务风装修，除普通双人间外，其他房型都有独立卫浴。**巴域商务宾馆**（☎751 7888；北环路寄宿制小学斜对面；标双118元；WiFi P）比普通的商务型酒店多了一些时尚与休闲，288元的豪华套房里有个足以当床用的舒适大沙发。

同德县城虽小，但你可以找到藏餐、川菜、西北菜、清真菜、烧烤、火锅，基本能满足用餐需求。

到达和离开

西宁南川西路客运站（见122页地图；☎0971-625 1443；西宁市南川西路48号）每天8:00、8:30、9:00、9:30、11:30、15:00、14:00、15:00有班车发往同德，票价66元。

同德汽车站（南大街4号；⏲6:30~17:00）班车主要发往西宁、共和与兴海。

当地交通

同德县城很小，步行即可走遍县城的角落。也可乘坐出租车，不打表，上车前需先协商好价格。

青海湖西岸

环湖西岸离青海湖最近，是黑马河以外观赏青海湖日出的好地方。与其匆匆赶路，不如在沿湖的帐篷里住下，慢慢欣赏青海湖从夕阳西下到星空璀璨，再看一场第二天的日出。

鸟岛及周边

海拔：3220米；区号：0970

鸟岛原是一座湖心岛，因青海湖水位下降，1978年后与陆地连为一体，是观察高原鸟类生态的一块宝地。观鸟时节以4月、5月为最佳。11月，来自俄罗斯的大天鹅在此短暂停留后，将迁往终年不冻的泉湾湿地，度过漫长冬季。而在其他时间里，这里的景色跟青海湖其他地方差不多。

景点

鸟岛镇

鸟岛 观景点

（☎865 5058；鸟岛镇汽车站十字路口东南16公里；门票 4月15日至10月15日125元，10月16日至次年4月14日85元，门票含观光车费；⏲8:30~17:30）价格不菲的门票，要在观鸟季前往才划算。进入景区，通过一条长长的观光长廊到达**蛋岛**（也叫海西山），这里因5月、6月产卵季节有遍地的鸟蛋而得名，但旅行者仅能通过观鸟室的隔离窗观赏鱼鸥、斑头雁、棕头鸥、鸬鹚等鸟类。而后到达的**鸬鹚岛**（也叫海西皮）可以近距离地观赏鸟类。沿着木栈道，可以走到高处观察湖面一座半圆形凸起的巨大岩石，夏季黑压压的一片，挤满了鸬鹚。

沙陀寺

寺庙

（鸟岛镇汽车站十字路口以北1公里处）免费 环湖地区最大的宁玛派寺院，殿内供奉着3米高的观音菩萨像，佛像怀中一座大小仅5寸的迷你佛像——四臂观音，是五世达赖喇嘛赐予当地信众的宝物。大殿内悬挂着百余幅堆绣唐卡，值得一看。寺庙所在的山坡上插满了红色经幡，在风中猎猎飘扬。从山上可以俯瞰布哈河一路向青海湖蜿蜒而去，也是个不错的摄影点。

鸟岛镇周边

海心山和三块石

岛屿

免费 **海心山**是青海湖五个岛屿中最大的一个，也叫湖心岛，距离鸟岛28公里。岛的山顶有一座小小的尼姑庵叫作**莲花庵**，供奉着莲花生大士，有一座30米高的莲花生大士金像。莲花庵边上的一个小山坡是海心山的至高点。**三块石**又名孤插山，距离鸟岛约20公里。实际上，这个岛屿由七块堆集在一起的石灰石组成，但远看只有三块突出水面的巨石。夏季时两座岛上栖息着大量的鸟类。旅行者无法前往，冬季可参加徒步穿越冰面到海心山的活动（见128页）。

泉湾

湿地

（石乃亥乡东南4公里）免费 夏季湖岸开满各色野花，又因这一带遍布温泉泉眼，湖面常年不冻。冬季，成批大天鹅在此处过冬，显现“天鹅湖”美景。泉湾旁边还有一座用石片砌成的**尕日拉寺**，比较接近青南和川西北的藏式建筑，清净朴素。从环湖西路35.2公里处的一条水泥路岔路口，往东约4公里可到达泉湾和尕日拉寺。

伏俟城

历史古迹

（石乃亥乡铁卜加村）免费 青海历史上第一个封建王国——吐谷（yù）浑王国的都城，距今已有1500多年历史，汉语意为“王者之城”。古城呈方形，东西长220米，南北宽200

当地知识

龙吸水

夏季的青海湖天气变幻莫测，偶尔还会出现奇妙的“龙吸水”现象。当龙卷风经过青海湖时，如同注射器一般，将大量湖水卷入空中，形成旋涡状的白色水柱。它的上端与大片的灰色雷雨云相接，而下端直接延伸到水面，将青海湖与天相连。有时甚至几条水柱同时席卷湖面，远远看去，就像巨龙吸水一般。旋转一段时间后，水柱突然断开，吸到天上的水重重跌下，形成狂风暴雨。青海湖的这种“龙吸水”现象，在近几年都曾发生过，最近一次是2015年8月。但并非每个人都能看到，因为只有在短时内出现强对流天气时才会发生，通常会伴随着雷电或冰雹。

海心山的神秘修行者

海心山四周环水，远离尘世，很早以前就是僧人修行之地。历史上，莲花生大士等高僧大德曾在此修行。岛上自汉代起就建有寺庙，清朝以来，沙陀寺僧人上岛修行已成传统。僧人于冬季冰合时，出海取一年之粮而入居，整年不复出。这与现在的情况大体类似。“文革”时岛上庙宇遭到破坏，近几年重修了佛塔、佛像和僧侣的住所。

岛上的岩石到处画着经文和佛像，有些大石头上还有用小石头堆成的嘛呢堆，风口处还挂着经幡。截至2014年，山顶的莲花庵常年居住的尼姑共有13名，年龄最大者50多岁，最小者才六七岁。她们每天早上6点起床，打坐，静修，讲经，共同学习。每年只允许出岛两次。由于海心山在藏民及教徒心目中的神圣地位，据说在海心山上修行一天，相当于在尘世修行7天，所以不断会有信徒前来参拜或者教徒上岛修行，甚至长达几个月闭关。他们有些就住在岛上的洞穴里。

米，如今虽已旧貌不再，但仍可以看到隆起的城郭遗址。站在墙头看那被荒草覆盖的遗址上，尚留着几处依稀可辨的房基，苍凉之感油然而生。从石乃亥加油站往北500米的丁字路口，往铁卜加村方向行5公里，遗址就在路边，被铁丝网隔离起来，一般情况下，跨过铁丝即可爬上土堆参观，但据称该片牧场主人会向旅行者收费，如不巧遇上可砍价。

节日和活动

藏戏

在五世达赖喇嘛罗桑嘉措时期传入，每年农历八月初二沙陀寺连演三天《格萨尔》等藏戏。沙陀寺特色乐器大藏鼓、藏钹、法鼓、藏唢呐、海螺等，除了作为藏戏演奏乐器，平时会放在寺内供诵经使用。详情可咨询沙陀寺管理处班玛拉杰（☎136 1970 0888）。

穿冰活动

2011年起，青海省登山运动管理中心（☎0971-822 1134；西宁市体育巷7号）冬季组织青海湖徒步穿越探险活动，分多天从青海湖的冰面徒步而过。每年的线路有所不同，可以观赏到冰洞、冰墙等自然奇观。另外，一些民间户外团队也会组织穿冰活动，曾发生过车辆在冰上落水的事故，不建议你独自穿越。

食宿

鸟岛镇

鸟岛镇以中低档酒店和面向骑行者的家庭旅馆为主，旅游旺季时，镇北国道西侧的村民定居点可提供家庭住宿，通常没有厕所，也不能洗澡，普双80元。镇上就餐选择性不大，主要是川菜、面食和盖饭（人均15~30元）。

牧羊人宾馆 酒店 ¥¥¥

（☎180 9710 9944；鸟岛镇十字路口2公里处；标双260元；Wi-Fi P）草原上的牧家乐，视野空旷，美景一览无余。床品及时更换，热水限时供应，有地暖。老板娘做得一手好菜，但饭菜比较贵。宾馆位于鸟岛景区牌坊往里约2公里处。

大庄园宾馆 酒店 ¥¥¥

（☎865 5066，冬季歇业时无人接听；布哈河桥东；标双260元；空调 Wi-Fi P）设施很新，服务热情，虽靠近布哈河，但有建筑物遮挡。热水限时供应，有地暖。一楼为餐厅。

夏日客栈藏餐吧 客栈 ¥

（☎131 3910 9448；鸟岛镇靠近鸟岛宾馆；铺90元，标双260元；空调 Wi-Fi P）北京女孩开的客栈，装修清爽，卫生间较小，但不妨碍热水洗浴。前院的餐吧充满了小清新的藏式混搭风，有许多漂亮的小物件。经营藏餐、炒菜、砂锅，还有甜点和咖啡。另外也提供预约包车和骑行救援服务。

鸟岛镇周边

距离泉湾最近的石乃亥乡是骑行者的落脚点之一，遍布十几家旅馆。

石乃亥神湖招待所 客栈 ¥

（☎189 9744 6296；环湖西路38.5公里处；铺40元；Wi-Fi P）由当地藏族人经营，一进门是藏式住家，热心的女主人经常为客人提供免费奶茶。后院彩钢房供住宿，仅有10张床位，条件简陋但不失干净。虽有热水器但无法调节水温，洗澡是个问题。

尼玛拉萨宾馆 酒店 ¥¥

（☎852 9188，186 9788 8410；石乃亥乡派出所对面；标双320元；Wi-Fi P）在石乃亥乡算是比较讲究的酒店，地毯铺地，24小时热水供应比较稳定，打扫很勤快尤其令人安心。藏族老板为人实在且很健谈。

青海湖国际青年旅舍 青年旅舍 ¥

（☎138 9718 8799；环湖西路32公里处；铺60~100元，标双480元；P）一座红色集装箱改造的旅舍，坐在宽敞明亮的loft大厅内，透过落地玻璃窗即可看到青海湖。位置有点偏，客人不多，但更显清净且视野辽阔，是摄影的好地方。由于是新开的旅舍，在我们调研时设施还不完善，Wi-Fi和热水还未铺设。在环湖西路32公里处向前两三百米会看到有条岔路，按照路牌指示从水泥路进入即可。旁边就是尕日拉寺。旅舍只在5月到10月营业。

环湖西路

最接近青海湖的环湖西路，有很多住宿

可以选择，一般分为三种：一是湖边的帐篷，由于夜间湿冷，许多还提供电热毯，旺季每个铺位60~100元；二是板房，挡风较好但基本无热水洗浴，每个铺位100~150元；三是近两年新建的各种背山面湖的独栋小楼，条件比较好的提供24小时热水淋浴，但费用昂贵且浮动很大。如今几乎所有住宿，甚至包括帐篷都有Wi-Fi。用餐也可以在住处解决。其中环湖西路12至16公里处风景最好，住宿较集中。

★ 莲度假客栈

酒店 ¥¥¥

（☎151 1098 5599；环湖西路12公里处；铺80元，标双580元；❄📶🅿）北欧风的木质家具、toto和科勒的卫浴、舒适的大浴缸、温馨的壁炉、软和的客厅大沙发，你简直不能想象这是在青海湖边的酒店，就连多人间的高低床都配有席梦思和小台灯。可惜热水在早、晚限时供应，出水量又小，大浴缸因此更像是摆设。酒店所有房间不提供一次性洗漱用品，如有需要可在酒店超市购买。餐厅饭菜价位偏高但口味不错，预算够的话可以试试牦牛肉（138元），也可以到旁边的藏民饭店用餐，价格便宜很多。房价浮动大，淡季标间280元。

毛尼卓玛驿站

客栈 ¥

（☎139 0940 0953；环湖西路16公里处；铺100元；📶🅿）2015年新开，占据了得天独厚的地理位置，出门便是湖边，看日出的好地方。房间很多，有帐篷和板房两种选择，毛毯很暖和。自带小超市，还可以骑马，租藏装、自行车等，服务在环湖西路一带算是很完善的。

湖缘商务酒店

酒店 ¥¥¥

（☎139 9744 0479；环湖西路15公里处；标双560元；❄📶🅿）原先小小的卓玛家湖缘驿站，现在已经变成了一栋气派的三层楼大酒店，房价也水涨船高。酒店建在小山坡上，面朝青海湖，视野开阔。房间装修在环湖地区已是上佳，可惜热水是太阳能，不能稳定供应。提供自行车短租服务（半天50元）。有个超市和很大的餐厅，除了供应藏餐和各种炒菜（20~50元）外，还有咖啡，但饭菜口味不佳。淡季标双可降至160元。

旦切大叔宾馆

客栈 ¥

（☎139 6406 2000，138 9714 6734；www.qinghaidanqiedashu.com；环湖西路14.3公里处；帐篷30元/人；🅿）很有名的客栈，尽管住宿条件并不出众，但旦切大叔的热情吸引了很多人前往。有靠湖的板房（双人间230元）、帐篷，以及靠山的砖房（铺40元，大床150元）三种住宿，距湖最近的帐篷，躺在床上即可欣赏湖景。有24小时热水淋浴和干净的冲水卫生间，供应藏餐和炒菜（人均15~25元）。淡、旺季住宿价格相同。可直接在官网预订。

ℹ 到达和离开

西宁**新宁路客运站**（见62页地图；☎0971-615 5795；西宁市新宁路19号）每天7:45有1班车去鸟岛镇，票价66元，行程5.5小时，途经刚察。鸟岛镇至西宁的班车每天7:30在鸟岛镇十字路口发车。环湖西路无班车通行，游览泉湾只能自驾、骑行或者包车。从石乃亥到泉湾包车往返30元。

裸鲤

湟鱼（也叫裸鲤）是青海湖中的唯一鱼种，身体裸露，没有鳞片。它实际上是由淡水鱼演化而来的，鳞片逐渐退化，身体能神奇地将多余的盐和碱排出体外。因为气温低和湖中食物匮乏，湟鱼生长极其缓慢，8~9年才长到半斤重，而一斤重的湟鱼需要生长11~12年，素有“湟鱼一年长一两”之说。

由于栖息地生态遭到破坏、过度捕捞等因素，湟鱼种群数量急剧下降。国家已经把它列为重点保护鱼类，捕捞或食用都属于违法行为。但是盗捕行为仍然猖獗，在青海湖边，许多饭馆将湟鱼作为隐藏菜单，供应给想要尝鲜的游客。

如今，政府和民间都组织了不少保护湟鱼的志愿者，他们深入青海湖畔、周边餐馆、农贸市场等地，制止盗捕贩卖湟鱼的行为，但志愿者的总体力量还很薄弱，难以对湖面进行稳定的监管。2015年6月，藏族诗人卡瓦娘吉为保护湟鱼，在拆解盗捕者渔网时不幸去世，更凸显了民间保护志愿者的孤独境地。

当地交通

从鸟岛镇到鸟岛，可在鸟岛宾馆院内乘坐景区观光车（门票包含车费），骑行者可骑车前往，或者在镇上包车去鸟岛，单程80~100元/车（可坐3~4人）。

青海湖北岸

青海湖北岸被祁连山和青海湖夹在中间，阶梯形的地势，让这一地区成为环湖地区最重要的牧区。由于国道偏离湖岸，在这里你无法酣畅淋漓地欣赏青海湖的蔚蓝与壮美，但丰富的草场资源、起伏的群山、散落山间的羊群、骑马放牧的牧人，却成为环湖一圈后的收笔。

刚察县及周边

海拔：3305米；人口：4.2万；区号：0970

途经刚察的旅行者，大多是冲着传说中仓央嘉措神秘失踪之地仙女湾景区而来。看得出来，政府费了很多心力在旅游上，投资更是大手笔。在我们调研期间，县城内的游客服务中心、民族民俗展示馆、演艺中心、商业街等旅游建筑体正在兴建。而县城外，仓央嘉措文化广场、慈悲慧眼感恩塔、湟鱼壁画、梵音风语林卡等人造景观一路延伸。得益于旅游的发展，县城的住宿和餐饮也蓬勃发展，尤其是近两年来，更多民宿的出现为游客提供了不同的选择。

刚察县的旅游景点都在县城以外，而热闹的县城是环湖游客休憩补给之处。东、西、南、北四条大街交叉的十字路口便是城中心，南大街以南是仙女湾，而沿着东大街向东便出了县城，可前往西海镇。

景点

仙女湾景区　湿地

（刚察南16公里；门票 4月16日至10月15日60元，10月16日至次年4月15日30元；⏲8:00~18:00）景区修建尚不完善，也因此还保留了原生态的面貌。步入景区，长长的栈桥直通湖中，尽头便是祭海台。景区内的三牲拉则上、下两层，高37米，四周环绕着上百个马头、牛头、羊头雕像，据说是五世达赖建造以祈求平安的。去仙女湾要选对季节，5月前后，鸟岛常客斑头雁、鸬鹚、鱼鸥会在这里驻足，11月至次年1月，成群的大天鹅在此处栖息。但要是在其他时间前往，恐怕只能欣赏一下蓝天碧水了。傍晚时分前往最佳，可欣赏夕阳在湿地与湖面洒下的余晖。人多时门票能打折，试试你的砍价水平吧。去往仙女湾景区没有公共交通，只能包车（往返60元/车）或自驾。

刚察大寺　寺庙

（刚察县北25公里）免费 环湖地区颇有影响力的格鲁派寺院，始建于1915年，1958年和“文革”时曾两度关闭、被毁，现在的建筑都是1981年后新建的，殿内有不少壁画和木质雕塑值得驻足。刚察大寺以南约5公里处还有一个刚察小寺 免费。目前两座寺庙主要以当地信众朝拜为主，虽然全天开放，但也有部分殿堂大门紧锁，如要拜谒，也可请寺庙喇嘛开门。

前往刚察大寺没有公共交通，只能包车（往返130元/车）或自驾，沿刚察县扎玛尔路，

值得一游

年钦夏格日山与昆仑铜柱

传说中，年钦夏格日山是西王母修行居住过的地方，位于刚察、海晏两县交界处的哈尔盖大草原上，海拔4385米。据说整座山有108个洞穴，传说这些洞穴是西王母和隐修者们集会的“殿宇”。山峰顶端有一高约3米、粗约3米的石柱，就是《山海经》记载的“昆仑铜柱”，它宛如殿堂的廊柱表面那样光洁，敲击时发出金属声响，被藏族群众称为“镇山神柱”，传说，盘古开天辟地时用它来支撑天地。现今，这根神柱挂满了信徒们祈求吉祥的哈达和经幡。

年钦夏格日山离哈尔盖乡45公里，目前没有公共交通抵达，可自驾前往山下。但是山上岩石风化严重，道路崎岖，如要攀登，建议你结伴前往，登顶耗时约4小时。

刚察城区

一路往北即可到达。虽离县城不远，但路况不佳，单程约1小时。

沙柳河景区　　河

（刚察县南大街）**免费** 观赏湟鱼洄游奇观的最佳地点之一，沿着河建起了**民族祥和塔**、**观鱼长廊**、**放生平台**等人造景观。平日并无可看之处，但是到了六七月份的观鱼放生节，可以在河边欣赏“半河清水半河鱼”的壮观景象。河上有两座桥，北为新桥，南面的老桥边有一面**情人崖**，若忽略崖壁上那些俗气的涂鸦，倒是个不错的观景点。从县城步行可至。

节日和活动

锅庄舞演出　　歌舞表演

每天19:30，在职工文化休闲广场有不定期举办的大型藏族歌舞表演。

赛马　　赛马

刚察附近牧区7~10月会不定期举行小规模的赛马会、拔河比赛等活动，时间和地点都不固定，需致电哈尔盖人民政府（☎865 4800）打听详情。另外，刚察县城的**民族赛马场**在2015年7月举办过首届场内赛马活动，预

刚察城区

景点

1 民族赛马场 C2
2 沙柳河景区 A3

住宿

3 才让措私房客栈 B2
4 德吉央宗 D3
5 黑牦牛假日宾馆 D2
6 七彩阳光青旅 A2
7 鑫旭商务宾馆 C3

就餐

8 格桑藏餐吧 B3
9 河东新村农家居 C2
10 佳俊小笼包 B2
11 来源小炒 B2
12 老马师烤肉面馆 B2

实用信息

13 刚察县人民医院 C3
14 邮局 B2
15 中国农业银行 A2

交通

16 刚察汽车站 B2

青海湖祭海

祭海其实就是祭祀青海湖，起初是信奉萨满教的蒙古族的传统，后来，逐渐演化成环湖地区蒙古族和藏族共有的风俗。祭海是一个神圣又隆重的过程。祭海之前，首先要搭建神宫拉则、祭台、经堂，并准备祭品，还需要僧人专门为此诵经十余日。待到祭海之日，先由喇嘛或长者高声诵念经文，登上"桑台"点燃松柏枝，才意味着祭海仪式真正开始。信众跟随僧侣放风马、转"阔拉"、磕长头、投宝瓶。僧侣们还会戴上华丽的面具威严起舞，而年轻的骑手则跃马入湖，以求海神保佑。祭海前后，草原上赛马、射箭、摔跤等各种活动层出不穷，宛如一个盛大的嘉年华。

有官方参与的祭海始于唐代玄宗天宝十年（公元751年），兴盛于清朝雍正三年（1725年），1949年以后，祭海则完全转为民间活动。这项古老的民俗活动已经在2008年入选第二批国家级非物质文化遗产名录。沿青海湖有多个祭海点，每年的祭海由活佛挑选吉日，大多没有固定时间，想看的话得碰运气。比较固定的是每年六月初一仙女湾祭海，想要体验盛况，不妨提前关注当地的新闻。

计今后还将继续举办。

仙女湾祭海

传统节日

青海湖边有多处祭海台，仙女湾的民间祭海活动传统而又隆重。除了众多喇嘛和信众们祭祀祈福以外，许多老人、妇女会摘下护身符用湖水洗涤，还有许多小伙子骑着马下湖狂奔，以求神湖庇佑。每年举办时间不一，一般为6~7月。

住宿

刚察县城有很多住宿，中档酒店多集中在刚察县汽车站对面和南大街，大多可提供24小时淋浴和网络。靠近北大街的**金发花苑**等小区，近两年开了很多家庭旅馆。若选择**河东新村**的几家农家院，住宿和吃饭可以一并解决。

才让措私房客栈

客栈 ¥

（☎865 2332；金发花苑5号楼；铺50~65元；📶）"家的感觉"是住客对这里最多的评价，藏族老板娘才让措大姐的热情，给这家普通的客栈加分很多。由商品房改成的家庭旅馆，除了多人间，还有大床房（120元/间）、双人间（120元/间）可选，要注意大床房紧挨客厅，如果有人看电视就会比较吵。如果饿了，可以尝尝老板娘亲手做的炸酱面（10元/人），还可预订藏餐。

德吉央宗

客栈 ¥

（☎152 9700 9391；学苑路圣湖佳苑小区；铺45~60元；📶P）红色小楼很抢眼，步入屋内，视线立马被墙壁上的各种照片、留言条、地图和挂件填满。色彩斑斓的客厅十分舒适，洗衣机免费，厨房自助，年轻的老板试图营造一种乌托邦的氛围。提供多人间住宿，房间略挤，铁高低床不够稳当，入住的年轻人居多，适合喜欢热闹又爱结交朋友的人，但若喜欢安静就有点伤脑筋了。多人出行还可以选择住这家的双层小别墅（500元），有3个卧室。

七彩阳光青旅

青年旅舍 ¥

（☎138 9779 6523；西大街水利局斜对面；铺70~80元；📶P）2015年开业的新店，位置较偏，门脸很小，但是硬件和卫生都足以弥补这些缺点。多人间面积很大，木地板，实木高低床可能是当地青旅里面最宽敞的。虽没有独立卫浴，但是公共卫浴的位置较多。顶楼的玻璃天台是观赏日落的好地方。

鑫旭商务宾馆

酒店 ¥¥

（☎159 0970 9999；广场路9号；标单/双298元；❄📶P）在县城的中心位置，吃饭购物都很方便。三星级的装修，暖气和空调一应俱全，在这个小县城里算是比较高档的选择。只是门口就是广场，早晚的广场舞有点扰人，当然，你也可以选择加入他们去跳一次锅庄。

黑牦牛假日宾馆

酒店 ¥¥

（☎865 3222；热水路近伊克乌兰路；标双/大床160元；❄📶P）2015年新开业，商务型装修，在同等条件的酒店中算是价位十分实惠的。位置稍微有点儿偏，周围没什么可以吃饭的地方。

就餐

刚察县城馆子不少，但选择不多，主要以清真饭店、藏餐和川菜馆为主。若想体验当地特色野味，不妨去农家院扎堆的河东新村走一遭。若想吃点清淡的早饭，佳俊小笼包（西大街18号）供应油条、包子、稀饭、豆腐脑等。

河东新村农家居

青海菜

（☎865 3652；河东新村最后一排；人均45元起；⏰10:00~22:00）当地经营最早的一家农家院，面积很大，餐饮、住宿、棋牌、娱乐、小歌厅，各种功能都齐全。老板为人和菜品一样，都非常厚道，特色菜有黄蘑菇炒土鸡（70元）、农家玉米烤羊排（75元）、羊头开花（65元）、三肠一抓（185元）。老板是个经常走南闯北的人，会针对客人口味搭配南北特色菜。住宿区的房间干净整洁，80元一个床位，有Wi-Fi和24小时热水淋浴。

老马师烤肉面馆

清真菜 ¥¥

（南大街34号；人均40元；⏰7:30~23:00；📶）很多司机会带客人到这家店，但还好不是“黑店”，而是一家生意相当红火的老店。从面食（8~17元）到盖浇饭（18~22元），从烤肉到家常小炒都有。招牌菜土豆焖羊肉（85元）肥而不腻，没有羊膻味，配上酥香的土豆很是下饭。食客太多而上菜慢是个问题。

来源小炒

川菜 ¥¥

（☎186 9718 2209；瓦彦路刚察汽车站对面；人均35元；⏰8:00~23:00）热情的老板赶了网商的潮流，这家店是环湖地区少有的可以线上支付的餐饮店。川菜的家常小炒都能在这里吃到，酸菜鱼（58元）、水煮肉片（48元）、手抓羊肉（80元/斤）最受欢迎，口味说不上特别出色，胜在价格实惠分量足。

格桑藏餐吧

藏餐

（☎158 9700 7078；东大街近沙柳河路；⏰7:30~21:00；📶）很受当地人推崇的一家藏餐馆，阿卡包子（10元）、酥油茶（20元）、手抓羊肉（70元/斤）不妨一试。人参果饭（15元）听上去有种仙气，实际就是煮熟的厥麻、酥油和白糖拌着饭一起吃。

实用信息

刚察县人民医院（☎865 2376；学苑路近伊克乌兰路；⏰8:30~18:00）当地最大的一家医院，位置较为偏僻，设有24小时急诊。

中国农业银行（☎865 2307；西大街55号；⏰周一至周五9:00~17:30，节假日10:00~16:30）就在刚察公安局对面，设有24小时ATM，隔壁是一家**邮局**（☎865 2412；西大街11号；⏰夏季9:00~17:30，冬季9:30~17:00，节假日10:00~16:00）。

到达和离开

西宁**客运中心**每天8:30、10:30、12:00、14:00、16:00、17:15有班车发往刚察，票价44元。

刚察汽车站（☎865 2250；瓦彦路近团结巷；⏰8:00~17:00）的班车主要发往西宁和海晏。

当地交通

刚察县不大，步行即可游玩县城内任何地方。也可以乘坐县城内的两条公交线路，城乡公交还能到达江仓、热水等周边地区。出租车不打表，县城内一律7元。

青海湖骑行

360公里的环湖公路分四段：环湖东路、

刚察汽车站车次时刻表

站点	时间/班次	票价（元）	行程（小时）	备注
西宁	8:30、9:00、10:00、12:00、14:00、15:30、16:15	40	3.5	途经湟源、海晏、西海镇
海晏	11:15、16:40	24	1	途经西海镇
共和	8:30、13:30	30	4	
贵德	8:15、9:30、12:30、14:30	33	3.5	

109国道、环湖西路、315国道，路况不错。其中环湖东路从倒淌河甲乙村到二郎剑景区门口的路段，已铺设了自行车专用车道，路宽3米，总长31公里。据称，未来环青海湖有望全部铺设自行车道。

二郎剑、沙岛和鸟岛是环湖地区最热门的景点，对于骑行者来说，可能只是匆匆路过。不过不用遗憾，青海湖本身才是最美的风景。相比车辆繁忙的两条国道，环湖东路和环湖西路的骑行更惬意，景色也更好。黑马河至石乃亥路段离湖最近，可以放慢骑行的节奏。

行程安排

青海湖是藏族圣湖，环湖线路最好按顺时针方向骑行。对于没有太多体育锻炼和骑行训练的普通人，平均时速为8~12公里/小时，对于有一定经验的骑行爱好者，平均时速可达15~17公里/小时。旺季时环湖食宿点密集，你可灵活安排行程。

从西海镇到湖东种羊场

距离 40公里

需时 4~5小时

概述 陡坡多，颇费体力，但沿途穿越草原、沙漠、湿地的体验让你终生难忘。

从西海镇沿着刚察路一路南行，过了加油站即是环湖东路入口和金银滩。大约8公里之后进入丘陵地带，坡路较多。环湖东路12公里处，公路与青藏铁路交会，此处有一个"Y"字路口，需走左边的马路。约1公里后，有一条岔路通向**沙岛景区**（见112页），路口距景区20公里，可先骑到沙岛游玩后再原路返回；或骑行到315国道后，从甘子河进入沙岛，再返回环湖东路回到西海镇。

到环湖东路37公里处，经过一个大转弯，被沙漠包围的湖水跃入眼帘，接下来湖水渐渐远离视野，一路都是湿地与沙漠交织的景色，路面平坦。沿途有多处帐篷可以休息用餐。骑过一个大陡坡后进入**金沙湾景区**（见113页），道路两边沙丘连绵，可花半个小时体验滑沙、沙滩摩托等娱乐项目。约2公里后是一个连续的大上坡，到达**喜玛拉登**垭口后，一路下坡。途中有两家帐篷宾馆可提供食宿。过了一座小桥后便是**小泊湖**（见113页），由此到达湖东种羊场的8公里路程一路平坦。湖东种羊场食宿信息见114页。

环湖自行车赛与徒步大会

环青海湖国际公路自行车赛（Tour of Qinghai Lake）是亚洲顶级的公路自行车赛事，仅次于环法、环意大利、环西班牙等职业巡回赛，而且是世界海拔最高的自行车赛。从2002年开始，每年7~8月举办，截至2015年已举办十四届，并从环湖地区延伸到宁夏、甘肃的部分城市。每年线路略有调整，2015年赛事总行程2941公里，骑行线路2022公里，最高海拔3786米。假如旅行中适逢赛事，不妨关注一下赛程，赶得巧的话还可以在赛事线路的沿途现场观看。比赛期间旅馆住宿比较紧张，部分路段实行短时间交通管制，但对旅行安排影响不大。

如果说自行车赛仅限于专业选手，那么环青海湖徒步大会，则是一项普通人也可以参与的活动。从2012年开始每年7月底8月初举行的徒步大会，分4天环湖徒步120公里，平均每天30公里。每年的线路不同，第二年的徒步起点是前一年的终点，连续3年参加可完成环湖1周360公里。可在www.mytentlife.com/camping上查询活动信息。

从湖东种羊场到二郎剑

距离 35公里

需时 约3小时

概述 骑行轻松省力，青海湖进入视野，七八月连绵湖岸的油菜花是最大亮点。

出了湖东种羊场，路面平坦，青海湖的子湖洱海远远可见，8公里后，一座小桥下便是注入洱海的倒淌河，建议你放慢步伐，欣赏公路两边的湿地风光。3公里后到达公路与洱海的最近点，一条小路通向湖边的放生台，建议你偏离主路，到湖边游玩一番。夏季时，不少水鸟在此栖息。

环湖东路尽头与109国道交会，由此西行便是新建的环湖自行车道，直达二郎剑景区。也可以在交会处稍作停留，到甲乙寺（见113页）一观，但2公里的水泥路一路爬坡，路面也较颠簸。沿自行车道骑行5公里后的青海湖渔场有几家宾馆和餐厅，其中草原来客驿站（☎158 0974 7818；铺60元，标双400元；📶🅿）条件最好，老板非常热心，一楼兼营川菜馆，人均15~35元。由青海湖渔场到二郎剑的17公里，一路平坦，旺季时路边是连绵的油菜花田，拍照收费（5~20元/人）。二郎剑食宿信息见115页。

从二郎剑到江西沟

距离 24公里

需时 约2小时

概述 一路轻松，油菜花相伴，青海湖渐行渐远。

二郎剑景区（见114页）售票处西行约1公里，有一条砂土路直通湖边，若时间充裕，可骑到湖边后继续西行约10公里到达一郎剑（见115页）。若沿着国道继续骑行，不久便会遇到一条长上坡，此后一路起伏不大，湖水逐渐远离视野。江西沟食宿点林立，相对二郎剑来说性价比较高，旺季铺位60~80元，淡季30元，有Wi-Fi，能洗澡。怡景环湖驿站（☎130 8623 1389；集镇十字南50米处；铺70元，标双320元；❄📶🅿）是2015年新装修的，房间非常整洁，但多人间的公共卫浴只有一间。旺季时提供盖浇饭和面食（12~25元）。夏都山庄（☎158 0974 6227；109国道；双标220元；❄📶🅿）和环湖宾馆（☎130 8623 2176；109国道江西沟政府对面；铺60元，标双280元；❄📶🅿）条件相当。

从江西沟到黑马河

距离 47公里

需时 约3~4小时

概述 不算省力的一段，但抬头即见的湛蓝湖水与湖心岛美景，足以让你忘记疲劳。

沿途多为隐形坡，虽看不出坡度，但骑起来颇为吃力，好在出江西沟后青海湖逐渐回归视野，两座湖心岛屿——海心山和三块石也若隐若现，时刻伴随。沿途帐篷宾馆众多，无需担心食宿。109国道2157公里处有段长缓坡，骑过这段，剩下的10多公里一路下坡，1小时内即可到达黑马河。黑马河食宿信息见117页。黑马河距茶卡盐湖80公里，可拼车前往。

从黑马河到石乃亥

距离 41公里

需时 约3~4小时

概述 全程离湖最近、风景最美的一段，刚上路即是连续波浪坡，极富挑战。

出黑马河不远即可经过班禅拉泽景区（见117页），此后6公里一路波浪坡，非常考验人的意志。环湖西路9公里处途经贡保洞（见117页），环湖西路12~15公里离湖最近，景色最美（食宿见128页），需预留足够时间，边走边玩。25公里处，随着一个2公里的长上坡开始，骑行逐渐进入湿地地带。34公里处翻越海拔3258米的垭口后，直到石乃亥一路轻松。若想途中游览泉湾湿地和尕日拉寺（见127页），需在环湖西路35.2公里处的岔路口拐上右手边的水泥路，骑行4公里即可到达。石乃亥食宿信息见128页。

从石乃亥到鸟岛镇

距离 13公里

需时 约1小时

概述 逐渐远离青海湖，一路无大起伏，鸟岛景区最值得驻足。

出石乃亥过加油站后500米有一个岔口，往左手边的小路5公里即可到伏俟城（见127页），而从岔口直行是鸟岛镇的方向。由此骑行12公里后，遇到湖区最大的河流——布哈河，过桥即是鸟岛镇。镇上十字路口有个鸟岛景区牌坊，前往鸟岛（见126页）约有16公里，路况不错，沿途由牧民开通了不少直通布哈河观鸟的小路。牌坊对面的马路通往沙陀寺（见127页），一路上坡，最好步行前往。鸟岛镇食宿信息见128页。

从鸟岛镇到泉吉

距离 38公里

需时 约3小时

概述 国道车辆繁忙，碎石较多，骑行需小心。

鸟岛镇至315国道间的25公里，路面平坦，进入国道时，需翻越一座2公里的公路桥，桥下即是青藏铁路。国道上车辆繁忙，路面碎沙较多，骑行需注意安全。上国道后是5公里长的两个连续上坡，之后路面平坦。这段路虽距湖较远，但有相当长的一段与青藏铁路并肩而行，运气好的话，可以看到火车在草原上经过。泉吉不大，只有一条主要街道，吃饭、住宿以及商店都沿着这条街分布。餐馆不少，除了填饱肚子，别奢望太多。高原印象客栈（☎865 5228；标双240元）、圣洁宾馆（☎136 3970 7053；标双/普双260/120元）和陇中宾馆（☎865 4881；标双/普双280/180元）条件稍好，都有Wi-Fi和热水淋浴。

从泉吉到刚察

距离 28公里

需时 约2小时

概述 骑行轻松，但毫无风景可言的一段。

从泉吉到西海镇的100多公里基本上见不到青海湖。视野里，远处是大通山的雪峰及近处草场的景色。一路没有太大起伏，但景色单调。过了刚察县城外的沙柳河大桥，从路边加油站的岔路口北上20多公里，可到达刚察大寺和小寺（见130页），沿途是大片牧区，甚至还能遇见骑马或开着轿车放羊的牧民，但持续上坡非常消耗体力。刚察大寺没有食宿，需返回县城。刚察食宿信息见132页。

从刚察到哈尔盖

距离 27公里

需时 2~3小时

概述 刚察县外的大陡坡，是最艰难的考验。夏季时沿途有油菜花田。

沿刚察县城东大街往东南方向骑行，经过一面巨型的湟鱼壁画后是一个陡坡，向上攀爬至垭口处，成列经幡随风招展，值得驻足拍照。8公里下坡后，继续爬过3个连续的长上坡才能到达哈尔盖。哈尔盖住宿选择不多，但餐厅林立，以川菜、清真菜、藏餐为主，甚至还能找到一家武汉包子铺。迎香农家园（☎138 9710 4759；铺40元；Wi-Fi）就在一进镇的路边，前院可用餐，面食10元，炒菜十几至几十元。后院可住宿，床铺干净，提供24小时热水淋浴，老板非常热心。贡公麻招待所（☎158 9700 5548；普双/三70/100元）是村属招待所，便宜、整洁，有公共浴室。旁边还有一家文昌宾馆（☎184 0970 8569；普双/三100/120元），条件跟招待所差不多，房间和被褥比较干净。

从哈尔盖到西海镇

距离 60公里

需时 约5小时

概述 连续上坡翻过环湖海拔最高点3450米垭口后，余下之路几乎都是长长的下坡，小心"超速"。

出哈尔盖，来自沙岛的连绵沙丘逐渐显现，骑行20公里，爬过一条长达4公里的陡坡后，到达海拔3378米垭口，之后可一路滑行到甘子河收费站。过了收费站，北上210公里可到祁连，南下20公里经尕海可到沙岛景区（见112页）。若去沙岛，可原路返回315国道继续骑行，或骑回环湖东路后返回西海镇，全长约35公里。过了收费站又是连续上坡，骑不动就推车吧。4公里后途经德州，路边有商店可以补给休整。连续上坡6公里后到达环湖最高点——海拔3450米垭口，余下的26公里一路下坡，注意安全，不要过快，1个多小时即可到达西海镇。到达西海镇之前会有个岔路口容易迷惑，别担心，两条路都可以到达西海镇。你可以选择海晏方向继续骑行2公里到达下一个路口，左转再骑行2公里就到镇上了。如果走另一条路，会经过二分厂（见108页）和上星站（见109页）。路程差不多。

实用信息

危险和麻烦

骑行沿途沙尘不少，戴上防风眼镜可避免眼睛受伤，另外也能防止经过蜂场时被漫天飞舞的蜜蜂袭击。

国道车辆多、速度快，无论骑行还是休息，都需尽量靠边，勿并肩骑行。遇到下坡时注意控制车速，刹车时避免死刹，并以后轮刹车为主。骑行换挡时，最好轻踩脚镫，以免链条遭受较大外力而发生断裂。骑行注意保持匀速，不要忽快忽慢。

青海湖区有狼和狐狸出没，露营时尽量选择草原上的帐篷宾馆附近。露营时需支付少量费用，每顶帐篷10~15元。

青海湖地区白天紫外线十分强烈，防晒、补水的准备必不可少。即使在夏天，湖区夜晚平均气温也可能低于10℃，特别是在日落后和日出前，任何季节都要注意防寒。

修车

爆胎是环湖时最常见的故障，租车行配备的工具足以应付。就算不会修理也不用怕，旺季时很容易在路边等到有经验的骑友帮忙，也可联系租车行申请救援车，或是搭车到就近乡镇修车。西海镇的租车行在各乡镇设立的接待站，可解决自行车的大小故障。

到达和离开

西宁与西海镇（见112页）、西海镇与刚察（见133页）之间的班车往来密集，刚察至西海镇因为风景一般，坡路多，故不少骑行者选择乘班车返回西海镇。如果赶时间，也可以从鸟岛直接坐班车回西宁（见129页），自行车托运每辆20元。在湖区各旅馆也可联系到皮卡车，为骑行者提供运送服务。

黄南

包括 ➡

同仁……141
同仁周边……148
尖扎……154
坎布拉国家森林公园……157
泽库……160
河南……161

最佳村落

- 吾屯（见148页）
- 郭麻日（见150页）
- 年都乎（见151页）
- 双朋西（见153页）

最佳寺庙

- 吾屯下寺（见149页）
- 隆务寺（见143页）
- 旺加寺（见152页）
- 德钦寺（见155页）
- 香扎寺（见162页）

为何去

“秘境”可谓形容黄南最恰当的词语。游走黄南，你会有无数个场合感慨它的神秘与多彩。

坎布拉国家森林公园的面纱被缓缓揭开，壮观的丹霞地貌正卷携着一池碧绿的黄河向你走来。绝无仅有的六月会与於菟舞，又以其奇特的舞蹈、诡异的祭仪，吸引着外人一探究竟。而在崇拜山神的藏区人民心中，来自汉地的二郎神竟赢得了一席之地。夏季盘山而上，来到海拔3600多米的牧场，蒙古族的那达慕大会已沸腾了整片草原。

最亮眼的热贡艺术，它的名气甚至超越了黄南。在同仁，几乎每一座寺庙都是一间精品博物馆，大到作为佛殿壁画的间唐，小到装饰性的木雕门楣，皆不失水准。深入村落，你还能探访唐卡、泥塑等技艺的前世今生——它不神秘，却耐人寻味。

这片被赋予了自然与人文双重特质的热土，从来都美得不动声色。驻足慢赏自是极好，但即便只是“被路过”，它也能精妙地诠释何为“匆匆一瞥，最是惊鸿”。

何时去

1月至2月 为期15天的毛兰姆法会在正月初三至十七举办，其中隆务寺正月十六的跳欠颇有特色。

6月至8月 最好的旅行季节，河谷温暖，高山草原鲜花盛开。7月底至8月初（农历六月十六至二十五），去同仁赴一场民俗的狂欢——六月会。在河南草原，每隔一年（偶数年）都会举办声势浩大的那达慕大会（8月初）。

9月至10月 尖扎两年一次（偶数年）的射箭节在9月初上演，世界各地的射箭好手齐聚射箭之乡。而坎布拉、麦秀等林场层林尽染，也迎来了它们最浪漫的季节。

12月 每年农历十一月二十，同仁年都乎村绝无仅有的“於菟舞”吸引了无数人的目光。

宗教与民族

事实上在黄南，除了少量的回族与撒拉族，你很难分辨出土族、蒙古族与藏族有什么区别——他们大都说藏语、穿藏袍，信仰藏传佛教。好在本族特色并没有完全消失：年都乎村仍保留着土族一年一度的“於菟舞”；河南草原上，藏式帐房之间的蒙古包会让你眼前一亮。你还会惊讶地发现，清真寺、汉传佛教寺院、道教二郎神庙都能与隆务寺比邻而居。体会多元文化的碰撞与融合，将成为你行走黄南的一大乐趣。

热贡唐卡

对许多艺术爱好者来说，热贡是比黄南更响亮的名字。而在热贡艺术中，唐卡当属金字招牌，令他们不远万里来到黄南——从同仁县城（热贡地区的地理核心）众多的“涉外宾馆”中便可窥知一二。

热贡唐卡在早期只是不起眼的地方流派，但今天凡是对唐卡稍有了解之人，都会知道“热贡”。可以说，正是唐卡为热贡赢得了名扬四海的声誉。热贡艺人在原本的绘画工艺上融入了汉地技法，作画足迹遍及甘、青、川、藏、蒙乃至邻近各国。他们笔下的唐卡画面饱满、重彩工笔，大面积用金而形式隆重，在众多画派中极具辨识度与观赏性。

如今，唐卡经济正在这片土地风生水起。不仅同仁县城街头画室遍布，周边村庄更号称“家家从艺，人人学画”。据说，每年国内出产的唐卡有3万多幅，其中有2万幅就出自热贡。

自驾游黄南

自驾是游览及进出黄南的最佳方式。路况良好的203省道纵贯黄南地区，将尖扎、同仁、泽库、河南四县由北至南串联起来。你可由西宁或贵德进入尖扎坎布拉，欣赏丹霞地貌与清澈黄河，再沿着隆务河谷，依次探访传承着热贡文化的村庄。继续向南，沿着盘山公路上行，泽库的高山草原随即映入眼帘。最后到达河南，你既可以由此向东进入甘肃或四川，也可往西沿310省道前往果洛。当然，整个行程反之亦可。

中途离开黄南也有不错的线路。从同仁保安进入同夏公路，可直抵甘肃夏河，这是连接西宁与夏河最短的线路，何况沿途还有丹霞、草原做伴。泽库往西有一条路况尚可的公路，连接到101省道，途经著名的和日石经墙，最后通至海南州的同德县。

快速参考

- **人口：**26.65万
- **区号：**0973
- **面积：**1.79万平方公里

如果你有

1天

隆务寺（见143页）是首选，从唐卡、泥塑到建筑，热贡艺术的典型尽显于此。寺外广场下方还有融合多种信仰的老城区。

2天

第1天同上，第2天去城外的吾屯（见148页），看看唐卡画师怎样在画布上描出繁复的线条。附近还有保存着迷宫般古堡的郭麻日村（见150页）。

3天

前两天同上，第3天去坎布拉国家森林公园（见157页），丹霞地貌在清清黄河水的映衬下格外漂亮。

阅读黄南

- **《无名的造神者》**，陈乃华著，一份专注于热贡唐卡艺人的田野记录。正是这些处在汉地与藏区文明交会点的艺术与人群，赋予了当地蓬勃的文化多样性。

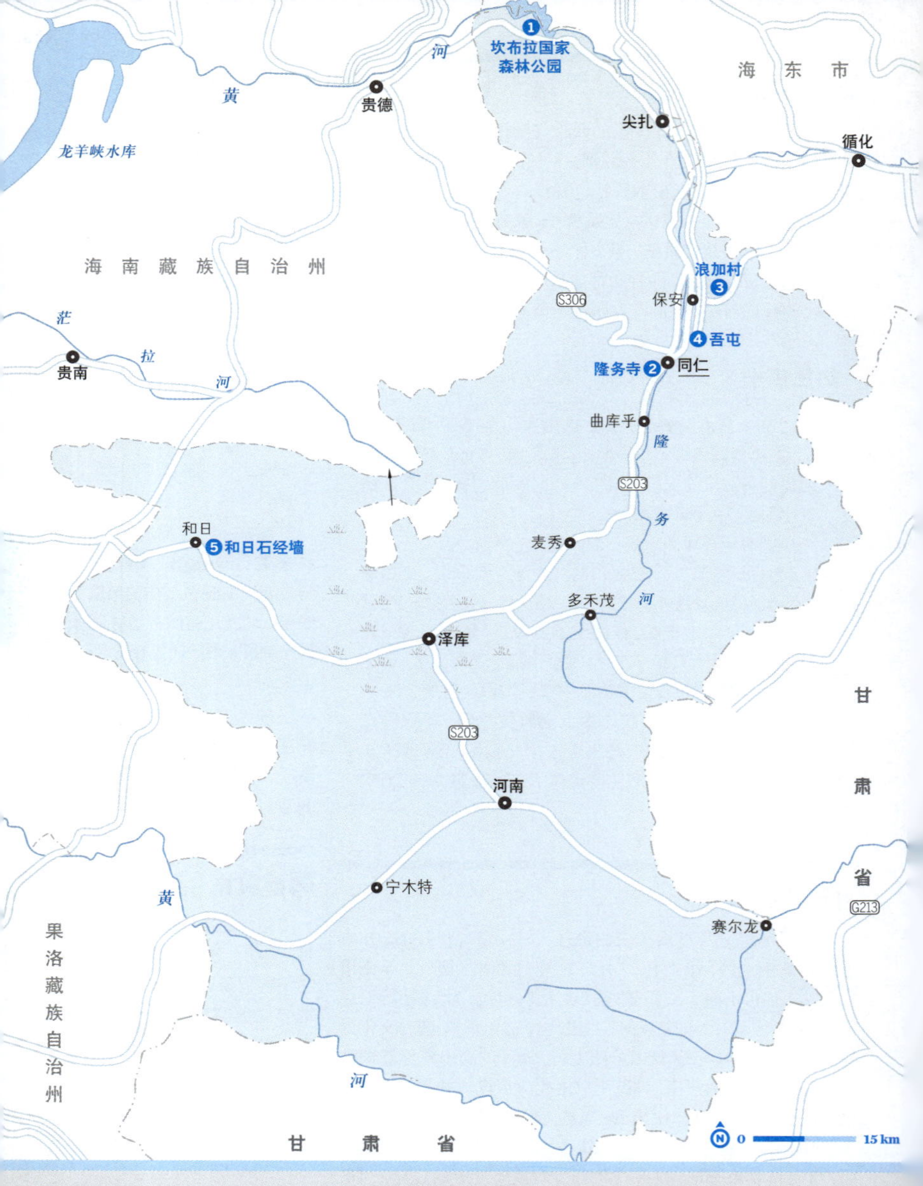

黄南亮点

❶ 登上**坎布拉国家森林公园**（见157页）的南宗峰顶，饱览奇峰林立的丹霞地貌。

❷ 清晨去**隆务寺**（见143页），跟随转经的信徒感受这一热贡地区影响力最大的宗教文化中心。

❸ 在**浪加村**探秘**六月会**（见145页）最具代表性的龙舞与血祭。

❹ 在**吾屯**的民间画廊和寺院里欣赏精妙绝伦的**热贡艺术**（见144页）。

❺ 零距离接触**和日石经墙**（见160页）这个青海最大的石书奇观。

同仁

人口：9.4万

尽管县城看起来不过是个典型的经历了现代化改造的藏区小镇，但大量散布在街头的唐卡画室，已显示出同仁的不同——没错，这里是热贡文化的地理核心，以唐卡为首的热贡艺术正是同仁最大的魅力。

在安多藏区的信徒心中，位于县城南端的隆务寺，有着仅次于拉卜楞寺、塔尔寺的崇高地位。无论城区如何扩建，这里都是同仁乃至整个黄南州无可取代的宗教文化中心，同时也是热贡地区唐卡、泥塑以及建筑艺术集大成的体现。若是还有时间，再多跑上几公里，你便能走进当地热贡艺人的创作后院——县城周边的几个村庄各有所长，稍加寻访就能现场见证那些精美作品诞生的过程。

如果说热贡艺术是同仁永不落幕的展览会，那么青海绝无仅有、带着多神崇拜与巫文化色彩的六月会与"於菟"（音wū tú）舞，便如同每年夏、冬两季的时装周，唯有挑准了时间，才能赶上这些神秘的派对。

历史

像青海大多数地区一样，黄南曾经是羌人的主要活动地。黄河和隆务河让整个地区变成土壤肥沃的农耕地，而南边又有广袤的大草原，适合放牧，因此黄南一直是羌人各部落的必争之地。此后，历经政权更迭，直到唐代安史之乱，吐蕃乘虚而入，安多藏区才逐渐形成，同仁地区也就开始成为一个藏族聚居地。到了元明时期，中央屯戍军首次深入这片区域，建立了"保安四屯"（包括县城周边的年都乎、郭麻日、吾屯、保安等地），打开了藏族、汉族与原生土族等多民族混居的新局面。

清朝，蒙古和硕特部的固始汗收复了青海各个藏族部落，整个隆务河流域始归于固始汗旗下。在蒙古人的捍卫下，藏传佛教的格鲁派在同仁地区迅速发展，隆务寺也由萨迦派改宗格鲁派。随着政教合一制度的确立，这座寺庙达到鼎盛时期，统摄了整个热贡地区的政教事务。因隆务寺的中心地位，1929年立县之时，取"同登仁域"之意命名了如今的同仁县，县城隆务镇也在1955年被确立为州府。如今同仁不仅成为黄南经济文化的重镇，更逐渐凭借热贡唐卡蜚声四海，迎来更多的发展机遇与挑战。

方位

隆务河将同仁县城分成两半，由一座热贡桥连起东、西两岸。汽车站和交通集散地位于西桥头附近。桥西是主城区，沿着隆务河河谷地带南北铺开。以中山路为界，主城区分为两个截然不同的区域：以南是具有民族特色的生活区，遍布着各式商店和廉价藏族旅社，一切活动围绕隆务寺展开；以北的新城区

热贡等于同仁？

"热贡"作为一个地理名词存在已久，早化为了上年纪老人的身份记忆。他们或许不清楚同仁，但会告诉你："我是热贡人。"翻阅典籍，学术界也为"热贡"的来源找到了不少蛛丝马迹。无论是汉代记载着的作为羌人根据地的"榆谷"，还是出现在明清时期文献中的"捏工"，大多都与"热贡"近音。至于藏文文献对"热贡"的讨论，就更加复杂了。但究其本质，无非是因地理位置给出的一个传统地名。而最初的空间在历史长河中不断漂移重组，小至同仁，大至贵南或泽库，今日根本难以界定其范围。诚然，同仁是热贡文化的中心，但将二者画上等号，只不过是当地旅游部门聪明的做法罢了。

今天当你来到同仁，打听起"热贡"的意义，或许会得到这样的解释："金色的谷地，梦想成真的地方。"前者来自知识精英，他们认为这是热贡在藏语中的含义，也似乎更符合当地宜农宜牧的土地特征；后者则多少加入了人们美好的想象。不过对于慕名而来的外地旅行者来说，"热贡"确实是一个比"同仁"更富有异域色彩的名字。而在自由市场中大放异彩的热贡唐卡，也正在为同仁带来越来越多的爱好者与商人。

同仁城区

同仁城区

重要景点

隆务寺 A4

景点

1 老城区 B4
2 热贡艺术馆 C1

住宿

3 麦秀宾馆 B3
4 热贡诺尔邦旅游客栈 C1
5 杨增宾馆 A4
6 迎宾饭店 B1
7 赞巴拉青旅 C3
8 州党校宾馆 B2

就餐

9 聚膳阁 C1
10 清雅楼 B2
11 热贡梦土庄园 C4
12 同仁老八盘手工面片馆 B2
13 伊布拉烤肉 C2

实用信息

14 黄南州人民医院 D1
15 黄南州人民医院分院 B2
16 中国邮政 B2

交通

17 黄南州汽车总站 B3

风格则与内地三、四线城市接近，同仁的行政机关和新潮的餐饮住宿地大多集中于此，新建的体育馆和文化中心是当地民众傍晚最喜欢的去处。同仁的老城区位于隆务寺下方，总体稍显破败。

203省道在隆务河东侧延伸，通往泽库和河南。这一带食宿相对分散，却不失为欣赏隆务寺及老城全貌的好地方。

景点

同仁县城并不大，可观光的地方主要集中在南、北两端：南有隆务寺及隆务老城，北有以热贡艺术博物馆为主体的热贡广场。

隆务寺 寺庙

（见142页地图；☎879 5730；隆务镇西山脚下；门票60元；⏲8:00~19:00）很难想象，没有了隆务寺的同仁会是什么样子。600多年来，这里一直是当地人的精神中心。这里没有塔尔寺那么多游客，也不像其他小寺院那么冷清。在安多地区，自成体系的隆务寺有着仅次于塔尔寺和甘肃拉卜楞寺的规模，不仅历史悠久，寺院的建筑结构也是相当完整的。因此，游览隆务寺不仅需要你一步一步踏入每一个院落、佛殿，甚至是没有人注意的犄角旮旯，而且最好还要走到河对面，从远处欣赏隆务寺的整体之美。

与汉地中轴对称的严整规划不同，隆务寺的建筑群初看之下显得庞杂，但也并非无章可循。以山坡上的夏日仓行宫为中心，各经堂、佛殿、僧舍随地就势、错落有致地展开，覆有金瓦、饰有金色宝瓶及金轮的屋顶，在阳光下辉煌夺目。

像许多大规模寺院一样，隆务寺尽管有着显眼的正门，但实际上是完全开放的。沿着围墙绕至上山的坡道，右手边的小路大都通往寺内。但如果想进入几座重要建筑的内部欣赏唐卡和佛像雕塑珍品，还请购票入内。

➡ 大经堂

穿过隆务寺大门，从左侧绕过马头明王殿，即能看到大经堂。它是隆务寺的精华所在，重修于1644年，属于典型的汉藏式风格（后殿的一、二层为藏式建筑，三层是汉式歇山顶）。这里是全寺僧众集体诵经、活佛坐床、跳欠等重大活动的举办场所。因本地人多在上午前去跪拜，经堂通常只在上午开放，下午则大门紧闭（如持票也可请寺院僧人帮你开门）。

大经堂门首曾悬有明熹宗题赐的一块“西域胜境”的匾额，但如今已被珍藏起来。目前只能在夏日仓行宫内活佛住处的入口处（写着“游客止步”）见到一幅后世之作，那是1991年夏日仓八世活佛在隆务寺坐床时，由本地民众敬奉的。

走入半开敞的经堂，光线幽暗，168根柱子成行成列，恍如置身森林之中。中央屋顶挑高，透过上部的窗户，一道自然光射入经堂，

隆务寺，热贡的中心

为什么隆务寺能统治整个热贡长达数百年？溯其源头，还要回到以政教合一治理藏区的元代。当时，一位博览佛教密法且医术高超的僧人拉杰扎那巴被八思巴委以“囊索”（管理西藏内部事务的官员）之职，前往隆务地区弘扬萨迦派藏传佛教。1342年，他的孙子正式创建了隆务寺。除了官位世袭以外，寺主也采用萨迦派内部家族传承的方式（萨迦派允许娶妻生子），拉杰扎那巴家族自此包揽了囊索与寺主这两个重要席位，势力逐渐扩张。相辅相成的家族声望也为隆务寺的发展奠定了扎实的基础。直到第三代住持罗智僧格被明朝中央政府册封为“大国师”，加上其时隆务囊索管理有方，隆务寺终于成为整个热贡地区名副其实的政治、经济、文化中心。

夏日仓活佛系统的确立，则进一步巩固了隆务寺的地位。此时隆务寺已顺应时势地改宗为格鲁派（明中后期三世达赖在青海传扬格鲁派），家族传承自然宣告结束，但这也意味着需有大德高僧的接任。这场改宗的重要推动者洛桑丹贝坚赞的弟弟、前往西藏求学归来的噶丹嘉措，顺理成章获得了主持隆务寺的大权。作为第一世夏日仓活佛，他还在隆务河流域各屯田区，先后建立了许多格鲁派寺院作为隆务寺属寺，包括周边的吾屯上寺、下寺、年都乎寺和郭麻日寺等。此后，历辈夏日仓活佛不断扩充寺庙，隆务寺规模随之扩大。

在20世纪五六十年代的各种运动中，隆务寺不可避免地遭到了破坏。但即便无法在外观上恢复曾经的辉煌，当你随着大量煨桑转经的信徒走进这座宏大的寺院时，仍能从他们虔诚的举止中感受到隆务寺时至今日难以撼动的地位。

照亮了佛身与片片彩色幡帷，与四周闪烁的酥油灯形成格外浓郁的宗教氛围。

留意大经堂厅廊右侧的一幅壁画，它是热贡艺人彩绘的关于热贡地区信仰山神的总图。主神是阿尼玛卿雪山，周围24位山神作为其伴神。阿尼玛卿虽不属于热贡，却是热贡山神信仰中不可或缺的一部分，在同仁地区许多寺庙都能见到这位山神的画像。

出大经堂，继续向寺院深处走去，可以见到**闻思学院**。1627年，第一世夏日仓活佛从西藏求学归来，建立了这所学院。其中最值得一看的是学院经堂前辩经院（傍晚时分常有辩经）回廊上的壁画唐卡，绘有历代活佛像、护法神以及辩经过程。

➡ 弥勒佛殿

沿着大门外墙朝远离县城的方向步行（别进入大门），在街道拐角处有一座不显眼却独立成院的建筑，这是隆务寺最重要的佛殿之一——弥勒佛殿。

隆务寺的佛殿建筑有两种类型：一种佛像居于正中、四面为回廊；另一种则较少见，即佛像靠后墙，周围形成三面绕着佛像的跑马廊。弥勒佛殿正属于后者。弥勒佛是隆务寺及其众多属寺供奉的主要佛像之一（在整个热贡地区，几乎所有寺院都有一座辉煌的弥勒佛殿），这里供奉的弥勒佛像落成于1742年。佛殿由隆务寺堪钦更登嘉措始建，后经历代堪钦修葺扩建，曾拥有壮观的三层汉式飞檐屋顶，但在20世纪70年代遭到损毁。如今看到的是第七代堪钦对此进行的重修，从弥勒佛像中依稀还能见到往日的华丽。

➡ 夏日仓行宫

从弥勒殿出来后，沿着上山坡道步行，远远就能望见整个隆务寺最高的建筑。夏日仓行宫依山而建，富丽堂皇，从底到顶共有四级台地。最高处修建有一座妙善如意殿，夏日仓活佛本人则住在第三级台地处。由于整个宫殿位居高处，从这里俯瞰，隆务寺乃至整条隆务河道尽收眼底。

夏日仓活佛是同仁地区地位最高的宗教领袖，事实上也广泛地受到人们的尊敬与认可，被认为是一位难得的天赋异禀者。为了维护夏日仓活佛的这种神圣性，热贡地区甚至有一种规定，所有寺院庙宇的建筑形制及其高度，都不能超过夏日仓活佛的宫殿。

老城区 街区

（见142页地图）沿热贡桥西头的下行道路一直走，突现的老城门楼实在令人惊喜。只是当你步入主街，眼见两侧规格统一的“复古”木质房屋，生活气息淡得过分时，才不由得会有些失望。整条主街唯一的亮点是一座源自汉地道教的**二郎庙**，庙内面积不大，多是在1985年后逐渐恢复的。这里香火旺盛，基本保留了汉地宗教氛围，说它是当地汉族人民的精神寄托之所也不为过。而继续深入，走到偏离主街的巷道上，你才会真正感受到老城区240多年来的沧桑。颓旧的街巷、低矮的土房，随地势而高高低低地分布着，保留着古朴、自然的建筑布局。

一条石梯连接起老城区与隆务寺（寺前绿度母广场的西南角），老城区这端有一座新建的**清真寺**，至我们调研时仍在施工，但主要的礼拜殿已经修好。每到礼拜时刻，从县城各地赶来的穆斯林是老城区独有的景象。在距离清真寺不远的高地还藏有一间汉传佛教的**圆通寺**。平日大门虚掩，煞是冷清，你自可大方地拾阶而上、随意参观。运气好的话，寺里的看门人会为你开启主殿。此时你会发现，若不是挑花砖雕与水墨壁画证明了出身，点着酥油灯、挂着唐卡的大殿几乎让你误以为入了藏传佛教之地。不过这一切也正是老城区最有意思的地方，毕竟如此和谐的“五教同处”之景（曾经的基督教堂已被毁尽）如今已很难在别处见到。

热贡艺术博物馆 博物馆

（热贡广场；⌚周一至周日9:00~17:00）**免费** 2015年11月全新开馆的热贡艺术博物馆，位于同仁城北端的热贡广场中央，带有藏地元素（如边玛墙）的现代立方建筑格外醒目。这座集合了绘画唐卡（包括壁画）、堆绣、石刻、泥塑等各类热贡艺术的博物馆，对爱好者来说可谓不容错过的福利。它从原热贡艺术馆（热贡路52号）的展品基础上扩充而来，各展厅围绕一定主题（如度母之类的女性形象、藏传佛教发展史等），展示相关各类艺术作品。至我们调研时已开放四个展厅（逐渐布置增加中），最值得留意的是第二展厅内四幅已有300多年历史的壁画和本地四位唐卡大师所绘的四大天王。此外，虽然原馆一幅大型沙画坛城因无法搬动而留在原址，新馆内也有多幅小尺寸的坛城能让参观者见识一二。同仁县城的1路公交车可到热贡广场，下车即到。

节日和活动

六月会

少数民族节日

每年农历六月十六至六月二十五，如果你在黄南，请务必不要错过这场热贡地区的狂欢——六月会。它与众不同的舞蹈内容与祭祀仪式，弥漫着苯教、萨满教的遗风，你甚至能从中追溯西羌先民的原始信仰。如此独特的文化现象，在其他藏区已不多见。

关于六月会的由来，说法很多，其中比较符合时令的解释是：农历六月庄稼即将成熟，村民们正好有一段短暂的闲暇期，同时也可借此祈求丰收。祈求对象并不局限于某个教派、民族或传说，不仅有名目繁多的山神及其伴神，还有龙神、二郎神、文昌帝君等。为了让各村保护神能够“相聚”，不同村庄举办六月会的时间还会特地彼此错开。

六月会最重要的环节就是舞蹈与祭祀，用以娱神祭神，而这也是有限游览时间里最难以取舍的部分——各村皆有特色。青年男子与未婚女性是舞蹈的主力军，他们穿戴讲究，在法师“拉哇”的带领下，为神起舞。在献舞前后，往往还要举办祭祀仪式，其中的血祭尤其令外来旅行者瞠目结舌。

近年来的六月会正由单纯的娱神向人神共娱转变。新加入的自编自演、插科打诨的节目颇受本地村民好评。自然也有遗憾：传统的情歌对唱“拉伊”已越来越少见。但总体来说，在当地政府的努力保护下（如为各个村庄提供服装，以政策鼓励年轻人参加），六月会正在重现传奇般的传统，而且充满了活力。

毛兰姆法会

法会

这是青海、甘南藏区最重要的寺院法事活动。每年新春时节，从农历正月初三至十七，甘肃拉卜楞寺及其他各寺院接连开展晒大佛等活动。虔诚的信徒往往会在拉卜楞寺晒佛（正月十三）结束后前去同仁。因为就在第二天（正月十四）隆务寺就要晒大佛了。错开的时间与不算远的距离（约140公里），让这

六月会不完全攻略

六月会期间，各村庄的表演时间、舞蹈内容与祭祀形式不尽相同。如果想丰富你的六月会体验，有重点地进行关注，那么这份攻略或许能帮上你。

总体来说，各村流程大致相似。开始是请神仪式，由法师带领部分男性村民（女人不能进神庙）抬轿去神庙迎接，并在庙前空地跳一段傩舞。随后神轿挨家挨户“看望百姓”，而此时各家早已备好供品及香火钱献给神灵。接着连续几日的重头戏都是舞蹈，主要分为“拉什则”（神舞）、“勒什则”（龙舞）、“莫合则”（军舞）三大类，氛围虔诚庄重，身着盛装的舞者绝对能成为你镜头下的亮点。最后还有极其隆重的送神仪式，所有献供的祭品都被投向煨桑台，整个活动在缭绕的桑烟中宣告结束。

祭祀仪式是贯穿始终的。其中临近尾声的血祭（有些村庄没有）包含插口钎、插背钎、开红山等内容，与湘楚、川贵等地的傩坛法事有一些相似之处，多少带有巫术成分。尽管是群众自愿要求，看起来仍有些叫人心惊胆战。

六月会期间最值得留意的人物当属法师。作为整个活动的核心，法师一般留有一条长长的发辫，身着藏袍，腰间系着红绸，手持一个绘有八宝祥徽的羊皮鼓（或仅仅一根树枝）。他充当着人神之间的沟通媒介，以神灵附体的形象向百姓传递神谕。

通常，最先开始六月会的是紧挨隆务寺的四合吉村，其余各村时间不定。**同仁县旅游局**（☎872 2739；微信公众号：热贡旅游）每年会做出一张活动时间表，包括了各个村庄六月会的举办时段、主要活动日、舞种、有无插钎或开红山，十分详尽。其中远离县城的浪加村的龙舞，众人称好，尤为精彩，且常连着开红山，值得驱车前往。另外要说明的是，位于高海拔地区的村庄（如双朋西、瓜什则）此时正处于农忙期，常常会将六月会推延至新年。

不要错过

震人心魄的血祭

你见过这样的场景吗？将烧得炽热的几块大卵石放入桶中，加柏树枝叶，再加入开水，瞬间水汽腾腾。缀着长长红色绦穗的钢钎（类似自行车车轮辐条）就在这热气蒸熏之后，被法师或者年长者插入年轻人的两腮（穿过嘴巴），或者刺入肩肌、背肌。这种祭神仪式叫“插口钎”或者“插背钎”。关键是，每年主动要求插钎的年轻人如此之多。

插好钎的舞者（你可以看见许多人身上插着十几根钢钎）从神庙内走到广场上，开始为神跳舞。法师拿着羊角卦为他们一一占卦，如果卦象吉利，他就可以回到神庙取下钢钎。否则继续卜卦，直到吉利为止。

“开红山”是更危险的血祭方式。法师迅速爬到高高的粗木棍上，将长发在脖子上绕几圈，拔出小刀，向自己的脑门上连砍数下，鲜血当即冒出。法师继续献舞，如痴如癫，众人呼喊，将气氛推向高潮。人们认为，只有用最珍贵的东西——譬如血来祭祀神灵，才是最直接、最有效以及最灵验的。

这些血祭仪式充满萨满教的遗风，事实上，藏传佛教在统治这片地区后，已将这些过于血腥的仪式剔出祭祀活动。如今我们也能看到这种趋势：在藏传佛教中心的四合吉、吾屯，已经完全摈除了这种血祭；而在受影响较少的边缘村庄（如浪加村），仍保留得比较多。

一转场得以实现。如果你想在相对不那么拥挤的环境中拍摄到隆重的晒佛，隆务寺应是更好的选择。

多待两日，等到正月十六，隆务寺颇具特色的“跳欠”（跳羌姆）就要上演了。头戴面具、身着艳丽服饰的喇嘛们，主要跳“法王舞”与“六臂金刚舞”，在表演护法、斩魔等内容时，动作幅度更大，节奏也更快，姿态间充满戏剧感——这正是不同于其他寺院之处。事实上，隆务寺正是安多藏戏（与西藏藏戏截然不同）的发源地。

除了隆务寺，周边吾屯上寺、下寺、郭麻日寺、年都乎寺等都会在毛兰姆法会期间连续三天（各寺持续时间不同）依次晒大佛、转弥勒、跳欠。

住宿

在州府同仁找个像样的地方住下来并不是难事，新旅店不断开张，老店也常翻修。一般都有24小时热水供应，停车只是场地大小之别。至于无线网络，别担心，它已加入基础设施套餐。县城不大，热贡桥附近或热贡广场周边都是便于出行就餐的住宿点。注意，每年六月会期间有大量旅行者到访，届时最好提前预订。

热贡诺尔邦旅游客栈 客栈 ¥¥

（见142页地图；872 6999；雪莲东路，热贡广场旁步行街尽头；标双218元起；P 📶）2015年新开业的这家客栈房间宽敞整洁，无论床品、备品还是服务都十分优质。房间类型多，人多的话推荐能住4人或更多（看身材）的藏式风格通铺大房（318元）。房价含自助早餐（7:00~10:00），二楼还有公共厨房和休息室。唯一遗憾的是，有一侧房间正对KTV。

赞巴拉青旅 青年旅舍 ¥

（见142页地图；139 9743 5135；东格尔路8号；铺50元起，标双120元起；P 📶）旅舍就在热贡桥东，位置尚佳，以摄影为主题。除了普通标间外，也有藏式特色房。三楼还有公共空间及厨房。院落宽敞，停车方便。

麦秀宾馆 酒店 ¥

（见142页地图；770 0886；德合隆南路24号；标双150元起；📶）紧邻热贡桥西，距离汽车站仅300米，出行十分方便。2015年3月重新装修后整体环境都有了很大改善。房间整洁舒适，卫浴焕然一新，还加设了电梯。

迎宾饭店 酒店 ¥¥

（见142页地图；879 8666；夏琼北路16号；标双238元起；P 📶）这大概是黄南州规格最高的饭店。共有10层，顶楼设会议厅，二楼有茶座，房间配备齐全（难得的配有吹风机）。不远处的**正达商务宾馆**（770 0777；标双184元）虽外观不够气派，但房间品质与迎宾饭店相近。二者中间的**欣欣大酒店**（☎872 1888；标双130元）胜在价格便宜，一、二层是当地老牌的包场酒楼。

州党校宾馆

酒店 ¥

（见142页地图；☎872 3517；中山路7号；标双130~150元；P 📶）位于州党校大院内，安全安静。房间干净宽敞，房费包含早餐，只是餐厅开放时段略短（⏲7:30~8:30）。

杨增宾馆

酒店 ¥

（见142页地图；☎159 0973 5085；夏琼南路486号；标双100元起；📶）宾馆距离隆务寺非常近。藏族老板自家经营，注重保持房间整洁，性价比很不错。

就餐

同仁有各种类型的餐馆供你选择。藏餐、清真面食是当仁不让的主角，本地化的川菜小炒、火锅或麻辣烫也是遍地开花，近年来还出现了炸鸡快餐、粤菜、港式火锅等。

★热贡梦土庄园

新派藏餐 ¥¥

（见142页地图；☎186 0973 0770；东格尔路78号，热贡宾馆对面巷道；人均50元；⏲10:00~24:00）如果你吃不惯重口味的藏餐，又想一尝当地特色，融合藏汉风味的创新菜应是最好的选择。餐厅藏在庄园三楼，环境十分惬意。餐位继承藏餐吧一贯的宽敞，还有可以远眺隆务寺的露台位。土火锅照例是主打，但其他名字奇怪的菜品也不妨一试，味道大都不差。奶茶（20元/小壶）等饮品分量极足。值得一提的是，庄园除了餐饮外，还有3间藏式客房（标间218元起）。

聚膳阁

藏餐 ¥¥

（见142页地图；☎879 5000；步行街1号；人均60元；⏲9:00~23:00）餐馆紧邻热贡广场，环境布置得颇有藏式风情。藏餐尤其地道，有不少以牛、羊肉为原材料的菜式，如炕锅羊排（168元/份）、牦牛肉饼（45元/份）等。与藏餐吧一样，这里也适合饮茶闲聊，餐位旁都有插座。

同仁老八盘手工面片馆

面食 ¥

（见142页地图；热贡路，原热贡艺术馆对面；人均20~30元；⏲10:30~20:30）店员会毫不掩饰地告诉你老八盘（回族特色八道菜）只是噱头，也会在你要菜单时理直气壮地说"只有面片"。但这家店就有这么牛，只做手工面片却不失高人气。小碗（分量超出常规）面片10元/份，佐菜3元/盘。有时另有秘制牛腩，算是面片以外唯一的加餐，味道同样不错。

伊布拉烤肉

烧烤 ¥

（见142页地图；德合隆北路；人均25元；⏲18:00至凌晨2:30）距离热贡广场不远，从傍晚营业至深夜，是夜宵的不二选择。主打烤羊肉串，不少当地人也会来此打包烤肉。

清雅楼

清真菜 ¥¥

（见142页地图；☎872 6997；中山路68号；人均60元；⏲9:00~21:30）当地老牌的清真餐馆，一楼为大厅，二、三楼为包厢，环境较为雅致。主要有火锅与小炒，如本地特色土火锅（168元），小炒则加入了川、粤菜系，选择更加丰富。

实用信息

医疗服务

黄南州人民医院（见142页地图）位于隆务河东203省道旁，有24小时急诊，距城区较远。**黄南州人民医院分院**（见142页地图；☎872 9899；中山路西段；⏲8:30~18:00）是比较方便的就诊处。

银行

在县城主要路段都不难找到ATM，中山路与夏琼北路州政府旁比较集中。中国农业银行与中国建设银行较为常见，农行在邻近的年都乎村也设有网点。

邮局

中国邮政（见142页地图；⏲周一至周五8:30~17:30，周末和节假日10:00~16:00）位于中山路西端、夏琼北路51号。

到达和离开

黄南州汽车总站（见142页地图；☎872 2014）位于热贡桥头北侧的东山路上，每天均有多趟发往黄南州各县及西宁的班车。每天早上也有从同仁去甘肃兰州、临夏、夏河的班车。如果错过班车，可以在汽车站外或热贡桥西头搭乘私家车，人满即走。一般来说西宁60元/人，尖扎25元/人，泽库40元/人，河南60元/人。

黄南汽车总站车次时刻表

车次	发车时间/班次	票价（元/人）	行程（小时）	备注
西宁	7:20~17:00，共15班	35.5	3.5	
尖扎	8:30、10:30、11:30、13:00、14:30、16:30	17	1	上车买票，凑满人发车
李家峡	9:30、11:00、13:30	19.4	1.5	淡季班车会取消，请提前电话确认
夏河	8:00	28	2.5	
循化	9:30、11:00、13:00、15:00	16.5	1.5	
泽库	8:30、10:30、13:00、14:00、15:00	22	2	车辆不进站，直接在热贡桥西头等车，上车买票，最好提前半小时等车，人满发车
河南	9:00、10:30	37	2.5	同上
临夏	8:00	45	4	
兰州	6:50	74	7	

当地交通

目前县城开通了3条公交线路（1元）：1路经过隆务寺、热贡广场（近热贡艺术博物馆），2路可到州人民医院、州汽车站，3路则到热贡大桥东。不过由于投入运营的车辆不多，发车频率低，我们不建议不熟悉的旅行者乘坐，全城5元的出租车足以满足需求。

如去周边村落，可以在热贡桥西头乘坐标有各乡镇名字的小面包车，人满发车。乘坐出租车可与司机议价，当地司机一般不会乱开价。详见同仁周边章节。

同仁周边

隆务河流域的每个村子都有自己的风情。如果你是在六月会期间来到同仁，许多村子都是必到之地；但若是平常的日子，它们可能显得平淡无奇，总是一座寺、一座庙和一些残存的古老城寨。不过对那些热贡艺术的爱好者来说，这些村子和寺院都是无尽的财宝。如果在同仁待得足够久，你会发现那些更远的村子和隐于山中的寺院都值得花费时间去一一寻访。

在这些村子中，尤以距离同仁县城最近的几个地方最为有名。吾屯是当代唐卡艺人的聚集地，郭麻日有着“安多第一塔”和保存最完好的古堡，而年都乎则以极具特色的於菟舞吸引着旅行者。

你还可以走得更远，去曲库乎感受在坊间被传为“小布达拉宫”的旺加寺，到双朋西拜访藏区奇僧根敦群培的故居。沿着双朋西一路向东，从赤色的丹霞地貌到辽阔的高山草原，自驾旅行者可以在通往甘肃夏河的路上饱览同仁最美的风光。

一般不必在同仁周边住宿，可在当天返回县城。县城与各乡村之间有小面包车往来，比较方便。

吾屯

吾屯可算是同仁周边最有名气的村庄，紧邻连接保安与同仁的公路。而令其声名远播的，当属本地彩绘唐卡艺术。热贡艺术在解放初期曾一度以“吾屯艺术”命名，于此可见一斑。

这里不仅盛产唐卡大师，还持续培养着一批又一批绘画工匠。不论是寺院僧人还是俗家画师，技艺都不容小觑，无怪乎每年有不计其数者专程来吾屯订购唐卡。在这里闲逛，随便走访一家藏族民居（尤其是那些挂有“热贡艺人之家”牌子的，随时欢迎参观），你都能看见当地人拿着画笔，正一笔一画勾勒着佛像。

如今在吾屯，知名的唐卡艺人还开设起了独立的画院招收学徒，基本分布在公路两旁。画院收藏了不少唐卡精品（有些还会展示矿物颜料研磨过程等），大多对外开放，参观者数量多时还会有专门的工作人员带领讲解。

除了唐卡，泥塑也是吾屯传统手艺的一绝，但如今已较少被提起。唯有吾屯上、下两寺佛殿中精美绝伦的塑像，还在宣告着当地尚未湮灭的另一个看家本领。

吾屯下寺（隆务河东岸吾屯村内；门票30元；⏲9:00~20:00，如果售票处僧人不在，请打墙上的手机号）紧邻公路，寺院前的小广场上有8座新建的佛塔，在它们后面是一座色彩艳丽的时轮塔和一座金碧辉煌的大金塔，帮助你很快辨识出寺院。买门票后，售票处的僧人会带你参观大多数经殿，有机会还能登上时轮塔欣赏下寺全景。

吾屯下寺的精华当然是热贡艺术。这里的壁画、木刻以及泥塑，许多都是精良之作。据僧人称，弥勒殿门廊上的六幅壁画已有400多年历史。居中四幅是四大天王，左侧是香巴拉国王柔丹，右侧是十二女护法，构图饱满，色彩淳朴，人物造型雄健有力，带有热贡艺术早期的风格。殿内的壁画和堆绣也很精致，注意壁画下方的彩绘墙板，僧人会骄傲地告诉你，这五十多块墙板的彩绘图案没有一幅是重复的。

千手观音殿则集中展示了吾屯艺人高超的泥塑艺术。这座千手观音高12米，据称是藏区最大的泥塑观音像。尤其值得细细欣赏的是观音身后的千手（手心中都精细地绘上了佛眼），每一只都立体逼真。

同仁周边

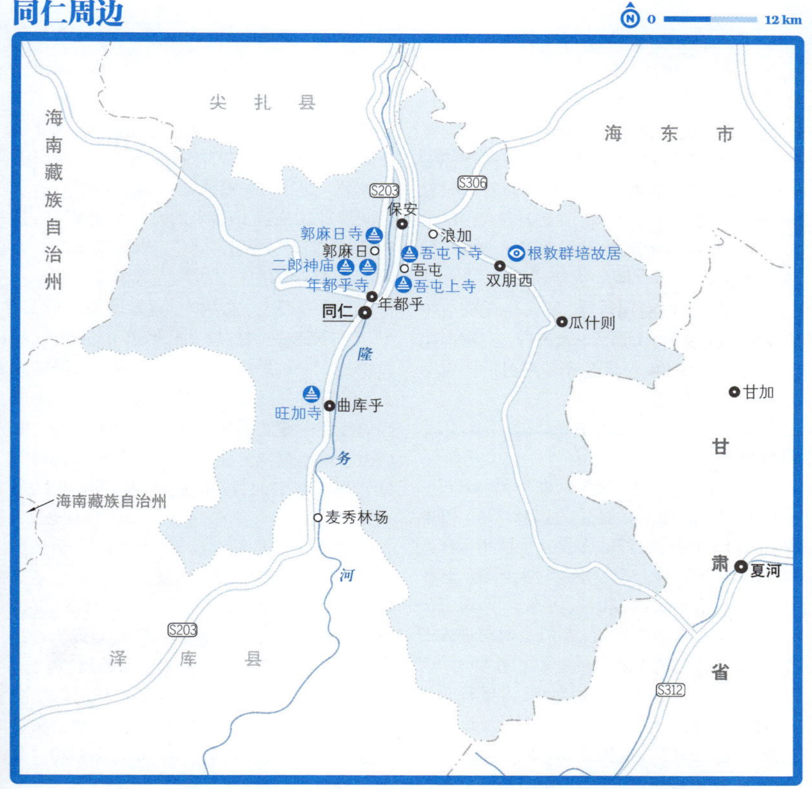

当地知识

走出寺院的唐卡传承

走进吾屯、年都乎等村庄，密集的家庭作坊与专门传习技艺的画院令人印象深刻。但在从前，唐卡的传承仅限于寺院。据说，热贡地区曾有个不成文的规定，凡满5岁的男孩都需入寺为僧，学习佛经与绘画，20岁后可自愿留寺或还俗。有些还俗的青年仍会继续在家创作，唐卡的绘画技法便进了俗家，但范围小且不正式。直到1958年宗教改革，大批僧人还俗，而信众仍有唐卡需求，还俗的僧人不得不重操画业，这才为唐卡工艺“飞入寻常百姓家”开启了大门。

作坊、画院的传承是近年来出现的新事物，这与唐卡在海内外艺术圈（乃至收藏市场）的走俏不无关系。与寺院类似，在这些地方学习通常无需学费（有的还包食宿），但能否成功拜师仍看各人天赋与热情，老师拥有一票决定权。汉地的学生目前很少。热贡画院的创办人娘本老师告诉我们，之所以严格挑选学生，是因为老师既然绝无藏私地教授手艺，就不希望徒弟学了一两个月甚至几天就走。教学过程也一如寺院传统，学徒通常需要耗费数年，循序渐进地学完九道基本工序、由师傅点头后方可出师。在整个热贡地区，这样的传承模式越来越普遍：老师一边教授学生，一边自己绘制，同时兼顾着唐卡作品的展销。诚然，如今的学徒还多少学会了一些迎合市场的作画技巧；但也不可否认，正是坚持着这种师徒之间的心手相传，热贡唐卡才得以在保有相当价值的基础上被延续。

吾屯上寺（门票30元；⏲9:00~20:00）就在公路的另一侧，从下寺出来往南步行约1分钟，即可看见吾屯上寺最吸引眼球的泥塑。一排佛像伫立在公路旁，每尊佛像上方都有一顶华盖（用以遮风挡雨）。沿着最南端佛像旁边的小路进去，能看到一尊高大的五彩时轮塔，旁边就是吾屯上寺。请留意上寺大门的木刻艺术。热贡的木雕艺术往往被人忽略，但许多作品雕痕不露，刚柔适度。

从同仁县城前往吾屯，可在热贡桥头乘坐乡村小面包车，3元/人，人满即走，乘出租车20元。返回时在公路上等候路过的面包车和出租车，一般没几分钟就能搭到。

郭麻日

从吾屯往西，过了隆务河即是郭麻日村。这里最醒目的标志是高处的郭麻日塔。但事实上，郭麻日保存完好的**古堡**才是精华所在。古寨位于村子中央，至今仍有村民居住。整体为长方形，东西长约220米，开东、西、南三个门，门顶上设有嘛呢经筒。东门是现在进入古寨的正门，仅容两人通过的巷道相互贯通，迂回曲折，走在其中恍如身处迷宫。古堡特质使得当地居民的生活空间变得有限，因此很多人家修建了二层木结构楼房，布局也格外紧凑：一楼是厨房和牲口棚，二楼则是寝室和必有的经堂。这种民居与青海河湟地区的传统民居有着很大区别，如果开着门，你也可以礼貌问询能否参观。

郭麻日寺（门票20元，包括登塔与入寺）位于郭麻日村高处，沿古寨南边的水泥路往上走即到。寺外是一尊由本寺佛僧与当地信众共同筹建的高达30多米的时轮大解脱塔，其规模称得上“安多第一塔”。佛塔基座形似寺院门廊，塔身有5层，结构尤其独特。登塔楼梯设置在塔身左、右两侧，逐层转换，所以每上一层，都要在塔外较宽的檐顶上走半圈（不设护栏，请多加小心），经另一侧楼梯继续向上。顶层是一间形如宝瓶的佛堂。塔的底层四周环绕着藏式平顶小屋，内置嘛呢经筒。白塔由于其地理位置显著（在203省道上也可看见），成了隆务河谷两岸最具视觉冲击力的建筑物之一。

佛塔旁即是郭麻日寺，这里的木雕艺术（佛像、经板、建筑细节等）在众多寺院中首屈一指。最值得看的是弥勒佛殿，其建筑风格和内部格局都与隆务寺的弥勒大殿类似，供奉着的弥勒佛像也是泥塑艺术的精品。

前往郭麻日村有两种方式。你可以从同仁县城热贡桥头乘坐面包车（3元）和出租车（20元），也可以从吾屯出发，步行10分钟即可走到古寨。

年都乎

距离同仁县城只有2公里的年都乎村，以一种神奇的舞蹈闻名，正是这种舞使得这个村子与隆务河流域其他地方完全不同。“於菟舞”在每年农历十一月二十举行，届时整个村子都会挤满了人。但即便是平常日子，若想去同仁周边转转，年都乎村也是一个不错的选择。这里是保安四屯之一，至今保留着古寨的部分城墙。

如同吾屯以彩绘唐卡闻名一样，年都乎也有自己的专长——堆绣（唐卡类型的一种）。这是与彩绘唐卡齐名的另一种热贡艺术，内容与壁画、唐卡类似，也同样需要画底稿，只是外部材质换成了绸缎面料。堆绣基本采用剪裁堆贴的方式，有些也会加入丝线缝绣。晒佛时抬出的巨幅佛像就属于堆绣工艺。年都乎堆绣在藏区声名鹊起之后，许多寺院都纷纷向年都乎艺人订制作品。

如果想参观巨幅堆绣的制作过程，不妨去村里最大的堆绣作坊（☎136 3973 3036；村小学旁边土旦家）看看。除了那些小型的堆绣作品，这里还经常承包巨幅堆绣的制作，高达数十米的作品往往需要众人通力合作（女性如今也打破传统开始参与制作，不过负责的多为缝绣部分，画底稿等重要流程仍由男性完成），这一过程非常吸引人。

保安四屯的明朝那些事儿

明朝为了巩固边陲，曾实行过一系列军事政治措施。其中最提倡的方式就是屯田，用以供给军队所需的兵源和粮饷。当时建起的“贵德十屯”中的“保安四屯”，就处于现在同仁县城北至保安镇（距离县城约15公里）一带，包括吾屯、年都乎、郭麻日、尕沙日（与郭麻日原属一屯）和保安。由于从汉地进驻了一大批士兵，藏族人也称这些地方为“汉四寨子”。

为了防御强敌侵袭，四屯各修筑有寨墙与城门。城墙以土修建，高而厚实，至今仍能在这几个村子里看到尚存不多的旧城墙。到了清朝，时局渐稳，于是屯户由军籍改成了民籍，大部分来自内地的士兵也索性留在了热贡地区。城堡也变为民居，尽管融入了本地特色，但仍保留着一些中原汉地风格。在郭麻日保存相对完好的古堡中，还能见到与青海河湟地区传统民居相异的住宅布局。

劫后余生的寺庙壁画

当你欣赏那些细致而生动的壁画时，可能没有想到，不少寺庙都曾历经浩劫，而劫后余生的只是少数。在年都乎寺，大经堂楼上的宗喀巴殿，有八幅供养仙子的装饰壁画，画中人神态优雅、舞姿曼妙。当地人会告诉你，在“文革”中他们把经殿变成粮仓，堆满粮食，又在墙板上涂了一层明胶，才将这些壁画保护了下来。在吾屯下寺，也有这样的传说：人们把绘有精美壁画的墙板拆下，背面朝外安回去，又刷上语录，才保留了部分壁画，但隆务寺的许多壁画就没能逃脱厄运。据说当年那些木板被拆下来之后，或被扔掉，或被人拿走做成家具、木箱，终不知所踪。

总体来说，村里家家户户都是制作堆绣的好手，通常都欢迎有礼貌的探访，感兴趣的游客也可当场询价购买。相比唐卡，堆绣的价格要亲民许多，一些10×10cm的方垫绣品只需百来元。

年都乎寺位于村子的北侧，是个非常小的寺院，但寺内壁画是热贡地区最出色的作品之一。尤其是弥勒佛殿中的《十六罗汉图》，横贯左、中、右三面墙壁，约有200平方米，是热贡地区现存最大的明清时期大型壁画。在萨增拉康殿保存有8幅创作于17世纪末期的壁画，据传是这一时期著名画师噶日班智达罗藏希饶的真迹。

二郎神庙位于村子北侧的小山上，平日开门时间不定，但在於菟舞时是最引人注目的地方，也是村子重要的祭祀场所。三间神殿中供奉着五尊神像，两侧皆是山神，而二郎神长着三只眼，坐在最中间，头戴文官双翅官帽，但又穿着土族式的长袍。在热贡地区，二郎神是与藏区其他山神同等重要的地方保护神。二郎神如何从内地传到这里，目前仍未可知，但很显然，人们已经将对二郎神的崇拜融

值得一游

仅此一村的於菟之舞

带好相机，穿上运动鞋，准备跟着於菟们去“骚扰”人间吧。

这也许是热贡地区最有趣的舞蹈，没那么严肃，多了一点嬉闹，还带着一丝神秘感。每年於菟舞之时，不仅众多摄影爱好者从四面八方慕名而来，连周边村庄的人们也会来一探究竟。毕竟如此特殊的“舞会”仅此一村，再无别处可寻。

农历十一月二十上午，选好的7个青年男子来到后山上的二郎神庙。他们将裤腿挽至大腿根部，上身赤裸，用煨桑台的香灰涂抹全身（据说是为了清洁身体，便于神灵附体，也有人说是为了便于化妆）。接着，由村里的画师用掺了酒的黑墨汁，在这些人的面部画上虎头脸谱和虎皮斑纹（“於菟”意为老虎），腿部和上身则画上豹皮斑纹。头发上要系白纸条，上写避邪经文，手中约1.6米长的木棍顶端也要系上白纸条。如今为了避开拥挤的观看人群，这一化妆过程常常在二郎神庙内进行，如想入内还得买上50元/人的“门票”。

舞蹈开始了！於菟们首先肃穆地蹲在殿前，听法师诵经。喝完法师敬的酒后，他们模仿老虎的动作跳出庙门。这时村民们鸣起枪炮，於菟闻声狂奔下山，进入村子。他们兵分几路，在屋顶和围墙上奔走（现在村民会准备好便于他们上下墙的梯子）。各家各户则早已是羊肉、青稞酒备好多时，精心伺候。叼着生肉，两手各持一根满是圈饼的木棍，就是於菟们最威风的模样。

最后阶段，全村老少聚集在村口，等待着於菟并迎送出门。随着骤然响起的鞭炮声，他们要迅速跑到隆务河边，砸开冰块，用刺骨的冷水洗净全身，然后还原成人回家。而叫人惊讶的是，据说这些扮演於菟的青年从未因这场冬日里的“裸奔”而生病，反而在寒风冰水中更加健康结实。

合到当地的山神崇拜信仰中了。

前往年都乎，最方便的方式是从同仁县城坐出租车（7元左右），但如果步行其实也只需20分钟左右。因为距隆务镇太近，没有必要在这里就餐。

曲库乎

出县城沿203省道往泽库方向走即可到曲库乎乡。当地人或许会向你推荐传说中带有神奇疗效的曲库乎温泉，然而它更像是一处藏区百姓的疗养所，除非你想亲自体验一次格外便宜而卫生有待考量的泡澡，并没有必要大费周章前往。但是相比之下，藏在深山的一座寺院却极具看点。

旺加寺这座青海境内最大的苯教寺院，藏在曲库乎乡木合沙村的深山之中，离开203省道后，还需沿着溪流颠簸四五公里的砂石路才能到达。

在人烟稀少之处陡然见到这一座规模庞大的寺院，确实叫人惊叹。将旺加寺比作“小布达拉宫”或许有点夸张，但在你抬头看到它的第一眼时，你就会明白这个称谓的由来。这座具有700多年历史的苯教寺庙，最鲜明的建筑特色是一层一层沿山而建的经殿和僧舍，山顶则是活佛的府邸。由下往上仰视，会感到一股巨大的视觉冲击力。寺院大经堂（入内收费30元/人）的东壁，绘有一幅大型壁画，是关于魏魔隆仁的全图。魏魔隆仁是苯教起源的圣地，据说位于世界的西部，占据着三分之一的世界。它类似于佛教中的香巴拉，真实而虚幻。邻近的山头上可以见到一座多重飞檐而底部中空的塔，被称为“世界和平吉祥多门塔”。而另外更远处一尊巨大的金身佛像，则被认为是苯教创始人辛饶米沃的分身之一“南巴杰瓦”。

来自青海各地、甘肃、四川甚至更远地方的年轻僧人，在此默默闭关修行，每期三年，通过考试后才可出关，去其他寺院继续学习。每年农历九月十五至二十二，旺加寺会举办一年一度的大法会，如果对这一略显神秘的原始宗教有兴趣，你不妨适时前往。

你可以乘坐前往曲库乎乡的乡村面包车（4元），在公路边下车再往里走。参观完之后再走回到公路上等候返程的面包车（频率不定）。村里只有小卖部，可以买点零食和饮料，就餐还需返回县城。

双朋西

前往双朋西村的旅行者，大致可以分为两类。一种是着迷于山水风景的户外爱好者。因为从保安到双朋西的15公里路程，分布着同仁境内最大的丹霞地貌群。如果你在傍晚时刻行驶在这条公路上，定会忍不住一再停车拍照。而另一种则是狂热的人文爱好者。他们长途跋涉到双朋西村，只求看一眼**根敦群培大师故居**（☎155 0973 1903；⏲夏季9:00~18:30，冬季10:00~17:00）**免费**。这位20世纪的藏区奇僧，一生备受争议，但直到如今，他仍然是许多藏族学者的偶像。

根敦群培的故居，位于双朋西村的半山腰上。目前他的后人照料着这个小院子，有人来参观时才会打开所有的房间。尽管偏僻，但仍有爱好者循迹而来，亲自探访这座专属根敦群培的巨大宝库。其中一个房间里摆放着根敦群培的各种手稿（复印件），有他12岁左右画的第一幅类似唐卡的画像（他在那时已经显示出惊人的天赋），还有他在印度时的手绘彩图，以及用藏语手书的笔记。院子里还有一排书架，收藏各个语种关于根敦群培的研究资料及其个人著作，后人很乐于将它们与参观者分享。虽然参观免费，但这里也接受捐款，意在改善当地贫困学生的教育环境（沿路可以看到已有一座根敦群培中学）。

邻近村庄的山上还有一座寺院——雅玛扎西其寺。这里是著名高僧夏嘎巴大师与根敦群培的母寺，最特别之处在于寺院前的白塔并非常见的一座或八座，而是三座，据说建于第一任活佛夏嘎巴大师时期，有两百多年历史。从村庄前往还有半小时车程（接近寺院的路不好走）。

从同仁县城去双朋西，只能乘坐到夏河

夏安居，女士请回避

顾名思义，夏安居指的就是夏季的闭关修行，安居期间僧人不得踏出寺院。释迦牟尼在三千多年前便开始了夏安居，所以不论是汉传佛教还是藏传佛教，皆有此类活动。不过考虑到藏区海拔较高，夏季时长短，当地寺院夏安居的时间会相应缩短，由通常的三个月减至一个半月。黄南地区寺院（主要是格鲁派）统一在农历六月十五至八月初一进行夏安居，凡闭关中的寺院都会在寺门旁挂出桑枝予以示意。

需要注意的是，夏安居中的寺院一律不对女性开放，甚至连男性也只能在一定时间内进入。好在部分颇有名气、参观者众的寺院（如吾屯下寺）已经放宽了这一戒律，允许非本地的女士参观（除了大经堂）。所以尽管这一时期女士们能进入的寺院变得有限，我们仍建议你不妨一问。但如果得不到允许，也请给予尊重，切勿强行进入或偷偷潜入。

另辟蹊径

麦秀秋色

当你途经同仁与泽库两县交界处时，蔓延了整座山头的麦秀林场，几乎会占据你的全部视线。平日里，漫山遍野郁郁葱葱的山林已然令人心旷神怡；而到了秋季，层林尽染的林场愈发色彩分明，一片秀美之景。不仅周边藏民将这里视为举家度周末的好去处（事实上在省道203公路两旁也开了几家口碑不错的可以食宿的农庄），摄影爱好者往往也会在秋、冬之际（冬季主要是雪后）专门来此采风。

如果有摄影需求，建议你离开省道取景（有一些岔路可以穿过村庄进入林场深处）。政府近年还在此围设了一座麦秀森林公园，但至我们调研时，尚处于初步开发阶段，除了收取不多的费用外（10元/人），并无配套设施。

麦秀林场属于泽库县，不过距离同仁县的曲库乎也仅有6公里。没有专程的班车前往（经过但不停靠），建议你包车或自驾。

"疯子"根敦群培

在藏族知识分子的历史上，恐怕没有哪一位比根敦群培更富传奇性了。他总是被称为"疯子""离经叛道者"，但同时又被他的敌人暗暗称赞。

这位出生于1903年的天才，先后在雅玛扎西其寺、底察寺学经，之后转到甘南地区著名的拉卜楞寺。在那里，根敦群培的滔滔雄辩和不随大流的态度惹来许多人的敌意。他甚至在这里认识了一个外国人，并制造了一艘机械动力船，横渡了拉卜楞寺旁的一面湖泊。

被拉卜楞寺赶出来后，根敦群培前往拉萨的哲蚌寺，成为喜饶嘉措的弟子。但根敦群培经常挑战他的老师，喜饶嘉措也从来不叫他的名字，只称呼他为"疯子"。他常常主动挑起辩论，最激烈的一次，他因主张没有成佛这回事而被殴打。后来他放弃考取格西学位（藏传佛教格鲁派寺院的学位制）的机会，离开哲蚌寺。

1934年，根敦群培和他的至交罗侯罗一起到藏北、尼泊尔和印度等重要的佛教遗址进行朝圣之旅。之后根敦群培受聘于印度的比哈尔研究会，直到1945年才回到西藏。他周围的人认为，他那时喜欢酒、禅定、艺术以及性。

在印度噶伦堡，根敦群培认识了一批致力于西藏现代化改革的青年人。其中包括后来组织"西藏革命党"的邦达绕嘎、新中国成立后成为西藏高级官员的彭措旺嘉、成为十三世达赖喇嘛亲信的土登贡培。他们都醉心于改革当时的西藏。在那一时期他学习了很多语言（据说多达13种），并把非常重要的藏传佛教史《青史》翻译成英文。

1945年冬天他回到西藏，出版了关于西藏早期历史的《白史》。不过，他在政治上的举动（他曾经替"西藏革命党"设计党徽，党徽由一把镰刀、一把剑和一个织布机组成）给他带来了灾难，使他被关押。

两年后，他被释放。出狱后他一身邋遢，抽烟喝酒更厉害。他拒绝梳洗或穿干净衣服，拒绝刮胡子，留着齐腰长发。他说自己是一个被打烂的珍贵琉璃宝瓶。哲蚌寺有几位喇嘛去拜访，他的辩才依旧，但他对着释迦牟尼画像吐烟圈、弹烟灰，吓坏了其他人。两年后，尽管达赖喇嘛的私人医生也曾给他开过药方，但烟酒过量害死了他。据说他死前曾宣称："'疯子'根敦群培已经看尽了全世界最有趣的事。"

的长途班车，然后在中途下车。但返回同仁的交通很难预料，最好是从同仁包车前往，往返近200元。

尖扎

人口：5.43万

由于地处青藏高原与黄土高原的过渡地带，又有一道清澈的黄河贯穿南北，尖扎的气候显得温和许多，着实有些"高原江南"的意味。以坎布拉为中心的旅游业方兴未艾，定期举办的射箭大赛名不虚传。尽管平日没什么旅行者会绕路光顾这座小县城，但毫不影响本地人自娱自乐的热情。傍晚时分，县政府旁的街心公园、步行街、体育场都可以看到散步、跳舞的人们。除了州府同仁，这大概是整个黄南州最有活力的地方。

景点

2010年，尖扎首条、也是黄南州罕见的步行街竣工，藏式风格的店面、街道中央的太平殿门（内有转经筒、上方为"四瑞和睦"雕塑）、吉祥图腾柱等成了县城的新亮点。然而更多值得游览的目的地还是分布在县城周边，虽显偏远但保准你不虚此行。

昂拉千户庄园

历史建筑

（☎131 1973 5687；昂拉乡尖巴昂村内）

免费 如果你是建筑爱好者，那绝不能错过这座汉藏融合、结构独特的贵族庄园。由于势力的扩大，昂拉乡第七代千户长项谦不得不新建一座庄园，以满足家人与公共的使用需求，这才有了这座庄园。庄园完工于1949年，历经"文革"和多次运动，尽管斗拱飞檐上的木雕艺术、横梁墙角上的彩绘壁画都遭到了不同程度的破坏，但建筑主体仍保存得比较完整。

庄园分为前、后院，院落间恰有一层之差，所以也称上、下院。前院（下院）是汉地四合院形式的藏式平顶土木结构二层楼，四角藏有暗梯。建筑完全是木质构造，但行走在二层时并不会吱呀作响，反而会觉得脚下异常坚实。据说这正是建造时的小技巧：楼面由两层木板搭成，木板之间填充有树叶与碎土，起到了加固与消声的作用。

前院与后院在正中央有一道楼梯相连，这是整个建筑最有趣的机关所在。当你想当然地以为从这里通往前院二层时，竟不知不觉来到了后院（上院）。后院同样是围合式建筑，除了左右厢房外，正面不高的台阶上还设有佛堂。原有佛像已不存，但还有一位家族后人在此居住并看管，日日打扫供奉，宗教氛围依旧。

从佛堂侧边的回廊绕到后方角院，经角楼登上四面开阔的房顶，这里有着绝佳的视野。眼前是清晰可辨的院落构造；而当你举目远眺，远方连绵起伏的群山又成了庄园最宏大的背景。

如果还有时间，沿着庄园旁的水泥小路径直上50米，见到一棵老树，旁边便是诞生于这个家族的活佛的故居**更钦·久美旺博昂欠**（☎183 9703 7612）免费，建筑风格与庄园类似，二层佛堂侧房内还保存有活佛当年用过的牛皮鼓。距离庄园1公里处还有一座曾获得联合国教科文组织亚太区文物古迹保护奖的**赛康寺**（需请僧人开门），其大经堂的壁画与殿门都采用一半修复一半维持原状的方式进行保护与传承。

昂拉千户庄园距离县城近10公里，车行20分钟左右，如包车往返约需60元。

德钦寺

寺庙

（能科乡德欠村）免费 作为尖扎地区最大的格鲁派寺院，德钦寺在当地人心目中有着极高的声望。人们最常提起的是其辉煌的

另辟蹊径

同夏公路，自驾新选择

往来于西宁与甘肃夏河之间，固然“省道+高速”是比较稳妥的方式，但随着同夏公路甘肃段修建完工，自驾旅行者又多了一个高性价比的选择。

以同仁至夏河为例，沿途依次有以下风光值得留意。

➡ **保安镇** 位于循同路（属于同夏公路）南侧。直接从西宁去夏河并不会经过保安，但短短2公里路程也不妨绕道一看。小镇有着黄南州难得一见的汉族聚居风貌，从沿街店铺的门联、“福”字中，不难联想起这一带曾经的边陲屯兵史。在县城以南不远处的铁城山上，还留有城堡废墟。

➡ **浪加村** 平日不过是大山里一处安静的小村庄，但假如你在六月会期间由此经过，一定不要错过这里的龙舞与血祭，在整个同仁地区村落中都具有很强的代表性。

➡ **双朋西** 不仅沿途的丹霞地貌不逊色于贵德或坎布拉，而且村内还保留有藏区奇僧根敦群培大师的故居。

➡ **瓜什则** 过了双朋西后，一路就是连绵起伏的高山草甸，视野极为开阔。别忘了在这里来上一份黑牦牛酸奶（5元/碗，50元/桶），新鲜度远超同仁县城杂货铺。乡上有餐馆、住宿、加油站，可以在此休息。

➡ **甘加** 进入甘肃段，甘加草原有着比夏河桑科草原更为原始的自然风光，是到达夏河前最壮美的景致。详情可以参见《甘肃和宁夏》夏河县的章节内容。

从保安至夏河约90公里。至我们调研时，青海段路况良好，甘肃段路基也已铺设完毕，将铺柏油。总体来说，沿途弯道不算复杂，至草原区尤其是一马平川，车辆不多，谨慎驾驶即可。另外由于偶有山体塌方，导致无法通行，建议你出行前确认最新的路况信息。

历史：相传最多时拥有50多座属寺，诞生过约50位活佛。寺庙规模与一座村庄（如村名“德欠”与“德钦”应只是音译之差）无异，最高处是两位大活佛的府邸——拉茂夏茸尕布的红宫与赛赤的黄宫，其余散布有6座佛殿。然而山高路远游人寥寥，若与寺内僧人多聊几句，他们或许会热情地邀请你去僧舍喝茶小坐。

从县城出发，前半段路程与去昂拉千户庄园一致，在岔路口转至上坡道，一路盘山，便可抵达德钦寺所在的能科乡。随着海拔上升，沿途风光不断变换，从碧水群山、高原草甸到山顶梯田，令寻访德钦寺的路途惊喜连连。单程车行40分钟，包车往返100元。

洛多杰智合寺 寺庙、石窟

（马克唐镇洛科村北面）**免费** 如果你因“青藏高原莫高窟”这一美誉而专程前往，恐怕会有些失望。毕竟论其规模，也就二十几个石窟而已。但假若你已在尖扎县城，那么地处4公里之外的洛多杰智合寺，以及其背后山形陡峭、断层分明的崖壁仍值得你跑一趟。

从寺后小路可以很快爬至垂直岩山的中部，一排石窟正静卧于此。据说，当年朗达玛灭佛时，三贤哲曾逃难到这里，诵经坐静，仍不断弘法，因此这里也被信徒视为藏传佛教后弘期的根据地之一。洞内留存有壁画，也供有佛像，寺院有专人日日前来把门点灯，虽僻静却不萧条。山腰有一条能容一人通过的水泥路，可以沿路参观类型各异的石窟，但没有护栏，需注意安全。

前往洛多杰智合寺多是七拐八弯的乡村小道，最好请当地人作指引。也可以从县城包出租车，往返约30元。

节日和活动

射箭赛与达顿节 少数民族节日

尖扎人的箭术绝不是吹的，民间自发性的射箭比赛也是连年不断。各村时间不定，大多在春季前后。自2010年开始，尖扎县政府每两年举办一次“五彩神箭国际民族传统射箭邀请赛”，通常在9月上旬，为期三天，参赛队伍也是名副其实地来自世界各地。活动期间，主赛场**五彩神箭体育场**（商业西街中段）热闹非凡，举家观赛的当地人也不在少数。

传统意义上，在射箭赛结束后，如果本村没有丧葬之事，便可举行隆重的达顿节（达顿意为“神箭之宴”）。如今政府主办的邀请赛也加入了这一元素，体育场北侧的商业步行街成了所谓“千人宴”的举办地，民间传统说唱、歌舞也会同时上演。

食宿

尖扎县的餐饮以清真面食和川菜小炒、麻辣烫为主，黄河路尤其密集。商业街上有一些位于楼上的藏餐吧（没有临街店面），如**岗坚巴咖啡语茶**。另外有一家经营到深夜的酒吧**咔尔玛**（☎186 0973 5558；文化街东段；⏲17:00~24:00），氛围不错，有时还有活动，是小县城消夜的可选地。

随着射箭赛的推广，县城宾馆的数量也逐年增加，条件也不断改善，基本都能满足旅行者对网络、热水的需求。

森赞格梅宾馆 酒店 ¥

（☎186 0973 6075；商业街41号三楼；标双150元；📶）这家位于步行街中段的宾馆由自家住宅改建而来，与其说是宾馆，更像是民宿。普通单元楼的入口让人怀疑它的正规性，但当你爬上三楼，老板娘的热情接待和布置温馨的公共空间（甚至有一个小巧的天台可以喝茶远望）会完全打消你的顾虑。房间尤其宽敞整洁，且由于远离主干道，夜晚非常安静。但也正因如此，停车需在500米外（出步行街），略有不便。另外，这里有且仅有7间房，旺季入住最好提前预订。

神箭大酒店 酒店 ¥¥

（☎595 0123；申宝路2号；标双220元；🅿📶）尖扎县城内，很难找到像这样兼具规模与地段的大酒店了。房间干净，设施齐全，电梯还能帮你免去提行李上下楼的苦恼。楼下有一间大超市，对面是中国邮政及储蓄银行。不要发票更便宜。

实用信息

中国农业银行（周一至周五8:30~17:30，周末和节假日9:30~17:00）位于商业街29号，设有ATM。

中国建设银行（周一至周五9:00~17:00，周末和节假日10:00~17:00）位于人民路中段，设有ATM。

尖扎县医院（黄河路21号）在黄河路东段，有24小时急诊，除特别小的科室（如眼科）外，一般都有值班医生。

到达和离开

尖扎汽车站（☎873 3661；黄河路75号）电子屏幕上的时刻表并不准确，直接询问工作人员更靠谱。通常来说，尖扎到西宁，6:30~10:30、14:00~16:30，均为半小时1班，中午还有11:30、12:30两趟车，24元/人，车程2.5小时。尖扎到同仁，8:30~11:30、13:00~16:00，每小时1班，但有时为了等满一车，也会延迟发车，17元/人，车程1.5小时，经停保安。每天早上7:00还有1班车发往甘肃临夏（途经化隆、循化），54元/人，车程5~6小时。

如从尖扎前往坎布拉，可在车站前乘坐出租车或私家车。但拼车的人不多，最好凑满人包车，单程50元左右。

坎布拉国家森林公园

[☎189 3553 6333；门票50元，环线通票（包括门票及景区中巴车、游艇）250元，自驾车100元/人，景区内停车30元，需签订免责协议书；⏲9:00~18:00，每年5月至10月是闭园期，详情电询，此时景区交通停运，需自备车]因李坎公路通车而被揭开神秘面纱的坎布拉，如今已成为大多数旅行者在环青海湖之余游览西宁周边的重要备选项。如果你还在犹豫，那大可不必——合起指南，前往便是。兼具自然与人文风光的坎布拉很少会叫人失望：千姿百态的丹霞地貌、连绵不绝的森林草甸、与天毗邻的藏族村庄、隐于沟壑的寺庙群落……更有人工大坝拦下的一池青青黄河水点缀其中，这些都堪称是西北高原的一抹惊鸿。

坎布拉位于尖扎县西北部的黄河南岸，连年走高的人气已使它成为尖扎县的一张王牌。距离景区仅4公里之遥的李家峡镇，也顺势改名为坎布拉镇，如火如荼地建设起了新车站，以期迎来更多客流。只是时至今日，西宁至坎布拉的一日游仍是常规线路，小镇乃至全县的旅游经济振兴或许还有待时日。不过值得庆幸的是，出于这一原因，在镇上休息中转或是包车的性价比都相当不错，时间充裕的旅行者可在此停留。

景点

长达33公里的景区盘山公路蜿蜒曲折，穿行于峭壁间，不同的高度与路段都会为你

坎布拉国家森林公园

藏传佛教的避难所

公元9世纪中期，时任吐蕃赞普的朗达玛灭佛事件令藏传佛教濒临灭亡。不仅寺院被封闭、佛像经书遭焚毁，僧人主体更成了被压制的对象——被迫还俗、流放甚至直取性命。

当时，在西藏曲臣卧日山修行的三名高僧（史称“三贤哲”）不得不逃离西藏，辗转新疆等地，最后来到青海，先后曾在洛多杰智合寺（见156页）、南宗峰修行洞隐居避难，最终定居化隆的丹斗寺。后来西藏僧人来到青海求佛，并将之再传回西藏，自此开始了藏传佛教的“后弘期”。

历史上，这座阿琼南宗峰几乎成为安多地区的代名词，诸多大德高僧、禅师前来苦修。而由于山峰饮水取火困难，便在山脚各自建起寺庙、静室修行，渐渐形成了难得一见的多派并存的寺庙群。也正因如此，信徒们视南宗沟为重要的朝拜圣地之一。

打开一片新视野。山峰或连绵起伏，如帷幕生于大地；或如柱如塔，直立围聚。群山之间，还有一面翡翠般迷人的高峡平湖镶嵌其中。坎布拉整体地势西高东低，若是清晨进山，透过尚未散尽的迷雾，可以看到火红太阳从东方峡谷间跃然而出的那一刻，赭红色的层层山峦，像是着了一层火焰，沉稳中焕发着蓬勃——没有哪位旅行者不会惊叹于这番壮丽景象。

如果说全年无休的丹山碧水是坎布拉的主角，那么夏绿秋黄、冬季银装的森林，绝对是锦上添花的配饰。而当你深入谷底，只见牛羊在潺潺溪流旁自顾自地饮水，一侧陡峭岩壁中竟藏着数间修行石窟——此时你自会感慨：这才是“养在深闺人未识”的灵秀坎布拉。

如今游览坎布拉已有一条成熟线路，“陆路+水路”环线能够让你在有限时间内走马观花看山水。景区19座中巴车（淡季要凑足一定人数才发车），会带你从陆路售票处出发，停靠灵山圣水（观李家峡水库）、拉毛岗（远眺南宗峰）、小瑶池（丹峰密集，传说如仙女聚会）三个观景台，在穿越南宗沟后抵达南宗沟码头。随后搭乘景区游艇，在水库湖面欣赏形态各异的山峰，最终返回靠近水路售票处的北岸码头。反之亦可，只是中途无法自由下车观光。如需在景区内留宿一晚，请在购票时告知，工作人员会在你的票面上注明两日的使用期限。

至我们调研时，景区正计划建设新的码头，方便从贵德进入的自驾旅行者水路游览。目前南宗沟码头不设游艇售票点（但如果乘坐人数足够单独发船，可以提前联系景区）。

南宗沟

寺庙

大部分乘坐中巴车的旅行者，会透过车窗匆匆一瞥南宗沟，而自驾者又易误以为，这段颠簸的砂石路并不属于景区道路，从而止步。南宗沟因此成为整个坎布拉最为隐秘，且又极富宗教气息的存在。

在长约5公里的南宗沟内，分布着青海最大的尼姑寺、宁玛派寺院阿琼南宗寺、格鲁派寺院南宗扎西寺（也称尕布寺）等古寺，这种集中僧尼二众、宁玛格鲁二派的佛教格局，在青海乃至整个藏区都不多见。如果有足够的体力与时间，我们更推荐你顺着栈道登上南宗峰（来回约1.5小时），拜访千年前藏传佛教遭遇灭教时逃至此地的三贤哲的修行洞。当然，对于摄影爱好者来说，这里也是捕捉坎布拉奇峰林立之景的绝佳之地。

如依靠景区交通游览，可由南宗沟码头步行往返南宗沟，全程（如以南宗峰山脚为终点）约8公里。如从贵德进入景区，下到全程唯一的岔道口，上坡路是前往陆路售票处的李坎公路，即主要景区路段，下坡路便可通往南宗沟。

李家峡水库

湖泊

一道高高的水电站拦河大坝，连起了黄河北岸的拉脊山与南岸的坎布拉群山，上升的水面漫过堤岸农田，也淹没了部分山体，剩下的峰顶轮廓，就成了人们今日想象中的戏水金龟。

湖面平静碧绿，初见之下你甚至难以相

信这便是滚滚黄河水。湖畔重山环绕，尤其到了秋季，层林尽染的原始森林更添一分画意。你可以在公路沿途欣赏这片湖光山色，也可乘坐景区游艇泛舟湖上，只是还得忍受十几分钟的柴油味。

景区有两条游艇线路，其中一条是纯游艇往返（北岸码头—湖心岛—北岸码头）。但售票处的工作人员，会强烈推荐另一条与陆路观光连接的线路，即北岸码头—南宗沟码头。

食宿

在坎布拉景区与4公里外的坎布拉镇都有住宿地。总体来说，景区内多是藏民自家改造的乡村旅店，设施上不必寄予期待（大多没有淋浴房），但夜空繁星值得你逗留一夜。至于自带帐篷在景区扎营，至我们调研为止还不受任何限制。**好再来农家乐**（☎183 9717 6553；近龟山平湖观景台；铺60元/人）是山上难得一见的设有淋浴房的旅馆，室内装饰带有藏式风情，人多还可睡通铺。

坎布拉镇上的食宿相对完善，基本集中在东西向的主街丹霞路上。**兴安旅社**（☎874 2070；近汽车站；标双90元；P）招牌显眼，距离班车停靠的丁字路口仅2分钟步行路程。院落宽敞，房间简单整洁，内有太阳能热水器，提供电热毯，如选择不带独立卫浴的房间（旅社对面有独立淋浴房，5元/位）还可更便宜。**李家峡公寓**（☎879 2179；牛滩大街尽头；标双180元；热水时段：6:00~8:00，18:00~24:00；P 无线网络）是镇上配置最高档的宾馆，与镇政府几步之遥，远离主街，比较安静。你还可以在镇上找到清真面食、川菜小炒以及新疆大盘鸡，全镇唯一一家烧烤铺**忠福烤羊肉**（☎132 0973 6089；丹霞路中段；人均40元；17:30至次日1:00）除了经典的烤羊肉串（2元/串）、烤羊肚（49元/份）外，也有各种面食炒饭可提供，来这里打包外带的当地人络绎不绝。

实用信息

镇子中心是一个丁字路口，往北有一条不长的街道（牛滩大街）去往黄河边，依次经过**中国农业银行**（周一至周五8:30~17:30，周末和节假日9:30~17:00；有ATM）、**中国邮政及邮政储蓄银行**（周一至周五8:30~17:30，周末和节假日10:00~16:00）、**中国建设银行**（周一至周五9:00~17:30，周末和节假日10:00~16:00；有ATM）。

到达和离开

汽车站（丹霞路，近丁字路口）新站至我们调研时正在施工，所有从西宁发来的班车都停靠在车站对面的集散点。每天6:30~13:15，每隔45分钟有1班车发往西宁，22.5元/人。路边有轿车或小面包车可乘坐，从坎布拉镇到景区正门（陆路或水路售票处）10元/人，无需凑满。如去尖扎，12元/人，满人才走。下午拼车的人少，可到9公里外的康杨镇乘出租车，10元/人，满人才走，半小时可

坎布拉省钱锦囊

尽管坎布拉门票看来并不高，但景区提供的交通会吞掉你一大笔费用。在售票处，工作人员会极力推荐环线游览的通票，其中包括门票50元/人、景区中巴车全程（往返）100元/人、南宗沟码头—北岸码头的游艇（单程）100元/人。景区也有一条纯游艇（往返）的线路，100元/人。除非特殊情况（如人足够多），几乎难以买到纯中巴车或纯游艇的票。另外，由于景区车辆、船只有限，在旅游旺季常常还需排号等候（每次上车上船都要等）。

自驾是相对省钱的方式。如从贵德方向前往坎布拉（即由景区后门入），接近景区时有售票点，以50元/人、30元/车的方式收费。下午4点后，由正门自驾进入也会降至同一收费标准。另外，在售票点营业时间以外进入景区（建议你早8点前、晚7点后）无人收费。要注意的是，景区路段弯道多且险（偶尔还有未修整的塌方处），自驾需谨慎。

对于非自驾的旅行者，我们更推荐上下车自由的包车游览。在坎布拉镇找包车师傅，往往能比从西宁直接包车要便宜不少。如果有意游览坎布拉核心景区南宗沟，尤其对那些想保留体力攀登南宗峰的旅行者来说，包车也是性价比最高的方式。

到尖扎。

如从西宁自驾前往坎布拉，最快的方式是经由平阿高速、张河高速至“坎布拉”出口，下高速后还有约12公里，路况尚佳。更多旅行者会选择西宁—贵德—坎布拉这条线路，再由高速直返西宁。由于途经西宁曹家堡机场，可将坎布拉安排为离开青海前的最后一段行程。

泽库

人口：5.39万

泽库县城本身并没有吸引旅行者的地方，但“去泽库”就完全不同了。除了规模罕见的石经墙，泽库大部分美景就在路上。尤其对于从同仁一路向南的旅行者来说，只有继续前往泽库，才能看到因海拔大幅抬高而带来的自然景观变化。当车窗两侧的茂密林场瞬时变身为绵延无尽的高山草原时，你定会为之心潮澎湃。

然而县城却是如你想象一般乏善可陈。东西走向的幸福路、迎宾路（同一条路，只是过了路口换个名字），与南北走向的平安路、泽雄路（同前）构成县城两条主干道，交叉的十字路口周边有着方便的食宿与交通，是首选的落脚点。

景点

泽库最经典的景点莫过于和日石经墙。不过对于自驾由泽库前往同仁的旅行者来说，还可以在两县交界处欣赏麦秀林场，秋色尤美。

和日石经墙 历史建筑

在县城75公里外的和日乡，坐落着一座宁玛派寺院和日寺。比起历史不算悠久的寺院主体（一百多年），后山上的石经墙更令人瞩目。

在神山圣湖旁堆叠石经并不少见，但纵观整个青藏高原，这样一堵犹如大坝般长而厚实的石经墙却是极其鲜有的。具体何时建造尚无准考，但能够确知这是由和日寺最初的几任活佛为弘扬佛法、求一方祥瑞而发起的。他们请石刻大师给寺僧和藏民传授技艺，号召大量僧众花上数十年共同刻制佛经，这才为我们留下了规模如此宏大的石刻艺术珍品。而也正由于这样的契机，今天的和日村才成了远近闻名的石刻村，这也解释了为何如今新供奉上的石经显得更为精细与齐整。

在历次运动中石经墙也遭到了相当大的破坏，目前我们所见的是2005年修复完成后的样貌。整个石经墙高约3米，红色保护墙为基座，上面堆叠着的是藏文系大藏经。但对于旅行者来说，看不懂经文也没有关系，你只需像信徒一样，绕石经墙转上一圈，便相当于诵了一遍经文，同样福祥无量。另外，在石经墙一侧还残存着旧时寺院大经堂的遗迹，倍显沧桑。

漫步在山坡，远处的草原与山脚的和日寺尽收眼底。如果石经墙的宗教文化气息无法触动你，至少这样的风光还能慰藉长途驱车的辛苦。

从泽库到和日没有班车，在县城十字路口北侧可以找私家车拼车，25元/人，车程2小时。但是回程拼车比较困难（尤其下午），包车往返（200元/小车）更为稳妥。从和日乡到和日寺还有2公里距离，脚力不胜者也可在乡上叫个小车，一般15元能打个来回。

食宿

从泽库前往同仁县或河南县都十分方便，一般来说，没有必要在这里逗留。汽车站附近有不少经济型宾馆，但热水不一定供应得上，有需求的游客可以去公共淋浴房解决，通常10元/人。

在十字路口一带有不少小餐馆，以清真面食和川菜为主，甚至还有一家汉堡店。

格桑宾馆 酒店 ¥¥

（☎875 2788；迎宾路，汽车站对面；标双180元；P 📶）从汽车站出来立刻就能看到这家宾馆，有一个宽敞的带顶棚小院，车辆进出非常方便（停车10元/晚）。房间干净整洁，有信号微弱的无线网络。无独立卫浴的房间只要100元，考虑到高海拔地区偶有停水，建议你在选择房型前询问当日供水情况。

高原红大酒店 酒店 ¥¥

（☎597 0666；近民主路南端；标双218元；P 📶）泽库县档次与价格都居于首位的酒店，虽然位置远离主干道，但在一个本就不大的县城也不是问题，4分钟车程即到汽车站。无线网络信号与热水都有保障，自带餐厅，与中国农业银行为邻。停车便利，但要收费，10元/晚。

实用信息

中国农业银行（近民主路南端，高原红大酒店东侧；周一至周五9:00~18:00，周末和节假日10:00~17:00）设有ATM。

中国邮政（幸福路216号；周一至周五9:00~17:30，周末和节假日10:00~16:00）

到达和离开

泽库汽车站（☎875 2612）有个很小的门，可以进去敲窗询问买票事宜。泽库到西宁每天8:30有1班车，56元/人，车程约5小时。如到同仁，10:00~16:00每个整点发车，22元/人（私家车拼车也很多，40元/人），车程约1.5小时。另外，每天7:30有1班车开往甘肃临夏，60元/人，车程约4.5小时。

汽车站没有发往河南的车，需到迎宾路东头的丁字路口等过路车，一般20元/人，车程约1小时。

河南

人口：4万

从城外那形似蒙古包的欢迎牌坊，到县城沿街清一色的蒙古风格建筑外观，再到以察罕丹津、巴彦乌拉、那达慕等蒙古语汇命名的街道或广场，这一切都提醒着每一位外地人——你已进入青海唯一的蒙旗自治县。只不过，当地蒙古族人看起来与藏族人并无差别。

与同样高海拔的泽库县类似，河南县最美的风光非沿途的高山草原莫属。由于气候相对温和，南部又有黄河流经，这里水草丰茂，还养出了当地人引以为傲的河曲马与欧拉羊。

县城有彼此相交的东、南、西、北四条大街，其中东、西大街是主街，除了不少餐馆与旅店外，汽车站、医院、休闲广场等也都分布于此。

景点

河南县值得一看的景致大多在路上。从河南县城出发，东、南、西三个方向各成线路，风光不相上下，我们建议自驾旅行者按照既定目的地的方向走便可，不必特地为之。但依靠公共交通的旅行者在这里踩点相对困难，最好有三两好友一起包车。

东线沿着203省道前往甘肃与四川，可在边界的赛尔龙乡稍作停留，别错过离开青海前的最后一片美丽草原。**西线**则是沿310省道先至宁木特乡，对河南亲王历史感兴趣的旅人，可顺路参观新建的宁木特亲王府，旁边还有一座以表演甘南藏戏著称但规模不大的曲格寺。继续南下，经黄河大峡谷后可一直开往果洛。**南线**路况较差，一般经河南中转去玛曲的旅行者不走这条线，除非特意想看仙女湖与香扎寺。

至于县城，南大街南段有两个人工湖，分布在街道两侧，湖面中央的山坡上各有凉亭一间，可作为茶余饭后散步之所。如果对河南蒙旗县的背景感兴趣，不妨去西大街那达慕广场上的**黄河南蒙古历史文化博物馆**（⏲每周三、周六9:00~12:00、15:00~17:30）**免费**看看。

仙女湖 湖泊

这个带有迷惑性的名字是令旅行者感到失望的主要原因。但如果你知道这里本就处

不说蒙语的蒙古族

尽管街道名是蒙古词汇，尽管县城各政府机关前都标上了蒙文，但除了上了年纪的老一辈，基本上80%的河南县蒙古族人都不会说蒙语。当地学校曾一度推广蒙古语教学，可终以集体评价“没用”告终。唯一能显出这里与藏区有别的，就是草原上的蒙古包。这得感谢地理环境——当地人告诉我们，毡片围成的蒙古包比藏式帐房保暖，在河南县这样的高海拔地区确实更为实用。

如此高程度的族群同化历史，还要追溯到河南蒙旗的第一世亲王。他认识到，尽管蒙古族人最初是以统治者身份进驻河南地区的，但毕竟人口与文化都处于弱势。为了获得长足发展，他开始大规模地倡导学习藏语及藏文化。你大概不会想到，如今属于藏传佛教格鲁派六大寺院之一的拉卜楞寺，都是由河南亲王资助兴建的。

于尕海滩，以及它实实在在就是一片有着泉水口的草滩，或许会容易接受许多。不必担心，这里有草原、有溪流、有远山，它一样很美，只不过不是你想象中的湖泊。

整片草滩面积很大，藏民用围栏象征性地圈起一片湖域，每年至少来此一次，煨桑、磕头、堆放石经，甚至野餐。到了转湖的藏历羊年，这里就成了前后几十公里旷野中最热闹的地方。"拉则"（插有长竹竿、长箭等且拴有经幡的土石堆）旁边直径不过三四米的小水潭，是仙女湖中最重要的一部分，藏民将提前做好的布包宝瓶（一般里面装有食品、植物等）投入水中，许下愿望。对于当地人来说，这就是离他们最近、也最容易到达的"湖泊"。

从县城南大街一路向南，车行一个多小时后可到40公里外的仙女湖。如有时间，离开仙女湖朝着多松乡方向走，很快能看到一条岔道通往不远处的仙女洞。该天然溶洞属于自然景观，本地人去过的都不多，显然还未完全开发好，进洞时多加小心。

香扎寺

寺庙

免费 香扎寺位于河南县最南端的柯生乡，毗邻黄河，与甘肃玛曲的欧拉乡隔河相望。与河南县境内大多寺庙一样，香扎寺也是甘肃拉卜楞寺的属寺。这里距离县城约90公里，除了本地乡民，少有外人来访。尽管并不良好的路况（水泥路，但已被大车压得四处是坑），让你不得不承受两个多小时的颠簸，但当你见到如碧绿飘带般嵌在草原之中的黄河以及沿岸的寺院金顶时，相信所有的疲惫都会尽数消散。河堤昂欠（活佛府邸）背后有一条小路通往山坡，上有转经殿、转经廊，此处更为开阔。

为了便于往来，两岸各设了一处黄河渡口。据当地人说，交通工具仍使用原始的羊皮筏子。不过由于玛曲的牧民随季节转场，只有在他们转至欧拉草原一带时，渡口才会开放。

如从县城自驾前往，建议你在经过仙女湖之后，朝着多松乡方向走新路，另一条直接南下的老路虽公里数少，但路况十分糟糕。也可在县城乘坐开往玛曲的班车，中途在柯生乡下车，随路标步行可达香扎寺。

节日和活动

那达慕大会

少数民族节日

恢复那达慕大会是在20世纪八九十年代，在这个被藏区包围的蒙旗县，多少带着增强民族认同感的愿望。如今每隔一年（最近的是2016年），河南县就会从8月1日起组织为期三天（第四天颁奖）的赛程活动。有趣的是，因受到藏族民俗影响，尽管比赛项目延续着蒙古族的传统，形式上却与藏区赛马会类似。奖金丰厚的赛马是最激动人心的比赛，参赛者不乏十岁左右的少年，堪称草原人民"未会走路先学骑马"的典范。

举办地通常在县城以南的草原。政府在这里新建了主席台、圈起了赛马场，活动期间山坡上坐满了围观群众，一顶顶白色的蒙古包或帐房散落在青青草原上。我们调研时，活动场地附近新建成多层商业楼，或许未来能为远道而来的客人们提供便利。

食宿

县城主街西大街与东大街都有不少餐馆、旅店，南、北大街靠近十字路口处也有一些小食店，基本食宿都无需担心。唯一需要注意的是，在那达慕大会期间，大量观赛、参赛者会从甘肃、四川、青海各州乃至云南、新疆赶来，此时住宿供不应求，房费全线疯涨，最好提前电询。

交通商务酒店

酒店 ¥¥

（☎770 1666；汽车站三、四楼；标双200元起；P 📶）不夸张地说，这是整个河南县最干净舒适的宾馆。暖气不受限制，天冷就会适时启用。二楼还有一家环境不错的餐厅。唯一的遗憾是没有自家停车场，车辆需停到旁边的交通局院子里，收费10元/晚。

白鸽子宾馆

酒店 ¥

（☎156 9533 7570；土尔扈特路南段；标双110元；⏲热水时间：8:00~12:00，20:00~24:00；P 📶）宾馆位于汽车站旁的巷子里，房间整洁，性价比高。楼下还有一间火锅店，不少当地人也来光顾。

东峰氧吧宾馆

酒店 ¥¥

（☎876 8888；东大街，河南县人大对面；标双216元起；P 📶）特色在于全部房间配有供氧设备，在平均海拔3500米以上的河南县，这对于有需求的人来说简直是福音。2015年重新装修后，房间也显得格外干净。

实用信息

中国邮政（东大街83号；周一至周五9:00~17:30，周末和节假日10:00~16:00）位于十字路口东侧。

中国农业银行（南大街3号；周一至周五9:00~17:00，周末和节假日10:00~16:00）设有ATM。

县人民医院（东大街56号）有24小时急诊。另外在汽车站附近有一家规模尚可的黄河平价大药房（☎876 2059；西大街170号）夜间售药。

河南县旅游局（☎876 3122）能够提供基本的旅游信息咨询。

到达和离开

河南汽车站（☎876 2940；西大街248号）每天6:00、8:00、10:00均有发往西宁的班车，12:00的班车隔日发，77元/人，车程6小时。河南至同仁发车班次多，但每天时间不定，需提前询问，37元/人，车程约2.5小时。另外，河南每天各有一趟车发往甘肃玛曲（7:30；50元/人；5小时）、夏河（7:00；58元/人；4.5小时）、临夏（6:00；76元/人；5小时）、兰州（8:30；130元/人；9小时）。

如没有赶上班车，可以在车站前找私家车。一般去西宁120元/人、同仁40元/人、泽库20元/人，均需凑满人。如果要去宁木特，可以在蒙藏医院（西大街358号）门口坐小面包车，20元/人，车程约半小时，上午早点儿去容易拼到车。

果洛

包括 ➡

玛多……169
阿尼玛卿……173
大武（玛沁）……178
达日……182
甘德……184
年保玉则……186
久治……192
班玛……193

最佳自然景观

- 年保玉则的花海（见186页）
- 阿尼玛卿主峰玛卿岗日（见173页）
- 扎陵湖和鄂陵湖（见169页）
- 达日黄河谷日落（见182页）
- 10月的冬给措纳湖（见170页）

最佳人文景观

- 班玛玛柯河谷（见194页）
- 久治白玉寺（见191页）
- 甘德东吉多卡寺石经墙（见184页）
- 甘德龙恩寺（见184页）
- 达日的经幡（见183页）

为何去

果洛不在你熟悉的青藏、川藏公路上，甚至唐蕃古道也只是擦肩而过。无论你从哪个方向进入藏地，它都无法让你随随便便就靠近，从西宁或是成都抵达这里的门户城镇都需要一整天，再进入那些让人心驰神往的雪山脚下或是高原湖泊旁，常常又得耗去一整天。在这个平均海拔在4000米以上的荒野，常年似乎只有两个季节——冬季和疑似冬季。

这样严寒和冷酷的所在，几千年来都只有彪悍的牧民在游荡。稀薄的人口和空气里，是宽广的草原和湖泊，神性和人性难以分辨，使得旅行季节短暂的果洛，成为青海旅行最酷的选择之一。

身为安多藏地的腹心，果洛中央的阿尼玛卿雪山，是茫茫草原上所有牧民皆会前来朝拜的神祇；年保玉则凭借皑皑群山下、短暂雨季里湖畔延绵无际的花海名满天下；在遥远的巴颜喀拉山北麓，果洛宽广的牧场正与黄河的源头和上游依偎相伴，扎陵湖、鄂陵湖、仙女湖和冬给措纳湖，不过是万千湖泊中游人能抵达的少数，晴日之下，你甚至能看到远处的阿尼玛卿倒映在水中。星星点点的羊群、牛群和安多人的帐篷，那些遥远年代征战于此的古代游牧部落仿佛就在眼前，几千年都没有变过。

何时去

5月至8月 无论是草原还是花海，这时都是色彩最丰富的季节，也通常是进行户外运动唯一合适的季节。寺院法会和赛马节也常在此时举行。一些戒律严格的寺庙，从7月下旬开始进入为期45日的“结夏安居”期，女性进入寺院参观受限。

9月至10月 雪山和圣湖仍可亲近，冬给措纳湖的红草滩和玛柯河谷的森林也一片金秋色彩。

12月至次年4月 冰封万里，干道之外举步维艰。但晒佛节、藏历新年等节庆也接踵而至。

自驾果洛

在班车稀缺的情况下，自驾果洛就成为一个更好和更理智的选择。2016年共（和）玉（树）高速和花（石峡）久（治）高速的完工通车，使得游览果洛的三大景区变得一气呵成。你可以从西宁驱车直下玛多，游览那些迷人的高原湖泊后，沿花久高速先后游览阿尼玛卿和年保玉则，最后下高速游览班玛河谷，沿着班玛—大武—贵德的省道回到西宁。

当地知识

从服装来辨认果洛人

果洛女人常戴淑女范儿的优雅礼帽，或者饰以羽毛和彩箍的帅气牛仔帽，如果是蓄辫，则用华丽的"辫套"套住系在背后腰带上，再加编夸张的珠宝；还有一种同样非常吸引眼球的扁圆羔皮帽，帽顶由层次分明的红、绿、黄、蓝彩缎组成，这是邻居玉树康巴款式的帽子，用料好的造价要上千元一顶。女人们都喜欢佩戴大串珊瑚珠，身着节日盛装时，每"只"耳环是像算盘那么大捆的珊瑚链，霸气！女人们还系"恰玛"——镶满硕大宝石的银饰皮腰带，前后吊几款如意状银花坠饰或者精致的火镰，雍容华美。男人对珠宝的喜爱主要显露在做工精湛的腰刀上，刀鞘刀把错金错银再镶满宝石。

玩转果洛之不完全手册

景点 果洛大部分景点和寺庙仍以本色示人，无"开发"，无门票，无开放时间限制。只有扎陵湖、鄂陵湖以及年保玉则收门票（阿尼玛卿拟于2016年高速公路建成时收费），"景区"里也谈不上什么设施开放。由于当地人口稀少，班车也稀落，你很难用班车抵达那些人迹罕至的风景。需要做好包车、自驾或是搭车的准备。

住宿 果洛没有青年旅舍或背包客客栈。需要注意的是，这里的"标间"概念与内地不同，有时仅是比路边招待所好一点的无卫浴双人房，所以一定要问清楚有没有浴室。这几年由于虫草经济和旅游的发展，新的宾馆供应增多，在大武、达日、玛多和久治，带卫浴的简单标间价格已经降到了160~180元，也有了四星级标准的酒店，其他县城的住宿点仍非常简陋。

餐饮 别指望能吃上什么特别的美食，河湟地区的回族和四川人是各个县城最主要的餐饮供给者，州府大武是唯一一处有稍微上档次的餐厅的地方。在其他县城和交通重镇，只要你愿意，一盘川菜小炒、一碗青海面片或是一杯酥油茶都是可以享用到的。

快速参考

- **人口:** 20万
- **电话区号:** 0975
- **平均海拔:** 4200米以上

如果你有

4天

第1天从西宁到花石峡，游览**冬给措纳湖**（见170页），第2天到玛多游览**扎陵湖**（见169页）和**鄂陵湖**（见169页），第3天走花久高速，在垭口亲密接触阿尼玛卿雪山及其冰川，夜宿大武，第4天从大武经贵德返回西宁。

4天

第1天从成都自驾出发抵达久治，第2天游览**年保玉则**（见186页）和**白玉寺**（见191页），第3天游览**玛柯河谷**（见194页）后抵达壤塘，第4天自壤塘返回成都。

7天

第1天从成都出发抵达久治，第2天游览**年保玉则**，第3天游览**白玉寺**和**玛柯河谷**，宿班玛。第4天穿越达日和花石峡抵达玛多，在南路朝拜**阿尼玛卿**（见173页），第5天游览**扎陵湖**、**鄂陵湖**和**冬给措纳湖**，第6天从花石峡进入阿尼玛卿北麓，在垭口看冰川，宿白塔或大武，第7天抵达西宁。

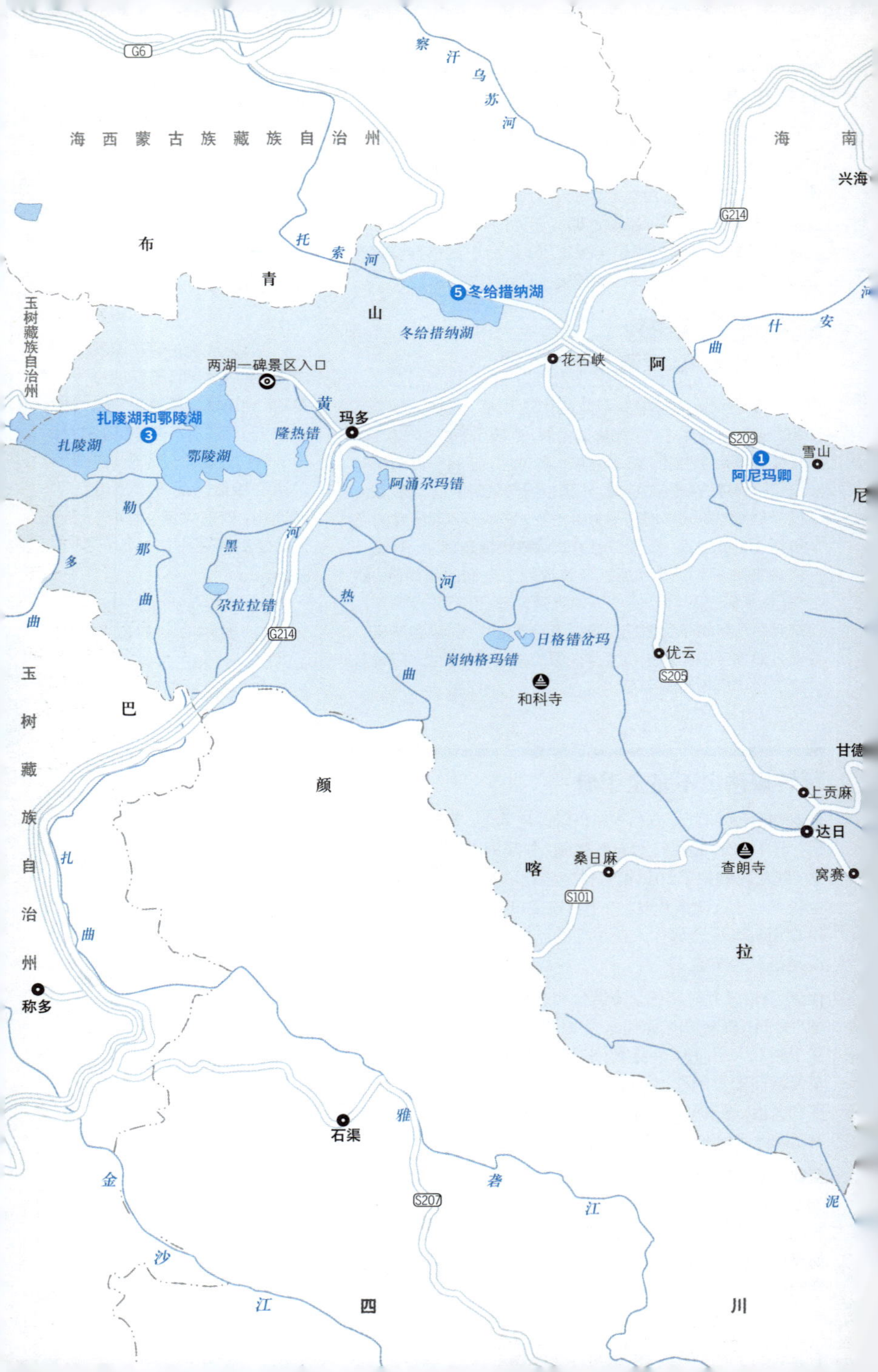

G6
察汗乌苏河
海西蒙古族藏族自治州
海南
兴海
G214
布
青
托索河
5 冬给措纳湖
冬给措纳湖
山
玉树藏族自治州
两湖一碑景区入口
花石峡
阿
什安
曲
黄
玛多
扎陵湖和鄂陵湖
3
扎陵湖
鄂陵湖
隆热错
S209
1
阿尼玛卿
雪山
尼
阿涌尕玛错
勒那曲
多曲
黑河
河
热曲
尕拉拉错
G214
日格错岔玛
岗纳格玛错
优云
S205
和科寺
玉树藏族自治州
巴
颜
甘德
上贡麻
达日
扎曲
喀
桑日麻
查朗寺
窝赛
S101
拉
称多
石渠
雅砻江
S207
金沙江
泥
四
川

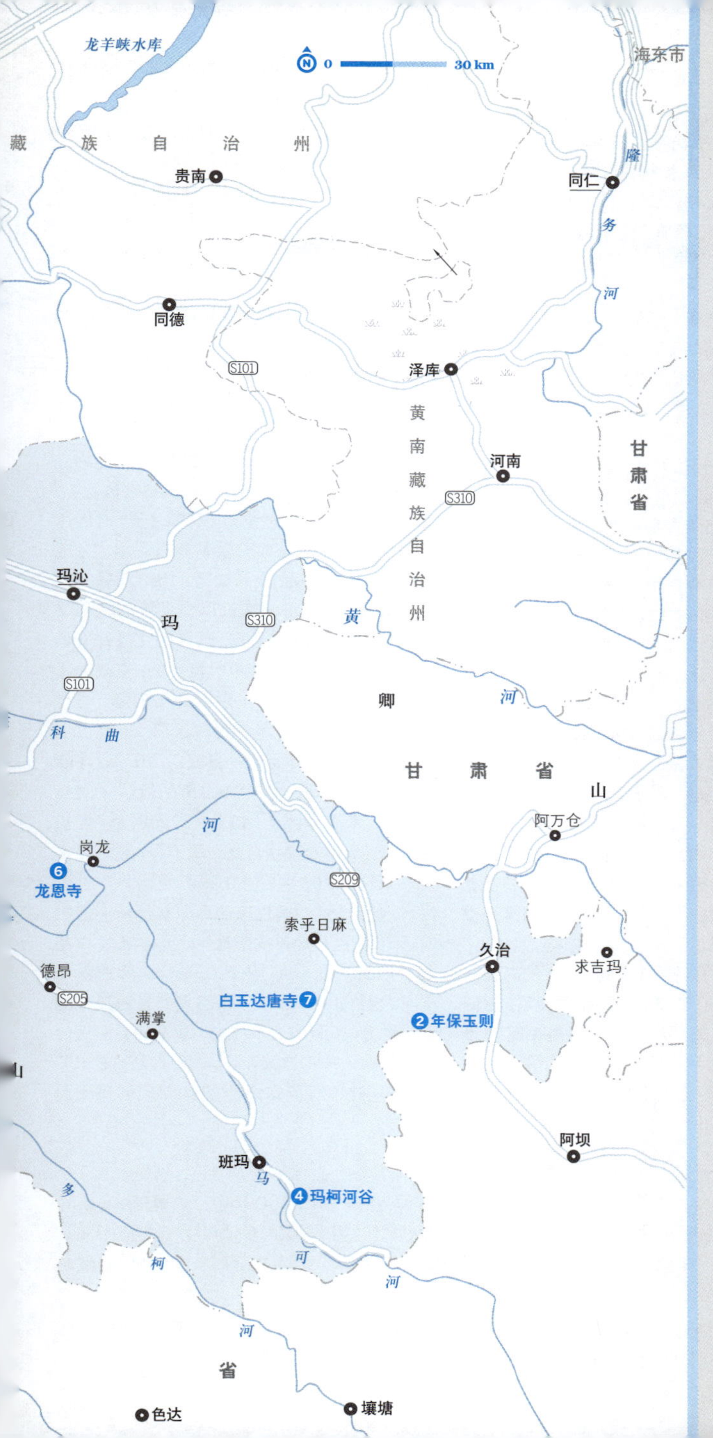

果洛亮点

1 在冰川下面朝圣**阿尼玛卿**（见173页），体会它在安多牧民心中的美与神圣。

2 在**年保玉则**（见186页）神山美湖下的漂亮花海里睡个午觉。

3 登到牛头碑上，一眼扫到**扎陵湖**和**鄂陵湖**（见169页）的茫茫无际处。

4 到班玛**玛柯河谷**（见194页）大口呼吸氧气，观看曼妙的觉囊派高塔。

5 在红草和野鸟摇曳的**冬给措纳湖**（见170页）畔拍下吐蕃曾经征战过的黄昏。

6 和虔诚的信徒一起，转拜**龙恩寺**（见184页）那仿佛从加德满都谷地迁移而来的巨塔。

7 在**白玉达唐寺**（见191页）寻觅辉煌的珍珠唐卡和古董千人大锅。

历史

在古典汉文史籍里，果洛是一片西羌诸系溯水而居的宽广草原。黄河源头的第一神山阿尼玛卿，在《汉书》里被称为“积石山”，而后在一些神话和传奇里也屡屡被提及。南北朝时，汉人亦记载有“党项羌”在这一区域活动，其实也就是一片未有明确族属的游牧之地。

今日的果洛藏族，其血脉除了源自大渡河到昆仑山游荡的羌民，还有来自雅鲁藏布江的吐蕃人与来自漠北的蒙古人。公元7世纪的唐蕃战争，把这片“无王之地”纳入了吐蕃的领地，佛法北传，果洛人渐渐建立起了对卫藏地区的向心力和认同感，今日亦有部分果洛人认为，自己的祖先来自后藏的扎西伦布。千年后，清军入关，蒙古和硕部亦大举进入康地和安多，果洛与青海的其他地方一样，成为蒙藏交汇之地。逃难者和征战者在这片土地互相斗争，果洛成了一个血脉复杂之地，没有人说得出那些大大小小的部落，以及祖先的来源地到底有多复杂。

也是在明清之际，果洛形成了三个最著名的部落，即上果洛昂欠本、中果洛阿什姜本、下果洛班玛本，后来人们习惯称这里为“三果洛”地区。实际上，整个地区大约有200多个小部落。无论是对于拉萨的噶厦政府，还是北京和南京的政府，果洛都是一个“土匪之地”的形象。藏语里的“果洛”，就有叛逆者的意思，在一段时间内，他们甚至被禁止进入拉萨城。

1828年，出身热贡（今同仁县）的高僧夏嘎巴大师，在尼泊尔和卫藏巡游多年后，返回河湟家乡。他的载满佛经以及达赖喇嘛和班禅喇嘛信件的车队，竟然被果洛部落洗劫一空。几个月后，夏嘎巴大师将此事告知西宁的驻藏大臣，却被清朝官员告知他们已无法控制这些彪悍的部落。

对桀骜不羁于草原上的果洛部落造成严重打击的，是百年后河州来的穆斯林马氏军阀家族。马家五虎控制了今日甘、青、宁的大多数区域，并与青海蒙藏诸部包括果洛发生了激烈残酷的战争，最终将今日果洛大部纳入中华民国名义上的统领范围。

民国初年，青海的头号人物马麒在阿尼玛卿雪山开采金矿，导致当地藏族部落的反抗，马氏部队则对反抗者进行了残酷报复。1921年，马麒的宁海军打败了果洛率先反抗的一些部落，并将掠获的牛羊金银和妇女都带回西宁。马麒的军队在交战过程中屠杀无辜，导致果洛藏族和马氏家族结下不解之仇。

双方的仇恨在马步芳（马麒之子）时代达到高潮。马步芳曾六次派军攻打果洛。当地的藏族部落不堪忍受马步芳的统治，每次都会起兵反抗，但每一次都以马步芳的胜利结束。在后来的历史叙述中，这六次交战都有具体的牧民死亡人数、被抢牲畜头数，交战中还有许多妇女被奸淫。在果洛的东南部，马步芳的部队烧毁了许多寺院和民房，导致很多牧民被迫在川、青交界一带流亡，10年后才陆续返回原居住地。而在1941年的最后一次交战中，上果洛地区遭到3个月的大屠杀，死亡1800余人。整个果洛自此一蹶不振。

果洛在1954年建立藏族自治区（后改州）。直到今天，这荒凉的高原在经济上仍然远远赶不上玉树和黄南地区，人口规模亦和七十年前差别不大，依然是人口稀薄的世外草原。也许正因为如此，果洛拥有青海最多的宁玛派寺院，还有青海唯一、非常稀有的藏传佛教传承——觉囊派寺院。就算经历“文革”的冲击，这些寺院在20世纪80年代后仍死而

阅读果洛

《庄学本全集》，庄学本著，李媚、王璜生、庄文骏编，中华书局，2009年版。收录了作者从1934年至20世纪50年代进行的民族考察和民族摄影所拍摄的3000多张照片，包括当时罕有人至的果洛。作者1934年夏天在环游果洛的途中，不慎将照相机的三脚架遗失。果洛藏人拾得后，骑马追赶三百五十公里将三脚架送还。

《阿尼玛卿山神研究》，才贝著，民族出版社，2012年版。记录了从古到今，山神与神山崇拜的源流、变化和仪轨，尤其详述了朝圣者转山过程中的各处圣迹。

复生，香火如今更盛，这些历经磨难的宗教文化的“活标本”，是果洛最让人珍视的历史人文景观。

玛多

海拔：玛多县城4300米，牛头碑4610米

曾经偏离果洛中心的玛多，如今随着高速公路的开通，却成为果洛旅行的第一站。位于214国道和共玉高速旁的它,以黄河源头浩瀚如银河的高原湖泊群而出名，那些从西宁南下玉树、昌都和拉萨的游人，大部分都会在这里停留，去看看扎陵湖和鄂陵湖（“两湖”），甚至进入源区深处，寻找缥缈传说中的星宿海以及真正的黄河源头。

无与伦比的纯净度总是和高海拔联系在一起，小心高原反应。还好，这里交通方便，去海拔更低的地方不困难。

方位

玛多县城在214国道北面3公里处，与国道相交的玛多岔口，成为过往车辆休息吃饭的中转站，如今餐馆林立。玛多岔口的正前方即是黄河第一桥，再往前一点是星星海。

县城往北96公里是两湖之间的牛头山，再往里深入无人之境许久，才是星宿海和真正的黄河源。

县城是丁字形的两条街。南北走向的南大街上，新客运站（拟于2016年启用）在最南端，往北步行5~10分钟可以走到老客运站与丁字路口之间这段县城最“繁华”的街区。

景点

县城北侧入口处有一个巨大的**岭·格萨尔文化博览园**，有岭国几十名大将的雕塑或绘画，当地人常常在周围休闲。

扎陵湖和鄂陵湖 湖泊

（门票80元）黄河源湖区是无数人梦寐以求的目的地。两湖之间的牛头碑，是“到此一游”的绝佳留影地。

尽管两湖离真正的黄河源头仍有相当的距离，却仍然拥有青海不可多得的湖光美景。黄河源泉流经星宿海，向东汇入扎陵湖，再由南侧通过一条小河，流入鄂陵湖。两湖之间相隔15公里，牛头山当中而立。从高处纵览，两个蓝色的湖泊宛如一只蝴蝶的两只翅膀，而中间的山脉则是蝴蝶的身躯。

去两湖的路上，就像进入野生动物园，各种鸟类，以及藏野驴、藏原羚等国家级保护动物不时在眼前穿梭。从县城过来40多公里处，**鄂陵湖**便跃入眼帘。鄂陵湖的面积达628平方公里，只比扎陵湖大100多平方公里，但其蓄水量则是后者的一倍多，因为它最深的地方可达30多米。湖滩有些地段的石头扁平如瓦片，稍加练习，就能在平静的水面打出十连环的水漂。

沿鄂陵湖边继续往西行驶约50公里，出现一座金碧辉煌的寺庙，就来到了**迎亲滩**。传说文成公主进藏时，松赞干布曾到此地迎接。历史上“柏海迎亲”中的柏海，据考证就是现在的扎陵湖。寺院名为多卡寺，“多卡”藏语指石经墙，寺旁有好几堵。其附近已经修好了餐厅，宾馆土建已好，开业时间未定。

无须停留，径直把车开上两湖之间、玛多地区的十三圣山之一的**措哇尕什则山**，因山顶竖立牛头碑，也称**牛头山**。山顶是纵览两湖地区最好的位置。天色晴好时，东面的鄂陵湖通体发亮，西面的扎陵湖云影徘徊，眼前一切恍若梦境。山顶有数个石碑，最有名的是**牛头碑**。这座1988年落成的铜铸牛角，高5米，重5.1吨，胡耀邦和十世班禅喇嘛分别在上面题写了汉藏文“黄河源头”（虽然这里还不是真的河源）。通往山顶的土路有点陡，但微型车努努力照样能爬上去，约需20分钟。徒步上山、下山大约各需1.5小时和0.5小时。

如果你乘坐的是一辆性能不错的越野车，并且熟识路况，才有可能抵达**扎陵湖**。虽然总是把两湖相提并论，但包车司机一般只愿意到达鄂陵湖和牛头碑，所以如果你能到达扎陵湖边，那就算是玩儿得很“野”了。土路延伸到扎陵湖东南角的**茶木措**后，就基本看不出路痕了，去扎陵湖出水口还有十来公里。为了看到扎陵湖出水口处，以及一大片水鸟在狂吃湖中肥鱼的欢乐场景，你需要为路况和车况提心吊胆，并多付大约400元的车资。

去两湖只能自驾或包车，搭车不可行。从玛多县城包车前往两湖地区，如果只是开到牛头山顶，所有车型都是800元，单程约2小时。如果还要去扎陵湖边，大概要1200元，必

须是越野车。可以在各旅馆和车站班车到达时，去寻找散客一起拼车。

星宿海和黄河源

湿地

星宿海不只是个传说。它深藏在牛头山往西约200公里处，景色能有多好已不重要，能到那儿就很不错了。黄河源区年降水量不足400毫米，但由于在冻土上蒸发耗损少，有利于径流的形成，加之星宿海地区是一个狭长的盆地，因此黄河之水从各地发源之后汇集至此，最终形成湖沼密布、水网纵横的地貌。在冒险跋涉半日后于高处俯瞰繁星若梦，此情此景叫人失语。不过近年有图片显示，星宿海那些星罗棋布的海子，部分已经干涸甚至退化为荒芜的戈壁。也许多年以后，星宿海将变成真正的"传说"。

比星宿海还渺茫的，是真正的黄河源，在星宿海西南面更深处。自认为去过"黄河源"的人会很多，而这些人里面到过星宿海的就已经是凤毛麟角了，何况是去真正的黄河源呢。黄河源头实际上是汩汩清泉，其中约古宗列曲源头可以开车到达，而卡日曲只能徒步进入。

要进入缥缈的星宿海以及黄河源是一项浩大的工程，最好组织一个装备良好的车队进入，以防意外。包车到星宿海或黄河源，车费分别约为3200元和3800元，需凌晨4点左右出发才能保证当日能返回县城。虽然该地区实际位于玉树州的**曲麻莱**（见240页），但玛多因为旅游业的发展，而具有更充足的越野车和有经验的司机。想了解更多关于该线路的情况，可咨询老司机**日尕**（☎139 0975 2843）。

冬给措纳湖

湖泊

冬给措纳湖藏语也称"冬日措纳"。虽然已在国家AAA级景区之列，但必须感谢两湖一碑名气太大，无意间让同样静美的她在众目睽睽下大隐于市。湖水源自阿尼玛卿，身处以"千湖之县"知名的黄河源区，系出名门

黄河之水哪里来

对黄河源头的争议由来已久，而且似乎从未有过定论。每一次考察都试图推翻前一次的结论。即便是官方承认的科学考察结论也在不停变化。当然是因为黄河上游本身也在发生变化，于是人们总是去做新的地理考察。而"源头到底在哪里"这个问题真的那么重要吗？

对黄河源头的第一次实地考察始于元朝的忽必烈，由此形成的《河源志》第一次记载了黄河从星宿海汇入两湖地区。接下来的第二次实地考察，已经到了清朝康熙皇帝时。他派出的人马止步于星宿海，但发现那里还有三条河作为上源。到了乾隆时期，他又派人去黄河源头祭河神。据说这次是真的到了源头，并声称黄河发源于一个叫"噶达素齐老"的地方。但在1978年的考察中，这个有可能是用来骗皇帝的地名被证明是虚构的。

新中国成立后，对黄河源头又进行了一次考察。1960年，黄河水利委员会大约40多人前往玛多。沿着星宿海继续前行时，他们看见三眼泉水流入三条小溪，并汇集到一起，流入一个盆地。他们判断这里就是"约古宗列"盆地——藏语意思是"炒青稞的锅"，而那条小河则是约古宗列曲，即黄河的源头。

引发争议的是1978年的考察。黄委会和青海本地政府都组织了一次实地考察。虽然他们内部也有争议，但1983年，新华社引用青海考察团的结论，提出黄河源头是卡日曲（一条水量更大、更长的河），而不是约古宗列曲。

争论在这一年达到高潮。《光明日报》和《人民黄河》杂志组织了一场"纸上谈兵"的讨论，提出多源说、卡日曲源头说、维持原状说等。黄委会不得不在1985年又去考察一次。这次正式将约古宗列曲作为源头，并立下了一块木碑，上面是黄委会主任题写的"黄河源"三个大字。

2009年，国务院公布了新的《三江源头科学考察成果》。据说这个汇集了各个领域优秀专家的科考队伍，利用了最新的高科技进行确认。他们最后宣布，卡日曲才是黄河的源头。现在，很多人都在想，下一次考察是什么时候？

的冬给措纳却选择不去"锦上添花"（汇入黄河），而是"雪中送炭"地向西北流入柴达木，默默滋润着干旱的盆地，孕育出珍贵的绿洲文明。

从花石峡镇沿214国道往东走到去往下大武的岔路口，对应北面的宽阔路基就是在建的香花高速（预计2016年内修好，南接未来的花久高速）。在高速公路启用前，你可以沿着这条宽阔的道路开20来公里到湖边（高速启用之后，北面下一出口在百公里外，只能走环湖土路）。一路上记得频频回首，这是在花石峡地区眺望阿尼玛卿的最佳地段（214国道上有近山遮挡）。手机信号消失殆尽时，湖的南端也到了。南端浅窄处水色最为瑰丽幻变，晴天在此也能眺望到阿尼玛卿群峰。这里在国庆前后会有浓浓的秋色来袭，以帕米尔蒿草为优势植被的湖边草甸，华丽变身为连片抢眼的红草滩，几乎可媲美稻城。而更胜一筹的是，国庆期间在冬给措纳湖晃悠一天，很可能遇不到十个人。

继续沿香花高速的路基向北，最多还能走5公里的环湖路，但想最大限度亲近湖岸，也可以转下湖边的车辙土路。只为领略湖光山色的话，在南岸流连1小时便可。

如果车况允许，往北深入，那里的湿地是斑头雁和鸥类、鹬类的主要繁殖地，鹰鹫则在高空盘旋，湖滨草原上有成群的野驴和白屁股的黄羊。种类繁多的野生动物，是这片素净得"发荒"的无人区上的亮点，有条件就换上长焦吧。据来自当地人的建议，露营需谨慎，除非你梦想偶遇棕熊和狼。

从花石峡到湖南岸这一线的往返，从玛多包车约500元。

星星海 湿地

即便不能一睹星宿海的风采，也可以在星星海领略其一二。过了玛多岔口，沿着国道再往前10公里左右，公路两侧会出现大片的湖泊。它们大多面积不大，但数量众多，宛如星星点缀在无垠草原。其中有四个较大的湖，分别位于214国道两侧。即便是车窗外的惊鸿一瞥，也足以留下深刻印象。

专程从玛多县城包车前往，则可以开下公路，在地势较高的山坡上视野更佳，约需100元。湖边有沼泽，不要轻易涉水。

不要错过

冬给措纳湖北岸的吐蕃遗迹

冬给措纳湖不仅有迷人的湖景、山景，也有吐蕃时期的莫格德哇古墓群遗址，它们大多建于公元7世纪，是吐蕃兴起时期入侵吐谷浑乃至唐境的例证之一。不过，这个古墓群遗址在玛多县建政前已经遭到盗墓者疯狂挖掘，现在只剩残墙壕沟可供凭吊，但在荒山野湖中拍摄也颇为壮观。你在包车去冬给措纳湖时，可以和同处北岸的猴山一起打包游览。

食宿

南大街上密密麻麻的都是旅馆，建议你提前预订，7月、8月和国庆时，旅游团对这里住宿价格的影响可能是海啸般的。这里的住宿很贵，普间不低于150元，但算得上相对干净，Wi-Fi的覆盖率在果洛的县城中算是最高的。

不少旅馆没有标间，洗澡可以去政府澡堂。从玛多宾馆和玛多游客服务中心中间的通道走进政府小区，左拐的平台上公厕旁即是。澡堂设施比起那些旅馆可称得上豪华，10元/次。

玛多的餐馆同样以清真和川菜为主，味道差别不大。粮油宾馆对面的**津味小笼包**早上7点起提供包子、豆浆和粥。

粮油宾馆 酒店 ¥¥

（☎834 5048；老客运站往北约20米路边；普双198元，标双280元；📶）这里是玛多最热门、综合服务设施最全的住处。前台人气很旺，容易找人拼车。附设餐厅是玛多罕见的有丰富早餐品种的地方（20元/人）。住普间可在内部公共浴室洗澡。设施略显陈旧是唯一的小缺点。

交通宾馆 招待所 ¥¥

（☎834 5182，180 9575 2822；老客运站入口南侧；普双220元；@）房间和公共洗手间设施都比隔壁的**河源宾馆**（☎834 5658；普双180元）干净些，当然价格也贵些。

玛多县游客服务中心 酒店 ¥¥¥

（☎834 5916；丁字路口东玛多宾馆旁；标

值得一游

从野马滩到和科寺

大部分游人来到玛多，都往西部和北部而去，忽略了黄河东流去的黄河乡。黄河从县城附近南流，过了星星海之后，便是生态史上著名的野马滩。

曾经的这片草原湿地，随时可以看见几十乃至上百匹野马或野驴奔跑，然而在20世纪60年代的饥荒时期，捕猎使这里成为几乎看不到动物的生态灾区。近些年才逐渐恢复，夏天野花盛放的时候，你仍有机会看见传说中的野马。

黄河绕过野马滩，又掉头向北回走一程才向东流去，这一地带有二三十个大小不一的湖泊，湖光潋滟，深邃湛蓝，在晴朗的天气下，甚至能看到阿尼玛卿投映的倒影。最大的**岗那格玛错**和**日格错岔玛**尤其美艳，这里水草丰美，鸟飞马奔，是传说中格萨尔王赛马的地方。如果能爬上两湖之间岗那格托玛山的顶峰，你就会看到更激动人心的苍茫景象。

过了两湖继续往东，便可到达这片草原上最大的寺院——**和科寺**。寺院由德格的左乎久寺院活佛图旦确知于1927年建立，属宁玛派。每年"煨桑节"和"献花节"信众云集。"煨桑节"每年初夏（农历四月）在海拔4800米的同布山举行。人们在山顶燃火祭天7日，在山下赛马骑射，好不热闹。"献花节"则在每年仲夏（农历五月）举行，盛装的安多牧民手捧鲜花，朝拜寺院，为拍摄而来必不后悔。

包车往返岗那格玛错、日格错岔玛及和科寺的价格是1000元，用一天时间很充裕。

双380元；📶）2015年才全新落成的酒店，客房在二楼和三楼。标间宽敞现代，设备是玛多目前最好的。一楼的游客咨询中心可以获得很多有用资料，黄河旅行社可以帮忙安排行程。

迎亲滩黄河宾馆　招待所 ¥¥

（迎亲滩多卡寺旁；铺100元）这幢水泥平房是目前迎亲滩仅有的一家住处，设施简易干净，有电但无自来水。在我们调研期间，不远处景区的宾馆主体已完工，但尚未启用。

天府人家　川菜 ¥¥

（南大街丁字路口玛多剧院东侧；人均40~50元；⏲11:00~22:00）和南大街其他的小馆子比起来，它的环境还算体面。川菜很难说正宗，但鱼和牛肉都做得好吃，也有15~20元的盖饭快餐提供。

ℹ 实用信息

医疗服务

玛多县人民医院24小时门诊（☎834 5043；粮油宾馆对面）门脸很大，提供吸氧、心电图、缝合、拔罐、藏医等多种医疗服务。由于很多游客都是一口气从西宁赶到这里的，而玛多海拔又比较高，所以旅游旺季这里每天都坐满了吸氧的人。

旅游信息

玛多县旅游局（☎834 5816）可以咨询交通和节庆安排等信息。

黄河源旅行社（☎834 5916；游客服务中心一楼）拥有两个越野车队，可以安排几乎所有玛多县境内的路线。

ℹ 到达和离开

我们调研期间，老的玛多汽车站（☎834 5182）在南大街上，没有售票处，只能上车买票。在建的新客运站拟于2016年启用，从老客运站往南步行过去七八分钟。

玛多有班车前往西宁（约120元；7:30；7~8小时）和共和县（约80元；7:00；6小时）。共玉高速虽然没有完全通车，但大部分路段已经允许运营车辆使用，大大缩减了班车时间。

县城外3公里214国道上的玛多岔路口，也是往来于西宁和玉树之间的必经之路，可以向此处的交警检查站咨询具体过路班车的预期抵达时刻。基本上，从下午2点到凌晨都有去玉树的车经过。岔口有很多小饭馆可供等候。岔口到玉树还有300多公里，共玉高速完工后预计4小时即可抵达玉树，老路则需要7小时。

在地图上可能还能看到扎陵湖的北面有一条通往曲麻莱的路线（与进入星宿海、黄河源的路段部分重合），但该线路其实就是沼泽上时断时续的小土径，其凶险程度连本地老司机都忌惮三分，自驾旅行者不建议冒险尝试。

当地交通

玛多县城到玛多岔路口这3公里路，包车往返白天20元，夜间21:00后40元，单程半价。如果抵达该路口时要进县城却没遇到车可搭载，就只能徒步了。

阿尼玛卿

海拔：主峰6282米，知亥代垭口5225米

在远古就有的苯教信仰中，阿尼玛卿被认为是战神之王。在《格萨尔王》史诗里，阿尼玛卿常常在双方战争危急时，现身战场，帮助岭国士兵击退敌军，后来也成为格萨尔王灵魂安息的地方。许多果洛和黄南地区的寺院大经堂前的壁画上，都有阿尼玛卿的著名形象：身骑白马，手执长矛，不怒自威。

对从小聆听格萨尔王故事长大的藏族人，或是北亚游牧民族来说，朝拜阿尼玛卿是一件无上的功德与荣耀，甚至忽必烈也来过这里，只是为了送别将佛教带给蒙古人的八思巴上师。藏族信众认为阿尼玛卿神山属马，因此每个马年这里尤其热闹。雪山下，为朝圣者提供歇息和热茶的帐篷星星点点，是藏地人、地、神精神关系的绝佳诠释。

比较特别的是，阿尼玛卿曾经被误解为世界最高峰。那个从丽江开始，穿越多康地区群山大川的洛克，也曾来到阿尼玛卿考察植物，他测量阿尼玛卿的高度为8500米。20世纪40年代末，又有美国登山者测定其为9100米，直到20世纪70年代，国内的科研工作站才将其主峰玛卿岗日确认为6282米。

阿尼玛卿的雄姿即使对藏地之外的人来说，也是风采卓绝的。山间发育着40多条冰川（占黄河源区冰川总量的90%），它们像电影《阿凡达》里纳美人的触辫，将神山与黄河接通，赐予它无穷水量，黄河从此踌躇满志，继续东去哺育半壁华夏。

正在紧密施工的花久高速（花石峡经大武至久治），预计将于2016年夏秋之际通车，那时长驱直入阿尼玛卿腹地将会是一件很容易的事，不过景区收费预计也会从那时开始了。

景点

扎德滩 地标

这里将是景区的西大门所在，地名源自阿尼玛卿胞弟“扎德昂秀”在此修行降魔的传说。朝东远望，已能看见部分雪峰。但在这片苦寒大地上，最耀眼的不是雪峰或庙宇，而是恢宏的“空中楼阁”——**阿尼玛卿藏文化中心**。它是**格日寺**才仁拉加活佛用十多年心血建立起来的，为周边少儿免费学习藏文化、汉语、科技等现代知识的地方。所以进去参观，给你惊喜的不是建筑壁画之类的宗教艺

在花石峡转车

我们不建议你在条件恶劣的花石峡停留过夜，这个尘土飞扬的交通要道在三条高速公路的联手施工下，更是灰头土脸。住宿只有简陋的大车店，公共厕所只有一个。即使你要去冬给错纳湖游玩，住在玛多显然也是一个更合理的选择。

214国道和花石峡通往达日的公路相交成一个“T”字形，镇上居民主要在东边去达日的公路两旁居住。但你要转车搭车的话，最好在“T”字路口等候。三个方向来的班车，如果人未满的话，都会经过此地揽客。一些面包车和私家车也会停在路口等待包车或拼车。

过路班车经过的时间必然是不太固定的，你可以多跟本地的等车人请教推算。沿214国道去往西宁、玉树或玛多方向，请参见西宁、玉树和玛多章节的“到达和离开”，推算过路时间依据为：西宁过来6~7小时（约100元），玉树过来5~6小时（约90元），玛多过来1个多小时（20元）。西宁到达日的班车则在14:00~17:00经过花石峡。西宁到班玛的班车14:00~15:00经过花石峡。去下大武通常只能搭私家车或包车，但高速公路通了以后，或许会有班车和更多的私家车。

路口南北有不少餐馆，清真和川菜都有。路口西北侧有ATM可以取款。

阿尼玛卿

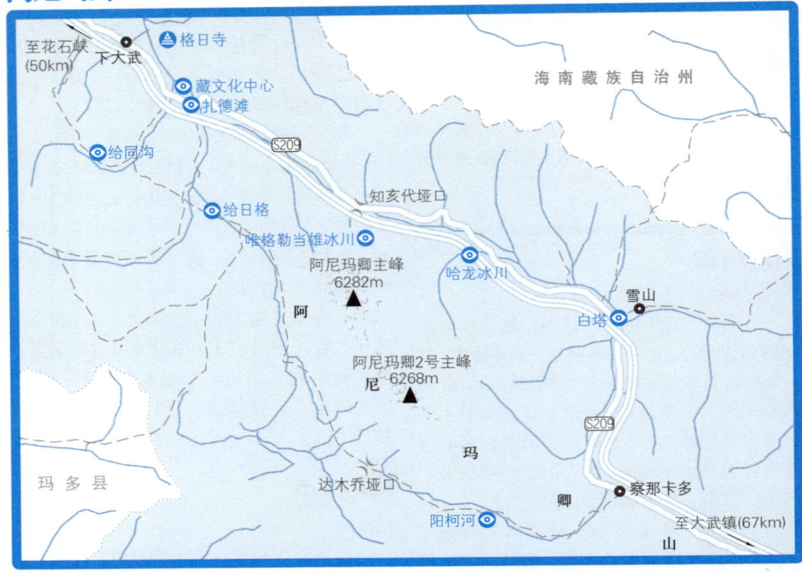

术，而是富有新意的课程表、图文并茂的汉藏对照儿童佛学课本，以及中断正统寺庙修行、珍惜求学机会的外地少年。

学校对面的**寺院商店**和**朝圣旅馆**，是该文化中心供孩子们生活的些许经济来源，更多缺口要靠活佛终日在外奔波筹集。所以到**知亥代垭口**前若需要朝圣用品，或想购买精美的《阿尼玛卿雪山旅游指南》，不妨造访寺院商店。

与光鲜的学校形成巨大反差的是**格日寺**，它隐藏在公路北面1公里的山坳中，没有恢宏的建筑，大殿和修行场所正在慢慢重建中。难怪很多人会一厢情愿地将**文化中心**误认作格日寺。

知亥代垭口 冰川

垭口前10公里开始，联排的雪峰跃然而出。随着路况恶化、海拔升高，景色越发壮美。直到伟岸晶莹的山体席卷熊熊烈焰般的经幡强力冲击你的视觉时，著名的知亥代垭口就到了。玛卿岗日离你只有约一千米的相对高度，山体扑面而来的磅礴气势已令你无法抵挡。

在垭口拍照后又迅速离去，这无异于暴殄天物。请接近再接近那座神殿般的巨型经幡塔。继续靠近雪山，垭口前方的**唯格勒当雄冰川**才是阿尼玛卿北麓最大的亮点，你会发现它的别称“千顶帐篷”是多么形象。沿乱石滩往下手脚并用走一刻钟，千姿百态的冰皱褶，像巨型的千层奶油蛋糕一般诱惑。在有向导、确保安全的情况下，可以爬上高高的冰川面，在宏大的自然奇观中感受自己的渺小。在冰川与乱石滩交会的东侧，还有天然形成的冰室，藏人在冰室中间供奉有哈达。

高速公路隧道将穿过雪山北侧的山腰，如果想看冰川，你得提前下到破烂的老路上。

雪山乡 冰川

从知亥代垭口继续前往雪山乡方向，绵延的雪峰把天际线占满。当你看到陡峭的主峰时，路边也就能看到**哈龙冰川**了。作为黄河流域最大最长的冰川（面积24平方公里，长7公里），而且冰舌末段贴近公路易于观测，它被视为研究冰川退化的明星标本。无须看数据，在路边即能见到哈龙冰川显著退缩的印迹。确实，在阿尼玛卿最大的四条冰川里，哈龙冰川是退缩最为严重的：2001年到2009年共退缩了840米。

从哈龙冰川往里走约1公里就是观赏主峰的最佳位置，这里也是登山大本营所在。越野车可以开进来，雪山景观迷恋者可以在此露营守候清晨的日照金山。

继续沿着哈龙河谷往前行。在路边的阴柯河（源自哈龙冰川）与山里的阳柯河交汇处，雪山乡岔路口就到了，往左走3公里便是雪山乡政府。这里是玛沁县最富有的地方，因为盛产优质虫草，当地人几乎家家都有越野车。往右走，马上就到达**白塔**，白塔全名为曲格纳降魔白塔，其后面有一座小寺庙，里边有一些阿尼玛卿雪山神话题材的唐卡。

活动

露营和骑马

最值得露营的地方是欣赏主峰日照金山的最佳位置，在哈龙冰川往里1公里处。选择安全和靠近清洁水源的营地需要一定户外经验，建议你找向导协助。向导和牛马可与雪山乡内玛沁旅游局下属旅游公司的扎保联系（☎187 0975 7778），人/牛/马费300元/天（更多关于徒步转山雇请向导和牛马的建议，见176页方框）。

开车转山

在高速公路通车以后，开车转山基本可以一日完成。从花石峡进入，在知亥代垭口朝拜神山和冰川后，继续开到东倾沟下高速，右转到昌麻河，从南麓返回花石峡，这样你还能从西南面眺望阿尼玛卿一次。一圈约300公里，路况有高速、土路和一般油路。

到访阿尼玛卿的季节

阿尼玛卿有西北汉子的豪爽范儿，是比较"给面子"的神山，不会终年云雾缭绕，只有雨季时的个把月才在连绵阴雨中闭门谢客。如果只是仰慕它的尊容，避开6月中旬到整个7月份的雨季为妙；如果还贪恋高贵冷艳的高山花卉，那就6月到8月中旬来，8月上中旬的话还能顺便赶上雪山乡赛马节。徒步转山需注意避开雨季，因为山里没有烤火条件，雨后河水暴涨时涉水也很危险。登山对气温和气象更为敏感，夏季随时会有局部雪雹，冬季峰顶最低达零下50℃。4月底到6月初，以及9月至10月是神山相对"温柔"的时期。要注意的是5月、6月挖虫草的季节，未与玛沁县旅游局下属旅游公司联系的散客进山或会受阻。

更严格的转山（走徒步路线）也能开车完成了。在阿尼玛卿南麓，从察那卡多到下大武传统的徒步路线，已经可以过强劲的越野车和摩托车了，转完要两天。由于路实在太烂，旅游公司给出的包车价格是3000元。

如果时间多，那么可以在游览东倾沟后继续开去大武，下高速到达日，再从达日去花石峡，路程增多了，但可以多看些果洛的草原风光。

节日和活动

建议你行前致电**玛沁县旅游局**（见181

不要错过：远望阿尼玛卿的六个地点

阿尼玛卿的至尊形象无远弗届。即使你的行程里没有它，没准儿下个路口就邂逅了。清晰远观连片晶莹峰群的角度有：

- **西南面** 东倾沟乡209省道上祭台的前后路段。
- **西南面** 东倾沟乡经昌麻河到花石峡路上，昌麻河北行约10公里的祭台处（见本页"开车转山"部分）。
- **西面** 花石峡去达日205省道路上祭台处。
- **北面** 冬给措纳湖（见170页）边和去往花石峡的路上，类似神山圣湖的搭配。
- **北面** 位置欠佳，花石峡城东约12公里的214国道上，因有近山遮挡，只露出山尖。
- **东南面** 最剑走偏锋的位置，玛沁境内，去往甘南玛曲县欧拉秀玛乡的土路上。

值得一游

阿尼玛卿徒步转山

到阿尼玛卿转山是需要谨慎对待的决定，它的漫长、艰苦、危险都需要强大的耐力和自我驱动力才能克服。在西南半圈已经修建了勉强可以通过高级越野车和摩托车的土路之后，徒步就成了那些真正热爱与山野、冰川亲密相处的人才能独享的乐趣。

在藏人的神话里，阿尼玛卿属马，因此马年转山时，补给丰富，一路都有帐篷可以歇息。然而下一个马年是2026年，你近年只能重装扎营出行。

尽管几乎没有可能迷路（两边都有土路甚至油路作方向指引），但是向导能帮你找到清洁水源、安全营地、提供多种路途选择，并能为你讲解当地知识，仍然是相当值得和必要的。

景致

徒步的西南半圈较之经典线路（东北半圈），主要优势在于达木乔垭口到木哇多哇这段路，能终日与纯美的雪峰亲密并行。玛卿岗日南坡下浩若繁星的海子边上可拍神山倒影，如喜欢惊悚，还可以在冰崩区脑补巨灾现场触目惊心的画面。缺点主要在于这一地区植被简单枯燥，尤其是第一天，很容易感到乏味。

路途

徒步转山全程189公里，需要7天，我们建议你只徒步西南半圈，即察那卡多后的十来公里和到下大武之前的二十来公里（冰崩遗迹区）之间，东北半圈搭车完成，这样就只需要4天。察那卡多和下大武是东南和西北两个起点，可根据抵离交通的情况任选。

全程海拔4000~5200米，单日爬升不大。

行程

第1天: 察那卡多—阳柯河—达木乔垭口营地，22公里

开始徒步之前，藏人通常都会在察那卡多那彩色的嘛呢堆前跪拜祈祷，你不妨也在此依样虔诚祈祷。开始是河谷路段，植被寥寥，有一些经幡、塔和雕塑。如果你不走公路的话，需要多次涉水。缓慢爬升到高处后，风景变成高山牧场，接近垭口时蹦出的雪山顶峰会让你觉得不虚此行。垭口上是雪山下的宽广牧场，不少藏人牧民在此扎帐篷，可以参考他们的位置。

通常需要7小时的徒步时间。

第2天: 达木乔垭口营地—给日格，27公里

最精彩的一天，你几乎一直和雪山、冰川贴身而行。告别垭口的祭祀台后，除了右侧的雪山，左侧荒野湿地的景致也非常迷人，夏天时甚至开满野花，把远处同样崎岖磅礴的山映衬如画。走过一半以后，宽阔草原收成双峰并立的高山峡谷，雪山下牧民骑马奔驰的景象会让你驻足、难以离开。同样，给日格也有牧民扎营，可以参考他们的位置。

这一天徒步起伏不大，很多时候还是在下坡，一般需7个小时。

页），了解当年近期节庆的具体安排。

雪山乡赛马节

少数民族节日

雪山乡每年8月上、中旬，都会在乡政府驻地举办为期约一周的**赛马节**，内容包括赛马、抱沙包、射箭、赛跑、摔跤、朗前萨雪（藏式拔河）等《格萨尔王》史诗中所涉及的体育竞技，晚上还会有锅庄和赛歌。果洛作为格萨尔王赛马称王的福地，赛马至今为全民热衷。每逢赛马会，一家老少倾力备战，选拔良马，煨桑祈福，事关家族集体荣誉。除了比赛本身，由于雪山乡是果洛优质虫草的主产区，乡民普遍比较富裕，在服饰和金银珠宝上自然会更光彩夺目一些。

供神法会

少数民族节日

每年7月下旬，在阿尼玛卿藏族文化中心举办的供神法会上，能看到格萨尔主题的舞蹈。

第3天： 给日格—给同沟—下大武乡（或扎德滩），25公里

出发后过河，翻过一个小垭口，不久就到给同沟。走过一段河谷后，上坡再下坡走出峡谷，就到达下大武了。另外，给日格附近有一条路，向东横穿到阿尼玛卿雪山的北端，可以直接走到扎德滩，比去下大武可以少走十几公里。

这一段可能会碰见骑摩托车的牧民，因为基本见不到雪山，你不妨搭车离开。如果坚持徒步完成，也需7~8小时。

第4~7天： 下大武—察那卡多，73公里

可以包车或搭车完成。如果继续走路，山下的徒步道也很清晰，并与公路隔着峡谷相望。

难点

西南半圈夏季冰河浊浪滔天，每日需数度涉水，即便能骑马通过，马匹在冰河中行进也可能因耐受不了冰水冲击而出状况。

沿途清洁水源非随处可得，且本地向导不在乎水质，需有心理准备和预防措施。

由于海拔高，树木稀少，山中没有能用来生火的木柴。雨季中雨雪日夜侵扰，装备的防水隔潮尤为重要，一旦打湿就很难有机会烤干。

一些景色平平的漫长路段竟能有车辆驰过，将严重挑战你"全程"徒步的意志。

协助资源

找向导和牛马有两种渠道：玛沁县旅游局下属的旅游公司算是官方渠道，收费较高（人/牛/马一天各300元），导游服务专业些，起点必须是雪山乡或察那卡多；由于虫草经济的发展，跟当地牧民联系也涨到差不多的价格，且至少需订7天，所以建议你还是找旅游公司安排。

官方渠道的牛马不能从下大武出发，想联系下大武的牛马，建议你致电**天香面食馆**（见本页）以"曲线救国"。牛主驮重物，一头能驮2~3个大包；马是过河必需的，如果向导临时提出马不够，用牛来顶替，可不能答应。牛马一般需要半天时间才能抵达出发地，通常首日只能下午出发。

沿途补给情况东北半圈见"食宿"章节，西南半圈的牧场人家是紧急情况下的救命稻草，要提防门前的藏狗。

高山气罐最近的购买地是西宁和结古镇。

手机在西南半圈的部分路段，即从察那卡多到离下大武5公里处无信号。

网络和媒体

8264论坛（www.8264.com）"行走的飞鱼"发表的《玛域秘境——2012我的阿尼玛卿转山》是该线路近年最经典的攻略。

食宿

在我们调研期间，阿尼玛卿周边的食宿条件仍然惨不忍睹。要是有轻微以上的洁癖，我们建议你带上轻薄的内胆睡袋。和大部分边远藏区一样，这里的村落只有电信和移动的信号。

下大武乡

这里没有自来水。每晚8点全城才能来电——倘若连日阴雨，纯靠太阳能发的电怕是指望不上了。偶尔有小旅馆能自发电。值得庆幸的是，这里的公厕在百米以内。

乡政府招待所（☎131 3915 7873；普双100元）客房比较干净，但没有自发电。其他小旅馆的"标间"（实际是普双）也在100元以上，卫生状况普遍堪忧。**天香面食馆**（☎155 0972 0993；人均20~50元）看着不起眼，但已是本地接待能力最好的饭馆，国外转山团队团餐都

定点在此。

扎德滩

格日寺经营的**朝圣旅馆**（☎136 3244 8888，147 9768 2663，130 9978 2020；官方微博@阿尼玛卿朝圣旅馆；铺50元）以及**阿尼玛卿藏族文化中心**（铺30元，多给算是功德款）可以提供简易住宿。朝圣旅馆只有六个铺位，文化中心的床铺多些。这里没有自来水，公厕在公路旁的**寺院商店**以东。饮用水难得，朝圣旅馆管理人员是文化中心的学生，白天上课，晚上才到旅馆值班和烧开水。因为没有饭馆，不想吃干粮的话，需要到文化中心伙房"想办法"，或者在6公里外的**下大武**乡上觅食。住在此处的福利是，可以与满地鼠兔四目相对，也可练习慢门拍星空。

白塔

没有必要跑进条件简陋的雪山乡住宿，时间晚的话可以在白塔住宿。这里的**玛沁旅游供应中心**（☎156 0975 5559；普双100元）有几间可以接受的普间。在我们调研期间，它对面的无名宾馆正在装修，有带卫浴的标间，位置在**雪山鸿达餐厅**楼上。

察那卡多

徒步旺季有小卖部和住宿板房，大概30元/人，淡季则什么都没有。从三岔路口往大武方向走十来公里，会遇到一眼猩红色石缝里流出的药泉，直饮的口感像苏打水，比较呛。

到达和离开

在高速公路通车之前，玛多暂时没有到阿尼玛卿各乡的班车，从玛多经阿尼玛卿北路包车需要2000元，高速通车后预计会下降到日均包车800~1000元的水平，也可能开行玛多—大武的班车。

大武目前没有班车到阿尼玛卿沿线各乡，包车到察那卡多500元、雪山乡800元、下大武1500元、花石峡1800元（180公里的土路），有些许还价空间，途经扎德滩可要求顺便拐去山里的**格日寺**。

大武到雪山乡之间有少量私营车不定期跑专线（尤其虫草季），100元/人，一般停靠在玛沁路口"东倾沟科技服务中心"路边。非虫草季拼车不一定能凑够人，甚至找不到车。

下大武到花石峡要走38公里土路和12公里的214国道，可在主街上留意私营小车吆喝拼车的机会，50元/人，包车300元。包车到大武1500元。

既有的道路夏季在知亥代垭口前较泥泞，其他以砂石土路居多。底盘不太低的车都能通过。高速公路通车时间未定，建议自驾游客行前就相关通行情况咨询玛沁县旅游局（见181页）。

大武（玛沁）

海拔：3730米

大武镇是一个全新方正、马路宽阔的典型藏地新城，也是通往阿尼玛卿的南大门。这里有果洛州最好的食宿和购物条件，当你游览到果洛其他县城之后，也许会怀念起大武那差强人意的城市生活。

注意，"大武"是镇名，几乎所有青海人都只会说镇名而忽略其县名。如果你在一些订房或交通网站及App找不到它，可输入"玛沁"试试。

方位

要迅速熟识大武城区的路网和主街区，只需记住"一纵、三横、一环"，外加新客运站和格萨尔广场两个地标就好。"一纵"是指西北通阿尼玛卿、东南达贵德和久治的一条团结路，最繁华的街区是团结路和"三横"所构成的"王"字区域。在这段不到1公里长的团结路沿线上，所有档次的食宿、购物、休闲等生活需求均可得到满足。

景点

在我们调研期间，大武镇上恢宏的格萨尔博物馆（团结路近广场）建筑业已完工，但布置开馆最早也要2016年国庆后。

拉日寺　　寺庙

大武镇里唯一可供打发时间的观光地，也译作"喇日寺"，位于环城路东北端的山脚下。其后面经幡招展的山坡是俯瞰大武城区的最佳位置，寺庙南沿20多座风格可圈可点的秀丽殿阁连绵排开，蔚为壮观。它们是本地人家挖虫草致富后捐建的，有不少华丽的细节值得品味。

整个游览在1小时内，如果想沿外转经道

上山俯瞰全城，则需多预留1小时。外转经道从半山石经墙右侧的小径起步。

拉加寺 寺庙

这是黄河上游河谷地带最著名的格鲁派寺院，拥有显耀的历史和活佛系统。黄河从拉加寺前缓缓流过，地缘优势和本地丰富的畜产、矿产，催生了始于唐代的文明古渡——“拉加寺渡口”。每年10月初雪后，湛蓝的黄河水映衬着岸边一溜金黄的植被，景致迷人。如果自驾或包车路过，可以顺道一游。

从大武过来，快要抵达这里时是最好的远观位置，能从高处俯瞰：黄河蜿蜒向前，远处一堵刀刻般陡峭的红色山崖下，就是醒目的金色寺院。

果洛州的格鲁派寺院为数不多，加之拉加寺与班禅的关系，其地位和重要性得以凸显。这座建于1769年（清朝乾隆年间）的寺院，创建初期得到过六世班禅的嘉许，很快成为青海牧区黄河岸边最大的寺院。住持香萨活佛在青海格鲁派当中地位极其重要，同时也是塔尔寺活佛之一。

寺院最鼎盛时曾有1300多位僧人，可惜树大易招风，在1958年和“文革”期间两度被毁。

现存建筑中以清乾隆年间建立的释迦牟尼殿历史最为悠久，但最近一次翻修抹去不少时光的印迹。一直朝寺院深处走去，在山脚处几座金碧辉煌的建筑中，最高处也是最奢华的那一栋，是班禅的行宫。寺院背后的红色山崖下，还有一些白塔和静修处。

寺庙在大武去西宁公路的70公里处，来往于贵德、西宁和大武之间的车必经此处，到此路况良好，但大部分路段坡陡弯急。如果从西宁前来，可以停下游览，再搭顺风车（20元/人）到大武。从寺院往南过黄河桥后是拉加乡，这个小镇有宾馆，亦有好几个餐厅。

节日和活动

金刚时轮法会 少数民族节日

每年夏季，玛沁县各乡会轮流举办，所有人盛装出席，可以欣赏到很多顶级华丽装扮。每年具体安排可提前咨询玛沁县旅游局（见181页）。

玉妥藏医养生保健中心 按摩

（☎189 4685 6100；久治路口往西约200米路北；每次30~60元；⏲9:00~18:00）位于久治路上的州检察院对面，按摩师以藏族大夫为主，可汉语交流。头肩颈和背部的按摩每次20~30元，20~30分钟；全身按摩50元，约1小时。由于晚上一般不营业，故晚上到访的话建议你提前电话联系。

住宿

大武宾馆旅店林立，Wi-Fi开始普及，电话基本免费。在夏天旅游旺季，你可以花160元找到一间有点年头的、但卫生还过得去的标间。团结路中国农业银行对面有两三家这样的选择，200元可以得到一个设施较新的商务标间，环城南路州医院附近有较多的崭新商务酒店。如果预算紧，尽量选那些宾馆附属的普间，低于百元的招待所很难保证干净。

五六月份虫草季期间，房价比旅游旺季上涨20%左右，尽量别来凑热闹。

以下房价皆为夏季价格，其他季节可以打八折或七折，甚至更便宜。

圣地善缘招待所 招待所 ¥

（☎838 3577，冬季歇业时无人接听；南环路路东，正对班玛路路口；普单/双100/120元；📶）算是招待所级别的优选。明净的公共浴室和Wi-Fi（只有一楼有信号）双全；房间虽小，但设施新且干净。步行到新客运站大约需要5分钟，到市中心10分钟以内。

岭国商务宾馆 酒店 ¥¥

（☎835 1999；甘德路与团结路交叉路口往西300米路南；标双/电脑间228/248元；@）步行至新客运站约10分钟。最大特色是满屋子“岭国”（格萨尔王的领地）风情的华美装修。二楼房间的卫生间有朝马路开的明窗，通风更好些。果洛各县都有“岭国”字样的宾馆，并非连锁店，但通常条件都还好。

年保玉则大酒店 酒店 ¥¥

（☎835 6666；环城南路州医院对面，近达日路；标双288元起，含早餐；📶P）标准的、花哨的仿欧风简装房间，类似你在内地见到的

大武镇

很多商务宾馆，在艰苦的藏地还是会有些亲切感。酒店附设口味不错的川菜餐厅，也可以帮你联系向导。

威斯特大酒店 酒店 ¥¥¥

(☎835 9888；团结路班玛路路口，近公安局；标双438元起，含早餐；Ⓦ Ⓟ)号称果洛州首家24小时供氧、供暖、供热水的酒店，虽然装修不够精致，但够得上四星级标准的床品已经是你在果洛最好的选择，有一些细微的藏式细节。附设的清真餐厅也属当地的上档次之选。

餐饮

大武藏餐、清真、川菜三分天下，饮食综合水准在果洛州里算是最好的，尤其是藏餐和清真饮食方面，川菜则稍逊。团结路上有供应早餐的店铺，班玛路靠近威斯特大酒店处，有一堆清真小店提供夜宵，有不错的羊肉串和面片。

原生态牧区酸奶在青海和藏区都不鲜见，大武的桶装牦牛酸奶（超市有售，十斤桶装50元，碗装8元）最独特之处在于它恰到好处的甜度，完全不用加糖，有别于其他牧区、

大武镇

景点

1 格萨尔博物馆 C3
2 拉日寺 C1

住宿

3 岭国商务宾馆 D3
4 年保玉则大酒店 B5
5 圣地善缘招待所 B5
6 威斯特大酒店 C4

就餐

7 峨眉山小炒 C2
8 黑帐篷之家 D4
9 觉如仓藏式风味餐吧 C5
10 马海龙手抓美食 B4
11 盛记小笼包 D5

实用信息

12 玛沁县旅游局 B3
13 果洛州人民医院 B5

交通

14 临时汽车站 D5
15 新汽车站 B4

藏区酸奶酸掉大牙的犀利。

觉如仓藏式风味餐吧
藏餐 ¥¥

（☎835 3444；班玛路体育场对面；人均40~50元；⏲10:30~21:30）装修别有一番藏式的富丽格调，菜单中不少创意藏餐菜品，很可能激发你多来几次把它们尝遍的念头。餐食制作和摆盘考究，份饭（酸奶饭和咖喱饭）15元，酥油茶30元/壶。

黑帐篷之家
藏餐 ¥

（☎138 9755 8880，159 0975 8777；久治路北侧路面、州检察院对面；人均20~30元；⏲10:00~21:00）这家门脸很不起眼的普通小饭馆，却是最为本地藏族人推崇的藏餐馆。除了口味正宗、价格亲民，老板娘和几位千金的笑容也是原因之一。主食（酸奶/人参果米饭、奶稀饭、藏包子等）一般在10~15元之间，肉肠、烤肉等"硬菜"在50~70元。

马海龙手抓美食
清真菜 ¥¥

（达日路南侧近环城南路；人均50元；⏲10:00~22:00）典型的临夏清真餐厅，除了经营手抓和大盘鸡这样的硬菜之外，也有适合独自旅行者的砂锅和面食。

峨眉山小炒
川菜 ¥

（☎838 3814；玛沁路工程队斜对面；人均20~30元；⏲10:00~21:00）环境平凡的川菜馆，以鱼为招牌在果洛算是难得一见。梭边鱼、肥肠鱼口味都不错，也供应快餐盖浇饭。

盛记小笼包
早餐 ¥

（团结路上州政府以南的路面；人均10元；⏲6:00至晚间）位于市中心，离新客运站约400米（穿过达日路就到）。稀饭、包子全天候供应，包子8~10元/笼，半份起售；还有嫩滑豆腐脑和清甜醪糟糖水，在果洛其他地方不容易吃到。

实用信息

医疗服务

果洛州人民医院（☎838 3367）果洛医疗条件最好的医院。位于环城东路、班玛路口的西北向路对面，是2012年年底才投入使用的现代化二甲医院。如果你在其他地方发生紧急病情，最好赶回这里救治。

银行

中国农业银行和本地信用社的ATM布满中轴路，尤其在"王"字繁华区域。

旅游信息

玛沁县旅游局（☎838 8771，138 9755 6760；微博@阿尼玛卿旅游；玛沁路政法综合办公楼3层）可以咨询与阿尼玛卿旅游有关的信息，包括通过下属旅游公司联系向导和牛马（参见**阿尼玛卿**部分）。致电咨询是最直接的方式，官方微博大约每个月集中更新一两批，私信留言的回复速度时快时慢。

到达和离开

果洛玛沁机场于2016年7月正式通航，果洛往返西宁只需50分钟。

在新的**州汽车站**（环城南路达日路路口对面）于2016年启用前，只能到城区南端黄河路上的**临时汽车站**（☎838 2715；黄河路130号；⏲7:00~18:00）坐班车，其斜对面也是私营车聚集地。再往南出城不远，就是连接101省道的大转盘（环岛），那里也有中石油加油站，在描述方位时注意与城内临时客运站旁的那个中石油加油站相区别，两者相距近1公里。

州内主要通行班车的101省道（也称"宁果公

果洛州临时客运站车次时刻表

站点	发车时间/班次	票价（元）	行程（小时）	备注
西宁（经贵德）	8:00、8:30	104.5	8~9	
	10:30、11:30、12:30	126.5	7~8	快车
	17:00、17:30	104.5	12	卧铺
贵德	13:00	89	5~6	快车
久治（经甘德、达日、班玛）	7:45	110（甘德25，达日30，班玛75）	9	途经班玛，只到县城外18公里的路口
阿坝（途经点同上，外加久治）	8:30	128	12	单日发，途经班玛路口
成都（途经点同上）	9:00	344	第二天清晨到，非卧铺	双日发，但单日也有加班车，若班玛有人订票时进县城。随车电话☎139 0975 3942
临夏(经泽库、同仁)	8:40	151（同仁约70）	13~14	视客满情况，不一定每日发车

路”）从西宁出发，擦过大武城南大转盘，继续往南串起中南部四个县。因此果洛的班车交通实际上非常简单：往北一般就是经贵德到西宁，往南走101省道就必然经过甘德、达日、班玛（县城18公里外的路口）和久治，继续南下可以到阿坝、成都。

去玉树要到花石峡转车，花久高速和共玉高速将极大改善两地的车程。

客运站附近有出租车，凑够四人跑西宁，每人200元，比班车稍快。其他县城也有拼车。

去往阿尼玛卿方向的东倾沟乡、雪山乡、下大武乡沿线的交通信息请见**阿尼玛卿**部分。

要去甘南，除了可以沿310省道绕道黄南去碌曲，还可以从连接310省道和玛曲县欧拉秀玛乡的乡间土路去达玛曲，后者路况还不太糟糕。

当地交通

大武没有公交车，出租车可以随时拼人，城内每人3元，出城（比如城南101省道转盘处）4元。

达日

海拔：县城3970米

在花久高速公路完工之前，达日是往返于阿尼玛卿、“两湖一碑”和年保玉则三个果洛王牌景点的必经枢纽。高速公路通车后，除非你想围绕阿尼玛卿开车转山，好像就没有太多到访达日的理由了。

但如果你时间宽裕，并且不想走回头路，那么这个黄河流经的第一个县城（以“黄河源第一县”自居的玛多，其县城离黄河还有3公里）仍有壮阔的草原和宗教景观等着你。影响力与白玉寺不相上下的查朗寺，以及扛起格萨尔文化大旗的狮龙宫殿成为你西进的理由。继续沿着平坦的公路往西，曾以为遥不可及的四川石渠和青海玉树竟然都近在咫尺。

达日县城在果洛算是不小的，方位简单。一条超过一公里的东西向黄河路是主干道，客运站就在其中段。黄河路东边，大武至班玛的公路横穿交会。黄河路西边有建设路与其十字交会，也有一些住宿选择。

景点

格萨尔林卡（黄河谷地观景台） 河流

达日最不可错过的景致竟然不用跑到山沟里去找，在城里就信步可达。小城西头的格萨尔林卡是全城制高点，巨型格萨尔王雕塑在山顶昂然跃立。顺着这道提神的人工景观上到山顶，猛一回头，黄河竟然以一种超乎想象的旖旎姿态展现在面前。辫状河流在开阔的河谷中肆意流淌，像美人的长发，如绢如瀑。当缤纷晚霞绽放，眼前香槟色的河谷就是“快门杀手”。

要注意，这个景观只有在日落时分的逆光角度才好看，七八月间日落大约在20:30。相对于山顶，其实最正的观景位置在离山顶还有20米的地方。虽然去往查朗寺路上也会途经这个河谷，但完全没有高处俯瞰的惊艳观感，所以必须上山观赏。开车直达山顶的土路在山坡西面，两分钟能上到顶，在城里打出租10元一趟。徒步的话，东南、西南都有显著入口，爬山约需20分钟。

查朗寺

寺庙

查朗寺是果洛最有影响力的两座宁玛派寺院之一（另一座是久治的白玉寺，见191页），拥有上百年历史。从达日县城中心的十字路口，一直往西，大约13公里时，往南拐入一个山谷，6公里外一大片金灿灿的耀眼建筑群，就是查朗寺。

像许多寺院一样，查朗寺在特殊年代中关闭了22年后，又蓬勃地恢复至庞大规模。广场南端四层高的莲花生殿建筑外形异常夺目，但不要满足于此，一定请僧人帮你开门，殿内每层都有值得慢品的看点。尤其是满墙典雅的壁画，都是出自同仁画师的用心之作。广场中央的大经堂，如果里面正殿大门紧锁，可以从右边小门里的楼道上到二层，那里也是欣赏经堂大殿不错的角度，同样有同仁工匠精湛的绘画、堆绣和雕刻。

整个建筑群的参观大约要1小时。此外，还可以到后山走走。这里的天葬台远近闻名，就在寺院背后的山坡上。从县城包出租车到查朗寺往返约需150元。

狮龙宫殿（狮龙虎顶宫殿）

展览馆

自称格萨尔后代的果洛人相信，果洛是格萨尔的故乡，达日则是格萨尔的驻地。传说格萨尔王在7岁时运用法力，让小狮子搬运石料垒砌围墙，让神虎神龙修建屋顶，该宫殿因此得名“狮龙虎顶宫殿”。眼前这座宫殿是20世纪90年代初，查朗寺的一位活佛自筹资金，在推测的遗址上新修建的。正中大殿里有格萨尔王和他的三十大将塑像；旁边的“文物展览馆”（票价3元，须找管家开门，不能拍照）有盔甲、百年前的岭国大将画像、老唐卡和各种传说中的宝物。对于游客来说，这里还是太新了一点，也许每年虫草季后（六七月间）为期2~3天的格萨尔主题藏戏表演更适合到访。

由查朗寺岔路口往前8公里就是狮龙宫殿。虽然与查朗寺一山之隔，但两地之间并无公路，开车需返回主路上再过去。从县城包出租车到此单程50元，连查朗寺和格萨尔王林卡走一圈加等待大概要160元。

食宿

黄河路上有很多旅馆，但有洗澡条件的招待所极少。达日的餐馆都是川菜馆和清真面食这样的中小馆子，尤其是车站附近，所以不必有过多期望。

岭国扎拉宾馆

酒店 ¥¥

（☎831 9333；客运站往东斜对面；标双220元，普双180元；@）这是同城综合条件还算不错的一家住处。步行到客运站约两分钟，但室内安静。标间和普间设施新净，豪华程度一样，普间因不带卫生间而更宽敞。标间淋浴用电热水器；住普间可借用员工的淋浴间（要找人开门），因为是太阳能热水器，需要速战速决。公共洗漱池有热水。

启来淋浴招待所

招待所 ¥

（☎150 0975 7791；客运站同向往东约50

值得一游

达日的经幡世界

达日拥有可能是你在青海见过的最壮观的经幡阵，而且与黄河谷地的壮阔连接起来，有一种惊心动魄的美。这一地的经幡多到让当地政府不得不出台严格控制挂经幡地点的规定。

城里两个观望和拍摄经幡的地点，一个是城西小山格萨尔林卡山顶；另一个是往大武方向出城、过了黄河大桥后约50米，公路左边有一排商店，沿商店入口上小山，白塔旁边直面黄河的山坡上，用经幡铺成的佛像缤纷壮阔、独树一帜。

继续往北走也有一些经幡，不过更好看的就是黄河河谷碧绿的湿地了。

米路边；普通/带卫生间的普间100/120元，淋浴另加10元）适合预算比较紧但想洗澡的人。这里因为自家还开了公共浴室，因此是同城唯一能洗澡的招待所。步行到客运站约5分钟。

江南宾馆　　酒店 ¥¥

（☎186 9725 1571；客运站西侧30米院内；标双168元起；@）2015年新开的酒店，设备相比内地只能算是最简单的商务宾馆，不过有网络、有热水浴室、能停车，168元的价格在果洛算是不错了。

到达和离开

达日汽车站（☎189 0975 1201；黄河路中段路北；⏲7:00~17:30）高速公路通车前，达日是果洛最核心的交通枢纽，到州内的每个县都半日可达，班车还可通往西宁、玉树、四川成都等州外地区。

达日到西宁的班车每天3趟[123/163元；8:30、10:30（快车）、13:00；普通客车11~12小时，快车7~8小时]。班车都途经花石峡（46元），3小时可到，可从那里转车去玉树（见214页）。

达日到果洛其他地方的班车都是过路车，一般只有大武—阿坝这趟班车会进站，其他过路班车需在岔路口等。去大武（36元）每天约14:00到；去久治、阿坝每天10:30~11:00到。由于都是过路车，最好事先向车站咨询。如果要等直达班玛县城的卧铺车（前述大武—阿坝班车只途经班玛路口，离县城还有18公里），需于20:00左右在城东岔路口拦车，约24:00到。

客运站门口集中了很多私营车去大武（40元）、花石峡（80元）和班玛（70元）。

达日交通还有一大亮点尚不为人知，就是一条经四川石渠到玉树的跨省公路（2013年秋才基本贯通，没有班车）。经此路从果洛南部进入玉树和四川石渠，再也不用大费周折绕道玛多了，达日也因此成为一个让你深入"发烧级"藏区腹地的极佳跳板。

当地交通

和大武类似（见182页"当地交通"），达日县城里的出租车，拼车走城内3元/人，城外4元/人。游客如果住在客运站附近，通常城内不太需要打车，只有去格萨尔林卡以及查朗寺一线需要打车。

甘德

海拔：县城4020米

100个人里面，有101个人对甘德的概念一片空白。泰然处于果洛中心地段的它，有不被打扰的美景。因此甘德蛮适合那些潇洒超脱的个性行者，偶尔玩个"蒸发"：躲进东吉多卡寺墙角发呆，到龙恩寺后花园漫步，在龙岗乡河谷寄情小山水，不滞于物、不累于名，独享清福。

对了，上述美好的一切，真的不是因为被"红尘滚滚"的县城面貌反衬而得。

景点

县城除了往达日方向出城处建起了金碧辉煌的格萨尔博览馆和转经筒，和其他藏区小县城并无二致。

东吉多卡寺　　石经墙

意想不到，在大公路边上还藏着这样一处适合发呆的圣地。该寺位于县城去往达日方向12公里处，在车上飞掠而过的话，寺院建筑群并不能激发下车游览的冲动。一旦走近，一种特别恬静的氛围会萦绕着你，魅力源自寺院对面草原上那道品相完美、信徒如织的石经墙。果洛的石经墙虽多，但属这道最光彩夺目。

这堵约由94万块石经板砌成的石经墙，从东面看去就像一道石板浮雕艺术品展览长廊。墙头列满上百位静怒神尊的彩绘浮雕，墙面众多龛窗内还有真言密咒、佛像等石雕小品，这些都是东吉多卡寺的僧人平日修行时精心制作的。所以遇到该寺的僧人，不妨请他到石经墙边秀出几幅自己的杰作，他自豪的笑容会打动你。

多亏东吉多卡寺的悉心维护，石经墙在几度遭到毁灭性破坏后又迅速恢复完美，与周围的寺院、塔林、经幡阵遥相呼应。

由于该寺位于甘德到达日的必经之路上，只需流连半小时左右，因此建议你在路过时顺路参观。确实要从县城包车往返的话需要50元。

龙恩寺　　寺庙

来到这处甘德最有声望的宁玛派寺院，虽然你早有心理准备——将看到三座形状奇

甘德到年保玉则

这条线路适合那些喜欢不走寻常路、也不心疼车胎的自驾者，要包车一般没有司机肯走。由龙恩寺沿硬化路向东南行至岗龙乡政府后，继续沿黄河边的沙石土路北上，对岸就是久治的地界。只要能找到桥过河（夏季偶尔会河水漫道），从对岸的久治门堂乡或哇赛乡登陆后就能直奔年保玉则。这条线路比从达日绕道能缩短约100公里，有温润的河谷和秀气的森林夹道。沿线除了龙恩寺，还散落着塞西多卡石经墙、夏日乎寺、班玛仁脱神山（主峰海拔4896米）和官仓峡这些小看点。塞西多卡石经墙紧邻岗龙乡政府，规模较大但无人维护，处于荒颓的原生态中。夏日乎寺是甘德境内历史最悠久的寺院（创建于1804年），属格鲁派，作为省级文物保护单位，古迹文物及壁画、雕刻艺术品较多。夏日乎寺背靠的就是班玛仁脱神山，山巅夏季没有积雪，但石羊遍野。而旅游宣传中官仓峡那所谓壮观的瀑布，实际上藏在远离公路的深山中，别惦记了。

特的佛塔，但亲见时还是会啧啧称奇。最高最大的一座，是尼泊尔式的白塔，名叫夏绒卡哨。高60米，塔身仿佛一个倒置的白碗。碗底上的正方形四边上，绘有精美的法眼，其上耀眼的塔尖直径8米，全部贴以纯金。不远处另外两个形状更怪异的佛塔，一座是梯形的金黄色高塔，名叫金刚座，是效仿释迦牟尼修炼成佛之地的塔修建而成的；而旁边的圆柱形的红色佛塔，更具异国风情。对阅佛塔无数的游客来说，这样的组合仍是难得的奇观。夏季沿着外转经道步行至寺院后面的山坡，葳蕤花木之间有远观三塔和寺院全景的独特视角。

此外，龙恩寺拥有果洛官方认可的最优秀的藏戏团。每年藏历正月十五、三月二十九日至四月十日的法会期间，龙恩寺的藏戏隆重上演。在甘德县城，你可以在转盘广场内的隆恩寺小卖部，买到格萨尔的说唱CD。

这座庞大的寺院位于县城东南部36公里处的下贡麻乡河谷地带，硬化路面，沿路来往车辆不少，搭车方便，包车往返200元。参观需1~2个小时。如果你想在这儿发呆几天，寺院入口也有简陋的招待所和餐厅。

食宿

甘德的住宿条件在果洛是最糟糕的，大部分是简单的招待所，普双价格在80~100之间。很多有Wi-Fi无浴室，为数不多的浴室也常常停业。能洗澡的有两个，一个是**甘德宾馆**（☎830 4858；县政府大楼旁；标双288元）常因行政接待任务而客满。另一个是**富豪商务酒店**（☎830 4445；清珍路南侧；标双240元）设施更新，并且有Wi-Fi和早餐提供。

无铭饭店（☎189 0975 4068；转盘北面路口西；人均40元）是开了超过十年的汉餐馆，菜量较大。富豪商务酒店附设的川菜馆有内地小县城式的简欧装修，味道还不赖。

实用信息

吾勤广场三岔路口勉强算是城中心。路口北面冷清的大街上有政府机关、甘德宾馆、邮电营业厅、银行以及废弃的客运站；路口南面是条件有限的县医院，如非急救，建议你前往达日或大武就医。

危险和麻烦

甘德的寺院戒律严格，在7月下旬起为期45天的“结夏安居”期间，禁止女性进入寺院核心范围（通常是山门内，或内转经道以里）游览。

旅游信息

甘德县旅游局（☎830 4299）可以电询景点和路况信息。

到达和离开

甘德是101省道上大武以南的第一站，离大武84公里，离达日50公里。101省道由东向西穿过小镇的一段，就是县城的主路**吾勤路**（虽然没有路牌），吾勤广场在居中路段，旁边是城中唯一显著的岔路口。

经行101省道大武以南路段的所有班车，都会途经甘德，在吾勤广场岔路口冒着尘土等车即可。大武过来的班车票价25元，车程2小时。

从甘德始发的班车只有一趟，每天往返于西宁（120元；7:00；12小时），短途只售到大武（25元），停靠在转盘北侧街上电信营业厅门口。

售票点在电信营业厅对面的小店里（☎138 9715 4668）。

私营车聚集在吾勤广场岔路口以东20米的一个小路口（路口北面有**雪域桑珠宾馆**可作地标）以南。拼车去大武和达日30~40元/人，人满即走，在班车无望、私家车远凑不够人的情况下，急着走只能到出城位置碰运气搭车。

年保玉则

海拔：主峰5369米，仙女湖4000米，北垭口4585米，西垭口4439米

去果洛旅行，大部分时间你应该首选阿尼玛卿。只有一个例外，就是7月中下旬，首选是被花海包围的年保玉则。

相对于阿尼玛卿的傲世雄伟，7月的年保玉则是在漫天花雨中的天女下凡，只有亲见，才能明白所有对她的赞誉都是名副其实的。在名气和名分上（指地理意义、信仰级别等方面），年保玉则无法企及阿尼玛卿及黄河源，但她还是在近年强劲地赢得了旅行者的青睐，观光游览的热度甚至超过了前述那些颇有名望的"老前辈"。

年保玉则以自然风光取胜，游览设施也相当"自然"：交通基本靠走。里面除了有限的已开发区域内有栈道和简易住处，其余偌大的山区中再无道路和补给。所以要领略年保玉则的无限风光，主要依靠徒步（或以马代步）和露营等方式。对徒步爱好者而言，这里是不可多得的心水之地，多条难度各异的线路是值得你直奔而来的主题。

在非花季到访，如果不打算徒步穿越，门票就相当于专为仙女湖而买（因为群峰在公路上景观更佳），不少旅行者对其性价比有所抱怨，也是人之常情。

方位

年保玉则有三个入口，分别是北（景区）、东南（黑河桥）、西南（文措湖）。对应形成三条游览线路：从仙女湖北岸（即已开发景区）到妖女湖南岸、从黑河桥到日干措和从文措湖到德莫措。这三条线路以日干措北面的北垭口为结点，能进一步组合成两条由北向南的穿越线路。

绝大多数不打算负重露营的游客都会从北入口进入，即景区大门位于久治县以西42公里的101省道旁，进入后再走4公里才是已开发的仙女湖北岸景区——一片围起来的小区域，一眼可以看尽。

欲向南往仙女湖深处去，可随大流侧身闪过栈道右端铁丝网的缺口（由此进入未开发区域），继续赏心悦目的游览。从这里到仙女湖南岸，再到妖女湖南岸，虽然没有开发，但依然游人如织、路径导向清晰，自己可以放心地走。

妖女湖南岸再往南就属于有相当风险和难度的户外徒步穿越性质了，需要翻过海拔4585米的北垭口到日干措湖。由此分出两条经典徒步穿越线路：往东可经西大滩从黑河桥出到101省道，往西需要再翻越极为陡峭的西垭口（海拔4439米）从文措湖出到公路。也就是后面"徒步穿越"（见189页）所述的"北南—东"和"北南—西"两条经典穿越线路。

景点

从仙女湖北岸到妖女湖南岸

从**年保玉则国家地质公园**（☎150 0975 1116；微博@年保玉则-依加；门票120元；⏲8:00~18:30）景区大门进入万众期待的仙女湖北岸，里面都是"咔嚓"年保玉则经典定妆照的角度，修了观景台，铺了栈道。湖边经幡

当地知识

花期何时

如果你夏天到访却没有感到"天花乱坠"，那是因为对花期推进和花色更迭把握不够精准。仙女湖北岸（核心景区）的花海，一般从6月下旬开始是靓丽的明黄色，到7月中旬七彩的花株才会密集怒放，这样全盛的花毯最多能持续到7月底。当然，越往南面，花期会越早，各处的盛花期大致是：黑河沿岸从西大滩到日干措都是7月中旬，文措湖为6月中下旬。仅就盛花期景观相较，色彩和密度之浓烈仍属仙女湖北岸最佳，其次是西大滩。

值得一游

1~2日无爬升徒步

放眼望去，7月的年保玉则风光到处都如IMAX电影实景一般。徒步仍是深入花海的最好选择，1~2日无爬升的徒步（骑马亦可）线路可以为徒步菜鸟提供一个折中的选择。雇马价格见191页“实用信息”。

➡ **仙女湖北岸到妖女湖往返** 这是值得推荐的经典短线，在不太自虐的情况下，最大限度与奇峰、美湖及花海深入接触，景观优于“仙女湖转湖”线路，有一定休闲户外经验的人可以自主进行。全程需8~10小时，7月中旬最佳。见186页“从仙女湖北岸到妖女湖南岸”。

➡ **仙女湖转湖** 转一圈约5~6小时，路况和最佳季节同上。见本页“仙女湖”。

➡ **下文措到玛尔当湖往返** 单程4~5小时，宽谷大路，偶尔过沼泽和涉水，6月花期景观最佳。可在玛尔当湖旁露营，沿途有少量牧民帐篷可投宿。见188页“从文措湖到德莫措”。

➡ **黑河桥到日干措往返** 单程6小时到日干措东端，沿途高山牧场花海映长川，景好路好，走得畅快淋漓；如要到湖西端，需继续走2小时的沼泽路。7月中旬花海最盛。这段线路对户外和徒步经验的要求稍高于前述线路。见188页“从黑河桥到日干措”。

以上三条往返线路，若成为徒步穿越线路（见189页）的一部分，则可免去原路折返的不甘，这也是长线徒步穿越（游览年保玉则的主要方式）比无爬升短线更受欢迎的主要原因之一。

塔旁的煨桑台上，每天都有大大小小的祭祀，红衣僧人们在此映衬着湖光山色抛撒龙达，应景得像在为你摆造型。亲水观景台下，还时常有藏民趴在水边拿一大堆好吃的东西喂鱼，只见清澈的水面下，黑压压的鱼群密布视线所及范围，壮观得几近能诱发“密集恐惧症”。已开发景区的游览半小时足够，发呆另当别论。

在仙女湖北岸玩儿够了，南面的景色自然会召唤你深入。由此到妖女湖南岸也正是一条经典的徒步短线，前方的奇峰、美湖和花海将不断驱动你撒丫子暴走。全程需8~10小时，如果能穿越密布的灌木和沼泽，就能得见仙女湖和妖女湖之间那片被无数人盛赞过的宁静花海，在那里即便不露营也真该打几个滚儿。这段都要沿着湖走，不会迷路，但要对路况和变幻莫测的天气有充分的心理和装备准备（见189页方框）。

年保玉则山

山

昆仑山在青藏高原分为西段和东段，东昆仑山的南支叫巴颜喀拉山，海拔5369米的年保玉则是它的主峰，又称为果洛山，相传是果洛诸部落的发祥地。

山体积雪不多，但峻拔周正。山巅3个山头犹如花蕊，山体由好几条山脊和相应的峡谷凝结如花瓣。虽然主峰海拔只是5000米级，但在有“三十二天罡”之称的二三十座海拔5000多米卫峰的紧密簇拥下，形成鳞次栉比的摩天悬崖，气势很镇得住场面。欣赏年保玉则的“锋芒毕露”有三个绝佳位置。除了开发的景区观景台，另外还有两处，一处在徒步穿越路线的北垭口上，当你爬上垭口，满眼尖刀利剑般的峰丛刻画出你脚下犬牙差互的地平线，这个荡气回肠的画面必将令你永生难忘；另一处在101省道隆格山垭口往东一些的公路上，这里看群峰比在景区里看要更壮美，非花季期间，不打算徒步又不想只为仙女湖掏门票钱的话，在这里好好看看也不错。

对业余登山爱好者而言，作为5000米级技术山峰，这里垂直爬升不高（大本营海拔4050米），路况以岩石为主，强度和危险度都适合入门级别的登山训练。在营地就能清楚看见山体全貌，接近性比较好。一般从大本营登顶往返需3天。活动备案和寻求协助请先与景区联系。

仙女湖

湖泊

（藏语“西姆措”）年保玉则是青海年降水量最多的地区，丰沛的雨量与冰川融水汇成上百个明媚的镜湖，与峥嵘的群峰辉映，其中最为知名的就是仙女湖。所谓“角色不重要，关键是要会抢戏”，由于仙女湖近在眼前，而夏日的年保玉则山峰总在云雾笼罩中，以致大多数人对年保玉则景区的印象就等于仙女湖。仙女湖南北长、东西窄，并依山，北岸能看到年保玉则综合景观的经典亮相，南岸在花季时是让人心花怒放的上佳露营地。

仙女湖环湖是本地人朝湖的主要方式。顺时针环湖一周虽然只有10来公里，徒步却要5~6小时，骑马稍微快些。徒步路况可没想象中轻松，近湖沼泽多，虽然不会把人吞没，但雨天时最深也能到小腿肚子，做好喊队友将你“拔萝卜”的准备；远湖沼泽少，但只能在灌木丛中“人肉”开路，一人高的茂密灌木丛得劳驾你捂着脸挤过去，背包大点的话阻力就更大了。这种焦灼路况单程大约持续两个小时，抱着休闲的心态去走，到最后难免会小崩溃。东岸比西岸路稍为“友好”点，但景色稍逊。全程涉水两次，分别在仙女湖南北端出入水口，最深及膝，水底不硌脚。

妖女湖 湖泊

如果仙女湖是大家闺秀，妖女湖就是小家碧玉。一方冷翡翠镶嵌在逼仄的奇峰中，气息静谧。两湖间以一条清澈的小河相连。

要欣赏到妖女湖的幽美景致，最快的途径就是绕仙女湖过来。要从妖女湖的北端走到南端，东岸比西岸好走（灌木少），单程需大半个小时。两湖之间以及妖女湖南端的草地都是绝佳露营地。前者的7月花海让你沉醉，后者是徒步穿越路线（见189页“徒步穿越”）行程中时间安排更合理的露营点。

从文措湖到德莫措

如果6月自驾或包车来年保玉则，不妨考虑到文措湖转转。文措湖其实是上、下文措两个湖的统称，这里是未开发景区。由于文措湖在年保玉则的山南面，因此花期比北面景区提早近一个月。如果不苛求神山圣湖情结，这里的湖光山色完全不输仙女湖北岸。在101省道上通往隆格寺的丁字路口处（离景区大门50公里），立有一块年保玉则景区鄂木措（文措湖的藏语名）的石标，从这里去下文措湖有大约13公里的土路或车辙路。湖区周边有些泥泞，如果侥幸没有陷车，最多可以开到上文措。由于文措湖位置较偏僻，如非自驾或事先包车，临时找抵离下文措的交通比较被动，也容易挨宰。

下文措到德莫措这段宽谷大路也是北南—西徒步穿越线路的一部分（见189页“徒步穿越”），单程需大半天，所以如果没有露营打算，最远走到东北山坳里的**玛尔当湖**（也称“阿尔加措”）就要折返，徒步单程4~5小时，需涉水但深不及膝。群山环抱下的玛尔当湖的景致有妖女湖的神韵。

从黑河桥到日干措

这里也是未开发的区域，不过已经有当地村民会收100元的门票。

黑河桥到日干措湖段线路景色的诱惑程度，直追从仙女湖北岸到妖女湖南岸那段，风格又大为不同，而且有一大段很爽的路况和优良的营地，所以对于具有一定户外徒步经验的徒步客来讲，“你，值得拥有”。全线单程共需8小时，从黑河桥沿黑河两岸的西大滩走到日干措东端约需6小时，再沿湖边走到湖西端要2小时。沿途近水源处都适合露营，夏季这一路有牧民帐篷可投宿。要一日往返，去或回的其中一程最好借助摩托，并将日干措的游览限于东端区域。

黑河桥位于101省道上东距景区大门约27公里处，从久治县城至此的交通费用会比到景区大门便宜些。

从黑河桥到日干措东端这段，可以在高山牧场的斑斓花毯中大步流星。在辽阔清新的视野中，有九曲回环的黑河一路相伴。这一段在花海连天的季节里，骑马的人会因为不能随时立定拍照而扼腕。黑河两岸路况相仿，但北岸花海更绚烂——坐北朝南使然。沿途星星点点的牧场人家，可以方便你临时找到牛马协作或借宿。

黑河尽头也就是日干措东端，如果想当日撤出黑河桥，建议你至此折返，因为好路况从此戛然而止：北岸水边无路，需用自己的肉身在半山灌木中披荆斩棘，两害相权取其轻，还是走南岸的沼泽吧。到湖的南岸前需要淌过黑河，水深过膝，最好骑马过（河边夏季有牧民驻扎）。南岸的沼泽路越接近湖西端越烂，等你几近深陷泥潭、无法自拔时，西岸好歹要到了。

历经至少一整日的跋涉，终于得见**日干**

措（藏语日尕玛措）那宝石蓝光泽的幽幽水色，最佳观湖景处在北垭口南坡高处。深藏在年保玉则的腹地，这里从北面妖女湖翻过北垭口需要一整天，从西面德莫措湖翻过西垭口需要一整天，从东面黑河桥走来也是一整天——于是，它成了几条徒步穿越线路的要冲、徒步爱好者专属的乐土，以及一些宰客现象的高发地（见191页“危险和麻烦”）。这里夏季有牧民驻扎，倘若没有雇请本地向导和牛马，在此露营可能会被当地牧民收取每顶帐篷20~30元的所谓“垃圾费”。而其实收钱的人并不打算对你的垃圾作任何处理，所以请务必将自己的垃圾背到山外有垃圾处理能力的地方，而不要留下或交给这些收费者。如果想直接投宿牧场帐篷，费用约为50元/人。

从黑河桥走到日干措，如果想以最快速度（半天内）原路返回，可以折返到黑河沿岸的牧场上，找牧民用摩托车或马匹送你出山，大约200元一趟。如果准备翻越垭口，从景色多元化角度考虑，建议你翻北垭口去妖女湖方向（也就是下文“北南—东”穿越线路的反穿）。

活动

徒步穿越

年保玉则徒步穿越线路一直是徒步爱好者的“真爱”，因为它们能高效兼深度串起这里最极致的综合景观。火爆了十来年，至今热度不减，可见其魅力和口碑。

穿越线路就是将前面三条无爬升线路与北、西两个垭口排列组合，因为要翻越垭口，而且历时长达3~4日，所以难度和风险远高于三条无爬升线路，相应体验当然也精彩得多。

线路选择

一般年保玉则的“穿越”都是指从仙女湖北岸往南翻越北垭口到南面的日干措，再继续分出东、西两条线路，也就是最受追捧的“北南—东”线（下称“东线”）和“北南—西”线（下称“西线”）。东线比西线景色搭配更丰富、需时更短，也可以实现全程轻装。由于景区大门在山的北面，大家习惯将从北往南走称为“正穿”，反之为“反穿”。

东线

正穿的话，第1天从仙女湖北岸到妖女湖南岸，第2天翻越北垭口到日干措西岸，第3天经西大滩到黑河桥出。东线景色搭配更多元化（每天的景色都有大不相同的亮点），也相对轻松（全程可借助牛马实现轻装，需3天）。走西线的人通常也会把东线从日干措到黑河桥这段当作半路下撤线路。该线路反穿亦可。

全雨天作战装备

年保玉则最美的花季同时也是最恼人的雨季，做好全程下雨的最坏打算一定不是杞人忧天。事实证明，真的有很多决定来徒步的人，只惦记看景，对相应的艰险缺乏充分认识，以致走得痛苦万分。年保玉则徒步最让人纠结的是没完没了的过沼泽、涉水和穿灌木；雨季没完没了的降雨，会让艰苦程度被几何级放大。过沼泽和涉水只是闹心，一般不会致命；穿灌木则暗藏杀机：雨天穿越灌木丛被打湿后容易导致严重失温，同时，因灌木丛阻碍视野而跌落悬崖是有真实个案的。由于下雨是不可抗力，所以只能在装备上做足功夫：不用很高级，但要“对头”。

- **高筒雨靴** 对走沼泽、趟浅水都十分重要，本地马夫都穿这个，可见是专业之选。这里的路基本没碎石，软泥多，所以穿雨靴不会硌脚。开拔前在当地农贸市场购买，约20元/双。
- **雨衣** 一定要结实，不然雨天在灌木丛连续穿越时身上可能会很快被灌木上的水打湿而导致失温。由于灌木比人高，水珠无孔不入，所以冲锋衣防水性能多好也是浮云。
- **雪套** 必须要防水性能好的，缓解灌木打在雨衣上的水哗哗地灌入鞋内。
- **手套** 在灌木丛中人肉开路时护手，更护脸。
- **马** 途经水深阔处时找过河点经常费时费力还难免落水，骑马是最快捷的方式。

从成都到年保玉则

事实上大部分人会选择从成都出发抵达果洛南部。你的选择也不只是那趟卫生状况不佳的成都—大武班车。成都茶店子客运站（☎028-8750 6610）每天有两趟到阿坝的班车（7:00、8:00；175元；8小时），抵达阿坝以后，车站马上有面包车拼车送你到久治（20~25元）。由于阿坝住宿性价比远高于久治，你也可以在这里歇一晚上，第二天到恰唐中路和崇拉街路口（央可尔幸福住宿对面）搭面包车去久治。很多徒步团队会直接在阿坝包车去徒步起点。

回成都也是在阿坝选择更丰富，班车之外还有出租车。此外阿坝也有早班车客运转去壤塘。

西线

正穿的话，第1~2天日程同东线正穿头两天，但第2天宿上日干措西端，第3天翻越西垭口宿德莫措或阿尔加措，第4天走到下文措出。西线后两天的景色与前两天雷同（都是山峰和海子），且因西垭口东侧陡峭，牛马不能通行，因此需要自行负重翻越。由于西垭口东侧较西侧平缓得多，加之在文措湖出山交通不便，因此西线更适合反穿（文措湖进，景区大门出）。正穿的好处是，在第二天（通常也是退堂鼓打得最响的一天）之后想改走东线，也不会因为还没见到经典的北岸风景而大感遗憾。

需要注意的是，还有一条我们不推荐的"仙女湖—玛尔扎湖—文措湖"线路。通常在你已向景区预订协作，而开拔前北垭口因极端天气而不能翻越的时候，景区人员会劝你改走此线绕开北垭口。虽然这条路线牛马可全程通行，但沿途景观较原定路线逊色得多，作为对景色抱有较高期望的游客，也许中止计划比妥协到这条线路要明智。

翻越垭口

不翻越垭口，就不叫穿越。垭口的景致荡气回肠，为它吃的苦头也刻骨铭心。**北垭口**南坡是臭名昭著的迷路地带，尤其反穿上山时。其实根本无"路"可迷，因为你是在密不透风的一人高灌木林中，向一个大概方向挤好几个小时（女生要重点保护脸和手不被刮伤），加上爬升或急降，非常虐心，常常让人感到崩溃。

西垭口的东坡是60度的陡壁，巨型锐角乱石堆，让你走下来之后感觉膝盖快报废了，有积雪时更要注意，以防滑坠。

露营与补给

沿途很容易找到优良营地和洁净水源，烤火的木柴易得，但连日下雨的话不易点燃。在行程的重要节点位置，夏季都有牧民驻扎，必要时可以请求食宿上的支援。在日干措一带扎营可能会被周边牧民收费，详见188页"从黑河桥到日干措"。

骑马和雇请协作

牛、马等协作资源可通过景区预订，也可临时在放牧点寻求。景区的牛、马和马夫均为150元/天（近年价格总在调整），穿越的线路必须算返程，可商谈。如果临时向周边牧民寻求协作，可根据景区的官方价格作基准来商谈费用。

以穿越线路的路况和迷路概率来看，雇请协作还是必要的，这样翻垭口和涉水时不会因找路而耗费体能和时间，还能轻装上阵。注意马可以骑，牦牛不能骑，只负责驮包（1头牛能驮2~3个大包），因此如果马夫临时提出要把事先订好的马换成牛，要尽量提出异议。还要反复叮嘱马夫不要远离队伍，以便及时照应。

食宿

在我们调研期间，公路旁景区入口的宾馆在建，预计2016年启用。在宾馆启用前，景区内（大门和北岸）及周边有很多藏人经营的帐篷旅馆。50元/铺，屋内通电，有些甚至有电信提供的移动Wi-Fi（很慢），但无水无厕所。这些帐篷旅馆通常国庆后就会撤离。

帐篷里的被子足够，早晚出门注意添衣。

在景区大门附近或北岸停车场露营不收费。露营时要留人守营，有旅行者反映曾经发生过物品丢失的情况。就餐只能到小卖部买泡面或啃干粮。

实用信息

危险和麻烦

尊重本地习俗，千万不可捕食湖鱼，也不要下水游泳，直接从湖中打水也可能引起误会。

当地牧民的汉语水平有限，与之商谈价格时建议你用纸笔写清楚约定。有旅行者向我们反映，在日干措遇到说好180元驮三个包，但在半路改口每个包180元的情况。

景区能提供的物资和服务仅限于免费存包、小卖部有干粮售卖和氧气出租，无军大衣和露营装备出租。

手机信号只在北岸景区比较有保证，在101省道上时断时续。

注意预防紫外线晒伤，即使遇到连绵阴雨，也不要放松警惕。

网络资源

北南一东线：磨房网“八仙”《年保玉则的逆袭》有东线全程路况详解和全雨天行进经验分享。

北南一西线：磨房网“游梦020”《7月山花烂漫》里有经典图片、日程和攻略。

值得一游

白玉寺

白玉寺，又名白玉达唐寺，在年保玉则以西约70公里处的公路旁，离久治县城有123公里，是果洛最有影响力的宁玛派寺院，也是四川白玉寺的子寺。它创建于1857年，20世纪初乔智仁波切接管后迅速发展。巅峰时期曾有1200多个僧人，光是活佛就有40多个，在青海、甘肃、四川乃至国外发展了70多座属寺，规模和影响力甚至已经远远超过其母寺。

尽管在2011年年底的火灾中文物损失严重，但到白玉寺游览仍然会令你大有收获。西面的大经堂精华荟萃，如果大门紧闭，可请僧人打开，不然算是白来一趟。穿过热贡画师技艺精湛的壁画和富有立体感的精美堆绣唐卡，经堂内一片金光灿灿：前方正中是白玉寺地位最高的喇智法王的宝座，堂皇巍峨；右手边悬挂的稀世巨幅珍珠唐卡散发着莹润的光泽，叫人神迷（你必将由衷庆幸它没有葬身那场火海）；殿内还有近十尊3~7米高的铜鎏金佛像、珠光宝气的灵塔和美丽鲜艳的酥油花，令你目不暇接。离开大经堂时，顺便到西侧伙房寻找那口铭铸满吉祥图案、直径两米的古董大锅。据说20世纪90年代，贝诺法王到此灌大宝伏藏顶，这口锅煮的饭供两千僧人食用绰绰有余。

大经堂东侧的经堂虽然是全新的，然而富丽堂皇，也值一观，尤其是整墙的经架，放着几百堆经书，这样的布置已经不多见了。继续往东约百米是崭新的佛学院，经堂装饰壁画十分考究，可上到辉煌的坛城，也可以观摩僧人上课。寺院东头显眼的三层殿阁是秀丽的莲花生大殿。需要到东侧平房内请僧人开门，才能欣赏到里面精美的壁画。

镇寺之宝——乔智活佛灵塔在火灾中受损，仍在修复重建中。我们只能想象一下它曾有的瑰丽。塔高5米，底方3米，主体四周镶银贴金，饰有珊瑚、玛瑙，嵌右旋白螺一枚，塔上方一银制佛龛，内供奉佛牙一枚。

大经堂背靠的山头，是喇智法王的住处，可以开车上去，徒步到达约需一刻钟。

白玉寺的藏戏是久治最负盛名的。每年藏历三月一日起为期10天的法会期间，天天有好戏上演，还有晒佛、法舞等活动。

由于处在交通繁忙的101省道路旁，靠近年保玉则（73公里）和班玛（52公里），因此建议你在去往上述两地时顺道参观白玉寺。每日往返于大武和久治之间的班车都会途经这里，错过的话在路边搭车也方便。值得一提的是，如果你在这里搭去成都的班车（约下午4点到），票价是300元，如果先搭车去久治或阿坝会便宜一些。寺外沿路即是白玉乡政府和小镇，有餐馆和招待所。

到达和离开

景区大门离久治县城50公里。阿坝、久治和成都到大武的班车，都会经过久治县城和年保玉则。久治和阿坝到景区大门的票价分别是15元和50元，每天早上从阿坝6:00发车，大约8:30~9:00路过景区大门。返程班车每天15:00~17:00过路，需在101省道路上拦车（否则不停）。

从久治或阿坝包小车到景区门口分别为200元和400元，到文措湖分别为350元和600元。返程如果没有事先订车，临时找车价格通常偏高（尤其在文措湖出来）；即便事先订车谈好价格，临时也可能加价。可请景区管理处联系车辆。也可以在101省道路边寻找安全可靠的搭便车机会，本地人搭车到久治或阿坝的价格分别是每人20元和50元。

景区入口到仙女湖景区有4公里路程，没有班车，只能徒步或搭便车。每天都会有当地人或喇嘛开车进去朝拜神山神湖，这段路搭车比较安全。

久治

海拔：3628米

去往年保玉则和交通中转是绝大多数游客到久治县城的仅有目的。县城有一个还未完工的游客中心和博物馆，10公里外的德合隆寺是值得你拾起的一颗遗珠。

景点

德合隆寺是久治第二大规模的寺院，仅次于白玉达唐寺（见191页），也是其子寺。山门在县城东面6公里的德合隆沟沟口，其右边那尊高达31米的四臂观音像煞是显眼，这是安多地区最大的四臂观音像。进入山门后，寺院主体区域的饱满布局，会带给你移步换景的华丽视野。西面高耸开阔的山坡全插满了火红的经幡旗，是十分罕见的景致。高16米的莲花生大士像威风凛凛地稳坐其上。山谷中西面的大经堂与东面别致的莲花生殿、度母殿遥相对应，其中莲花生殿的金顶如大鹏展翅，蔚为壮观。

德合隆寺的藏戏享誉久治（仅次于白玉寺和阿绕寺），每年藏历二月一日起为期11天的法会将献演连台藏戏。7月中下旬开始持续45天的“结夏安居”期间，女性参观者不能进入山门内，但可以到四臂观音像处以及外传经道一带（可行经火红经幡山头）游览。

去往德合隆寺，从县城打出租车单程30元，拼车10元/人，全程基本为柏油路。

食宿

久治县城很小，客运站所在的主街能满足所有生活需求，虽然舒心的选择还不算太多。

鄂姆措宾馆 酒店 ¥

（☎833 2557；南环路东头路北；普双120元；📶）久治性价比最高的旅馆，普间干净清洁，网络和有线电视一应俱全。宾馆地下一层是对外营业的浴室，10元一次。与去阿坝的桥头近在咫尺。

西姆措宾馆 酒店 ¥¥

（☎833 2555，833 2345；客运站旁沙柯路路口北；标双260元；📶）久治比较知名的中档宾馆，内部环境典雅，有助于暂时去除混乱的县城街容给你留下的紧张心情。出门就是出租车的聚集地。

春沁宾馆 酒店 ¥¥

（☎139 0975 9762，833 1577；南环路东头路北；标双220元）从大院门外看很气派，里面的设施没有想象中那么堂皇，也还算温馨。出门往东不远的大桥就是等过路班车的“二号桥”。

六妹砂锅坊 小吃 ¥

（☎150 0975 5939；南环路游客中心对面，春沁宾馆西侧20米；⏰10:00~22:00；人均15~30元）干净的小饭馆，提供川青风味的砂锅、面和米线等，砂锅牛肉口味不错。

实用信息

旅游信息

久治县旅游局（☎833 2000，186 0975 5888）可以咨询有关久治的旅游、节庆和交通等信息。有关年保玉则的旅游咨询更建议你问年保玉则景区（见186页）。

到达和离开

久治地处三省交界，对本地人和旅行者来说都是重要的交通中转地。不过始发车只有往大武

(110元；7:45；8小时）和西宁（239元；8:00；15小时）的两趟，西宁往久治在南川西路客运站发车。除此之外，去年保玉则（15元）、白玉寺（40元）、达日（80元）、大武方向，还可在此乘坐阿坝（☎135 5127 5908）、成都开去大武的过路车。反之，去四川方向，也可以搭从大武开出的过路车，到阿坝无论班车还是拼车都是25~30元。在客运站门口或在城东沙柯河旁的大桥头（当地称"二号桥"）等车都可以。汽车站门前是出租车或私营车的聚集地。

去玉树、玛多方向，则需乘坐前往大武的车一早先赶到达日（5~6小时），再转车到花石峡（末班车13:00），最后转过路车去玉树或玛多。去达日票价约80元。

往东南到玛曲和甘肃其他地方，需乘坐从阿坝始发到玛曲的过路车，7:30经过二号桥，全程约2小时，票价50元。拼私营车65元/人，包车视车型300~500元。当天到玛曲后可以转车经合作或临夏到兰州。

班玛

海拔：县城3560米

高反连日不退？请火速赶往班玛！果洛的最边缘竟然藏着青海最大的林区，最低处海拔3147米，足以让紧箍咒般的高反顿时烟消云散。这是果洛最独树一帜的地方——广阔的森林和清新的河谷已属稀罕，故土遗风的历史感在全果洛也是绝无仅有的。即便你晃着脑袋表示这一路已经看够了寺庙，但来到特立独行的白扎寺和阿什羌寺，你照样能一见倾心。

由于县城偏离省道18公里，班车进入十分不便，大多数游客宁愿略过此地而直接前往下一站（年保玉则或达日）。从另一个角度来讲，这为抱有深度旅行信念的行者留下一片天地，并且能在旅行路线上玩出花样——良好的公路通往重度藏区迷大爱的壤塘和色达，这是班玛在交通上深藏不露的实惠。

历史

班玛是"三果洛"的发祥地，玛柯河的河谷地带就是果洛藏族的老家。大约在900多年前，一些外来的藏族先民到此垦荒务农。人口繁衍并逐渐沿玛柯河向北方迁徙，最终遍布果洛全境甚至远至玉树和海东。这个宜居的河谷自后唐时期就成为先祖迁徙和贸易的繁荣路线"塞西古道"（茶马古道的一条分支）上的重要驿站，由此可进入川康和卫藏。贸易促进藏汉文化交流，这在建筑风格上有不少蛛丝马迹。

这里也是果洛藏传佛教氛围最浓厚的地方，寺院数量居全州之首（果洛66座寺院中有23座在班玛）。其中以宁玛派、噶举派和非常少见的觉囊派为主。所以兼具历史感和宗教神秘感的双料景点，自然成为班玛的游览亮点。

景点

玛柯河谷是班玛景致的集中体现，景点基本都在公路边，路况不错。你可以把它当作果洛之旅中轻松又出彩的间奏，来一段两个小时的精华短线（天葬台—白扎寺—阿什羌寺）或者半日的氧吧畅游（精华短线后加吉德寺、河谷和林区）；更可以串成一整日的"满足之选"，沿河谷一直走到壤塘或阿坝。该线路适宜的游览季节横跨春、夏、秋三季：5月底林区开花，七八月草原开花、法会季，国庆前后秋林缤纷，实乃果洛旅游的长青线路。

包车往返上述前两条线路，以及直到壤塘并沿路游玩，大约要100元、250元和600元。

江日堂天葬台 天葬台

这个果洛极具代表性的天葬台，位于县城东南方4公里处的公路边平地上，而通常别处的天葬台都是在高山上的。从公路上远远就能望见，逝者家属敬献的经幡铺天盖地绵延了近一里地——昭示着这是一处令果洛藏族人心生向往的终极归宿。从居中位置的小径进入，路过满地逝者的衣衫，前方佛塔旁的棚子就是解尸台。里面摆着法螺和用头盖骨蒙人皮做成的巴朗鼓，案台上放满了各种型号的利器和石锤：想象天葬师（"角巴"）霍霍解尸的场面，日光下倒不觉得惊悚。十来分钟的参观，足以激发你下世再为人的感悟。如果参观时遇到天葬，请尊重当地习俗和家属意愿。

白扎寺 历史建筑

班玛最令人怦然心动的古建，没有之一。从天葬台沿公路往南1公里就是白扎寺，路上远观不起眼，必须走近才能感受到它强烈的磁场。从公路上进入的路口很小，但有指示牌。

整个白扎寺分上、下两处，上寺在北侧山顶，是觉姆的修行地；下寺坐落在路边，其中塔林围墙内的圆形小山（别称“闪光铁山”）是游览的焦点。该寺于1936年由西康宁玛派噶陀寺和白扎喇嘛在一座15世纪宁玛寺遗址上重建，不到百年的历史，建筑却充满铅华洗尽的沧桑之美——闪光铁山上一幢华丽而残破的殿阁，如莲花盛开在山巅，遗世独立。

下公路先信步穿过密集的嘛呢堆，闪光铁山上的佛殿隔着108座古塔在召唤你。正门永远紧闭，由于古寺濒危，目前已经禁止进入，等待重新修复。

虽有遗憾，你还是可以在转寺一圈的过程中，被这座古寺非凡的气象镇住。隔着海浪般的野草丛，闪光铁山拔地而起，层层叠叠的石经墙和嘛呢堆像给山体披上铠甲，将翼然其上的佛殿烘托得异常英武肃穆。雕梁画栋的额枋、精致的木雕垂花门、玲珑的重檐和檐角，即使远望依然能感受其魅力。

该寺也是班玛石刻艺术的聚集地，闪光铁山下就常年响起叮叮咚咚打制嘛呢石的声音，伴随你游览全程，悦耳非常。石板上随处以工笔线条勾勒的神佛惟妙惟肖，只等画师上色便可出尘。怪不得白扎寺的全名为“下莫巴白札多卡寺”，“多卡”藏语意指石经墙、嘛呢墙。实际上在当年白扎喇嘛重建寺庙时此处曾发现了一些瓦片，后来经鉴定是700多年前的遗物，暗合此处曾为格萨尔王麾下一位大将的城堡遗址的传说。也因此，几百年来人们在这处圣地不断增加石经板和嘛呢石，逐渐势成故垒。

整个玛柯河谷的游览中，此处占地最小，但建议你预留最多的停留时间（半小时以上），不要浪费了一方殊胜的发呆宝地。目前这里游客罕至，绝对够资格成为最挑剔旅行家的私房珍藏景点。不过，白札寺塔林（指那108座石塔）已在近年获得AAA级景区的评定，爱清静、爱秘境的你，可得趁早。

阿什羌寺和贾贡巴寺

塔

从白扎寺继续沿公路往南4公里（离县城9公里），路边默默凝视着你的是三座斑驳古塔上的通天慧眼——与之对视，一种不寻常的古印度原始气息贯通你的神思，唤起的好奇有甚于敬畏。遇见这处班玛最知名、最漂亮的塔群，你就来到了班玛现存历史最悠久（相传建于1367年）、果洛最大的觉囊派寺院：阿什羌寺。

眼前三座典型的觉囊派佛塔，外观与藏区常见佛塔的显著不同之处在于它的“肚量”很大：从塔基到塔身实际是几层错落有致的殿堂，每层都镶着俏丽的花样边缘；最上层一方形小塔身四面都绘有一双“佛眼”，画风竟然有点卡通——可爱的表情掩藏着一个近乎衰绝的古老教派所有的如烟往事。觉囊派曾是藏传佛教的重要流派之一，始于宋代，形成于元初；于17世纪经过与格鲁派的宗教斗争后，在卫藏无力回天，从此偏安于四川阿坝州和青海果洛等地。与班玛相邻的阿坝州壤塘县是它的再传法源。这支古老而神秘的藏传佛教遗孤派别，算是古印度佛教的余脉，着重修时轮六支瑜伽法。

寺中共有六座塔，最古老的是靠内的菩提塔，有大约500年历史；最瞩目的是路旁那三座，分别为常性塔、时轮塔和度母塔，也是三果洛的象征之一，其中最右边的度母塔在20世纪80年代重修时，因缺乏文物保护意识而被水泥覆盖，现已被鉴定永久损毁。无论如何，这三座人见人爱的宝塔仍然值得一看。如果能找到僧人开门，还可以进入塔内参观。寺院中每日傍晚会有辩经，每年7月会举办时轮金刚法会。寺内的谢热堪布（寺院里最有知识的人）开朗热情，会熟练地使用相机和微信，有宗教上的问题可以请教他。

吉德寺和玛柯河谷

峡谷

这座噶举派寺庙坐落在玛柯林场以西两公里（离县城56公里）的山坡上——但醉翁之意不在酒，寺院不是重点，重点是它所处的半山位置：那是俯瞰森林和河谷田园的极佳角度。登高望远，蜿蜒的河谷、沿岸的山坡层次优美，类似梯田。青稞、土豆、萝卜等多种蔬菜在这里茁壮生长，不愧是果洛最重要的农业区。秋季吉德寺下层林尽染，河谷田园中也是一片金黄，绚烂多彩。实际上，适合欣赏河谷风光的角度都只能到山上，越高越好。到吉德寺观景的好处是小车能开上来，省得爬山（徒步约15分钟）。最好在16:00前到达这

当地知识

何处觅碉楼

班玛碉楼营造技艺是果洛少数几个入选国家级非物质文化遗产名录的项目之一。

碉楼在藏区并不罕见，但一般都是以山石垒砌的，而班玛碉楼因为夹杂了木结构，而成为碉楼建筑中的孤品。与丹巴一带的碉楼不同，班玛碉楼多见于本地寺庙和民居中。

班玛很多寺庙建筑的墙面都以碉楼营造工艺建造。以碎石片为原料，用泥土黏合，砌墙时没有图纸也不用吊线，墙体呈弧线型保持垂直平滑，不留缝隙，全凭建造者的经验信手砌成。

班玛碉楼民居广泛分布在玛柯河对岸，隔岸眺望就可以了。高山上有小窗户的就是年代古老的传统碉楼，那些山顶上的碉楼残垣，隐隐传达着果洛先民曾经身处不安和动荡的境遇。河岸带大窗户的房子是与时俱进的牧民安居工程房，当地政府为保护碉楼营造技艺，特地在建造灯塔、亚尔堂等乡的政策住房中，运用这种营造技法。由于没有过多的宣传，包车游览时若问本地司机碉楼在哪里，多半会得到一脸迷惑，还是自己盯着河对岸吧。

里，不然河谷会因暗面明显而不够上相。

另外在离县城72公里处灯塔乡一带的河谷田园风光也颇为秀美，在公路上请边走边停。

玛柯林场和仁玉原始森林 森林

全青海最大的林区，竟然藏身于平时打着灯笼都找不到半棵树的果洛州。正因为如此奇葩，班玛才把它当作旅游名片。

玛柯河林区属大渡河水源涵养林区。在河谷南、北分布着18条沟，每条沟的森林都涵养出一条溪流，18条溪流与年保玉则流出的水源汇流成玛柯河，即大渡河源头。茂林里还繁衍生长着多种国家保护动植物，占全省保护种类的半数以上。这里曾是青海最大的木材生产地，当时每年砍伐大量的树木，树龄从一两百年到近千年。近三十年的砍伐使得古木处于消失殆尽之际，1998年该林场被国家列入天然林资源保护工程，曾经的伐木工人从此变成了护林者。关于这些林场的前世今生，你能在林场文化活动中心的展馆里了解到。

普通游览林区只能在公路上远望，十月中旬彩林缤纷。即便是匆匆一瞥，也足够惊艳。要深入林区踏青吸氧、观测野生动植物，则需要向班玛旅游局联系向导（800元/天），但要看到珍稀野生动物还得靠运气。

食宿

班玛县城的食宿虽然选择不太多，但条件尚算宜人，综合性价比在全果洛中属最高的。县城里只有三家有洗澡条件的住处，**莲花宾馆**、**永兴宾馆**和**赛来塘宾馆**。因地缘优势，饮食以川菜为主，菜肴的水准和性价比值得期待（在果洛其他地区点菜，正餐人均约40元，而班玛只需要20元左右）。觅食就到**永兴宾馆**以南的那条**民贸街**上，那儿有门脸较大的川菜馆和开门最早、品类较多的早餐店。

永兴宾馆 招待所 ¥

（☎832 2378；人民路邮局对面；标双/三140/150元，普双60元）这是一家地段较好的经济适用型旅馆（自称准二星），步行到车站十分钟，周围饭馆也较多。普间的条件让人很憋屈，但标间则性价比不错，床很宽，都配有电热毯，偶尔停水。旅馆在路面的招牌显眼，但入口却是一家牛羊肉店（同一家老板）旁一个窄小的铁门，有时铁门关闭，需要到牛羊肉店找老板，或者冲二楼喊老板下楼开门。

莲花宾馆 酒店 ¥¥

（☎832 3888；县城北端县政府大院内往西50米；标双328元；📶）不要被大院招牌的“教育培训中心”所迷惑，进入院子左转就是大堂。房间水准比内地三星级略差，但已是这一区域最好的了。离车站稍远，步行约15分钟。

玛柯林场宾馆 酒店 ¥¥¥

（☎832 9068；离县城58公里的玛柯河林场院内；标双388元）令人匪夷所思的是，这家偏僻得无以复加的宾馆走的是高端路线，还经常满客。因身处全青海著名的森林氧吧地带，该宾馆实际是个度假村，排满了接待任务。宾馆内除了设施豪华些，并无特别有创意的设施或亲近山林的机会。就餐要到职工餐厅，山珍野味多少是有的。

实用信息

班玛旅游局 可以咨询节庆安排、季节风光、联系森林游览的导游。若是亲自上门咨询，运气好的话能得到班玛地图和画册。

到达和离开

班玛客运站（☎189 0975 3126；莲花街南端，即有莲花柱的十字路口往玛柯河方向走；⏲8:00~17:00）目前在重修，唯一发往西宁的班车（180元；9:00；14小时）在一个小区里售票并发车，沿人民路往大武方向走到“中国税务”左转20米，继续左转20米进入小区院子，便可找到班车发售处。

班车的短途票在发车前半个小时才视座位空余情况开售，班玛到达日约4小时，票价50元；到花石峡约7小时，票价105元。

要去往大武或阿坝沿线有两趟班车，一趟是大武到阿坝之间每日对开的班车，但这班车只能到101省道上的班玛岔路口上下车；另一趟是成都到大武的隔日卧铺车（订票电话135 5127 5908，随车电话139 0975 3942；单日北上，双日南下），提前预订的话，它能进城内客运站旁上客，时间为：上行大武约8:00，下行成都约14:00。该班车短途只卖到阿坝前各地的票（白玉35元，年保玉则50元，久治100元），票价比普通班车贵；要去往阿坝和成都之间沿线各地都只能买全价票350元。客运站旁边的四川宾馆是该班车联络人员的驻地。

莲花柱（县城地标）所在的十字路口以南（就是往客运站去的街口）是私营车的聚集地，想拼车跑长途，最好头天晚上或次日一早去那里多方询问，通常去达日、久治（80元/人；3小时）、阿坝（100元/人；4小时）、色达（165公里；100元/人）的拼车机会多些（也不是每天能有，要看运气），而去壤塘（167公里；80元/人，560元/车）很可能需要包车。

户外

每一个户外爱好者都会对青海心驰神往，却又难免心生畏惧，全因为它的高度、广阔和如海洋般善变而无法预测的天气。这也使得在青海进行户外活动成为一种顶级挑战，尤其是在那些荒芜的无人区和超过 4500 米海拔的低氧地带。

在青海湖边露营

GETTY IMAGES 提供

骑行

毫无疑问，最热门的户外活动是骑行。骑行青海湖甚至已经成为来青海一个例行的基本挑战。但实际上，青海优质的骑行线路多得数不胜数。青藏公路和唐蕃古道两条进藏线算是主流的选择，不过沿西久（治）骑行去四川阿坝和甘南，翻越祁连山到河西走廊也是非常有趣的选择。对没有太多时间的旅行者来说，以西宁为中心骑向河湟谷地，在夏天也相当惬意。

徒步与登山

既为雪域，围绕雪山开展的各种户外活动就成了青海的重点。徒步是其中最受欢迎的体验。青海藏地神山众多，当地信众多年来皆有转山习俗，因此跟随其路线并开拓新支线，便成了近距离感受美景和人文风物的最好方式。阿尼玛卿（见173页）和尕朵觉悟（见236页）两大神山的转山线路非常成熟，在属于神山的年份，你还能与整个藏地的朝圣者相遇。年保玉则（见186页）徒步则是大众市场中最为走红的，在七八月份，它那如天堂盛宴般的花海，一直在“色友”圈儿口碑不辍。而穿越柴达木盆地戈壁滩这种近乎探险的行为，则是那些寻求极致荒凉景致的户外爱好者的美梦。

登山是一项对专业性和装备要求更高的活动。昆仑山6178.8米的玉珠峰和岗什卡雪山都是热门的地点，当地登山协会有针对初学者的培训和登顶帮助。

其他活动

随着基础设施的改进，青海的部分雪山也开始提供不赖的滑雪场，海北州的岗什卡雪山（见98页）就是其中之一。另外，不要忘记青海星罗棋布的湖泊和河流。转湖在一些有宗教意义的年份，会成为与转山一样流行的户外运动。而那些大江大河的源头上游，也成为有探险精神的自然爱好者乘坐皮划艇漂流的地方，每年夏天，都会有专业的漂流团队在玉树等地行驰在水上。

从左上角顺时针

1. 年保玉则
2. 坎布拉国家森林公园
3. 攀登玉珠峰

GETTY IMAGES 提供

2

GETTY IMAGES 提供

1

汪要强 摄

4

GETTY IMAGES 提供

2

GETTY IMAGES 提供

3

CFP 提供

旅行季节

青海看起来宛若户外天堂，可是这个天堂是有严格时间限制的。通常来说，七八月份是进行户外活动的最佳季节。大部分地区气候清爽温润，鲜花盛开。不过如果此时要去果洛、玉树，或是格尔木、唐古拉山口这些高原区域徒步，还是要带好高山御寒帐篷和羽绒睡袋，因为说不准什么时候，神山就会给你一场大雪“表示欢迎”。6月也是徒步神山的好时期，但正逢虫草季，你或许会很难找到向导和背夫。在一些海拔相对低（3000米以下）的地方，9月到国庆节前后，反而是层林尽染的绝佳时期。

行前准备

尽量在出发之前就把该准备的物资准备好，辽阔的青海大地上，户外装备和团队组织都集中在东北角的省城西宁里，地方上很难找到补给。在南部边缘地带，你也可以参加从成都出发的户外团队。

危险和麻烦

在青海进行户外运动，最需要注意的便是高原反应。高原反应的发生有一定的不确定性，因此在进行高强度户外活动前，应对路线和当地山况予以了解，如果是重装户外活动的话，还需对自己的体力做适当的评估。青海的山区大多没有电话和网络信号，因此除应有的基础户外装备外，最好再配上户外导航GPS；如果是团队出行，那么方便联系的对讲机不可或缺。夏季时如进行沙漠荒野穿越，必须带充足的饮用水并配有适量运动饮料或盐水，以防脱水造成的肌肉抽筋或中暑；如想要攀登玉珠峰或岗什卡雪山，那么多带的装备与以上恰恰相反，需以能及时补充体力和热量的食物为主，保暖最重要。

从左上角顺时针

1. 自驾穿越哈拉湖 **2.** 骑行青藏公路
3. 青海湖的水上自行车 **4.** 年保玉则穿越

杜春华 摄

唐蕃古道然察大峡谷段骑行

张清哲 摄

前往哈拉湖

玉树

包括 ➡

玉树市（结古镇）……208
玉树周边……214
勒巴沟小环线……214
称多……225
杂多……227
囊谦……228
囊谦周边……231
尕朵觉悟……236
玉树到不冻泉……238
治多……238
曲麻莱……240

最佳寺庙

- 达那寺（见233页）
- 宗达寺（见232页）
- 改加寺（见232页）
- 尕尔寺（见234页）
- 觉拉寺（见235页）

最佳活动

- 逛虫草交易市场（见213页）
- 改加寺看法会（见232页）
- 在囊谦峡谷内露营（见234页）
- 从觉拉乡穿越到杂多（见235页）
- 尕朵觉悟转山（见237页）

为何去

地震之前，玉树仿佛是青藏高原深藏不露的秘密，鲜为人知。可一夜之间，世人将目光聚焦于这里，才发现废墟之上的它原来是如此丰饶多姿。历史在这里留下无数印记，沿着唐蕃古道，名胜古迹数不胜数；传说不仅仅停留在纸面上，在格萨尔王活动过的区域，与他有关的遗迹比比皆是。时光流转，现在生活在这片土地上的康巴藏人，仍然以舞蹈之热烈奔放、服饰之华丽大方、宗教仪式之神秘莫测著称于世。数百座珍珠般散落在玉树州的大小寺庙，每个都承载着一段精彩的民族记忆。

只为人文盛景，就已经足够吸引你来玉树走一遭，更不用说绝无仅有的自然风貌。长江、黄河和澜沧江在这里发源，浪漫又“残酷”的可可西里在这里延伸。就算你没有条件深入无人区探险，公路沿线的景观已经可以令人惊叹。多花一点时间，囊谦大峡谷内的高海拔原始森林、曲麻莱县的高山草原、治多县的野生动物，一定会让你惊喜连连。

何时去

5月至6月 玉树最忙最重要的虫草季就在这两个月，来凑热闹的话，就要面对可能翻数倍的住宿和餐饮价格，也会遇到找不到包车司机的困难。

7月至8月 这是玉树最美的时光，草原和森林生机勃勃，节庆层出不穷，不经意就会撞上一两个地方盛会。但也要注意带够保暖衣物，一场小雨足以让气温降至10℃以下。

9月至10月 欣赏高原秋色的好时节，各个峡谷中的缤纷树影值得一看。这时的气候非常不稳定，时不时会下雪或下冰雹。

11月至次年4月 如果你愿意忍受冷到刺骨的严寒，可以考虑前来——藏历新年期间和春节前后诸多寺院会举办法会、宗教活动。著名的改加“曲热”法会就在此时举行。

玩转玉树，谨慎包车

在玉树州旅行，前往县城周边的任何景点都只能包车。想找车并不难，当地的汽车站或主要广场旁边，有的是“趴活儿”的私家车。但选择车辆和司机对大部分旅行者来说是个技术活。

首先，你应该想好需要怎样的车型。走路况良好的公路，包越野车明显是浪费；而前往偏远乡村，性能一般的车又无法胜任。县城里可供租用的车辆，绝大多数是小面包车，也有皮卡车；如果你想包好一些的车，在玉树市更容易找到。

其次是砍价，路程的远近不是重点，道路好坏才是关键，一场大雨就能将去某地的包车价格提高数百元。多问、多比较，或者找藏族朋友帮你砍价，有很大概率能节省一笔银子。

最后，尽量选择经验丰富些的司机，年纪大些的往往更值得信赖。出发前务必就途中附带的景点和司机做好沟通，既方便停留又不起纠纷。

“原生态”的背后

玉树的自然环境美到令人惊叹，同时也脆弱到不堪一击。它身怀珍宝却没有丝毫防御能力，正遭受来自多方面的无情掠夺：盗猎分子早在20世纪就盯上了可可西里的藏羚羊；采矿者的目光被地下埋藏的资源所吸引。经济利益的强烈驱使，让环境保护变得困难重重，上游随处可见的小水电站，在减缓江河流速的同时，产生了更多不可估量的长久影响。当地人采挖虫草和过度放牧，也正在造成草场的逐年退化。

旅行者虽然只是短期到访，但如果有心，也能为环保做些贡献——不乱丢难以自然降解的废弃物、不购买野生动物制品、自带水杯减少一次性矿泉水瓶的消费、开车经过藏羚羊通道时略减速不鸣笛，这些对你来说都是举手之劳。

在玉树，你要了解

➡ **游览** 请放下“景点”这个概念，最美的风景永远在路上，而且这里几乎没有用围墙圈着、向你收取高昂门票的景点。你要做的只是打起精神，享受在这片神奇土地上的每一刻。

➡ **购物** 玉树的虫草品质上乘，但近年来价格波动很大，购买前一定要多做了解。如果你识货，康巴人脖子上的蜜蜡、珊瑚、玛瑙、松石也可选购。

➡ **礼仪** 参观寺庙时请尊重宗教信仰，进入殿堂时要脱鞋、脱帽，不要在大殿内喧哗、拍照，不要用手指向佛像。

快速参考

➡ **人口：**38万

➡ **电话区号：**0976

➡ **平均海拔：**4200米以上

如果你有

➡ **1天**

早晨在**结古寺**（见208页）听诵经，然后包车前往**勒巴沟**（见215页），转山一周后从**文成公主庙**（见215页）出。傍晚去**新寨嘛呢堆**（见208页）转经。**当代山观景台**（见209页）适合拍日落。

➡ **3~5天**

去囊谦吧！**达那寺**（见233页）和**尕尔寺**（见234页）两条线路都值得你各花一两天时间。

➡ **10天或以上**

深度探索，发掘惊喜。若你喜欢古寺，可沿通天河岸行进，看看古朴宁静的**桑周寺**（见225页）、**贡萨寺**（见238页）；如果你喜欢自然风光，不要错过**黄河源头**（见242页）或**可可西里**（见218页）。

阅读玉树

➡ **《风马界》**，尼玛江才著。用唯美的文字漫谈藏传佛教中的风马旗所隐含的各种元素对民俗的影响，其中穿插了不少关于玉树的历史背景介绍。

➡ **《吉祥玉树》**，梅卓著。如果想简洁又直观地得到关于玉树的历史、宗教、传说、习俗等方面的信息，这本书最好。

历史

早在2万年前，玉树一带就有人类活动生息，目前多处发现的卡约、卡若文化遗址便充分证明了这一点。不过，玉树真正辉煌的时段，都和西藏息息相关。如今你在玉树看到的一切，政治、经济和文化，都可以上溯至唐朝初年吐蕃王朝的兴起。

玉树地区古为西羌之地，隋朝前后是苏毗和多弥两国的辖区。其中最引人遐想的是苏毗国，人们相信它就是《西游记》中描述的女儿国。这个传说中的部落，以浓厚的女权意识著称。以当时周围的民族环境来看，苏毗国的存在像是一个奇迹，但如今在玉树，已找不到这个部落曾经存在过的任何痕迹。

公元629年，吐蕃崛起，整个玉树成为吐蕃的属地——孙波茹。松赞干布派重要大臣坐镇玉树，因为此地可以提供优良兵源、马匹和其他军用给养，因而这里成为吐蕃和唐朝交战的军事重地。

到了唐朝末年，随着吐蕃王朝的崩溃，远离拉萨的玉树成为一盘散沙，大小部落各自为政，相互争夺兼并。直到12世纪中叶，一个名叫直哇阿鲁的藏民，带领他的部落，从四川康定地区迁徙到玉树南部——如今的囊谦县。自此到1958年民主改革，直哇阿鲁的后代一直都统治着玉树地区，他们在这里建立了政教合一的统治体制，人称其“囊谦王”。

1958年之后的玉树，经历了一个漫长的停歇期。直到20世纪80年代，寺庙逐渐重新开放，佛教又回到人们的日常生活中。2010年4月14日，7.1级地震袭击了玉树，近三千人被夺去了生命，众多拥有辉煌历史的寺庙遭到严重破坏。经过6年的重建，你现在看到的，是一个在废墟上崛起和重生的新城市。

如今，玉树是青海仅次于河湟地区的旅游集散地。由于和西藏千丝万缕的联系，许多人相信，相对拉萨而言，或许能在玉树看到一个更为纯粹的藏区。

民族、宗教和语言

康巴藏族是这里的主导人群，占总人口的97%左右。他们彪悍、热情、豪爽，爱开玩笑，能歌善舞，几乎全民信仰藏传佛教。由于虫草经济的关系，玉树的藏族人更为富裕，故你有更大概率看到豪华的传统藏饰和大排量越野车，这是当地人彰显财富的两大主要方式。

回族、撒拉族等信奉伊斯兰教的少数民族，在玉树州的人口比例连1%都不到，但他们对旅行者相当重要：他们开着小县城里绝大多数的清真餐馆、淋浴室和相对干净的便宜小旅馆，但伊斯兰斋月期间，这些店铺大部分都不营业，让你多少会感觉到一些不便。

康巴藏语当然是本地最为通行的语言，普通话在县城层面上也能做到沟通无阻。但如果你要去较为偏远的乡村甚至无人区，最好有藏族司机或向导随行。

ℹ 到达和离开

飞机

玉树巴塘机场有航线往返于西宁、西安、拉萨和成都，详细信息见214页。

长途汽车

玉树州跟四川、西藏甚至新疆都接壤，你可以从多个方向进入玉树。不过很多线路目前还没有公共交通。最常规的走法是先到西宁，然后再从西宁火车站广场东边的客运中心搭乘班车到玉树。从四川过来也比较方便，经甘孜县—石渠县—玉树市，317国道转217省道，再上214国道，全程460公里，沿途藏区田园风光旖旎，路况也好。从西藏的昌都、类乌齐经317国道、214国道进入囊谦，路况就不是那么乐观了，不过有定期的班车。

自驾和包车

通往玉树州的两条最主要的国道109和214，路况都很好，连接州内各县城的公路也都是铺装路面。以下走法相对小众，沿途景色荒凉而壮美，也值得尝试（因为没有班车，只适合自己有交通工具的旅行者）：经青藏线上的不冻泉站，可由308省道至曲麻莱县，路况良好。从巴青县出发，翻过唐古拉山脉的分支拉俄山口，有一条路通往杂多县，但公路修建正在紧锣密鼓地进行之中。目前的路况还相对原始和危险。

ℹ 当地交通

玉树市有定期的班车通往州内各个县城。就算错过了班车，你也可以很容易找到运营相应线路的私人面包车。大部分景点都没有公共交通直达。需要注意的是，绝大多数的私人运营车辆都没有资质和保险，这意味着一旦发生意外，你有可

祁漫塔格山
新疆维吾尔自治区
楚拉克阿拉干河
那仁郭勒河
台吉乃尔河
柴
涩聂湖
喀沙克力克河
鲸鱼湖
昆
海西蒙古族藏族自治州
博卡雷克塔格
仑
库水浣
太阳湖
可
勒斜武担湖
可可西里湖
库赛湖
可西里山
饮马湖
霍通诺尔
昆仑山
西金乌兰湖
错达日玛
错仁德加
楚玛
乌兰乌拉山
乌兰乌拉湖
特拉什湖
冬布里山
沱沱河
波涛湖
雪莲湖
通天河
S313
海西蒙古族藏族自治州
G109
索加
西恰日升山
米提江占木错
当曲
澜沧江源
唐古拉山
尼日阿错改
其香错
扎加藏布
安多
兹格塘错
西藏自治区
巴青
G317
0
80 km
蓬错
那曲

玉树亮点

① 翻山越岭去格萨尔王的家庙**达那寺**（见233页），顺便到**达那寺温泉**（见233页）洗去满身尘埃，一解旅途疲乏。

② 位于悬崖绝壁上的**宗达寺**（见232页）是观景览胜的绝佳地点，居高临下，辽阔天地间的美景一览无余。

③ 在岁月沧桑的**贡萨寺旧址**（见239页）前，看通天河峡谷的无敌美景。

④ 在**玉树赛马节**（见211页）上跟康巴汉子一起尽情起舞，纵酒欢歌。

⑤ 转一次神圣而又低调的**尕朵觉悟神山**（见237页）。

能得不到什么赔偿。所以最好出发时买上一份旅行保险。

如果你的目的地只是寺庙本身，可以在玉树市或寺庙所属县城寻找“燃灯祈福处”，这相当于寺庙驻扎在城中的办事处，时不时会有车前往寺中。虽然搭这样的车前往寺庙有很大可能获得免费交通甚至免费食宿，但也仅限于有充足时间的旅行者，因为车辆往返时间不定，你必须有足够的耐心慢慢等。

玉树市（结古镇）

海拔：3681米

“玉树”这个词在藏语中本就有“遗址、废墟”的意思，而现在这个城市正是在2010年4月的大地震废墟之上重建而成的。由于原先的房屋在地震中多少都有一定程度的损坏，故当地政府索性将所有建筑全部推倒，统一规划。经过6年的建设，如今的结古镇已看不到半点过去的影子，平直宽阔的马路、林立的现代化高楼，除了房檐、窗台、商户招牌还保留着少许藏族元素外，走在玉树市的街上，已几乎感觉不到自己身处藏地了。完成了这个华丽重生，原来的“结古镇”摇身一变，改名为现在的“玉树市”。

由于整个市区均为震后重建，故我们调研时门牌号、路名、座机都尚未统一确定，所以你有可能对着地址却找不到位置，或面对同一条路上混乱的名称摸不着头脑。因此，我们将在地址之外，以相对好找的地标性建筑为你指示方位。

景点

除了下列6个景点外，去往其他地方都需要包车。如果你时间有限，这里非常适合花1天时间进行一次宗教人文之旅，初步体验玉树的独特风情。

结古寺 寺庙

（镇子北侧木它梅玛山顶；全年开放）

免费 无论你身处玉树市区何处，只要抬头就能看到这座高居山顶的萨迦派寺庙。20世纪30年代，九世班禅从北京返回西藏的途中，曾在结古寺驻锡了相当长的时间，并圆寂于此。所以重建后的结古寺，其他建筑都是水泥建造的，唯有班禅行宫整旧如旧，仍然是传统的土石结构。我们调研时，寺院主体工程已经接近完工，殿堂的内部装修尚在进行之中。新落成的大殿金碧辉煌，后方青色的僧舍排列整齐，僧袍的红色点缀于青山之间，让人感到这座古老寺庙遭受重大打击后，又重新焕发的新活力。

结古寺没有围墙，从玉树城区出发，可以说条条大路通结古寺，从市区打车30元一个来回。你也可以在北环路上沿着一排明显的大转经筒徒步而上，沿着箭头一路往上就是，步行约20分钟。沿着盘山公路前往主殿时，有好几个位置能让你一览全城——扎曲河从西往东，四周的大山将整个小城包围其中。

影响深远的第一世嘉那活佛

嘉那嘛呢石堆的名字“嘉那”，来源于结古寺的第一世嘉那活佛道丹松曲帕旺。传说他晚年在新寨村静居时，发现一块石头显现出六字箴言，那块石头至今还被供奉在嘛呢石经城附近的经堂中。自此，人们开始往这里垒嘛呢石。那是藏历十二饶迥木羊年（公元1715年），经过无数虔诚信徒从不间断地日积月累，嘛呢石堆在1955年规模达到了巅峰，据说有25亿块之多。现在虽然嘛呢石数量大不如前，但新寨周边的居民大多以雕刻嘛呢石为生，每天都有工人推着手推车，前来添加新刻好的石头，因而石堆还在以每天约两千块的速度继续扩大中。

除了嘛呢石堆外，第一世嘉那活佛还给玉树留下了更多文化遗产。他是一位多才多艺的传奇僧人，年轻时曾在印度、锡金以及我国西藏、峨眉山、五台山等地游历、修行，精通汉语。这位活佛喜欢跳舞，创作了被称为“多顶求卓”的100多种舞蹈，至今在玉树地区流传的“卓舞”就是他创作的。“卓”的表演场合多用于祭祀或其他求神、敬神的宗教仪式，所以看起来古朴肃穆。除了囊谦县的“卓根玛”外，卓舞表演者均为男性。

欣赏服饰的好机会

七八月份是玉树天气最好、草原最美的季节，这期间大大小小的地方节日、寺庙活动层出不穷。无论什么样的节庆，当地人总会把它转变成一场盛大的聚会，大家都穿着节日的衣服，全家一起来到活动地点，铺开地毯和食物，欢歌笑语玩上一整天。

玉树康区的服饰明艳大方，色彩浓烈，非常值得一看。夏季人们多穿氆氇或者棉布制作的藏袍，肥腰长袖、大襟长摆是当地藏袍的特点。众多穿着盛装的当地人聚集在夏日和煦的阳光下，男子的袍子长度等身，用腰带系束，使之下摆提升到膝盖处。多余的衣服鼓堆在上身，显得更加威武雄壮。女子的袍子略长过脚面，用装饰着精美宝石的腰带系住，雍容华贵。更耀眼夺目的是他们身上佩戴的各种首饰，项链多由天珠、玛瑙、珊瑚、松石和谐地搭配串联而成，昂贵而华丽。无论男女，头上的装饰必不可少，人们将头发梳成发辫，上面缀着硕大的蜜蜡或珊瑚。由于身上佩戴的贵重首饰过多，当地舞蹈动作都避免大幅度上身摆动，而代之以舞动袖子和脚步踢踏。

类似的聚会上自然少不了生意人，从小吃、玩具到珠宝虫草，场地周边熙熙攘攘，买卖双方热烈交流，十分热闹。偶尔你还会看见传统的谈价方式：两个康巴汉子把右手藏在袖管里，交换手势以感知着对方的讨价还价。他们严肃的样子可能让人觉得好笑，但可不要小看，那袖管里正进行的说不定是金额巨大的交易。

当代山观景台 公园

（市区南郊当代山；⏲全年开放）**免费** 观景台有近500米长的游览木栈道，几乎占据了整个山头，和结古寺正好一南一北遥相呼应。沿着木栈道能一直走到格萨尔王广场的巨大雕像前面，还可纵览玉树市全景。清晨傍晚时，来此看日出、拍日落很不错。不过沿着栈道步行的时候，要小心毫无规律的台阶，以免绊倒。

从位于杂曲南路的山脚步行到山顶约有3公里，脚力好的20~30分钟能搞定。打车单程20元，往返需30~40元。

玉树州博物馆 博物馆

（结古大道与琼龙路交界处；⏲9:00~12:00，15:00~18:00，周一闭馆）**免费** 你从很远的地方就能发现这座建筑的与众不同，巨型穹顶的造型，看起来像中国古代的铜钟（也有人觉得它具有羌族建筑的部分特征），而外部雕刻却融入了藏族传统风格。博物馆进门处有一个巨型沙盘，显示了全国的地形地貌。一楼自然厅，介绍玉树的几个国家级自然保护区，内有不少珍稀野生动物的标本；二楼则从历史、民俗、宗教等多方面介绍了玉树概况，有一些珍贵的早期墓葬品展出，还有州内重要寺庙的解说。这里还不定时举办不同主题的临展。

玉树地震遗址和抗震救灾纪念馆 纪念馆

（市区214国道边；⏲全年开放）**免费** 去往囊谦的路边、接近出城的位置，你会看见左手边一座用玻璃顶保护起来的坍塌建筑，那是玉树地震时受损的当地民房。倒塌的墙壁、掉落的屋顶，无声地叙述着当年地震的惨烈。这个纪念馆全部为露天，地震遗址旁边有纪念碑、嘛呢石堆等建筑。

新寨嘉那嘛呢石堆 嘛呢石堆

（新寨村；⏲全年开放）**免费** 这是藏区最有名的嘛呢石堆，地震后，政府对其进行了翻天覆地的改造，为了留出足够的空地，他们把曾经的214国道都挪了位。不过不要把它想象成无比壮观的嘛呢石山，它与你在这一带寺庙外见到的嘛呢石堆并无本质不同，只是众多石堆集结在一处，显得规模更大。这里与其说是宗教圣地，还不如说是一个主题大公园，转经道上绿树成荫，还有供人休息的长椅。每月的农历十五日是转嘛呢的好日子，据说当天转一次嘛呢相当于日常转三次的功德。

从玉树市区可以搭乘开往新寨的公交车到新寨外围，票价1元。乘出租车费用为15元。也可以从城中心步行到此，大约5公里。

玉树城区

玉树城区

景点
1 当代山观景台 C3
2 结古寺 C1
3 玉树地震遗址和抗震救灾纪念馆 C4
4 玉树州博物馆 C2

住宿
5 格萨尔王府饭店 B2
6 结古寺大酒店 C2
7 结古寺商务宾馆 C2
8 诺布岭宾馆 C2
9 三摩提青旅 A1
10 唐龙客栈 B4
11 雪域宾馆 B2
12 玉树空港酒店 B3
13 玉树太阳湖假日酒店 C2

就餐
14 打渔郎火锅 C2
15 岗嘎日吾藏餐 A1
16 古藏殿 B2
17 老成都川菜馆 C2
18 腾升阁火锅城 B3

购物
19 虫草交易市场 C4
20 龙王市场 C2
21 三江源民族商贸中心广场 C2

实用信息
22 八一医院 C3
23 邮政储蓄 B3
24 玉树农商银行 B3
25 玉树州人民医院 B2
玉树州邮政局 （见23）
26 玉树州藏医院 C2
27 中国建设银行 B3
28 中国农业银行 B3

交通
29 玉树汽车站 B4

当卡寺 寺庙

（214国道上，距离新寨约2公里）免费 当卡寺始建于宋朝时期，“当卡”在藏语中是“白色泥沼”的意思，传说莲花生大士曾亲临此地进行加持，寺庙创始人后来在这片白色泥沼中发掘出了大师伏藏的一眼泉水。地震中寺庙建筑接近毁损，现在的房屋几乎都是近几年重修的，游客特地前往参观的意义不大。

不过，当卡寺的女神节却是不可错过的当地重要节日。藏历新年的前一天是当卡寺女性护法神阿斯秋吉卓玛的节日，这天，寺庙的僧人会集体跳极具观赏性的女神羌姆舞，并有僧人化装成全部护法神的样貌，进行盛大的法舞表演。

节日和活动

玉树州赛马节 少数民族节日

赛马节作为传统娱乐活动，可以追溯至吐蕃时期，其形式和内容有些类似于汉地的大型庙会。除了赛马外，还会有歌舞表演、拔河比赛等其他文娱活动。其中最受欢迎的是赛牦牛和“嘎雪”（抢喝酸奶）比赛，经常能让围观群众笑翻天。

玉树州的赛马节一般于每年的7月25日至30日举办，由五县一市轮流做主场，与牦牛文化节一起进行。节日期间周边的草原上会早早扎满帐篷，前来观看节目和参加表演的人个个穿着传统盛装。每年节日安排不同，你可关注微信公众号“缘在玉树”了解相关信息，一般7月初会公布节庆日程。赛马会期间人潮汹涌，酒店爆满，务必提前预订。

萨迦起源大法会 宗教节日

每年藏历的十二月十五日，嘉那嘛呢石堆一带都会举行隆重的法会。届时光参加的僧人就有两万之多，加上前来参加盛会的周边群众，堪称整个藏区最大的转嘛呢活动。法会一般持续4~5天。

住宿

玉树市的宾馆和饭店大多集中在琼龙路、结古大道和杂曲南路这几条主要干道上。在这儿找到住处并不难，虽然无甚特色，可需要注意的是，这座城市的宾馆房价往往随行就市，冬天人迹罕至时，很不错的酒店标间也可能只要一百多元；而虫草交易季节或赛马会期间，最普通的小旅馆双人间二百元起跳也并不为奇。我们标注的是七八月旅游旺季的价格。

诺布岭宾馆 民宿 ¥

（139 9746 5444；玉树州博物馆对面巷内；铺40元；WiFi P）如果你不要求每天洗澡，这算是性价比不错的一处选择。房间明亮，床单雪白，有两人间、三人间可供选择，厚实的防盗门，看着就感觉安心。地理位置很好，属于去哪里都方便的城市中心地带。我们调研期间，公用卫生间还未安装热水系统，但老板会提供开水给你洗漱。

三摩提青旅 青年旅舍 ¥

（158 9706 9952；日吾格中巷25号；铺50元；WiFi）玉树地震前，三摩提青旅堪称玉树的文化地标。主人尼玛江才是知名的民俗学者，现任州博物馆的馆长。青旅所在的房屋是有上百年历史的藏族老宅，每一个角落、每一件摆设都有故事。震后，三摩提曾以帐篷的形式营业了一段时间，后因场地原因暂停。现在，这家广受背包客关注的青年旅舍，终于在原址重生，这里也是你了解玉树的一个窗口。

雪域宾馆 招待所 ¥

（182 9715 1000；红旗路与龙庆路交叉路口；普间100元；WiFi）这家宾馆的房间不大，比较干净，公用卫生间也没有异味。宾馆内暂无洗澡的条件，不过对面有公共浴室。觉拉寺（见235页）诵经祈愿处就在二楼的一个房间内，两名僧人常驻于此，你可以跟他们打听去觉拉寺的便车，比起包车前往可以省下不少钱。

唐龙客栈 酒店 ¥

（881 8222；西杭新汽车站后；标双150元；WiFi P）房间干净整洁，而且就在汽车站旁边，周边有不少小吃、简餐。如果你打算第二天一早就乘车离开，住在这里比较方便。

结古寺商务宾馆 酒店 ¥¥

（881 7577，881 7588；结古大道，结古寺手机城旁；标双180~220元；空调 WiFi P）虽然是结古寺的产业，却暂时由汉族人承包打理。宾馆很干净，无论是楼道还是房间。房内有免费长途和24小时热水，每个房间里都有自己的独立Wi-Fi。房间铺设木地板，也很明亮宽敞。卫生间较大，冬天房间内有暖气。位于琼龙路上玉树州博物馆斜对面的**结古寺大酒店**，价位和档次跟这家差不多，也是不错的选择。

玉树太阳湖假日酒店 酒店 ¥¥¥

[☎596 1376；结古寺路（原红卫路）上；标双498元起，含双份早餐；❄📶🅿]这是一家装修和环境都还不错的四星级酒店，房间明亮整洁，该有的现代化设施都有。虽然你的钱包会为选择这里受一点苦，但是被高原反应困扰的旅行者们有福了——这家酒店有弥散供氧系统，给房间内部制造了一个人工的富氧环境，谁说空气不能特供来着？

格萨尔王府饭店 酒店 ¥¥¥

（☎882 1999；民主路与珠姆路交叉路口；标双480元起，含双份早餐；❄📶🅿）可能是你见过的最富藏族特色的酒店，虽然这特色将宫廷、寺庙、民居风格混为一体，在懂行的人看来有些过分。进门你会看到一幅巨大的坛城，电梯间和走道墙壁上悬挂着精美的唐卡，一派富贵气象。我们调研时酒店健身房已经到位，还计划建一个室内游泳池。作为一家五星级酒店，从环境到服务都算是无可挑剔的。

玉树空港酒店 酒店 ¥¥¥

（☎780 0777；结古大道南段双拥南巷3号；标双428元起，冬季300元左右；❄📶🅿）这是玉树机场公司旗下的酒店，目前已有的机场大巴就从酒店门口发车，据说未来酒店将推出机场免费接送的班车。除了标准的四星级配置外，房间里还有制氧机，住店客人可以免费使用。

就餐

玉树的餐馆以琼龙路一带分布最为密集，每个购物广场周边都有不少小吃摊点。市区里最流行的是藏餐，清真餐饮和川菜火锅也随处可见，还有德克士等洋快餐，口味都还不错。由于地处高海拔地区，物价偏高一些，也可以理解。藏餐馆内比较少见中文菜单，选择不太多，藏包、粉汤、馒头是主食三剑客，另外会有几样炒菜，饮品包括藏茶（不是酥油茶）、酸奶等。在这里吃火锅的话要注意，海拔高的地方沸点低，食物要多烫一会儿才会熟。

腾升阁火锅城 火锅 ¥¥

（结古大道中段；人均70~80元；🕙10:00~22:00）选用本地牦牛肉，用特殊手法腌制，吃起来肉香四溢，口碑非常好。最好跟三四个朋友一起去吃，否则不太划算，点菜也不太方便。

打渔郎火锅 火锅 ¥¥

（琼龙路藏医院对面，十字路口处；人均50元；🕙10:00~22:00）这家火锅店环境和口味都不错，还推出了单人单锅，就算只有一个人，也可以经济实惠地享用一顿火锅大餐。它对面的**鲁西肥牛**也有此服务。

古藏殿 藏餐 ¥¥

（红旗小学对面；人均80元；🕙10:00~24:00）一家在装修和环境上取胜的藏餐馆，里面的摆设有不少农村老物件，菜单是写在牛皮上的！不过全是藏文，你只能根据服务员的介绍来点餐。在这儿消磨时间的感觉相当小资，所以就不要把注意力集中在食物上了吧。

岗嘎日吾藏餐 藏餐 ¥¥

（日吾格中巷19号，人民银行往西500米；人均40~50元；🕙10:00~21:30）能把藏餐做得符合内地人口味的藏餐馆不多，这儿要算一家。想尝试藏餐又受不了牛羊肉膻味的旅行者可以考虑这里，他们的菜品相对精致考究。

老成都川菜馆 川菜 ¥¥

（琼龙路中段，结古寺大酒店旁巷内；人均30元；🕙10:00~22:00）成都人来吃的话，一定会抱怨这里的川菜不正宗，因为不够辣。也正因如此，它更适合大众的口味。虽然价钱不比别处便宜，但由于菜的分量足、用料实惠，所以性价比还算不错。

购物

龙王市场 民族手工艺品

（琼龙路靠结古大道路口；🕙9:30~17:30）本地人购买民族服装及民俗商品的集贸市场，对藏族服饰有兴趣的可以来此淘宝，能发现很多有趣又罕见的民族物品，从镶满了宝石的腰带、三树藏族妇女特有的羊毛帽子，到

当地知识

冬天虫夏天草，软黄金你知多少？

冬虫夏草，藏语“牙加梗布”，是一种蝙蝠蛾虫卵被真菌侵入后生长出来的植物，看起来一半是虫，一半是草。这种药效还未有科学证明的药材，近几年在内地市场上大热，价格一度被炒到20万元/斤，堪比黄金。虽然海拔3000米以上的高原地区都能找到虫草，但行内人士认为，青海玉树和西藏那曲出产的虫草品质最好。

随着虫草的身价一路飙升，它对玉树人生活的影响程度也越来越大。这里中小学在每年的五六月份都要放假，几乎所有的学生，在这两个月都忙着跟家人去挖虫草，所以暑假在玉树又叫“虫草假”。不少人平时并不工作，就指着卖虫草的收入来维持一年的生计。不过2015年虫草价格和产量都出现了下跌的趋势，且过度采挖虫草，还会对当地人世世代代赖以为生的草场造成破坏，所以，过热的虫草经济会往何处去，目前还是个未知数。

我们在玉树调研的时候，也遇到不少人在街上兜售“从山上挖来的虫草”，价格比正规商场便宜不少，但你必须对当前的行情略有了解，更重要的是要懂得鉴别。好虫草的关键是虫体饱满、分量足，而且香味醇、草把短，虫体的头和“四足半”清晰可见。由于有利可图，虫草造假的手段层出不穷，所以购买时一定要注意“看”“捏”“闻”，即除了看颜色和个头以及虫足的“四足半”是否完整外，还要轻捏虫体，检查是不是瘪的、干硬程度如何，最后闻一下有没有一种奇特的菌子味。

精巧的牛皮针线包，应有尽有。

虫草交易市场 特产

（结古大道靠近西杭段；⏲9:00~16:00）这并不是一个正规的交易商城。一开始只是几个虫草商人为方便交易在这里租了铺面，后来，聚集而来买卖虫草的人越来越多，这个临时市场便被人认可了。五六月份的虫草季节，在这里多兜几圈，能学到不少关于虫草的门道。不过这里的交易以大额买卖为主，如果你只是想买一点来自用，到牦牛广场一带去寻觅更容易买到。

三江源民族商贸中心广场 珠宝

（州博物馆对面；⏲全天开放）早上和下午一些时候，这一带会有胸前挂着各类天珠、蜜蜡、珊瑚、绿松石的康巴商人出没，喜欢的话拎起他们脖子前的金银珠宝问价便是——不用怕唐突或冒犯，这是藏地的传统交易方式。珠宝一般没有假货，价钱更多取决于年份，越老越值钱，自己要会辨识。偶尔也有虫草散户、兜售药材及野生动物皮毛的人在此出现。

ℹ 实用信息

危险和麻烦

玉树街头可能有直接伸手向你要钱，但看起来又并不像乞丐的人。有些人可能的确是生活所迫，但有些人也许仅仅是不愿意靠工作赚钱而已——特别是那些无病无痛的年轻人。我们的建议是最好不要给钱，而可以提供一些食物。

目前发现有不法分子，以买卖虫草的名义与外地人搭讪，然后将他们带去宾馆或其他隐蔽场所“看货”，实施抢劫。不少前来出售虫草的藏族同胞也会中招。建议旅行者提高安全防范意识，不要在来路不明的人手中采购，买到假虫草就得不偿失了。

医疗服务

玉树州人民医院（☎120）位于格萨路扎曲河边，是玉树医疗设施最为完善的医院，有24小时急诊，如果有突发情况和不明病状，来这里就诊最保险。

八一医院（结古大道中段）地震后新建的现代化甲级医院，医疗设备和环境都属一流，诊疗水平也颇高，但不设急救门诊。

玉树州藏医院（琼龙路）可以直接购买各类藏药材，品质上乘，价格便宜，直接找医生开单就行。

银行

结古大道八一医院对面是玉树的银行一条街。**中国农业银行**、**邮政储蓄**、**中国建设银行**、**玉树农商银行**沿街“一”字排开，互相之间最多间隔不超200米（⏲周一至周五9:00~17:30，周末和节假日10:00~15:30）。每家银行都设有24小时ATM，接受跨行取款。因为这里的消费场所大多不能刷卡，其下面的县城取款也不太方便，你可以在这里取些现金带着，路上备用。

邮局

玉树州邮政局（☎882 9007；⏲周一至周五9:00~17:00，周末和节假日10:00~16:00）在结古大道上的中国邮政大楼里，是玉树最大的邮政营业厅，每天都挤满了人。

到达和离开

飞机

虫草交易或旅游旺季时，玉树巴塘机场每天各有两趟飞往西安和西宁的航班，有时会根据需求再增开班次。淡季时则减为一天1班。我们调研期间，巴塘机场新增了玉树飞往成都、拉萨的航线，目前的安排是每周一、三、五、七各有1班飞机往返于这两个城市，有可能会再增加。最新的好消息是，以往很少打折的西宁—玉树区间航线，现在经常推出折扣机票。出发前多刷刷相关订票网站，七八百元乘飞机轻而易举，三四百元的机票在旅游淡季也完全有可能订到。

长途汽车

位于市区西杭的**玉树汽车站**售票处的墙上，张贴了去往西宁、成都、甘孜、拉萨、昌都和玉树州其他县城的票价、时刻表，但我们调研时，站内只出售去西宁（硬座车8:30和9:00，191元，13小时；卧铺车12:00、13:00、16:00、17:00、17:30、18:00，211元，约16小时，中途需停车4小时左右过夜）的车票。去其他地方，你都得去跟停靠在站外的面包车、大巴车打听信息，墙上的票价不具有参考意义，实际的车费要比那个价钱高出不少。

汽车站门口，你可以找到去玉树州内几乎所有目的地的面包车，包括称多（30元，2.5小时）、扎朵镇（35元，4小时左右）、拉布（30元，3小时）、囊谦（50元，2.5小时）、杂多（80元，3.5小时）。到治多和曲麻莱往往是同1班车（一天可能只发1班，司机电话139 0976 5383），到治多60元，4小时左右车程，到曲麻莱则是80元。这些车都没有确定的出发时间，凑够人数或者有人愿意出足够的车费才走。

在这儿，你还可以找到玉树至昌都的班车（隔日一趟，8:30，225元，11小时；司机电话136 1895 9167，157 0809 6677）。这趟车中途会经过囊谦（50元，2.5小时）和类乌齐（150元，9小时）。

傍晚时分，也有不少私营客运车辆在州博物馆旁边、治曲民族商城门口等客，你可以看车门上印着的某县某乡，判断此车的去向。

去往四川、重庆甚至拉萨的超长途车，在**新寨客运站**（新寨嘉那嘛呢石堆外300米）发车。理论上说，到成都的卧铺车发车时间是每天9:00，票价500元，行驶时间30小时，途经玛多、达日、阿坝、汶川和都江堰；到重庆的卧铺车每天上午10:00发车，票价550元，行驶时间30小时或以上；到拉萨的车也是9:00发车，票价502元。但我们调研时售票窗口紧锁，只有去成都的车经常能够发车，车费是600元。

当地交通

抵离机场

巴塘机场距离玉树市约20公里，机场现已开通机场大巴，20元/人，车程约30分钟。从新寨始发站出发的机场大巴，时间为单日6:20、9:04、12:49、13:54，双日则只有后三班，沿途停靠**康巴驿站**、**玛尼寨酒店**、**三岔路口**、**玉树宾馆**、**军区**、**格萨广场**、**拉布寺宾馆**、**八一医院**、**空港酒店**（目前这些停靠站只存在于理论中，你从机场过来时可以在这些地方下车，去机场的话还是从空港酒店门口的始发站上车更为保险）。从巴塘机场到市区的机场大巴，则根据航班起降时间安排。打车的话司机开价80~100元，能还到多少要看车型和你砍价的功力，70元上下是较为合理的价格。

公交车

玉树市内公交线路很简单，只需记住三个站名：扎西科、西杭（新汽车站处）、新寨（嘉那嘛呢石堆及新寨客运站处）。公交车票价1元，在街上招手拦车即停。

出租车

只要不出城，出租车均按10元收费，包车可按每公里2~2.5元估算车费。

玉树周边

玉树周边景点分散，以下推荐的这些线路将景点串联起来，方便你在包车的有限时间内，尽可能游览更多的地方。

勒巴沟小环线

如果你时间有限，那么玉树周边唯一值

得走的就是这条线路。从市区包车穿越约20公里长的勒巴沟，再翻越一座山，到达文成公主庙，最后返回。路上还能顺便参观新建的禅古寺。包车全程约100公里，耗时半天左右，价格200~250元。

勒巴沟

（玉树市东侧通天河南岸）免费 在214国道上能见到勒巴沟的路标，走过一座狭窄的水泥桥到对岸后，沿着通天河继续往前8公里，就可到达沟口。沟内有不少唐代岩画，传说是文成公主进藏时留下的，《藏王松赞干布礼佛图》和《轮回图》都值得一看。不过因年份已久，部分颜色已脱落，需要凑很近才能看清楚。四周的山壁上，到处都刻着彩绘的六字箴言，大小不一的石头躺在溪水中，石头上同样刻着六字箴言。勒巴沟尾端是一个小村庄。从这里继续向前行15公里，就是文成公主庙。中途翻越的大山和沟中景色完全不同，不过路况不佳，沟内目前还是未经铺设的碎石路面，自驾的话需小心行驶。

文成公主庙

（玉树市南20公里；全年开放）免费 文成公主庙是青海最早的佛殿，历经"文革"而没有遭到大范围的毁坏，至今还保存着唐朝雕刻的9尊佛像。其中最著名的大日如来佛像，位于主殿中间，高约5米（本地称25肘高），身穿汉族服饰，端坐于莲花狮座上。传说此佛像和拉萨大昭寺的释迦牟尼像具有同等的加持威德，距今已1300多年。

也许是因为服装和寺庙名称的关系，常有游客理所当然地认为，这里供奉的是文成公主像，其实这里原本的名字是"大日如来佛堂"。据结古寺一位名僧的记载，文成公主进藏时曾在此停留一个月，她便命随行工匠雕刻出这些佛像。60年后，唐蕃再次联姻，金城公主入藏又途经此地，看见这些佛像被风雨剥蚀，于是在佛像上盖了如今这座殿堂。

佛殿处于一个峡谷内，四周被几座低矮的石山保护。那些山峰上，到处都是高僧留下的神迹，因此得到本地牧民的膜拜。五颜六色的经幡挂满整座山，一直延伸到214国道，远处观望时尤其壮观。主殿在淡季常常紧闭，可以找僧人帮忙开门。进去之前必须脱鞋。

如果不依勒巴沟到文成公主庙一线的游览方式，你还可以从玉树市区直接打车，来回约80元。

巴塘温泉

位于玉树市郊的巴塘草原上，有几处露天温泉，当地人称之为巴塘热水沟。因为不出名，以前多是本地人去泡，而现在已设有帐篷泡点，有兴趣的人不妨去尝试，据说对治疗皮

唐蕃古道上的结古镇

作为中原内地通往西藏，乃至尼泊尔、印度等地的重要驿道，唐蕃古道曾经非常重要。吐蕃王朝时代，传说文成公主进藏时就是走的这条路。虽然后人对具体线路一直存在争议，但后来结古镇周边许多和公主有关的、存在了上千年的壁画证明，她当年确实曾到过这里并在此停留。

唐蕃古道穿腰而过，而贸易则让结古变得更加重要。"结古"在藏语中的意思是"货物集散之地"。历史上，汉地和东藏之间的羊毛、茶叶交易很多都在这里进行。20世纪初，每年从玉树运往打箭炉（现在的康定）的羊毛就有150万斤；与此同时，四川雅安每年要发出9万坨茶叶至结古，然后由结古发5万坨到西藏拉萨，而留4万坨在青海省南部的蒙古族、藏族聚居地销售。在这两种大宗交易商品的聚集效应下，当时的结古可以说是青、川、藏三地的贸易中心和交通枢纽。

1954年，格尔木到拉萨的公路修好后，由内地运输物资进藏改走青藏线，近年来热爱自驾和骑行的人们爱走川藏线，而从西宁出发，途经果洛和玉树的原唐蕃古道线路，逐渐淡出了人们的视线，震后新生的结古镇也改名为玉树市。但无论如何改道或者改名，均无法改变这片土地所承载的悠久历史。

肤病和关节炎有奇效。不过"帐篷温泉"的开放时间并不固定，所以去之前最好咨询一下当地人。最好的办法是在游览完文成公主庙回市区的路上，顺路看看有没有温泉可泡。

玉树到称多(经214国道)

经214国道从玉树到称多，首先会路过**新寨嘛呢石堆**(见208页)，然后是**晒经台**(传说唐僧西天取经回程途中落入通天河，曾在此翻晒经书)和**三江源纪念碑**，接下来可以绕一下路去**赛巴寺**和**麻达寺**，沿途还会经过**尼宗寺**和**歇武寺**，这两座小寺庙高踞山头，拍照很上相。

214国道路况良好，转入称多岔口后有大约10公里路面破损，有点儿颠簸，但翻山过程中有不错的视野。加上游览全程约140公里，半天时间足够，包车350元左右。如果同行人数较多，这条线路无论从价格和时间上说都是性价比颇高的。

赛巴寺

赛巴寺距离结古镇36公里。在214国道上可以看见"阿卓仁巴风景区""赛巴寺民俗博物馆"的路牌，过小桥后继续行驶8公里就到。那段水泥路路况不佳，但通过还是没有问题的。

虽然大经堂外67米高的佛像是亮点，但盛名的真正源头是德高望重的赛巴活佛和他所创办的**赛巴寺民俗博物馆**(门票50元)。博物馆在大经堂的左侧，里面陈列了活佛几十年来在藏区收集到的古董。一层有两个展厅。进门处的第一展厅是几十种青藏高原珍稀动物的标本，其中野牦牛弥足珍贵，如今已经很难见到它们。左边的第二展厅是玉树藏族民俗用品和服饰以及石器；二楼展厅里主要是各种宗教文物法器和珍贵经文，其中有一把传说中格萨尔王的宝剑。墙上挂着的许多描绘精细的老唐卡，非常值得一看。不过博物馆没有讲解员，说明牌上面也只是用藏、汉双语写着物品的名字，对民俗传说不大了解的旅行者，难免看得一头雾水。

博物馆并非全天开放，有时会大门紧闭，可拨打门口贴着的手机号码，通知管事的僧人过来帮你开门。由于参观的旅行者不多，有时赛巴寺的活佛会亲自过来详细讲解，有时则连开门的僧人都不在寺中，一切都要"随缘"。

麻达寺

从赛巴寺出来，沿通天河继续往南开车约10分钟就能到麻达寺。准确地说麻达寺属于四川石渠县真达乡，但它离玉树市更近，可顺便游览。

麻达寺立于山腰，景色极美。站在寺院外凸出的空地上极目远眺，远山层叠辽阔，通天河在脚下拐了一个大弯。寺院很小，由于过于偏远，鲜有游客到来，也让该寺在"文革"中得以幸存。寺院对着河流的建筑是一栋古老的僧舍。粗糙的土墙、圆木顶柱、藏式阁楼，虽然房间大多空置，但还可体会到古朴的气息。经堂里保留了很多历史悠久的壁画，原先涂上去的色彩都还保存完好，精美得让人惊叹。但经堂的门不常开，若想看到这些壁画，你得先找管家开门。

玉树到称多(经隆宝滩)

在214国道修通之前，这条路是玉树和称多之间唯一的公路，由于路况不好，目前已经被班车司机所抛弃。但沿途风光原始，不少路段沿着通天河行驶，可以欣赏壮美的峡谷风光，再加上途经的寺庙、村庄古朴幽静，值得花上一天时间。如果每个景点都去的话，全程约200公里，包车需600元左右。

隆宝滩黑颈鹤保护区

隆宝滩是国家级自然保护区。每年3~4月，黑颈鹤从云贵高原飞回隆宝滩，在这里繁殖生育，10月天气寒冷时离开。因此，七八月是观鸟的最好季节。黑颈鹤是青海的"省鸟"，是唯一能在高原繁殖的鹤类，藏族人视其为吉祥幸福的神鸟。

保护区的面积大约有100平方公里，处于一块平坦的河谷地带，大多数都属于沼泽地，离公路非常近。在保护区和公路之间，有一道围栏，游客只能站在外面观望，以防打扰黑颈鹤的繁育。喜欢观鸟的人，最好带上望远镜。

拉布寺

离玉树大约70公里的(下接内容225页)

自然保护区

青海是我国自然保护区所占面积比重最大的省份，其省内共有可可西里、三江源、孟达天池（见 91 页）、青海湖（见 107 页）、隆宝滩（见 216 页）、柴达木梭梭林和大通北川七个国家级自然保护区，其中以可可西里和三江源两大自然保护区最为原生态。

都兰自然保护区的白唇鹿

杨欣松 摄

可可西里

被称为“生命禁区”的可可西里，平均海拔4600米以上，气候严酷，自然条件恶劣。这片广袤无垠的荒凉土地，在格萨尔史诗中被描写成风沙漫天、阴魂不散的北方魔地，人类无法在此长期生活。这使得可可西里成为原始生态环境保存较好的区域之一，给高原野生动物创造了得天独厚的生存条件。目前可可西里国家级自然保护区面积约4.5万平方公里，北连阿尔金山、西接羌塘，三者构成中国最大的无人区。

穿越可可西里的路途艰险万分。雪山峡谷、石林盐湖以及冰川下热气腾腾的沸泉，在此组成了辽阔而壮观的景色，却鲜有人能看到。真正出入保护区的，除了环保志愿者之外，只有盗猎者和非法采矿者（可可西里境内有丰富的金矿资源）。而后两者对风景和生态毫不关心。事实上，在可可西里，这样的违法行为已经持续了近30年。在利益的驱使下，犯罪分子、私人老板甚至有些政府官员都参与其中。目前，青海省正在着手将可可西里申报为世界自然遗产，顺利的话，该项工作将于2017年5月完成。

旅行者禁止进入可可西里自然保护区的核心部分，野外科考队则要经过国家林业局的批准。现在许多所谓的“驾车穿越可可西里”，仅是从三江源保护区进入可可西里的青藏公路部分，由不冻泉经索南达杰保护站到达沱沱河的一段，那只是可可西里的边缘地带。大多数人还是只能坐在氧气充足的青藏铁路列车车厢里，在经过可可西里这段时脸贴着火车窗户，期待一只藏羚羊跃入他们的眼帘。

从左上角顺时针

1. 遥望青藏高原的雪山

2. 可可西里高原湖泊

3. 冬季穿越阿尔金山脉

GETTY IMAGES 提供

2

GETTY IMAGES 提供

GETTY IMAGES 提供

GETTY IMAGES 提供

三江源

三江源是中国面积最大的国家级自然保护区，跨青海省玉树、果洛、海南、黄南4个藏族自治州和海西藏族蒙古族自治州。2013年12月，保护区规划调整后，其面积达39.5万平方公里，覆盖大半个青海省。"三江源"指的是长江源、黄河源、澜沧江源，但在这里请不要狭义地去理解它。昆仑山及其支脉可可西里山、巴颜喀拉山、阿尼玛卿山、唐古拉山等众多雪山的冰雪融化后，一路向东倾泻而下，形成了长江、黄河、跨越国界的澜沧江—湄公河，以及数不清的分支河流。有近6亿人生活在这些河流的下游，三江源地区的重要性可见一斑。

同时，在三江源由众多溪流、湖泊等秀美水体和雪山、冰川以及沼泽湿地等构成的生态环境中，生活着近85种兽类、237种鸟类和48种两栖爬行类动物，其中包括藏羚羊、野牦牛、雪豹等珍稀动物，黑颈鹤、斑头雁、天鹅等鸟类每年也会如期归来。

独特的地貌类型、丰富的野生动物、充沛的植被和水资源……这些元素在构成三江源保护区亮丽自然风景的同时，也使这片地区变得异常敏感和脆弱。近年来因全球变暖造成的古冰川退缩，以及盗猎、私矿业的复苏，都给这里带来了巨大的灾难。草场退化、鼠害严重、湿地面积减少，都是三江源面临的严重问题。

三江源保护区与可可西里只隔着一条青藏公路，目前并没有明文规定禁止旅行者在这一区域进行探险活动。但是，三江源核心保护区路途艰险，对车辆及驾驶者的要求非常高，加上自然环境脆弱而恶劣，我们不建议旅行者贸然进入。

从左上角顺时针

1. 澜沧江源头 **2.** 三江源风光

3. 果洛地区的三江源流域风光

野生动物

可可西里和三江源两大自然保护区都是高原珍稀野生动物的栖息地，尤其是人迹罕至的核心区地带，堪称“人类禁区，动物天堂”。

藏羚羊

藏羚羊可能是可可西里最出名的野生动物，它们的栖息地包括青海、西藏、新疆南部，也有少量分布在印度和尼泊尔的喜马拉雅山区。20世纪初，藏羚羊种群总数在100万只以上。由于藏羚羊细软的底绒可以制作昂贵的沙图什（Shahtoosh）——一种软得能穿过戒指的披肩围巾，80年代末期开始，盗猎分子开始在可可西里地区大肆捕杀藏羚羊，高原精灵遭到了空前的厄运：种群数量急剧下降，分布区域日益缩小，最少时我国境内的藏羚羊仅剩下2万多只。经多年反盗猎和加强保护，近年来其种群数量才恢复至20多万只。

位于可可西里腹地的太阳湖、卓乃湖一带，是藏羚羊生命轮回的起点，是它们千年不变的大产房。每年，分别有8000只和30,000只左右的藏羚羊分别到这两个湖畔产羔。太阳湖正南边一处突兀的小山包，是当年索南达杰的阵亡之处，此处矗立的纪念碑，十多年来一直静静地守护着这片土地。

藏野驴

一般情况下，在繁殖季节和冬季饮水时，可以观赏到大批成群的藏野驴。它们强壮、优雅，脸上总是略带好奇，常年生活在海拔3600~5400米的高海拔草场上。藏野驴生性胆小，脾气却很大，受到车辆惊扰时会带着“驴劲”和越野车竞争赛跑，跑跑停停，直到觉得自己“胜利”为止。也正因这种古怪的驴脾气，有时它们会付出生命的代价：一些偷猎者抓住它们这种爱追逐比拼的习性，开着汽车追杀它们。

从左上角顺时针

1. 黑颈鹤
2. 高原鼠兔
3. 藏羚羊

2

GETTY IMAGES 提供

野狼

在三江源保护区内的扎河野狼滩上，至今仍有成群的狼在活动，每群狼的数量大约在5~12只之间。狼群有领域性，且通常只在该片领域活动，这一片区域不适宜游客在夜间行走。近年来，因为生态食物链被破坏和牧民对狼群的捕杀，这种看似凶狠残暴的动物正面临灭顶之灾。

雪豹和棕熊

雪豹因终年生活在雪线附近而得名，是所有食肉动物中栖息地海拔最高的。雪豹非常稀贵，甚至已濒临灭绝。2013年11月，有人在新疆拍到了中国首张高清雪豹捕猎图，引起轰动。有科考学者认为，烟瘴挂峡谷是目前世界上最适宜雪豹栖息的地区之一，所以想要在这里见到它们，也是不无可能的。同时，这里也是棕熊的聚集地，尤其在夏天，体形庞大、看似笨重的棕熊们，会在峡谷内四处溜达觅食，甚至会翻山越岭到附近的牧民家去偷糖。最好不要与它们近距离相见，如果有机会，远远看看就好。

3

葆兰 摄

张清哲 摄

疏勒南山前的藏野驴

GETTY IMAGES 提供

三江源流域的日落

（上接内容216页）地方有个三岔路口，路中心建有几座白塔，上有路牌指示方向，向右侧行驶约11公里就是拉布乡。

拉布乡位于通天河边，天然的青山绿水，再加上人工布置的整齐格局，使整个乡看上去像一个世外桃源。村口紧倚通天河的古老**白色佛塔**，传说是释迦牟尼众弟子为弘扬佛法所建的最早佛塔之一，白塔旁有一处不断涌水的泉眼，传说喝了能治胃病。这里也曾是通天河的**白塔古渡口**，如今已不再使用。

最初，拉布寺只是一座非常小的萨迦派寺院。明朝时，宗喀巴的弟子代玛堪钦·元登巴来这里传教，见风景宜人，就通过本地头人的帮助，把这里改宗成格鲁派寺院。宗喀巴大师对这座寺院很是支持，甚至赠送自己的头发、衣物等作为佛像的装藏物，明王朝也曾赐予佛像、法器等。加上代玛堪钦的活动能力很强，很快把玉树县甚至四川石渠县的许多寺院都收作子寺。到了清朝，拉布寺更是进入全盛时期。民国学者周希武曾在《玉树调查记》中称："玉树25座寺院中，以拉布寺最为壮丽。"

沿着拉布寺长长的石板通道步行，两边有石头砌成的围墙和转经筒，右边是寺院的主体建筑和僧舍，抬头可见山头上的断垣残壁，它们是"文革"期间被毁坏的房屋，新旧共存。道路尽头的小院里，有一棵被彩色经幡挂满了枝丫的大树。这是第十三世活佛江云罗逊嘉措当年费尽心思，从河湟地区带回并成功种植的第一棵杨树，当地人视此树为圣物，并称其为"**杨树之母**"。

沿着石路边走边转经筒，绕寺院一圈大约1小时；时间充裕的话，可以跟着本地人一起，绕拉布寺以及背后的神山转一个大圈，耗时2小时左右。最好自备水和食物，而在大经堂前的小卖部里也可以买到。

玉树市有直达拉布乡的私营班车，每天傍晚停在治曲民族商城门口，窗前会挂有"拉布—玉树"的牌子，30元/人，车程3小时，想搭的话最好下午3点前就去跟司机说好。返程车每天清晨六七点时离开拉布乡，8点后几乎就没车了，怕赶不上车的朋友，可以提前预留司机的电话让他们来接。称多县城去拉布寺只能包车，路况略差，往返约90公里，费用为200元左右。

藏娘古塔和桑周寺

返回白塔三岔路口，沿着水泥路向称多方向前行，大约20公里后，你会看见一个水电站。水电站下方有一条沿着通天河的小路，沿着它前行20公里，可到达藏娘古塔。这段路有些难走，包车的话，司机会提出多加一点儿钱。

藏娘古塔（注：本地人又发音"佐娘"）距离称多县城约40公里，是通天河沿岸最负盛名的古老遗迹。传说它是由印度大学者弥底于公元1030年在这一带弘法时所建，至今桑周寺中还有弥底亲手雕刻的微型塔，只有5毫米高，堪称世界上最小的"擦擦"（藏语意为"利用模具制作出来的佛像或泥塔"）。这座历经近千年风雨的古老佛塔，高40余米，周长200米，是康区最大的佛塔之一。佛塔主体为土、石、木结构，兼具印度和藏式古塔两种风格，在玉树非常少见。佛塔的底座有好几层，主要是白色，但边缘是藏红色，顶端是金色的塔尖。虽然经过了一定维修，但仍能看出其古朴的风范。由于没有直达的乡村班车，前来这里的游客并不多。

佛塔周围曾经有三座宁玛派寺院，八思巴途经这里时，把它们合并为**桑周寺**，并改宗为萨迦派。如今，这座寺庙被认作是藏娘古塔的守护者，寺院内至今保留着大量珍贵的壁画和老唐卡。

从称多包车往返桑周寺大约200元。还有另外一条路，入口在靠近玉树市的214国道三江源纪念碑旁边，有路牌指示，到藏娘古塔80多公里，途中会经过拉布寺。那也是一条路况不佳的水泥路，从玉树包车往返至少要400元，并不划算。

称多

提到称多，不能不说八思巴。这位称多辉煌历史中的关键人物，是萨迦派的第五代祖师，他使藏传佛教前所未有地发扬光大，很多蒙古贵族是他的弟子，连忽必烈跟他见面的时候，都以俗人觐见上师的礼节进行参拜。忽必烈继承蒙古汗位之后，封八思巴为国师，除掌管西藏政教事务之外，全国的佛教事务亦由其统领。元朝时，玉树曾是内地通往西藏的主要驿路，传说八思巴曾三次途经玉树。当时的称多是这条路上的大驿站之一。1264年，八思巴在今称多县称文乡所在的地方举行了盛大法会，有上万僧俗信众参加。"称多"的名字也由此而来，意思是"万人集会之处"。

方位

称多县城所在地称文镇处在峡谷之中，两条东西向的平行街道，构成了这里的主要街区，繁华路段总长不超过500米，站在镇子中心的三岔路口小广场前，靠肉眼就能把所有资源一扫而尽：玉树农商银行（有24小时ATM机）、旅店、饭馆、邮局都聚集在三岔路口周边；由这里往西去，在主街扎西路的西侧路段上，能找到县医院、农业银行和网吧；藏医院和县汽车站在北边的那条滨河路上。由于县政府并不在镇上，震后新建的崭新房屋看起来有些冷清，马路上人气不旺，天还没黑就已经很少看见居民在街上走动了。

景点

尕藏寺　寺庙

免费 这座萨迦派寺院，是称多县内历史悠久、规模宏大的众多寺院之一，很远就能看见寺院的露天佛像在太阳下金光闪闪，但在它花哨华丽的外表下，如今已找不到任何历史的痕迹。从县城徒步到尕藏寺需30~40分钟，打车来回20元。

东程寺　寺庙

免费 寺庙位于县城北侧的山腰上，站在街上就能看到它金碧辉煌的屋顶。当年八思巴从西藏去北京的途中，授意尕藏寺的一位僧人在此修建此寺。如今，这里是称多县第二大萨迦派寺院。寺庙本身并无多少可看之处，适合那些悠闲散步的人顺便参观。从镇中心的三岔路口慢慢步行上山，差不多20分钟。

出门万里行，去哪要说清

在玉树坐班车，最大的问题往往是和藏族司机交流。他们大多只会简单的汉语，要和他们说清楚目的地不是件容易的事。比如称多，因为发音，就极容易被他们和成都、昌都搞混；而杂多县和尕朵觉悟神山所靠近的扎朵镇，往往也会让人混淆。这里我们教给你一个小诀窍，请在问车前务必在地名前加上前缀，比如"玉树称多县""四川的成都""西藏的昌都"，以及"产虫草的杂多""转神山的扎朵镇"，那么得到正确答案的概率将大大提高。

食宿

除了四川小馆子和清真面食馆外，这里并没什么其他选择，饭点儿时找一家人气较旺的去吃就行。住宿集中分布在三岔路口和扎西路两侧，选择很有限且绝大多数卫生条件都不尽如人意。

如家商务宾馆　酒店 ¥

（☎186 9723 5988；扎西路中段；普双100元，标双150元；WiFi）这家宾馆的入口是一个超市，房间都在超市的二楼。虽然走廊显得阴暗，房间倒还明亮宽敞。标间里有洗手间，还装了电热水器。普间的公共厕所和淋浴在宾馆进口处，床单被褥比较干净。这可能是整个县城里性价比最好的选择。

称多大酒店　酒店 ¥¥

（☎886 1111；扎西路；标间328元起；空调 WiFi P）称多县城最好的酒店，不过对它的条件和设施也不能有太高期待，其卫生程度可能还比不上其他城市里的快捷连锁酒店。

如果自驾，还有一家距离县城约3公里的嘎称宫大酒店可以下榻，同等价位下，那家条件略好些，还有一望无际的草原风光可看。

温馨假日宾馆　酒店 ¥

（☎158 9706 2807；扎西路近三岔路口信用联社旁；普双150元）一楼是公共澡堂，二楼是为数不多的几个房间，住宿的客人可以免费洗澡。上下各有一个公共厕所。房间有点潮旧，不过冬天取暖还不错。

到达和离开

玉树市到称多的班车都是私营小面包（见214页），每天中午12点前去找拼车会更顺利些。从称多返回玉树的车，会在称多大酒店门口凑人，没有具体的发车时间，你只能碰运气并慢慢等。傍晚时分的车费往往比早上（30元/人）高，出价50元/人的时候，即使车上只有三四个人，司机也会出发。

由于距离玉树市不远，称多的长途客运几乎处于停运状态。镇上也暂时没有去附近各乡县的车，想去周边景点只能包车。

杂多

在杂多引起旅行者关注之前，商人的目光早就投向了这里。“青海的虫草在玉树，玉树的虫草在杂多”，这里的虫草以个头大、分量重而闻名。每年五六月份，腰缠万贯的人们蜂拥而至，用大叠大叠的钞票，换走牧民们千辛万苦从山地里挖出来的“软黄金”。

其实杂多所拥有的不光是虫草，还有出产虫草的纯天然高山草场，这里也是澜沧江源头的所在地，但路途遥远，加上交通不便，让一般的旅行者很难深入探索它的美。

杂多县城萨呼腾镇的基础设施比较糟糕，所有政府机关、宾馆、饭店几乎都集中在一条短短的主街上。这里停水停电是家常便饭，但正在兴建的萨呼腾虫草广场，光看主体框架就气派非凡。

玉树到杂多

纯粹欣赏风光的话，从玉树到杂多的线路最省路费，因为不必包车。由于路况很好，旅途也最为轻松和赏心悦目。途中，班车会翻越5座海拔4000米以上的山，其中三座海拔在4500米以上。刚离开玉树时，道路两旁是漂亮的小寺庙和村庄；转向309省道之后，海拔逐渐升高，翠绿的森林取代了农田；继续前行，大群的牦牛和羊成了主角。翻过几座山之后，班车开始沿着澜沧江河谷前行，最后到达杂多县城。

景点

佐青寺 寺庙

（县城东北3公里）免费 这座离县城不远的寺庙，由宁玛派高僧白玛仁增创建于1684年，传说他是五世达赖的弟子。四川德格也有一座佐青寺，那是德格土司同一时期在该地修建的，如今后者的名气更大。

整个寺院建筑群中，规模最大的是大经堂，里面保留了一些老壁画，最好趁僧人们做早课时去参观，中午后会关门，管钥匙的喇嘛常常不见踪影。东北侧有一座醒目耀眼的八角式楼阁，那是莲花生佛堂，看管钥匙的喇嘛就住在佛堂旁的小僧舍里，可以请他开门。

日历寺（斯日寺） 寺庙

（县城西2公里；全年开放）免费 沿县城主街一路向西，就可以看见山上环绕寺庙建

另辟蹊径

寻访澜沧江

除了虫草和深藏在山中的矿产外，对一般旅行者来说，追溯澜沧江源头，可能是来杂多的唯一目的。只要你拥有足够的时间和一些不走寻常路的冒险精神，那么前往杂多腹地探索源头的旅程会是极其有趣而难忘的。

澜沧江从杂多境内发源，经过囊谦后，一路奔往西藏，最后由云南出境进入异国，成为东南亚第一长河，有着“东方多瑙河”的美誉。在东南亚诸国里，它的名字叫“湄公河”；而在它的源头故乡，人们通常称它为“扎曲”，意思是水流众多的河流。事实上这名字十分贴切：光上游那多达数十条有名有姓的支流，恐怕就让长江、黄河都望尘莫及。

从县城出发，先驱车到100多公里之外的莫云乡——靠近澜沧江源头的最后一个居民点。公路在此绝迹，需要骑马或者拼凑一支四驱越野车队，才能继续蹚水前往，整段行程危险而刺激，所以无论是物资还是心理上，都必须做好充足的准备。可以在村子里找向导和马匹，价格不菲。

源头地区的平均海拔在4800米以上，你也许会在气喘吁吁地抵达后，为亘古不变的荒原上那一小滩位于扎那日根山山谷里的湿地所震惊，无数溪流在戈壁滩上闪闪发光，而源头旁边为了服务附近牧民而存在的红色小寺庙——嘎萨寺，更是自然与信仰的和谐见证。

筑的上百座小白塔。斯日寺的大殿是一座有700多年历史的老房子，其中悬挂了42幅历代噶玛巴法王的唐卡画像，弥足珍贵。

食宿

杂多的餐饮同样以川菜和清真面食为主，另外有几家藏餐馆。由于运输成本高昂，这里的饭菜价格都偏贵。比较好的几家宾馆都在汽车站旁边，**雍康大酒店**（☎888 1555；标双200元；❄📶P）和它旁边的**成都商务酒店**价钱条件差不多，可以让你避开灰尘漫天的脏乱街道，找到片刻宁静。需要注意的是，县城经常分片停水停电，入住前要先问老板当日的水电供应是否正常。

实用信息

危险和麻烦

萨呼腾镇的街道，两侧都是用大块水泥板盖着的下水道，有不少地方的水泥板出现了破损甚至缺失，不熟悉的人走路时一定要小心脚下，以免掉入泥淖之中。

到达和离开

309省道贯穿杂多县境内，东边通往玉树，全程铺装路面；西部通往西藏丁青、巴青的道路，在作者调研时还在整修，竣工时间未知。

杂多县汽车站（萨呼腾路东头；⏲8:30~12:00，15:00~18:00）有车到玉树（80元，3.5小时，拼满客随时出发）。杂多往返西宁的卧铺车也在这里，票价277元，理论上每天9:00发车，凌晨2:00左右能到达。但如果车上乘客不够多的话，有时中午时分车还没有出发。可拨打司机电话（☎139 9735 1631）问询。

囊谦

最近几年，囊谦逐渐引起了户外背包客的兴趣，越来越多途经这里准备去西藏的人，愿意在此停留几日。虽然县城整体规划和卫生状况有待提高，但囊谦的迷人是毋庸置疑的：这里曾是玉树历史上600多年的政治经济文化中心，是青海与西藏联系最为紧密的地方；它也是青海寺院最多的一个县，拥有108座藏传佛教寺院和宗教活动点，其中许多寺院在整个藏区都非常有名，比如才角寺和达那寺；同时，它也以奇特俊秀的地形地貌而著称，以县城为中心的方圆100公里范围内，秀美的田园风光向壮观的高山峡谷切换，看点连连。总之，只要你能略微忍受一下县城杂乱的环境，深入周边那些不为人知的寺院和峡谷，囊谦一定不会让你失望。

历史

公元9世纪，随着吐蕃王朝的崩溃，玉树

格吉神山下曾经的辉煌

玉树州北有尕朵觉悟神山，南有格吉神山。其实在藏语中，神山分为内日、则日和依德三种（有的神山既是内日也是则日，如阿尼玛卿），向内日表示崇敬的方式是转山，如冈仁波齐，向则日和依德表示崇敬的方式是祭祀和煨桑，格吉神山就是一座则日。囊谦境内，格吉山及其周边则日、依德林立，它们共同组成了一个人们可以仰望的神话世界。

12世纪下半叶，在囊谦王的支持下，囊谦及周边地区先后建立起了不少有名的噶举派寺院，格吉神山下的根蚌寺就是其中规模最大的一个。作为当时的囊谦王家寺，相传寺院初建时供奉了多达十万尊释迦牟尼像，寺庙名称的意思就是"具十万佛身"。自13世纪中叶开始，囊谦王家族中形成了这样的规则：一位王子担任掌握世俗政权的囊谦王，另一位王子则入寺充任根蚌寺住持，政教权力完全掌握在这个家族手中。

17世纪30年代，信奉苯教的白利土司开始向囊谦一带扩张势力，出兵攻打类乌齐、昌都一带，根蚌寺惨遭洗劫，囊谦王家族元气大伤。虽然后来在蒙古人的帮助下，囊谦王最终夺回了这片土地，但根蚌寺就此消失，只剩下原址上的一大片开阔平台和平台上的一座根蚌塔。今天，这座塔已经完全被人们供奉的擦擦泥塑所覆盖，来自周围村庄的老人一边转塔，一边慢慢转着经筒，而目睹了这沧桑浮沉的格吉神山，则一直静静伫立在那里。

地区进入了混战期。直到12世纪中叶，西康珠氏家族的后代直哇阿鲁，携妻子和7个儿子以及部分属民，从四川康定折多山一带迁入玉树南部，形成一个新的部落。

他们很快发展成玉树最大的部落，带领部族开始了政教合一的统治。相传直哇阿鲁的先祖曾在内地担任过内务大臣（藏语称为"囊伦谦波"），于是他把囊谦作为其部落的名字，他成为第一代首领，人们称其为"囊谦王"。1724年，清朝的云南提督曾经招抚囊谦部落，委任第18代囊谦王多杰才旺为玉树25个部落的总头人。自此，囊谦王又称"囊谦千户"。

囊谦王的驻地并不在香达镇，而是在如今的白扎乡。当直哇阿鲁进入囊谦时，正值藏传佛教后弘期，各个派别相继形成，并非常活跃，而玉树正是当时各教派创始人及其弟子的重要布教区。在囊谦王的支持下，巴绒噶举派和周巴噶举派传播最广，如今位于白扎乡的才角寺，就是曾经的囊谦王家寺。

囊谦王的历史一直延续到新中国成立后，最后一代囊谦王扎西才旺多杰，先后担任玉树藏族自治区主席、自治州州长达15年之久。如今，囊谦的辉煌已经成为过去，走在香达镇的街头，看到的景象与其他藏地小县城无异。但作为一个统治玉树600多年的王朝，囊谦在许多藏族老人心中的重要性堪比拉萨。

方位

香达镇是游玩囊谦必经的中转站，所有吸引人的主要景点，均分布在离县城有几十甚至几百公里的山里。医院、银行、旅馆、饭店基本都在香达镇的十字路口附近。镇中心往南可去西藏的昌都，途经尕尔寺和才久寺；往西，通向吉尼赛乡的然察大峡谷、改加寺和达那寺；往东可去玉树和西宁。

景点

作为一个仅适合吃住行的中转站，香达镇本身并无独特之处，只有两个地方适合打发一个空闲的下午。

囊谦寺 寺庙

（香达南街近河边）**免费** 虽然只有一座大经堂，但也算得上是金碧辉煌。这里更像是一个周边百姓的公共活动空间，傍晚可以去那边看老人转经。寺院位于十字路口往南100米的河边，从镇中心十字路口步行过去15分钟。这个寺庙是公雅寺（见234页）的属寺，所以不少当地人也会称之为"公雅寺"。

巴米寺 寺庙

（香达镇西郊）**免费** 这座由李连杰捐赠500万元建造的寺庙，在香达镇城郊公路边，全新的寺院没有太大参观价值，反而是巴米寺旧寺更值得一看，站在公路上就能看见对面村里的老经堂，但大门紧锁，无法进入。许多僧舍已经变成本地人的住所，他们非常热情，你可以上楼参观。从镇上十字路口往西步行2公里，即可抵达巴米寺，包车往返约50元。

节日和活动

藏历九月廿二日是传说中佛陀上天为母说法完毕，重返娑婆世界的"降凡日"，又称"天降日"。届时囊谦境内各大寺院的僧人将齐聚香达镇上，举行历时5天的世界和平大法会。上千僧众齐念《普贤心愿》和《文殊菩萨赞》的场面十分隆重浩大，同时也会有活佛高僧在场为信徒们做灌顶加持。

食宿

相对玉树来说，囊谦物价偏高。一份水饺25元上下，一碗面条20元左右是普遍情况。清真餐饮在这个小城里占据了大半边天，汽车站门前那条街上，随处可见标着"循化"字样的面馆。这里的住宿性价比也较低，普通小旅馆不带卫生间的双人间要价120~150元，稍好些的宾馆标间250元起。非旅游旺季的话，建议你多少要还一下价，说不定会有惊喜折扣。

雅卓商务酒店 酒店 ¥¥

（☎887 5555；香达东街县广播电视台对面；标双258元起；❄📶🅿）这家中规中矩的商务酒店2014年开张，虽然房间不大，但装修和设施都比较新。冬天有地暖。

阿客酒店 酒店 ¥¥

（☎887 2228；香曲南路24号；标双280元起；❄📶🅿）这同样是香达镇上新开的一家档次较高的酒店，经常承接当地人的婚宴业务。

房间无甚特色，倒也无可挑剔，整洁干净，有24小时网络和热水，冬天有地暖。

东方宾馆 酒店 ¥

(☎152 9702 5483；十字路口往南约100米；标双150元；📶Ⓟ)站在香达镇中心的十字路口，向南就能看见旅馆的招牌，一楼院子可以停车，客房都在二楼，冬天有暖气。在这个价位的宾馆中，性价比还算不错。

购物

囊谦藏黑陶是这里特有的民间工艺，在申请成为国家级非物质文化遗产后，它的价格在几年之内翻了好几倍，但在囊谦购买，仍然能比西宁便宜一半左右。**黑陶工艺加工厂**(☎181 9747 3333)的文化展示厅，位于镇子西侧2公里处的大佛像右前方院子里。留意香曲西路上的指示标牌，除了能购买到价格合理的藏黑陶外，展示厅里还有手艺传承人白玛群加和其老师、学生的众多作品，以及囊谦王时代的部分遗物。可供购买的黑陶按样式不同，价格由几十元到几百元，甚至上万元不等。可以从镇子包车前往，往返大约30元，但步行其实也就30分钟左右。

此外，每个周末，香达镇十字路口往西的街道上会有许多临时摊位。大多是附近的牧民前来售卖自家出产的牛、羊毛和羊皮。如果运气好，也许能淘到非常特别的民族手工艺品。

实用信息

银行

中国农业银行(🕒周一至周五9:00~17:30，周末和节假日10:00~15:30)在镇中心十字路口的东南角，很容易找到，有24小时ATM。

玉树农商银行(🕒周一至周五9:00~17:30，周末和节假日10:00~16:00)的24小时ATM在汽车站西侧100米。

邮局

(香达西街1号；🕒周一至周五9:00~12:00和15:00~18:00，周末和节假日11:00~16:00)在十字路口的西南角。可以邮递包裹，但易碎品最好拿到玉树去邮递。邮局内设有邮政储蓄。

藏黑陶：传统技艺的新生

考古发现表明，黑陶最早大约出现于仰韶时代(公元前5000~前3000年)，大量出现则是在龙山文化中，即新石器时代晚期，距今已有4000多年历史。囊谦县吉曲乡山荣村，目前是整个藏区唯一出产、制作黑陶的地区。据说其制作工艺是文成公主进藏途经玉树时留下的，也有说法称是元代藏传佛教受到蒙古贵族追捧，使宗教艺术随之兴起，陶制品被大量使用，这一带便出现了专门制作黑陶的手工艺人，并在明、清两代演化出了这种康区特有的藏黑陶。

囊谦藏黑陶的原材料，选用当地纯净细腻的红胶土和黏土石，经手工捣碎成末，再经过筛选、拉坯、晾晒、修整、压光、绘纹等工艺，最后将黑陶胚体封入大陶罐中，采用独特的"封罐熏烟渗碳"方法，再通过控制烧制过程中的温度和湿度，使烟熏炭粒渗入陶坯。一个黑陶工艺品的制作大约需要10天，最后的成品具有"黑如炭、硬如瓷"的特点，具有极高的观赏价值。在藏区，黑陶制作工艺曾被认为已灭绝，但20世纪90年代末，有人无意中发现一个叫扎旺的老人还延续着这种手工技艺。他可能是藏区当时唯一还传承着黑陶制作工艺的人。

白玛群加是扎旺老人的学生，是制作黑陶的最新一代手艺人。如今他开办的藏黑陶加工厂，已培训出上百名制作黑陶的工人，产品远销海内外。来学习这门手艺的人大多是周边的牧民，出师后的熟练工收入还不错，因而现在大家不用担心这门手艺失传了。但由于用以制作黑陶的红土需要从很远的吉曲乡运到此地，故原料的缺失是这种工艺所面临的新困境。在黑陶手工制作基地，你可以参观完整的黑陶手工制作过程。或许是为了迎合现代人的审美观，他们设计的新款式大多缺少古朴的韵味，你不妨优先考虑那些他们认为难看又便宜的。

另辟蹊径

玉树至囊谦段——自驾“江南风”

囊谦一直以来都享有“玉树小江南”的美誉。由于总体海拔并不高，这里的树木长势喜人，夏天时丛林葱郁、碧草如茵，加上纵谷幽深、河流纵横，和玉树其他地区相比，它少了几分荒凉，多了几缕柔性。

玉树市到囊谦有168公里，车程约4小时，路况极好，适合自驾。如果沿214国道从玉树市往南行驶，会陆续经过新建的**禅古寺**、**吉然寺**和**巴塘机场**，机场旁有著名的天葬台。接下来会看到开阔的巴塘草场，玉树（县级）赛马会一般在这里举行。63公里处是个岔路口，另一条支路往西去往杂多县。继续往前将翻越**尕拉尕山垭口**（4504米），接着下冲9公里到上拉秀乡。从上拉秀到下拉秀很长一段的高山峡谷中，偶然能看见两旁峭壁上的彩绘岩画。下拉秀乡有一座格鲁派寺院，就在公路旁。

翻过**尕日拉垭口**（4332米）下山时，会经过景色绝美的**觉隆嘎峡谷**；出峡谷，右手边能见到湍急的**扎曲河**（澜沧江的上游），这里有一条逆扎曲河而上的支路，可直达觉拉寺。

沿扎曲河继续往下，将到达这趟旅途中最美的地方——扎曲河大桥。傍晚时分，远处的落日衬着平缓的扎曲河滩，摄影师一定会爱上这里的。继续往前19公里，就到囊谦县城香达镇了。

上网

骇客码头网络（香达南街中段；每小时4~5元）

到达和离开

囊谦县汽车站（香达东街25号，县政府斜对面）只发去西宁的卧铺车。每天一趟，10:00发车，凌晨1:00左右到达，票价269元。可打司机电话☎130 8623 2746问询。汽车站门口也能找到不少愿意拼车去西宁的私营面包车。

每天都有很多回玉树市的私营车停在汽车站斜对面的路边，坐满就走，每人50元，行程2~2.5小时，一般上午找人拼车会更容易；从囊谦出发去西藏**类乌齐**（130元，3.5小时）和昌都（230元，7小时）的车也在这里坐，凑满人就上路，非常方便。我们调研时，囊谦至类乌齐的公路已修筑完工，类乌齐至昌都段的317国道还在施工中。

囊谦周边

香达镇四周都被山林包围，无论从哪个方向向外走，你都会穿过美不胜收的高山峡谷，足以让你眼前一亮。**香龙沟—改加寺—宗达寺—然察大峡谷—达那寺**和**公雅寺—白扎古盐场—尕尔寺大峡谷（猕猴保护区）—尕尔寺**，这两条线路可以让你把囊谦周边的精华景点收入囊中。玉树到囊谦的公路两侧，有不少岔路通往一座古朴幽静的寺庙，前往探访，并不会令人失望。

香达镇到达那寺

这条线路中的大部分景点都和格萨尔王有关，神话与现实交织，美景与自然和谐，让人恍如从人间旅行到了仙境。

出香达镇往西约25公里，**香龙沟峡谷**是去往达那寺的必经之处，峡谷内的峭壁上布满了岩画，记得用心寻找。尽头处有个小瀑布，相传那是当年格萨尔王妃珠姆的“浴池”。出峡谷后是一段盘山而上的公路，最高处海拔会超过4000米。在过了吉尼赛乡之后，翻两个小山头，你会看见一个路口（上方有指示牌），左边通往吉尼赛乡和改加寺，右边是去宗达寺、然察大峡谷和达那寺的路。去改加寺的路遇到下雨天会非常难走，道路泥泞到乘客有时需下来帮忙推车。想顺便探访的话要提前打听路况，并预留足够的时间。

这条线路还有一种走法，虽然路程稍远，但可以少走相当一段距离的未铺装路面——从囊谦县城出发，沿214国道往类乌齐方向，至西藏、青海两省交界处的吉曲乡。乡政府对面，跨过吉曲河，可顺便看看**吉曲嘉玛嘛呢石堆**，在玉树，它与新寨嘛呢石堆（见208页）

曲热法会，神妙严酷的改加“气功”

改加寺平均每年有大大小小20多次法会，一般为期7天，有些需要8天，也有个别法会长达10天之久。其中以“曲热”法会最特别，据说亲睹法会的功德相当于转了一圈扎日神山，而这座山以路途艰难而著称。

“曲热”法会的特别之处源自一种修习方法。作为宁玛派传承的改加寺，有一种修习方法与噶举派相近，那就是那洛巴传下来的“那洛六法”。那洛六法是密宗圆满次第中的根本法之一，教导修习者意志集中，倚靠下腹部脐内的力量燃起体内火焰。改加寺的尼姑们奉行这样的修行方法，为了考验修习程度，每年的藏历蛇月（即农历腊月）十五日，都会举办一个神秘的法会。她们必须在这个寒冷的月圆之夜，裸体披上一块两尺见方、事先被冷水打湿的白布，绕寺院缓步转圈。寺院四周有4个事先盛满了河水的水桶，每到一个桶前，她们就要把白布取下来，重新泡在冰凉彻骨的水里，不能拧干，再披回身上，周而复始，直至东方出现第二天的曙光。这种修行方式在常人看来简直无异于酷刑，但据说修习过密法的尼姑中，有许多人获得了脐轮火法的真味，能靠自身产生的热量在瞬间烘干被单，丝毫感觉不到冷意。因为要求很高，只有闭关过的尼姑才有资格参加法会。

齐名。在吉曲乡，你会看见两个加油站和一个虫草检查站。从两个加油站中间的那条水泥路进去，你会先经过改加寺。游览完毕后继续沿那条路前行，就到了有指示牌的那个路口，可以继续前行50公里到达那寺。

从香达镇到达那寺，往返总路程不到300公里，由于路况不好，一般需安排两天时间游览，包车价为1200~1400元。

改加寺

改加寺是青海最大的宁玛派尼姑寺院，位于吉尼赛乡以南20公里处。寺庙建在山腰上，有古朴的石头墙和上百年的石阶。改加寺的创建人仓央嘉措（不是那个著名的第六世达赖喇嘛）25岁时抛妻弃小，离世出家。他47岁那年，家人不幸全部亡故，之后他用全部家产修建了这座寺庙。寺庙的经堂就是他家原来的六柱厨房改建而成的，这里被信徒认为是祈福圣地，现在供奉着莲花生大士的塑像。历史上的改加寺一度极有名望，在玉树和西藏曾有20多个子寺。每当重大法会，会有上千名尼姑云集于此，但如今只有大约200人。

对抛弃世俗生活，在这座几乎与世隔绝的寺院里度过一生的尼姑们来说，生活是清贫而单调的。寺院规定她们不能出去念经获得布施，而由于交通不便，基本也没什么信徒前来。尼姑的唱经犹如天籁，远近闻名，但只能碰巧遇上寺院举行法事时才能听到，每天早晨或傍晚，虽然他们也诵经，但规模略小。寺院设施简陋，没有接待游客的能力，女性若想留宿，可与寺院管家商量。

宗达寺（宗郭寺）

从吉曲河桥头沿公路盘山而上，由右手边的车窗朝远山望去，能看到一座位于悬崖之巅的寺庙，这就是宗达寺。

宗达寺天然的地理位置，决定了这里是绝好的风景观赏点。当汽车行驶到那座悬崖下时，会看见一条土路盘旋往上。山腰有一个小型停车场，然后需要徒步攀爬木头梯子到山顶。豁然开朗的山顶是一片绿色大草地，成群结队的羊在这儿闲庭信步。纵览四周，无论从哪个角度，望出去都是一幅古典水墨画。特别是朝着然察大峡谷的方向，你将看到整个峡谷的面貌：河流蜿蜒，山峰险峻，山脚是藏族的古村落。

寺院本身非常小，只有一个小经堂。但有一座古老的灵塔，传说萨迦派始祖萨钦·裹噶宁布圆寂于此。寺院背后陡峭的山峰上，有一些山洞和简陋的房子，是僧人闭关的地方。傍晚时分，整个山顶都笼罩在夕阳红中，崭新的8座白色佛塔和古灵塔神圣静谧，只听见风吹过转经筒的声音。

寺院暂无游客接待处，山顶的草地可以露营，但事先要和寺院沟通，并做好御寒准备。这里没有手机信号。

达那寺

达那寺距今有1500余年历史，初创时为苯教寺庙。800多年前，叶儿巴噶举派的创始人桑吉耶巴，将其改宗为自己的教派，这位大师的灵塔现在就在达那寺大经堂旁边。但这座寺庙之所以名扬藏区，最重要的原因在于它是传说中的英雄格萨尔王的家寺。据记载，格萨尔王生于四川德格，称王于青海果洛，最后归宿于囊谦，而达那寺就是格萨尔王创建的岭国国寺（岭国为格萨尔王的故土）。这些神秘的传说，使达那寺地位显赫，非其他一般寺庙可比。

除历史和文化的原因之外，达那寺周边的美景也让人不可忽视。它坐落于一片山间的缓坡之上，脚下铺陈着繁花似锦的草坪，达那山绵延环绕四周，山势险峻，最高的山峰状若马耳。汽车可以直接开到山腰的小停车场。虽然寺院整体看上去十分古旧残破，但有种恬静沉着的气质。

这里最著名的景观是格萨尔王及其三十大将灵塔群，位于寺院西北方的峭壁上一个凹进去的山洞里，是在中国藏区规格较高的“群组式灵塔”。经碳14测定，灵塔的建造时间在公元1110年前后，至今已有近千年的历史。灵塔群保留了唐代晚期藏式佛塔的营造风格和建筑艺术，塔内有30多种宋代擦擦，精美无比。据说“文革”期间，寺院许多建筑被毁，本地藏民为了保护这些灵塔，用土石将其完全封闭，直到80年代才重见天日。从寺庙到灵塔群的路非常危险，需要高超的攀爬技术，所以一般人能看到的，只是望远镜里的白色小点点。

寺院的建筑则分散在山腰的各个地方，并不集中。大多数都是20世纪80年代以后重建的，但有一座已有800多年历史的老房子，值得一看。它在寺院最右边的凸出地上，外面的土墙已经破损，墙角有一些红色木头构成的装饰。楼内漆黑一片，二楼是小经堂，挂满了唐卡，有僧人在这里念经。寺庙大经堂内供奉着格萨尔王及其部将的塑像，还有据说是他们用过的武器、盔甲等物。富有传奇色彩的是一座名叫**苏噶丹佛塔**的殿堂，殿门是用紫檀雕刻的，据说不同的人推门而入时会发出不同的声音，可据此预测吉凶。房前的草地是达那寺最好的观景点，可以看到脚下的河谷地带——河柳、刺丛，清澈的麦曲河从山脚缓缓流过。

虽然达那寺是国家级文物保护单位，但由于并没完全对外开放，许多建筑都需要管家陪同参观，他们一般都会很热情地接待你。

达那寺温泉

在距达那寺3公里的一片露天草坪上，可以请寺院的僧人带领你前往。温泉背靠一块巨大光滑的象鼻石，石头下是7个天然的石

格萨尔王史诗

格萨尔王是藏族传说中的旷世英雄。《格萨尔王》史诗中描述：很久以前，藏地妖魔横行，神子崔巴噶瓦不忍人间众生的悲苦，于是降生在一个叫“岭”的地方。12年后，他在赛马会上独占鳌头，从此称格萨尔王，并娶珠姆为王妃。他一生降妖除魔，抵御侵略，统一了大小150多个部落。80多岁时，格萨尔王功德圆满，和珠姆一起返回天界。

《格萨尔王》史诗是迄今为止世界上最长的史诗，以口耳相传的方式传唱了上千年。藏族人民相信这是一部“神授史诗”，据说大部分说唱艺人是在某种特殊机缘（如一场大病，或一次在神圣之地的打盹）之后，突然就能唱出上百万字的史诗来，而之前他们中的有些人甚至不识字。这种说法为格萨尔王的传说又蒙上了一层神秘色彩。

在玉树，格萨尔王留下的遗迹可谓星罗棋布。达那寺是岭国的国寺，尕朵觉悟是他手下的大将，称多有他的王妃珠姆曾经洗发的池子。但关于格萨尔王在历史上是否真实存在，学术界一直有争议。接受度比较广的说法认为，格萨尔王并非某个特定人物，而是藏族历史上某个时期英雄们的文学化身，由于藏地文化的特点，人们不断将其南征北战、建功立业的故事进行神话演绎，最后塑造出一个人神一体、宗教色彩浓厚的无敌战神。不管怎样，这部史诗都是一部了不起的民间文学巨著，是研究藏族文化的丰厚宝库。

坑，每个坑深约1米，刚好可容纳1人站立其中。天然温泉的水很烫，当地人泡温泉时习惯先用盆把池子里的水舀出来，再放入用管子接来的泉水，同时加入凉溪水以兑出适合自己的温度。温泉含有大量的矿物质，有利于治疗多种皮肤病和关节炎，有牧民常年在此搭帐篷洗浴。因为达那寺寺院里没有食宿点，你也可以选择在此露营或借宿牧民帐篷。唯一尴尬的是，这里周围光秃秃一片，换衣服会是个技术活儿。

香达镇到尕尔寺

这同样是一条美景与人文并存的线路。虽然从香达镇到尕尔寺的路况良好，往返约200公里，抓紧时间一天之内即可来回，但我们还是建议你不要匆忙赶路，最好静下心来体会鸟鸣鹿跑、融入自然的感觉。这条线路一日游包车价格在600元左右，两日则要1000元。

公雅寺

公雅寺最醒目的标志，是围着寺庙的那一圈白塔，很远就能看见。这座寺庙在1958年几乎完全被毁，但如今的规模很大。寺门口的嘛呢石堆非常上相。旅行者可以前往大经堂二楼，那里有一个供奉山神的小房间（禁止女性进入）。据说此地的山神非常灵验，为了接下来的旅程顺利，不妨求拜一下。不要直视山神的眼睛，因为这会带来坏运气。

离开香达镇后沿214国道一路往南，大约35公里处，会有分岔的路标指向白扎林场。拐上这条公路再走10分钟，可抵达一个小村。这里都是高山草地，左边的险峻山脉是加然神山，而公雅寺就位于神山的西坡。

白扎古盐场

古盐场是露天的，由上百个水坑构成，坑里都是高盐分的卤水。这里开采土盐的历史已有千年之久，历史上曾远销我国西藏、印度和尼泊尔。盐场仍然保持着原始的人工集体作业方式，定期召集村民把盐泉引入水坑中，待水分自然蒸发后，再收集坑中的颗粒盐。现在村民们的主要收入仍然依靠这个盐场。对古老的土盐制作技术有兴趣的人，可以在途经这里时顺道停车参观。往尕尔寺的路上还有一个**多伦多古盐场**，不过要绕道往返100多公里才能前往参观。

大峡谷（白扎林场）

尕尔寺大峡谷里的原始森林，在高原非常少见，是此趟旅途中最美的地方之一。不要错过车窗外的任何景色。峡谷总长40公里，谷内的溪流水流湍急，但宽度和深度均有限，是尝试户外漂流的好场所。可以在林场里露营，但要尽量找附近有牧民帐篷的地方。这里野兽很多，但大多数是善良的石羊、鹿和藏猕猴。此外，如果是旅游旺季，峡谷内会有本地人搭建的帐篷度假村。

尕尔寺

建在半山腰上的尕尔寺，又被当地人称作“尕尔宫”。从远处看，位于峭壁石崖之间的寺院主体，在云雾中若隐若现，的确像一座天上的宫殿，美而殊胜。尕尔寺分上、下两寺，如今主要的宗教活动都在上寺，有盘山公路可以让汽车开上去。上寺大经堂里的法轮，传说是文成公主进藏时带到波密地区桃花沟普龙寺，再从该寺院转移过来的，有1000多年历史。据说以前它可以自转，来到尕尔寺后不知为何失去了这种法力，如今需要每天有喇嘛轮流值班，让它24小时不停歇。

尕尔寺的迷人之处还在于这里人与动物之间的温存和谐。位于另一侧山头上的闭关中心，车可以顺着山坡上的小路开过去，一群野生鹿常年在那一带徘徊。鹿虽然不怕人，但性格胆小谨慎，如果你格外注意并放缓行动的话，甚至可以亲近抚摸它们。

如果时间允许，可以在尕尔寺住一晚，上午是拍摄寺院光线较好的时间段。虽然没有特设的客房，但僧人们会很热心地帮你安排。女性游客不得留宿寺内，不过天气好的情况下，在附近露营也是一种享受。

才角寺

才角寺曾是囊谦千户的家寺。19世纪初，第21代囊谦王的长子被认定为池秀寺的活佛，但他的母亲觉得池秀寺太远，就修建了现在这所寺院，供儿子学习。这位名叫巴丹晋美才旺赤列的活佛，日后成为藏区的著名学者，并和达赖喇嘛以及清朝中央政府联系紧密。父亲去世之后，他还一度掌管着囊谦部落的一切政教事务。

时过境迁，现在的才角寺已经盛况不再，但其寺院建筑的宽敞大气，仍然带着一股掩饰不了的贵气。寺庙后面的院子里是一个小小的佛学院，有几十名小扎巴在这里学习。每天傍晚时分，小扎巴们都排着队放学，一边念经一边转寺庙门口的嘛呢石堆。

才角寺距离香达镇约80公里，距离214国道约3公里，路况非常好。可以在去尕尔寺的途中顺便绕一点路参观。

玉树到囊谦

从玉树到囊谦的公路上，你可以沿途看见不少寺庙、景点的方位指示牌。沿着那些导航上找不到的乡村小道，你会看到更多不为外界打扰的风景。

觉拉寺

规模庞大的觉拉寺位于扎曲（澜沧江上游）河边，囊谦觉拉乡的附近，距香达镇70公里，整座寺庙都非常新。觉拉寺属巴绒噶举派，是玉树地区出名的政教合一寺院，囊谦王的丛洒分支家族子弟，曾长期住在这里。在

另辟蹊径

从觉拉乡穿越到杂多

翻开地图看看，觉拉乡到杂多直线距离并不远，但如果走公路的话，你需要先返回214国道，行程300多公里，等于是绕了一个很大的圈子。但是，这里有一条堪称越野挑战赛的捷径，沿途风光绝美且人迹罕至，想不想尝试一下？

需要事先说明的是，虽然少走了近200公里路，但由于路况不好，走这条线路并不能节省时间。虽然当地人开着五菱之光这样的小面包车，也在这一段草原上飞速前进，但如果你打算自驾，最好还是开越野车，并为途中可能发生的爆胎做好准备。

这同样是一条相当不错的徒步线路，有多处当地人的牧场可以寻求食物补给和借宿。而且在这段线路途中搭车一点儿也不难，有很多当地的车由此穿越去杂多。如果你等了一段时间看不见汽车的话，还可以拦下当地人的摩托车试试。

以觉拉寺著名的**黑塔**为起点，沿着黑塔下方的那条水泥路往北走，约3公里后你会看见一个很小的路牌，上面用藏文写着地名，请你选择右边的那条路（左边那条通往一个当地的小寺庙，可以顺路过去看看）。继续前行就没有铺装路面了，甚至路都开始变得不甚清晰了，有些地方只有草原上的众多车辙为你指示方向。在一个拦着铁丝网的牧场，往左边迂回，会看见一座水泥桥。过桥，向右方前进，这是草原上的牧人用自家面包车或摩托车压出来的“道路”，崎岖不平，有些颠簸。在草原上开大约20公里后，你会见到群山环抱中一座异常安静美丽的**小寺庙**，寺门前是一排小小的白塔。牦牛散落在寺庙周边的草地上悠闲地吃草，河水静静流淌，仿佛世外桃源。注意观察，寺庙右侧的山岩上有一尊天然形成的**度母**。

真正的挑战从此地才算开始。沿着河边的小路继续前行，左边是陡峭的山壁，右边是湍急的河水，脚下的道路完全未经整修，到处都是大块的石头，心疼车胎的人，到寺庙位置就可以掉头往回走了。但这也是线路中风景最优美的一段，缓坡的草场上到处是牛羊，翠绿的山谷中几乎从未有旅行者到来，平坦的河滩边，随处可以搭上帐篷度过美好的山间一夜。偶尔你会经过一两个小村庄，居民都在周边放牧，虽然他们可能听不懂汉语，但大多纯朴好客。

沿河前进大约20公里，你会开上一条在地图上找不到的道路，道路入口处有村庄，确定不了方向的话可以向村民询问。沿这条未铺装路（跟之前的路比起来，这简直是康庄大道）前行40公里，就到达了位于309省道上的长拉山隧道出口，龙格玛村附近，由此继续前行70公里就是杂多县城了。

元、明时期，觉拉寺得到过中央政府的许多册封。其中第六世活佛被明朝廷赏戴黄白色翎冠（白色代表政治，黄色代表宗教），授权管理附近部落的所有政教事务。

这里最宏伟的建筑，是一座高达八层的密乘大法殿。一般不对外开放，旅行者想参观得找寺委会的管家开门。每层楼都供奉着佛像，其中第五层的玻璃柜摆放着义西热杰的肉身。他是觉拉寺的一位大学者，但并非活佛，这在其他寺院非常少见。

觉拉寺新落成的大经堂金碧辉煌，参观时不要忘记抬头欣赏房顶上绘制的坛城，外方内圆的精美坛城，代表着藏传佛教的宇宙世界观，颇有深意。

觉拉寺西侧的嘛呢石堆虽然规模不大，但彩绘的六字箴言非常上照。不过这座寺庙最出名的景点在寺庙西侧的小山上。出了大门，沿公路西行，能看到一座黑色的佛塔。塔本身不大，但宗教意义非凡。传说莲花生大士曾在此修行，看到妖魔横行乡里，于是将之抓住摔到山上，然后用此黑塔镇住妖魔仍在跳动的心脏，使之不能继续作恶。

觉拉寺前的小街上，有一些小旅馆和餐馆可提供食宿。寺院也设有接待处，床位还算干净，30元/人。

觉拉寺在玉树市设有“祈福办事处”（见211页“雪域宾馆”），可以向那里的僧人打听车子的出发时间，车费很便宜。除此之外只能包车，由结古镇包车往返的价格在400元左右，由囊谦出发往返则是300元。从214国道到觉拉寺的公路凹在峭壁中，底下是湍急的扎曲河，地势险峻，但路况不错。

苏莽寺

苏莽寺位于囊谦子曲河南岸毛庄乡，也是原玉树地区政教合一的三大寺院之一。这座寺庙曾经规模宏大，最盛时有僧侣1200人。苏莽寺的活佛同时也是这一地区的百户长，寺内原先有活佛的府邸。目前寺庙仅存一座大经堂和几十间僧舍，可与嘎丁寺一并游览。

嘎丁寺

寺院在囊谦毛庄乡东南10公里处。这座小寺建于明朝，原属宁玛派。顺治年间，第五世达赖喇嘛从北京回西藏，途经玉树时，将其改为格鲁派，并派遣一名堪布管理这座寺院。

嘎丁寺三面环水，处于一座半岛上，与公路之间以吊索大桥相通。摄影爱好者若爬到河对面的山腰上，可以对这座地形奇特的寺庙来个全景扫描。

尕朵觉悟

海拔：主峰5470米，马超山垭□4780米，亚玛盖朗垭□4720米

作为康藏地区的四大神山之一，尕朵觉悟应该是最为低调的。绝大多数旅行者甚至不知道它的名字，更不要说为了它远道而来了。这座神山隐藏在曲麻莱和称多县的交界处，主峰海拔5470米——并不高，却尖峭险峻。

像藏区许多人格化的神山一样，人们相信尕朵觉悟是一位智勇双全的将军，而这里的28座山峰，分别是他的7位战将、7位神医、7位铸剑师和7位裁缝——尕朵觉悟似乎是一个非常爱美的将军。《甘珠尔》中曾有关于神山悟道成佛的功德记述。

远在吐蕃时期，吐蕃赞普尺热巴巾便将此山奉为藏区的主要圣山之一，并朝拜供奉，他转山途中休息曾使用过的宝座，至今还珍藏在山下的赛康寺中。《格萨尔王》史诗中也有关于尕朵觉悟是岭国主要圣山之一的记载。浓烈的宗教色彩，让藏族人对它敬畏且爱护有加。由于不为外人所知，这里的生态比其他三座神山保护得更好。

公路只通到山脚（位于巴干乡境内），你可以从曲麻莱县包车过来，单程115公里，往返600元左右。经过简单修筑的路况还算不错。山脚下竖着一块石碑，山壁上挂满了彩色经幡。夏天，本地人都会在这里搭黑帐篷放牛羊。从这里可以远眺尕朵觉悟的主峰。你也可以沿着山谷往前步行，走得越远，能见到的山峰越多。

景点

赛康寺

寺庙

赛康寺是尕朵觉悟神山脚下的重要寺庙，建寺700多年来，很多朝拜神山的高僧大

德，都会把自己供奉给神山的宝物赠予该寺。明清时期，赛康寺一度是称多境内藏宝最多的寺庙。后经战乱，所藏宝物大多被军阀洗劫，但寺中仍然收藏着很多珍贵的佛像。据称，赛康寺的活佛曾在转山时目睹过尕朵觉悟山神的真容：白盔、白甲，骑着一匹白色的骏马。寺院请人根据他的描述，绘制了山神形象的唐卡供众人瞻仰。

活动

转山 户外活动

转山是藏族人向尕朵觉悟神山表示敬意的传统方式。由于尕朵觉悟神山的旅游开发程度不高，你可能在周边找不到登山协作，虽然可以到赛康寺寺管会请喇嘛为你联系租牛马、找向导，但并不一定能找到。因而需要自行背负户外装备，对体力和耐力有一定要求。

尕朵觉悟转山指南

转尕朵觉悟神山的难度中等，但你仍然需要做好充分的准备，最好选择7月至9月去，那时转山途中会有很多当地人，不怕迷路。

尕朵觉悟转山有三条常规途径，一般选择“**中转**”。这是最常走的一条线路，全长约50公里，通常两天一夜可走完，如果安排成三天两夜会更轻松。有些当地人能在一天内走完，前提是24小时不打烊地拼命走。

“**内转**”指的是主峰的转游，以陡而著称，路途最近，到神山主峰前仅用半天就可转完，只有高僧大德和出家人才可走这条道，而女性被禁止走此道。内转只需要1天，但路程比较危险，曾多次出现事故。

“**外转**”即大转，最少需要5天时间，要转过通天河，平时人畜难过，只有在冬季通天河结冰时才可实现。

“中转”转山路线 从赛康寺出发，不久会到达一个岔路口，沿明显些的那条路前行1小时，可到达吾赛姆乃山脚下。从此开始就是海拔不停攀升的碎石路，要小心滑倒。约2小时后，到达海拔4780米的马超山垭口。由此再一路下山，顺着河谷踩着草甸，2小时内海拔下降至4020米，再用1小时可到达沟口。一路下山——沟口的经幡挂满了山包和嘛呢堆，从这进去2小时可到尕朵觉悟神山脚下，沟口前散落着牧民的帐篷（河对面有山洞可扎营）。第二天逆着河流出发，1小时到分岔口后，仍然是右转上山。步行2小时左右，翻过海拔4720米的“亚玛盖朗”，从中间一条细细窄窄看似水沟的小路直下——紧贴高度210米、近70度坡度的陡坡下到4510米，沿着河谷继续走2小时，即可回到赛康寺。

也有朝圣者选择从山脚下的巴干乡开始转山，步行一天后抵达赛康寺。这样做有个好处：可以将赛康寺或扎朵镇作为食宿点，比在途中住牧民临时搭建的帐篷要舒服得多。

注意事项：

- 山上扎营比较潮冷，御寒衣服要带够，帐篷和睡袋都应有较好的保暖性能。
- 途中攀登垭口时的碎石路很容易打滑，故登山杖和防滑耐磨的鞋子必不可少。
- 最有可能遇到的麻烦是高原反应，请你务必带上些抗高反药物，甚至便携氧气、高热量食物，以防万一。
- 途中没有商店，需要自带食物、饮水。当地人都很友善，需要帮助时尽管开口，他们很乐意在转山路上积累功德。
- 狗非常多，虽然路上的石头足够应付它们，但是只身上路或者人少的时候还是要多加小心。
- 当地人传说在马超山垭口不可大声喧哗，否则会惊扰山神导致落石或下雪。不管是不是真的，就当尊重信仰，途经此地时请留心自己的声音。

某些垭口是危险的碎石路，建议徒步者不要单独行动，可跟随当地的朝圣者一起，方便途中获得帮助。赛康寺的活佛经常带领喇嘛和信徒去转山，如碰巧遇见，可随队而去。

食宿

扎朵镇作为游览尕朵觉悟的必经之地，小镇面积虽不大，但一切井然有序。路面整洁，店铺里的货品琳琅满目，镇上的居民对外来旅行者均非常友善和亲切。位于主街路边的**扎朵镇雪域饭馆**（人均20元起）的菜做得很有水准，口味地道，价格实惠，而且就餐环境干净得让人惊讶。这家店招牌很大，你肯定会从它的楼下经过。**藏家雪域宾馆**是扎朵镇镇口的第一家旅馆，比较干净，普间100元，厕所洗漱公用；三岔路口的**尕觉悟旅行社**房价同样是100元，淡季时可按床位50元/人砍价，房内有独立卫生间，只是看起来略微有点脏。

到达和离开

扎朵镇到玉树的乡村班车（35元；7:00；4小时）是由赛康寺的喇嘛承运的，就停在扎朵镇大街上，非常明显。玉树的上车点在**治曲民族商城**门口，每天14:00发车。司机阿旺由吉喇嘛（☎139 0976 8383）很热情，如找不到，可随时与他联系。如果错过了班车，你也可以乘坐50元/人的私人面包车，不过发车时间不能确定。

从扎朵镇到赛康寺有12公里，寺院每天有往来镇上的小车接送，3元/人，摩托车单趟5~10元。

玉树到不冻泉

玉树—曲麻莱—不冻泉，是一条从繁华现代城市逐渐通往荒芜自然原野的路。从人口密集、高楼林立的玉树市出发，沿着通天河一路向西北前进，首先你会经过几座古朴幽静的佛寺[见216页“玉树到称多（经隆宝滩）”]，接着你就进入了人类与野生动物活动范围的交叠之处。随着人类文明痕迹的减少，路上你会越发频繁地看到黄羊、兔子、地鼠等小型动物。当你离开曲麻莱县城继续前往不冻泉方向时，事实上，你已经在著名的可可西里自然保护区边缘了。这条2015年8月刚竣工的支线公路，让你可以轻而易举插入青藏线，沿途差不多是无人区，只会经过两三个定居人口很少的乡镇。一望无际的草原上，你有不小的概率可以看到藏羚羊、藏野驴，以及其他体型较大的野生动物。

治多

资源匮乏、气候恶劣的治多，算得上是玉树的“大西北”，荒凉贫瘠的环境似乎并不适合人类生存，但却是野生动物们的天堂。青藏铁路将治多县分成南、北两部分。北部的可可西里和长江源头，有着中国最丰富的野生动物资源；南部则拥有玉树最好的高山草原，是游牧民族的古老家园。但治多同时也是国内环保问题最为凸显的地区，可可西里的大片无人区，如今正遭受着盗猎者和私矿业主们的肆意掠夺，看似强大和谐的生态环境，已变得日益脆弱和不堪。它需要外界更多的关注和保护。

治多县城加吉博洛镇位于一片河滩上。这个小镇就一条主街道，邮局、银行、网吧、超市、医院、公安局全部都集中在主街。条件稍好点的宾馆都在唯一的那条横街上，步行15分钟，就可以把整个县城一览无余。

景点

贡萨寺 寺庙

免费 这是治多县唯一的寺院，位于加吉博洛镇西郊1公里处。这里以一尊获得吉尼斯世界纪录的、全世界最大的室内铜制佛像而闻名，你必须仰视才能看见宗喀巴的尊容。佛像总高35.32米，光是莲花底座就高达4.1米。整尊佛像由一层黄金外壳包裹，镶满了天珠、琥珀和珊瑚等宝石。供奉佛像的塔楼是贡萨寺最高的建筑，红白色外墙从很远的公路上都能看见。这里平常都紧锁大门，老百姓一般是围绕这栋建筑转经。游客可以和寺院管家联系开门，僧人都很热情。

寺内珍藏了不少明代文物，其中最珍贵的是佛经《中观应成论》，它是国内仅存的黑毡纸金墨佛经。离寺院不远的草坡上有一眼温泉，水质柔滑，可以治疗皮肤病并让肤质变得柔滑，因传说中的珠姆王妃在这里洗过头发，这里又被称为“**珠姆洗发池**”。

从治多县城到贡萨寺没有公共交通，只能打车，但司机开价都很高，要100元左右。

值得一游

通天河畔的贡萨寺旧址

贡萨寺旧址地处通天河畔，据考证，遗址的历史可追溯至宋朝，从保存完好的建筑形态上，还能分辨出殿堂、佛塔、暗道、僧舍等。

这一方深山古刹曾经盛极一方，香火旺盛。鼎盛时期，有上千名僧众同坐一堂，诵经声回荡在整个山谷，然而，如今这里漫山遍野寂寞无声，每一片断壁残垣中都布满了岁月沧桑。如果你体力尚佳，不妨爬到历世秋吉仁波切的寝宫去看看，这座独立在山腰的建筑，现今只剩几段土墙可供后人观瞻，但站在这里，转身俯瞰，目光所及之处，是滔滔东去的通天河所造就的壮阔江湾——真正的“长江第一湾”，以及800多年风云变幻的历史沧桑。

贡萨寺旧址地处治多县立新乡，从县城包车往返400~500元。这里和曲麻莱县的著名寺庙**夏日寺**相距很近。夏日寺是座格鲁派寺院，在藏语中又被称为“鹿角寺”，始建于明朝永乐年间，可惜现存的大殿与经堂都有明显修缮的痕迹，新砖白墙已完全覆盖了其原有的历史面貌。包车的话建议一并游览。

如果时间充足的话，可以试试在路边搭车。

食宿

治多县城里可供选择的食宿有限，除了清真餐馆外，另有几家藏餐馆，口味乏善可陈。

海东宾馆 家庭旅馆 ¥

（☎152 9706 3792；县城主街中段中国移动斜对面；普间100元）这是一家回族人开设的家庭旅馆，房型多样，除了双人普间外，还有三人间（150元）和多人间（50元/人），设施简单，都使用公共厕所。床单看起来还算干净，冬天可以生藏式的牛粪炉子。

治多长江源酒店 酒店 ¥

（☎186 0976 9991；聂洽北路；标双200元起；❄📶🅿）这家宾馆的位置非常好，楼下有网吧和好几家清真餐馆，房间虽然小，显得有点局促，但现代化的设施应有尽有。宾馆二楼是一家餐厅。

治多宾馆 酒店 ¥¥¥

（☎889 3888；城南新区珠姆路；标间388元起；❄📶🅿）这是治多县城眼下最豪华的宾馆，当地人骄傲地认为，除了玉树市外，你在其他县城肯定找不到比它更好的住处。房间设施并无特别之处，就是常规的四星级宾馆配置。

到达和离开

治多县汽车站 在老城区主街西段，只有一趟去西宁的卧铺车，隔日发车，大巴发车当日上午会停在车站门口。到西宁票价240元，车程约12小时，一般15:00~16:00发车，但是人数不够就会取消。

车站门口有很多去玉树市的私营面包车，坐满就走，中午前去拼车成功率非常高。由玉树来治多的私营车，在八一孤儿院对面的路口搭乘，80元，4小时到。

治多县城到长江七渡口

治多周边景点散落，很多偏远的地方人烟渺茫，不包车根本无法到达。虽然车费昂贵，但磅礴大气的风景，足以让人眼前一亮，不虚此行。除了贡萨寺旧址外，由治多县城出发，**地下石棺古墓群—江秦《甘珠尔》石刻经文城—长江七渡口**一线值得游览。如从治多县城出发走这条线路的话，包车价为800~1000元。

江秦《甘珠尔》石刻经文城

这座海拔高达4590米的石刻经文城，长273米，宽25米，嘛呢石上刻写的是整部《甘珠尔》经文，无一重复，堪称长江源石刻奇观。如今虽然只恢复到原来的一半，但也已足够气魄非凡。只可惜经书都是用藏文刻写的，一般人很难看懂。从治多县城前往石经城的路上，会经过**地下石棺古墓群**，可以顺路参观。

长江七渡口

楚玛尔七渡口有“唐蕃古道西线渡口”之称，位于治多县扎河乡西43公里处。渡口的历史可以追溯至唐代，在《西宁府新志》和《五

长江源头的“城堡之邦”

烟瘴挂，由我国第一位漂流长江并因此遇难的探险家尧茂书命名，是长江源头上的第一个大峡谷。它位于曲麻莱县曲河乡措池村附近，可可西里和三江源两大自然保护区交界处。虽然距离曲麻莱县城并不远，但它是通天河切出的隐蔽峡谷，它就像一个由远古文明造就的惊叹号，静静地存在于现代文明之外。群峰耸峙，仿佛是形态不一的城堡，也因此让它有了“城堡之邦”的别名。“城堡”的世界里既不通车，也无任何网络信号，更无人烟，但野生动物都能找到各自的生存领地。除了专业的科考队员外，普通旅行者很难进入。

从2014年4月开始，由多学科专家组成的科考队，对烟瘴挂峡谷展开了生物多样性考察。他们在10公里长的峡谷内安装了39台红外照相机，经过近10个月的定点观测，在大峡谷方圆40平方公里区域内，记录到雪豹、白唇鹿、马麝、野牦牛、藏野驴、藏羚羊6种国家一级保护动物，而雪豹的种群密度是世界最高的，每100平方公里的数量超过20只。这一调查结果让专家惊喜又震撼，他们称烟瘴挂是“中国独一无二的生物多样性孤岛”。

如今，烟瘴挂峡谷东部正在规划建设一座名叫牙哥的水电站，如果大坝蓄水成功，通天河激流不再，烟瘴挂峡谷大部分肥美的草场都将被淹没水下，这对峡谷的生态环境将造成毁灭性的破坏。虽然，以绿色江河为首的环保组织已经注意到这一问题的严重性，并广泛呼吁社会各界给予关注，但至今还未得到任何官方回应。这艘野生动物的“诺亚方舟”将往何处去，目前还暂不可知。

世达赖自传》中均有记载。这里是长江上游一带通往西藏、新疆和格尔木的唯一渡口，一度是入藏官道的咽喉，承接往来于汉藏之间的许多官商。清朝时因渡口匪盗猖獗，负责保护渡口的宗举族人，几乎付出了全族灭绝的代价。

通天河从源头缓缓爬到这里，已经显露了大江东去的气势。西望源头，那铺天盖地而来的网状河道，从灰蒙蒙的天地间蔓延而来，仿佛要淹没整个大地。千古旅人的脚步随着似真似幻的历史，乘着皮筏悄然而逝，只余渡口边的**嘛呢石刻堆**和**千年石棺古墓群**仍在静静守望。

曲麻莱

平均海拔：4300米

曲麻莱县曾是玉树州最偏远贫穷的县城，而现在，随着公路的修通，这一状况大有改观。县城约改镇位于一片河滩上，虽不大但还算整洁有序，主体路段呈“井”字形，主街黄河路斜穿整个镇子，住宿、餐饮、银行、邮局基本都集中在这一条街上。三岔路口的牦牛雕塑（黄河源广场）是中心地标，常有康巴汉子聚集在此兜售金银珠宝和虫草。

夏天是曲麻莱最美的季节，触眼之处都是绿油油的高山草地，这里的自然景点非常丰富：黄河的源头在麻多乡境内，通天河畔的夏日寺景色优美。也可从曲麻河乡转道去往与治多县接壤的唐蕃古道七渡口（见239页），从这里，还可以包车前往尕朵觉悟神山（见237页）。

值得旅行者注意的是，曲麻莱的冬天既寒冷又漫长，县政府各部门以及许多旅馆，都会从12月到次年3月“放寒假”，即使仍有小部分旅馆营业，但寒冷和高海拔也会使你哪里都去不了。

景点

同玉树的其他地方一样，曲麻莱令人着迷的景点基本都在县城周边几十公里之外，需包车前往。不过由于约改镇四面环山，即使在镇上也有气势磅礴的高山绿地可看。如果你有一个悠闲的下午，除了在县城内打转之外，还可以爬上镇子西北侧的山坡，去看夕阳与经幡。

仲晴寺 寺庙

（约改镇城西1公里）**免费** 寺院规模很小，早上诵经时可以入大殿内参观，外围设有一圈色彩斑斓的转经筒，来转的多为镇上的老人和周围的牧民。沿黄河路一直往西到三江源移民聚集区后，在岔路口转向北上坡，见“仲晴寺”标牌后继续往山上走即到。

食宿

约改镇上的饭馆多分布在三岔路口和嘎觉悟步行街上，以川菜和清真面食为主，没什么特色，味道也一般，食物还算比较卫生。

旅馆主要集中在三岔路口和主街黄河路，房间多数都不带卫生间。就算有些旅馆价牌上写有“标房”“普房”字样，那也只是虚晃一枪，跟真正意义上配有洗浴的“标间”相差甚远。

★如家宾馆　酒店 ¥

（☎885 2138；三岔路口的黄河源广场内；普双100元；P 🛜）站在中心路口就能看见大招牌。应该算是镇上性价比最高的一家旅馆，虽然一如既往地没有洗浴，但房间整洁舒适，床上被褥毛毯毫无异味，公用厕所虽简陋但还算干净。最重要的是他们家有免费Wi-Fi可以使用，且信号很好。另外，宾馆老板就是黄河源慈善医院的院长，所以小痛小病也不用愁。

假日宾馆　酒店 ¥¥

（☎131 3911 8688；扎曲路中段，近嘎觉悟步行街；普双188元，标双288元）属于镇上为数不多的在房间里设有卫生间的宾馆之一，房价不菲，但也是住宿挑剔者的福音。房间不大，胜在有24小时热水洗澡，床单被褥挺干净。普间不带洗浴，要使用公共厕所。

牧羊人客栈　酒店 ¥¥

（☎885 1859；县客运站对面；标间260元；P）在这个选择有限的县城里，这家客栈还算不错，房间挺大，有电的时候有充足的热水可以洗澡。楼下就有几家餐馆，对面是客运站，比较方便。院子里的露天场地被回族人承包了，经营毛皮生意，对腥膻气味敏感的人慎选。

曲麻莱宾馆　酒店 ¥¥¥

（☎155 9761 1117；三岔路口；标双380元；P）算是曲麻莱档次最高的宾馆，房价偏贵。大厅昏暗，好在房间大而整洁，有现代化卫浴设施可以使用，地毯有些陈旧，冬天有暖气。由于基础设施问题，卫生间上下水经常不好，有些返味。如果停电，则水泵无法工作，同样会停水。

实用信息

路口向西100米是经常不开门的**邮政局**，对面是县政府；路口往东200米左右，**中国农业银行**和**玉树农商银行**是一对紧挨着的好邻居，两家银行都有24小时ATM；**藏医院**位于嘎觉悟步行街中段，**曲麻莱县人民医院**有24小时急诊，不过离县城有2公里路，如有紧急状况，黄河源广场内侧的**黄河源慈善医院**（☎139 9701 8815）也可以提供吸氧、急救等服务。

到达和离开

在玉树市西杭汽车站的外面，可以找到途经治多前往曲麻莱的面包车，80元/人，车程约5小时，从治多到曲麻莱只需1小时；返程车在约改镇三岔路口的黄河源广场前面，因为需凑满人才走，所以中午前去找车的成功率较高。

曲麻莱汽车站 设在交通局内，有班车发往西宁（230元；15:00，隔日发车；约11小时）。黄河源广场处每天9:00会有1班车（50元；5小时；途经治多）发往玉树市。旺季时不难找到前往玉树和西宁的私人面包车，价钱跟班车差不多，淡季时则连班

省钱方便套餐：公共淋浴加普间

和许多高原上的小县城一样，曲麻莱的住宿环境虽不至于恶劣，但条件实在有限。物资匮乏，加上冬季天寒地冻，水管很容易结冰，许多旅馆都索性以不建进、排水系统来绝后患，所以要在这里找到带有厕所和淋浴的标间是很困难的，除非你能接受高额的住宿价格。

约改镇上的淋浴室多数是回族人开的，打理得既干净又井井有条，**大高原洗浴中心**[约改镇完小（小学）对面；男宾28元含桑拿，女宾20元]属于镇上诸多公共淋浴室里比较高档的，男宾部有桑拿，公共休息厅加收38元就可以过夜，是一举两得的省钱妙方。

车都有可能取消。如果希望保险一点，最好提前一天去汽车站问询。

曲麻莱县城到黄河源头和星宿海

曲麻莱大部分地区人迹罕至，只能包车前往，有些路段还常常会被雨雪阻断，因此即便是自驾车，也要谨慎安排行程，最好不要偏离主要公路，出发前应提前咨询本地司机关于路况的最新情况。如果前往一些无人之地，必须几辆汽车结伴而行，并做好充足的准备。

从约改镇出发，无论是到黄河源头还是星宿海，都必须先到北部的麻多乡（205公里），可以在三岔路口找拼车。约改镇汽车站标识牌上有关于到麻多乡的班车信息，可惜只是信息而并无真实班次，唯一能借鉴的恐怕只是50元/人的车资。麻多乡到黄河源头仅40多公里，包车费用为500~700元，虽然是碎石山路，但路况良好；星宿海则更远一些，前往的路上可能会经过淌水路段，有些危险，所以要做好充分准备。

曲麻莱县旧址

看到308省道进入麻多乡岔口的路牌时，先别急着转弯，往下继续开2公里左右，你会看到道路两侧一些已经废弃的土房，看起来好像已经上百年没有人烟。但墙上粉刷的"为人民服务"等标语，显示这里应该20世纪六七十年代还有人居住。这片废墟就是曾经的曲麻莱县城所在地，靠近的话，依稀还能看出这些破败土房的用途。

黄河源头

黄河的藏语名字叫"玛曲"，意即孔雀河，从远处看好似孔雀开屏。但如果你期待的是能在这里看见滔滔江水雄姿澎湃的画面，那么恐怕就只能失望了。这是一个形式大于内容的景点，除了一个地标性石碑和江泽民的题字外，黄河源头的景色与这片土地上的许多地方并无二致：湿地和经幡，平缓而细密的河流在河滩上蜿蜒交织。

这平静婉约的画面，显然与黄河在中下游段雄壮的形象相差甚远。而据2008年的三江源科考报告，黄河源头并非以前认定的约谷宗列曲，而是卡日曲，所以到底哪里才是真正的黄河源头，似乎还是个谜。

星宿海

星宿海是一个狭长的盆地，东西长约30公里，位于约谷宗列曲和卡日曲的交汇地，四处分岔的河流，在这里形成大片的沼泽和湖泊，据说多达数百个，黄河在这里形成主干后流向玛多县的扎陵湖。相比起黄河源头，同样位于曲麻莱县境内的星宿海，似乎更值得游客前往——当然不是为了去找星宿老怪学武。星罗密布的海子点缀在大地之上，像天空之镜，映照整片蓝天白云。

去往星宿海的另一条路线是由果洛的玛

索南达杰自然保护站

可可西里是中国最大的无人区，青藏高原上的特有物种藏羚羊千百年来就在这片土地上繁衍生息。20世纪八九十年代，国际市场上用藏羚羊绒制造的沙图什围巾价格暴涨。在利润的驱使下，盗猎分子开着越野车进入可可西里大肆捕杀藏羚羊。当时治多县的县委书记索南达杰，是国内最早开始以实际行动保护可可西里的环保先驱，他曾多次率领手下工作人员进入可可西里巡山。1994年1月18日，索南达杰在与盗猎分子的枪战中壮烈牺牲，至死保持着持枪射击的姿势，可可西里的严寒，把他的遗体冻成了一尊雕塑。1996年，位于青藏公路上、距离不冻泉约35公里的中国民间第一个自然生态环境保护站，在可可西里奠基。为了纪念他，该站被命名为"索南达杰自然保护站"。

目前索南达杰自然保护站有一个小型生态展厅，并有工作区、生活区等建筑。夏天时站内有简易旅馆可以住宿，50元/铺。该站点招募志愿者驻站，具体情况可关注**绿色江河网站**（http://www.green-river.org/index.html；新浪微博@绿色江河NGO；微信公众号greenrivergo）。

多县出发（见172页），经扎陵湖后一路往西进入星宿海地界，大部分路段已有公路，但也要提防夏天因雨水过量而导致的断路垮桥等问题。

曲麻莱到不冻泉

曲麻莱县城到不冻泉的公路长315公里，全铺装路面，路况很好。如果你对原始的自然风光感兴趣，这是非常值得跑一次的线路。荒凉的青藏高原上，终年积雪的昆仑山绵延千万里；辽阔的草原和空旷的山谷人迹罕至，成为野生动物的最佳栖息地。一定要睁大眼睛，保持警觉并端好相机，因为黄羊、旱獭、狐狸等野生动物随时会在公路两旁出现。如果运气够好，也许你还能看见藏野驴和藏羚羊。不要惊扰它们，毕竟你只是过客。由于这条路刚通车不久，车辆很少，一般的小车5~6小时即可到达。我们调研时还没有班车，包车开价都在1200元以上。

不冻泉是青藏线上一个很小的站点，因附近有一眼常年不冻的泉水而得名。在青藏线和308省道交叉的路口，有一家**川菜馆**和一家**清真餐馆**，口味还算不错，人均25元左右。靠近308省道的路口有一家**青年旅社**（铺35~50元），川菜馆对面有一家**扎西宾馆**（双人间150元）。这就是我们调研时不冻泉的全部食宿设施。从不冻泉，你可以选择前往西宁或者拉萨方向，青藏铁路在这里设有站点，但客运火车在这里不停站。每天都会有无数汽车经过这里，无论搭车还是等过路的班车，你都能很容易地到达目的地。

柴达木盆地

包括 ➡

德令哈......248
天峻......255
乌兰及周边......256
格尔木......258
都兰及周边......265
大柴旦及周边......269
花土沟......272

最佳自然景观

- 魔鬼城（见270页）
- 察尔汗盐湖（见264页）
- 金子海（见257页）
- 鸭湖（见270页）
- 哈拉湖（见254页）

最佳餐饮

- 老严烤羊肉（见252页）
- 撒拉八宫苑（见262页）
- 伊兴老炮仗（见262页）
- 小成都菜馆（见269页）

为何去

一直以来，柴达木盆地在旅行者中的地位有些尴尬。以矿产资源著名的它，旅游从来都不是这里最重视的产业，在这里旅行通常会感觉不便——没有前往景区的公共交通，缺少条件舒适与兼具特色的酒店，占据整个盆地三分之二的戈壁和沙漠以及少有的游人会让人备感孤独。但旅游业的滞后，带来的是保存完好的天然环境和淳朴的民风，反倒使得柴达木盆地更值得深度探访。

这里的景观有着你无法想象的丰富。你可以深入广袤无垠的雅丹魔鬼城，寻找如同外星球地貌的水中雅丹——鸭湖，在造型迥异的风化岩柱下露营，听着诡谲的风声，体味自然的苍凉；也可以探访都兰热水墓葬群，遥想吐谷浑王国在丝绸之路上曾经的强盛和繁荣；或是驱车穿越无人区，一探遗世独立的青海第二大湖——哈拉湖；这片地区还分布着众多大大小小的盐湖景观，“天空之境”的影像令人动容。

不要只坐在青藏铁路线的火车上与这片区域擦肩而过，走下车吧，这里远比从车窗里看到的画面精彩。

何时去

5月至6月 气温上升，雪尚未完全消融，哈拉湖湖面形成漂亮的浮冰，鸟类开始迁徙，高山草原正蓄势待发。

7月至8月 雨水丰沛，正值柴达木盆地散发生机的春夏时节，高原的草绿了，各类野花开了，前来野炊的当地人络绎不绝。

9月至11月 秋意袭来，德令哈周边满树金黄，夕阳下的魔鬼城更加苍凉，高原雪山明净清晰。人潮已散，这是柴达木盆地最美的季节，也是旅行性价比最高的时间。

12月至次年4月 一场冬雪后，柴达木盆地到处都是白雪皑皑，坐上火车，沿着青藏铁路，穿过无垠的戈壁和无人区，一望无际的白色大地明净而动人。

交通

柴达木盆地的交通四通八达，现拥有格尔木、德令哈和花土沟三座民用机场。除格尔木外，抵达德令哈和花土沟的航线，目前都需从西宁中转。铁路仅有东西方向贯穿盆地的青藏铁路，但在建的敦（煌）格（尔木）铁路马格段现已贯通，全线预计2018年建成通车。另一条格（尔木）库（尔勒）铁路，已于2015年开建，预计2019年完工。公路方面则以109、315、215三条国道为主干道连接周边，长途班车构成城镇之间往来的主力，但如果你要去往周边景点，公共交通不能直达，自驾或包车则是最理想的旅行方式。

前往柴达木盆地，不要忘了……

- 把防晒霜、头巾面罩、太阳镜放进包里。
- 进入戈壁沙漠地区，要为你相机的“安危”着想，需准备好塑料袋或保鲜膜等防沙工具。
- 很多酒店在6~9月旺季时，价格视入住率常有变化，最好提前电话咨询。旺季时也有便宜的住宿，当地政府宾馆常有普间，环境较好，只是没有独立卫浴。
- 每天出门前，带上充足的饮用水，因为寻找沿途补给站如同“大海捞针”。
- 在夏季时，也请自备保暖衣服和防风衣服。在天峻，晚间气温会降至10℃左右，而小柴旦和花土沟夜晚的风非常大。
- 柴达木盆地的任何城镇都能买到黑枸杞，买前要了解行情，货比三家，小城市的价格普遍便宜一些。
- 各中心城镇都有出租车运营，非常正规，它们都提供去周边景点的包车服务，可多加利用，记得议价。

民族

柴达木盆地隶属于海西蒙古族藏族自治州。但在1985年以前，这里叫海西蒙古族藏族哈萨克族自治州，因为当时有相当数量的哈萨克族牧民游牧到了这片土地。但随着岁月流逝，这批哈萨克牧民想回到故土，在政府协调下，他们最后被安置在新疆以及甘肃。州名也因而去掉了“哈萨克族”的字样。不过后来，一部分哈萨克族人对家乡不太习惯，又回迁到了海西州的马海。如今在这里，你还能找到哈萨克餐馆。

这里的蒙古族也自有特色，他们主要来自和硕特部，属于西部蒙古，语言、风俗和东部蒙古不太一样。而在青藏高原生活的这部分又被称作“德都蒙古”，意为“高原蒙古”。

快速参考

- **人口：**70万
- **电话区号：**格尔木0979，海西州其他地方0977
- **面积：**25.8万平方公里

如果你有

- **3天**

第1天到德令哈，去**塔璉湖**（见254页）一日游。第2天进入**柏树山**（见251页）野炊，赏松柏。当晚坐火车或隔天坐汽车去**格尔木**（见258页），第3天游览格尔木市内，或是前往**昆仑山口**（见265页）。

- **5天**

第4天，经**察尔汗盐湖**（见264页）后到**大柴旦**（见269页）。第5天进**魔鬼城**（见270页）和**鸭湖**（见270页）一日游，欣赏完雅丹地貌的夕阳景色后离开。

阅读与视听

- **《海子诗集》**，海子著，使德令哈染上了一层淡淡的文艺气质。
- **《雪域天路》**，40集电视连续剧，讲述了以慕生忠为代表的筑路人，在艰苦条件下修筑青藏公路以及后继者修建青藏铁路的历史。
- **《趣闻青海》**，邱平伟著，出行前不妨了解一下柴达木盆地的各类趣闻。

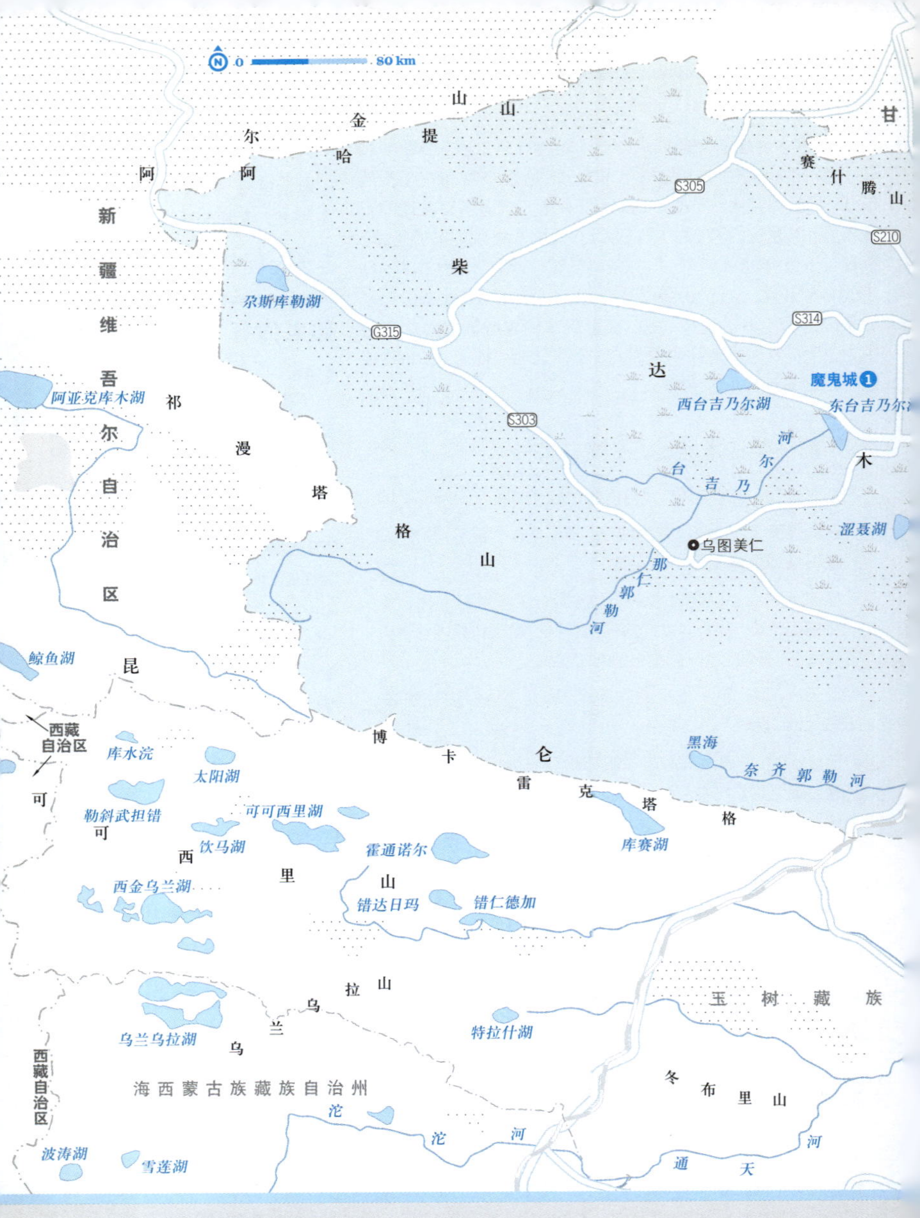

柴达木盆地亮点

❶ 露营**魔鬼城**（270页）看壮阔的雅丹地貌，夕阳西下，享受空无一人的宁静。

❷ 穿越**哈拉湖**（见254页），见证还未开发的高原明珠最动人的身姿。

❸ 行走在**热水墓葬群**（见266页）的墓坑，在“九层妖塔”遥想那段辉煌的历史。

4 去**察尔汗盐湖**（见264页）看看自然和工业结合的盐水王国。

5 秋天去德令哈**褡裢湖**（见254页），欣赏金黄世界的最美篇章。

6 前往**金子海**之畔（见257页），一半水草、一半沙漠的景致令人惊叹。

历史

强大的游牧国吐谷浑，在公元4世纪初建立于青海湖周围。他们的祖先是鲜卑族，从中国东北迁徙而来，在和本地羌族之间征服和反征服、控制与反控制之后，他们一起建立了以吐谷浑为中心的联合政权。

吐谷浑存在了350年，正值中原魏晋南北朝的分裂割据时期，它的兴衰与它和内地政权的纷争息息相关。吐谷浑在最强盛时定都于青海湖西边15公里处的伏俟城。国土疆域庞大，北至今新疆，南到今四川阿坝地区。

自先秦以来，这里一直是丝绸之路的通道之一。那时，中国通往西方的陆路通道有三条：从内蒙古沿着天山出去的“草原道”；经河西走廊去西域的“河西路”；沿祁连山南和青海湖，过柴达木盆地往西而去的“青海道”。但自从汉朝张骞出使西域，使得“河西路”成为主干道之后，其他两条路线逐渐被冷落。随着吐谷浑的繁荣，“青海道”又开始变得兴盛。如今在都兰县发现的墓葬群显示，这里曾经是中西经济文化交流的重要枢纽。都兰当时是吐谷浑的贸易之城。

隋朝统一中原后，隋炀帝曾决定征服吐谷浑。虽没有成功，但吐谷浑于战后趋于衰落。而此时，吐蕃王朝正在西藏崛起。

唐朝和吐蕃之间时战时和，吐谷浑变成了他们之间的一个缓冲带。这期间，好几位唐朝公主分别嫁给了吐谷浑和吐蕃，但最终仍然没有阻挡住吐蕃的扩张。公元662~663年，在吐蕃大将禄东赞的进攻下，吐谷浑正式灭亡。它的最后一个可汗诺曷钵被唐高宗封为“青海国王”，但只是徒留虚名。这个封号在随后被世袭多年，最后一个继承人叫慕容复，《天龙八部》里那个试图光复故国的人借用了他的名字。

此后，海西这片土地和西藏的政治生态息息相关。1634年，蒙古和硕特部固始汗率军以青海为基地入藏，帮五世达赖在西藏确立了政教合一的制度。如今，柴达木盆地居住着不少蒙古族人。当然，在更广阔的戈壁沙漠地带，汉族人出现在新兴的城镇，开采着这里丰富的矿藏能源。

德令哈

这里是海子笔下“雨水中一座荒凉的城”，而它所拥有的却并非荒凉。就城市而言，作为海西州的州府所在地，德令哈反而是生动的，它浓缩了整个地区的自然与人文景观。草原、戈壁、湿地、湖泊一个都不缺，德都蒙古族与回族在这里繁衍生息，他们爽朗、敦厚、热情。旅行者往往把这里当作交通枢纽匆匆而过，却忽略了德令哈的诗意。这里蓝天纯净，街道空旷安静，秋天落叶遍地，温柔的巴音河中和着城市坚硬的外表。无论你是为诗歌慕名而来，还是为了漂亮的自然景观，在你离开德令哈后，一路的尘嚣纷繁，终会让你回忆起这里的美好。

景点

海西州民族博物馆 博物馆

（☎822 1318；柴达木西路和滨河西路交叉口西南；⌚9:00~17:00，周一闭馆）**免费** 如果你和柴达木盆地只是初见，那么这座博物馆

固始汗雕塑

出德令哈市区前往柏树山的路上，你会途经一座世界最大的固始汗主题雕塑。这座高7.9米、总长35.9米的雕塑，是为了纪念卫拉特蒙古和硕特首领固始汗而建的，他是德都蒙古族人心目中如同成吉思汗一般的英雄。雕塑耗时两年完成。中央为固始汗站立像，正面两侧以图画叙事形式，记录了固始汗的生平历史，雕塑背面则是蒙藏人民生活的场景，整组雕塑庄严且壮观。德都蒙古族人每年会在这里举办大型的祭奠活动。

但自2014年雕塑建成以来，屡有游客爬上雕塑顶部，站在或骑在雕像上拍照，这在当地引起了不小的争议，德都蒙古族人更视此种行为是对固始汗的侮辱，而德令哈市旅游局也做出了禁止攀爬的规定，违规会受到相应的处罚。故我们提醒旅行者，秉承对当地人的尊重，切记脚下留情。

德令哈城区

德令哈城区

景点

- **1** 海西州民族博物馆.........B2
- **2** 德令哈天文科普馆.........C4
- **3** 海子诗歌陈列馆.........B2
- **4** 民族团结进步塔.........B1
- **5** 青年林公园.........C3
- **6** 西海公园.........C1

住宿

- **7** 海西宾馆.........B2
- **8** 康华宾馆.........B2
- **9** 蓝天白云大酒店.........C2
- **10** 森元品质酒店.........B3
- **11** 义海大酒店.........C4

就餐

- **12** 东北惠源饺子馆.........B2
- **13** 金筷子江湖菜.........C2
- **14** 景阳杂碎.........A2
- **15** 酿皮店.........B2
- **16** 老严烤羊肉.........B2
- 循化面片王.........（见16）
- **17** 占国牛肉面旗舰店.........B2

饮品

- 海子茶馆.........（见3）
- **18** 英伦时光.........C2

实用信息

- **19** 海西州人民医院.........B2
- **20** 中国农业银行.........B2
- 中国银行.........（见9）
- **21** 中国工商银行.........B2
- **22** 中国邮政.........B2

交通

- **23** 德令哈长途汽车站.........B2
- **24** 德令哈火车站.........C4
- **25** 火车票代售点.........B2

可以让你对此地快速地熟悉起来。2015年7月才搬迁至新址的民族博物馆，位于海西州民族文化活动中心二楼，设有8个展厅，介绍了海西州历史、经济、旅游风光，以及藏、蒙两族的民俗文化。旅游风光展区主要以图像的方式，介绍了柴达木盆地丰富的旅游资源，那些你听过的、没听过的绝佳风景，都定会让你心生向往。蒙古族风情展区展出了漂亮的服饰，陈列了许多器皿、刀等生活、劳作用品，众多的图文展板，也详细介绍了蒙古族人的风俗文化。不要错过古墓展区，陈列的几具干尸和场景布置，真实还原了血渭M01号大墓墓坑。博物馆还不定期举办各式主题展，去之前可致电咨询。

海子诗歌陈列馆　展览馆

（☎139 0977 9022；滨河西路，近海西州图书馆；⏲10:30~19:00）**免费** 看见一排中国传统式的园林建筑，你就找到了海子诗歌陈列馆。陈列馆规模小巧，整体风格简朴，门庭两侧悬挂的对联“一首诗天堂花开，几个人尘世结缘”，正是海子与德令哈缘分的注解。馆内陈列着大幅海子的相片，还展出了不同版本的海子诗集，墙上也贴着不同时期海子的诗歌，大可多花些时间驻足品味，将那一首首诗歌低吟浅唱。从后门出来，别着急离开。这里还有一大片海子的诗歌碑林，雕刻有海子头像的纪念碑据说是采用昆仑玉石雕琢而成的。碑林旁穿城而过的**巴音河**河水泱泱，临河远望，倒也有几分“面朝大海，春暖花开”之象。陈列馆南侧是海子茶馆（见252页），与陈列馆相通。我们调研期间，陈列馆正门时常关闭，但你可向茶社说明来意，从茶社进入参观。

参观陈列馆的最佳时间是傍晚时分，届时晚霞映衬着的巴音河不容错过，你不妨沿着河边漫步，待华灯初上，巴音河的夜景也备受当地人推荐。

民族团结进步塔　塔

（乌兰东路和祁连路交叉口东北侧；⏲8:30~18:30）**免费** 这座塔于2004年专为纪念民族团结50周年而修建，本身的纪念意义大于观赏价值。环形底座通往塔体的台阶刚好是50阶，每1阶相当于1年。塔一共5层，呈八边形，每层的内壁都有表现蒙古族风俗文化或柴达木矿产开发的图案。登上挂有一口大钟的塔顶远眺，德令哈城尽收眼底，是拍摄城市全景的好地方。

我们调研期间，塔下的铁门常年锁着，不过你可向居于铁门右侧的守塔大伯说明来意，他会为你开门。塔体内部的楼梯狭小，有轻微晃动，登顶时请注意安全。

民族团结进步塔位于市中心，步行可达。

西海公园　公园

（祁连路与冷湖路交叉口东北侧）**免费** 这

姐姐，今夜我在德令哈

“姐姐，今夜我在德令哈。这是雨水中一座荒凉的城。”

英年卧轨的诗人海子以其才情让世人铭记，而德令哈也因为这首诗让更多人铭记。

海子于1986年和1988年两次从青海进入西藏，四次途经德令哈。1986年的夏季，时年22岁的海子从北京出发，一路向西，这是他第一次前往西藏，当时的他正经历了第一次爱情的幻灭，他的弟弟查曙明在回忆录里写道：“哥哥（海子）像任何一个陷入初恋的年轻人一样，与女友约定时间，一起为他们的爱情祈祷。”可能正是这段无疾而终的爱情，让海子踏上了西行的旅途，而青藏高原上多彩的自然和神秘的宗教，拓宽了海子对生命的解读，《九月的云》《云朵》等诗歌作品，也正是对这一段高原之行最好的注解。

1988年7月，想辞职南下办报纸，却被家人坚决反对的海子，开始了第二次西藏之旅，途经德令哈的时候，海子住在长途汽车站的一个旅舍内。据本地文联工作人员回忆，海子那一晚喝了酒，与当地年轻人发生了争吵，并伴有轻微的肢体冲突。也许，城市的荒凉、阴雨的迷蒙、冲突后心情的波澜以及酒精的刺激，激发海子写下了《日记》这首著名的诗歌，“姐姐，今夜我在德令哈”，让世人记住了这座戈壁滩中的小城，也让德令哈被赋予了一层动人的柔情。

在德令哈仰望星空

来到德令哈，一定不要错过这里的星空。因为常年大气洁净，透明度好、能见度高，再加上晴夜数量多等优点，德令哈是国内观赏星空的最佳地点之一。早在1982年，中国科学院紫金山天文台，就把青海观测站设在了这里。

你可以选择任何一处光污染不太严重的地方席地而坐，银河和星辰便清晰地出现在你的穹顶之上，就像一块电影荧幕上演着璀璨的星空大戏，时下流行的各种星空APP，则能帮你更好地了解眼睛所能看见的每一颗星星。德令哈近郊的白公山则是拍摄星空的好地方，开阔的视野，还有托素湖作为前景。

除此之外，你还可以去**德令哈天文科普馆**，深度感受一下宇宙的魅力。这座在2015年8月刚建成的天文馆，进门处模拟的德令哈雪山和星空穹顶，令人印象深刻。整个天文馆共三层楼，介绍了古代天文、现代航空航天和宇宙奥秘等天文知识，采用了许多高科技互动展示，寓教于乐，很适合带孩子的旅行者。值得一提的是，2015年的《天文爱好者》星空大会就是在这里举办的。

是德令哈最大的公园，许多当地人茶余饭后都喜欢来此休闲娱乐。园内植被丰富，是散步的好地方。在周围荒山的衬托下，更显出这一抹绿的珍贵。公园中心有一汪人工湖，盛夏时，湖北的望湖亭会围满垂钓者。秋季园内满树金黄，是公园最美的时候，也是拍摄落叶的好时节。如果正值秋季，你还可以前往位于城南的**青年林公园**（天峻东路和黄河路交叉口西南侧）免费 转转，景致与西海公园有异曲同工之妙，但落叶更丰富，游人更少。

从民族团结进步塔西侧的祁连路向北，步行5分钟可达西海公园，而前往青年林公园则需要乘坐出租车。

柴树山

山

（德令哈市以北10公里处）免费 柏树山是德令哈人眼中的明星景点，周末时去野炊是当地最热门的选择。而柏树山的景色也不会让你失望，当车驶入景区深处，映入眼帘的是嶙峋的山势和零落分布在山脊上的古柏和云杉。夏季绿意盎然的草甸和秋季落日下的枯黄草木都很有味道。花上一天时间，或登山远眺，或草原踏青，或深入山林徒步探险，都是时下柏树山最流行的游览方式。这里也开设了几家蒙古族农家乐，可提供传统的蒙古菜肴。近年柏油马路的贯通，使得前往柏树山更为便利，但游人野炊后所滞留的垃圾，也使得这里不堪重负。

除了自驾外，从德令哈前往柏树山只能包车，往返价格为150~200元，记得留司机电话，以方便游览完后联系接送；在议价时，注意和司机说明是进入柏树山景区内部，而不是挂有“柏树山森林地质公园”的大门，大门离景区内部还有近半个小时的车程。

住宿

作为柴达木地区最重要的旅游中转站，德令哈市内的住宿选择很多，但缺乏特色，多为快捷酒店和宾馆，主要集中在河东岸的市中心，价格多在150~300元，每逢6~10月的旅游旺季，价格上涨较大。

康华宾馆

旅馆 ¥

（☎131 1977 1000；步行南街，近乌兰东路；普单/双90元，标单/双100~120元；📶）这家旅馆位置很好，周边是繁华的步行街，房间内部很简单，但总体比较干净。公共淋浴间水量还不错，但只有1间，人多时需排队。

海西宾馆

酒店 ¥¥

（☎822 2781；乌兰东路15号；标双238元起；❄📶P）海西宾馆位于州政府大楼对面，是德令哈最老牌的宾馆之一，占地面积大，住宿环境安静。这里还有不带卫浴的普间（100元），卫生干净，配有电视和暖气。同时能容纳6人的公共洗浴间位于每层楼的两端，浴室宽敞整洁，24小时有热水。除普间外，其余房费均含早餐。

蓝天白云大酒店

酒店 ¥¥

（☎821 1333；柴达木东路18号；标单/双

240元；❄📶🅿）开阔的广场地带，使得这家酒店非常醒目，前台服务态度热情。房间因为繁复的家具摆设而稍显拥挤，但卫浴间却很宽敞。房间采光很好，寝具舒适整洁，网络信号强。面朝广场的房间有开阔的视野，但可能会有点嘈杂。

义海大酒店

酒店 ¥¥

（☎732 2999；长江路33号；标单/双228元起；❄📶🅿）这家外表恢宏的酒店位于德令哈市郊，周围环境冷清，因此价格并不高，但住宿条件却没因此打折扣。房间大，装潢简洁，如果同行人数多，这里提供豪华家庭套房（314元），两间连通的卧室配有两张双人床，性价比不错。

森元品质酒店

酒店 ¥¥

（☎822 5555；天峻西路12号；标单/双278元起；❄📶🅿）酒店在2015年刚装修完成，设施很新，房间风格明朗，床品柔软洁净，但卫浴空间偏小，并且淋浴间全透明，并不带帘子，可能有些尴尬。

就餐

德令哈的餐饮种类还算丰富，但清真餐厅还是占据了"半壁江山"，市中心的柴达木东路和柴达木西路以及体育馆周边一带是当地美食的聚集地。

老严烤羊肉

烧烤 ¥

（☎131 1977 9222，189 4684 4419；柴达木西路7号；人均30元；⏲15:00至次日3:00）这是德令哈最有名的烤羊肉店。2015年刚搬到了原址的对面，新餐馆焕然一新，环境整洁，服务热情，烤炉就设在店门口，可参观羊肉的烤制过程。特色是炕羊排（70元/斤）、羊肉串（1.5元/串，10串起卖），羊腰（10元/个）也十分受欢迎。

循化面片王

清真菜 ¥

（☎731 6542，130 8622 3843；柴达木西路9-2号；人均15元起；⏲8:00~13:00）餐馆位于老严烤羊肉旁边，崭新的装潢十分亮眼，面食味道总体不错，胜在分量很足，牛肉面片15元，盖饭17元。

酿皮店

小吃 ¥

（步行南街交会口西侧；人均6元起；⏲8:30~19:00）这家面积小巧的小吃店位于步行街的转角处，由一对老夫妇经营，并不起眼，如果不仔细找，很容易被忽略。主营的酿皮（7元）和酸奶（6元）深受当地人喜爱，记得提早去，常常提前售完关门。

东北惠源饺子馆

东北菜 ¥

（☎158 9727 6367；格尔木西路17-9号；人均30元；⏲8:00~21:30）如果想换个口味，这家东北餐馆是一个好的选择，特色的酱排骨（30元）分量扎实、卤汁入味，但吃多会咸。这里还提供各种口味的水饺（28元起/斤），其中内陆地区很少吃到的海鲜水饺是明星产品。

金筷子江湖菜

川菜 ¥¥

（☎821 2788，132 0977 4264；八音路地震局楼下南面；人均35元起；⏲9:30~24:00）一看餐馆人声鼎沸的场面，你就知道它多受欢迎，饭点时常没有位置。餐馆供应各式川式家常菜，摆盘略显粗糙，用料却恰到好处，价格实惠。食客多时餐馆十分拥挤，建议提前预订。

占国牛肉面旗舰店

小吃 ¥

（☎155 9705 6066，131 1978 3322；民生巷和莲湖路连接处，近新源路；人均7元起；⏲6:30~20:30）"好面不怕巷子深"，尽管这里位置不好找，但当地食客还是蜂拥而至。牛肉面汤头味道清爽可口，手工面条也很劲道，一碗7元，加肉7元，加面不收费。这里也另销酱牛肉，70元/斤。

景阳杂碎

清真菜 ¥

（☎130 8622 0699；格尔木西路21号；人均16元起；⏲6:30~12:30）你能在这条破旧的小巷子上，一眼找到这家显眼的餐厅，主营羊杂碎汤，佐以面、米粉或是饼食用，同时也提供种类更丰富、价格也贵2元的优质杂碎汤。如果你是羊膻味爱好者，别错过这里。

饮品

海子茶馆

茶馆 ¥

（☎180 0977 8003；滨河西路海子诗歌陈列馆南侧；茶品28元起；⏲11:30~19:00）这是德令哈最具文化气息的茶馆，提供各式茶品，也是当地文人喜欢的聚会场所。茶馆分大厅和包间，墙上挂着各式名人题写的海子诗歌，其中以"今夜我在德令哈"的篆体挂字最为著名。

英伦时光

咖啡馆 ¥¥

（☎820 4555；长江路科技局南侧；人均30元起；⏲9:30至次日0:30）2015年开业，是德令哈为数不多的西餐厅中还不错的一家，用餐环境安静舒适、服务十分周到，虽然西餐的味道还有待提高，但饮品值得一试，尤其是酸奶冰激凌（22元），采用的是本地手工酸奶。

购物

整个柴达木地区的特产，如红枸杞、黑枸杞、昆仑雪菊等，都能在德令哈买到。商铺集中在柴达木东路商业区和天峻西路附近。黑枸杞因品质的不同，价格差异较大，每公斤售价800~2000元，售卖黑枸杞时曾发生过掺假事件，故购买时需谨慎。当地人提供了以下鉴别方式可供参考：野生黑枸杞果实形状为扁圆形，一颗果实中有7~8粒籽，晒干后的野生黑枸杞，一捏就易成粉末，咀嚼有香甜感，并能让舌苔迅速染上紫色，且野生黑枸杞泡水后，会迅速使水呈现深蓝色（酸性水质）或深紫色（碱性水质）。

实用信息

医疗服务

海西州人民医院（乌兰东路17号）位于城市的西北角，州政府的斜对面，是这里最好的医院。

银行

中国农业银行（⏲周一至周五夏季8:30~17:30、冬季9:00~17:30，周末和节假日夏季9:30~17:00、冬季10:00~16:30）位于柴达木东路，步行街斜对面。设有24小时ATM。在它的斜对面有一家**中国工商银行**。

中国银行（⏲9:00~17:30，节假日10:00~16:30）位于中心广场东侧，蓝天宾馆楼下。

邮政

中国邮政（柴达木东路；⏲周一至周五9:00~18:00，周末和节假日10:00~17:00）

旅游信息

瀚海传奇户外俱乐部（☎139 9747 9329）是本地的驴友团体，负责人天歌是德令哈地区的行摄达人，时常会组织周边户外活动，也可以提供德令哈及周边详细可靠的旅游信息。

到达和离开

飞机

德令哈机场（☎820 0114；长江南路）距市中心约20公里，于2014年5月通航，目前只开通了德令哈至西宁的航线，每天1班，由东方航空公司执飞，票价低廉，通常在100元左右，2016年会逐步开通德令哈至北京、德令哈至西安、德令哈至成都、德令哈至杭州四条航线。

长途汽车

德令哈长途汽车站（☎822 8421；柴达木西路37号；⏲7:00~18:00）每天都有频密的班车发往西宁，也有发往都兰、乌兰、天峻、格尔木、大柴旦的班车。

火车

青藏铁路的贯通，使得从德令哈去往西宁、格尔木更为方便。德令哈每天有6班列车去往西宁，行程4~6小时，每天有6班列车往返格尔木，行程约3小时。列车班次经常调整，票源时常紧张，建议提前查询并购买。另外，2016年1月新增开的

德令哈长途汽车站车次时刻表

站点	发车时间/班次	票价（元）	行程（小时）	备注
西宁	9:00、10:30、12:30、19:00、19:10	98	7	途经茶卡
格尔木	10:00、13:00	69	6	途经察尔汗
大柴旦	12:00、16:00	45	3.5	
都兰	8:00、9:00	49	4	途经金子海
天峻	9:00、13:00	46	3.5	
乌兰	10:00、12:00、14:00、18:00	27	1	
花土沟	17:00	203	12	豪华卧铺车
敦煌	8:00	119	7.5	途经大柴旦

往返西宁和马海的7583次列车（经停时间22:58）和7584次列车（经停时间13:43）也途经德令哈，但目前每个月只开行3天。

当地交通

抵离机场

从市区到机场可乘坐机场大巴，周一和周五各1班（免费；⏲11:00），在金世界宾馆乘坐。打车去机场80元。

公交车

德令哈有3条公交线路，但车辆却非常少，而且时间不固定，基本不能作为出行的首选交通工具。人工售票，2元/人。

出租车

出租车市内一律5元，去往火车站15元。

德令哈周边

白公山和褡裢湖是德令哈周边最值得探访的景区，由于两者紧邻，你完全可以将它们一同游览。德令哈市区没有直达这里的公共交通，只能包车或自驾。如果包车，建议选择越野车，并告知司机：除了把整个湖区转上一遍外，还需前往白公山敖包。因为路况不好，多数司机并不愿前往。从德令哈市区出发，越野车往返价格需500元；如果是自驾，则沿着315国道往西，在看见外星人遗址雕塑处，往南进入褡裢湖景区。游完全程需一天时间，中间没有补给站，最好自带干粮和充足的饮用水。

褡裢湖

（德令哈市西南30公里；门票20元，每年10月16日至次年4月14日淡季价10元）褡裢湖是两个相邻湖泊的统称，因为一淡一咸，故在当地人口中又被称为“情人湖”，每年有无数旅行者慕名而来。靠近公路稍小一点的名叫**可鲁克湖**（57.8平方公里），是淡水湖。这里水草丰茂，湖边满是芦苇丛和沼泽地。每年4～9月，黑颈鹤等鸟类会陆续回来安家，此时也是观鸟的好时间，湖边有指示牌贴心地告知你所处位置、可以观到的鸟类。而南边更大的湖名为**托素湖**（180平方公里），水中含盐量很高，湖边一大片戈壁地貌映衬着湖水，十分漂亮。两湖之间有一条小河连通，可鲁克湖的水便由此注入托素湖。青藏铁路刚好从两湖之间穿过。

白公山

（怀头他拉乡）**免费** 白公山是位于托素湖东北方向的一座低矮山峰，高约200米。大

另辟蹊径

勇闯哈拉湖

柴达木盆地拥有两处探险穿越胜地，一个是位于大柴旦镇的南八仙魔鬼城，另一个是深处祁连山无人区的哈拉湖。虽然是青海省第二大湖泊，哈拉湖的名气却不能和青海湖相提并论，但也因常年游客稀少，这片美丽的雪山湖泊才得以保持静谧和纯净。

到达哈拉湖主要有东、南、西、北四条路线。一是从德令哈市出发，依次途经柏树山、图布新垭口、阿让郭勒河大桥、哈尔科山，最后从南面抵达哈拉湖，这是旅行者较常走的路线；二是肃北路线，从甘肃北部到达盐池湾、奎腾郭勒，然后从西面前往哈拉湖；三是阳康一央隆线，从天峻县沿西北方向出发，出阳康往央隆方向前行38公里处有个三岔口，往西走约80公里可到达哈拉湖，这是目前最成熟的线路；四是尕河路线，从嘉峪关出发，先到达央隆、苏里，然后到达尕河，出尕河1公里岔路口往左，进入废弃公路，之后沿河而上即可抵达。

虽然路线众多，但要想到达哈拉湖，并不是一件容易的事情，几乎全程为砂石路面，没有手机信号，路上没有补给站，还需穿越多条河流。行前需做足充分的准备，越野车是最低配置，此外，还需要去当地俱乐部请一位熟知路线的向导，带上卫星电话。德令哈瀚海传奇户外俱乐部（见253页）和大柴旦小镇生活俱乐部（见271页）都可提供及时的路况信息。

多数人到此，都是为了一睹传说中的外星人遗址。外星人遗址偏居于山丘旁边一个呈三角形的洞口里，目前洞口因乱刻乱画而损坏严重，我们调研期间已经被铁栅栏封住了，并不能深入山洞内部，更无法清晰观察到那些象征外星人到访过的呈红褐色的金属管子。但不要就此失望离开，你可以绕到山丘背后，这里视野开阔，眼前是一望无际的大戈壁滩，风化土丘零星分布，置身其中，戈壁的壮阔和严酷，令人震撼；你还可以沿楼梯爬上白公山顶部的巴音查干敖包，这里是德令哈地区的德都蒙古族人祭祀的地方，也是观赏整个托素湖和戈壁滩全景的最佳地点。

天峻

天峻县是柴达木盆地中唯一一个以藏族为主的聚居地。这座曾因煤矿繁荣一时的偏远小城，如今也因煤矿的低产而显得萧条安静。舒适住宿的匮乏和落后的公共交通，给旅行者带来了诸多不便。然而，县城周边刚开发的好风景却值得你停留。你可以拜访关角山下的西王母石室，也可以观赏历史悠久的鲁芒沟岩画，或是前往哈熊沟登山远足，听溪流潺潺。如果你是摄影爱好者，这里还有连绵丰茂的天然草原，无论是野花烂漫的夏季，还是草原枯黄的秋季，都会让你流连忘返。

景点

西王母石室 寺庙

免费 西王母石室位于关角山下一座突兀而起的小丘里。这座高仅20多米的小丘，传说是孙悟空与二郎神大战时被斩削下来的山尖；也有说法是格萨尔王与霍尔打仗时，格萨尔王的侄子吾叶德合战死，格萨尔王一怒之下，拔剑砍下的一个山头。

据学者考证，早在汉代，石室就被认定为5000多年前西王母古国女首领的居所。为此，人们在洞前修建了一座西王母寺以作供奉。如今，西王母寺早已不复存在，我们能看到的是一座在原址上新建的藏传佛教寺庙，特别的是，殿内供奉了一尊济公塑像。穿过寺庙，就能看见石室在一排整齐的转经筒的尽头。石室深约18米，里面供奉着西王母等神仙的塑像。

西王母石室距天峻约23公里，从天峻坐发往德令哈、乌兰方向的大巴都可到，票价7元，也可连同鲁芒沟岩画一起包车游览，往返200元。

鲁芒沟岩画 考古遗址

免费 当你看见山壁上两层色彩鲜艳的雕像时，你就找到了鲁芒沟岩画，但不要被这些雕像所骗，真正的岩画位于雕像右边100米处。岩画共有3处，分别位于邻近的3块通体黑亮的岩石之上。古朴简洁的笔触刻画了各种动物，如牛、羊等。这些岩画的历史最早可追溯到青铜时代，较新的也是汉代所刻。

鲁芒沟沟口位于鲁芒沟第八牧委会草场，并不好找。进入沟内4公里东侧的桥头可见石山，岩画在石山山脚。

哈熊沟 自然景观

免费 哈熊沟是天峻县北面的一条幽静峡谷，海拔4125米，山谷四周石林耸立，灌木丛生。谷内有天然的潺潺溪流，深处还有雪山流下的瀑布。这里适合户外攀岩活动，时常有户外俱乐部组织来此攀岩徒步。夏季时，谷内绿草茵茵，岩羊奔逐，有时还能看见熊、白唇鹿等国家保护动物，是当地人喜欢的野炊之地。

哈熊沟距离天峻县约20公里，因路况不好，包车往返需150元。

食宿

天峻县住宿十分匮乏，除了珠穆朗玛大酒店以外，其余的住宿条件都不尽如人意，许多招待所和宾馆已关门停业。县城的餐馆也不多，以藏餐和川菜为主，主要集中在天棚路上。

车站宾馆 招待所 ¥

（☎826 7938；关角路和迎宾路交叉口；标双80~120元；@）宾馆位于汽车站出口转角，位置较好。这里提供基本的标间，房间设施老旧，舒适度一般，热水较小，但总体还算干净，适合预算有限的旅行者。

珠穆朗玛大酒店 酒店 ¥¥

（☎591 0888，592 0999；新源文化路11-2号；标单/双188元起；Wi-Fi P）这是本地最好的酒店，房间宽敞，采光好，装潢运用了藏族特色元素，不过卫浴设施一般，水量较小。房间没有空调，但好在被褥非常舒适厚实。

值得一游

被遗弃的青藏铁路段——关角展线

乘坐火车时，你是否有过火车在崇山峻岭中顺山势盘旋而上的经历？这种迂回上升的铁路线，就是展线。1975年，铁道兵第十师负责在西宁至格尔木区间修建青藏铁路第一期工程。由于关角山海拔高、地质情况极为复杂，常常发生地质灾害，故关角山隧道和展线群是其中最为困难的路段。经过近5年的苦战，才成就了中国铁路中最为著名的展线群之一——关角展线。

从关角隧道出口至察汗诺，全线共设5组连续的展线。其中，关角隧道至南山站、南山站至二郎站为两个“8”字形展线，二郎站至洛北站是一个螺旋形接一个“8”字形展线，而洛北站至察汗诺站则为一个马蹄形展线。

2014年4月15日，新关角隧道全线贯通，汇集一代青藏铁路人心血的关角展线，正式退出了历史的舞台。但无论你是铁路爱好者，还是摄影爱好者，都千万别错过了这些在山谷平原里蜿蜒的铁轨，如果时间充裕，你完全可以沿着铁轨来一次铁路徒步，近距离感受这条高原“天路”的奇迹；或是登上邻近的山丘，将相得益彰的铁轨和精彩的山谷风景记录在你的相机里。

蜀香缘
川菜 ¥

（☎182 8222 7797；315国道天峻县藏医院斜对面；人均30元；⏲9:30~23:00）这家餐馆就在315国道上，经营家常川菜。菜量很大，味道总体还算地道，但如果喜欢口味清淡，记得让厨师少放油盐。

尕三家常小吃
小吃 ¥

（☎189 9747 3002；315国道民族小学旁；人均12元；⏲8:00~22:00）餐厅于2015年开业，用餐环境较整洁干净，炸酱面是这里的主打产品，分量足，价格便宜，大碗12元，小碗11元。这里还经营酿皮（7元）、肘子肉（40元/斤）等小吃。

实用信息

天棚路3号的**农业银行**（⏲9:00~17:00）有24小时ATM。**中国邮政**（⏲9:00~18:00）就在迎宾路和新源南路交会口西北侧。**天峻县人民医院**（☎826 6256）则在迎宾路民族中学旁。

到达和离开

天峻汽车站（☎8267622；迎宾路和天棚路交会处；⏲7:00~18:00）开往西宁的长途车每天6班（68.5元；8:00、9:30、10:30、13:00、15:00、16:00；6小时），其中16:00这班是卧铺车，票价71元。去德令哈的班车，每天2班（46元；9:45、13:30；5小时），去乌兰的班车每天1班（20元；15:45；2小时）。如果想从天骏县前往茶卡镇或都兰县，可以乘坐去往德令哈和乌兰的班车在茶卡下车（1小时；11元），然后搭乘过路班车。

当地交通

县城不大，基本步行可达，出租车城内5元。

乌兰及周边

在蒙古语中，乌兰是“红色”的意思。从1725年起，这里曾经是和硕特部西前旗、西后旗和北左末旗的驻牧地。1958年，从都兰县分出，改为乌兰县。这里地处柴达木盆地东北边缘，是西宁方向进入柴达木盆地的门户。人们到这来，大多是经过315国道奔赴西藏，但并不出奇的县域周边却景色优美，无论是高原草地，还是沙漠湖泊，都值得你一探究竟。除了自驾外，你唯一能选择的方式就是包车。

方位

东西走向的西大街和南北走向的车站路，集中了乌兰县城几乎所有的生活娱乐设施，而城中心的商业广场，则是当地人休闲娱乐最主要的去处。

景点

都兰寺
寺庙

免费 当你在满眼草原中看见一排整齐的白塔，都兰寺便近在咫尺了。这座全称为

“噶丹桑阿玉仁佩林”的寺院，依山傍水而建，现今的住持丹津呼图克图活佛，在海西蒙古族信众中很有声望，法会期间前来朝拜的当地人络绎不绝。都兰寺虽为柴达木盆地最大的藏传佛教寺院，但规模并不大，除了遍布四周的白塔外，呈纵向依次排列的僧舍、主殿和两个偏殿几乎就等于整个寺庙。你不妨先绕过僧舍来到主殿，欣赏精美的唐卡，或是碰巧聆听一场佛门早课，然后前往后方两处偏殿。偏殿一新一旧，新殿的建筑结构很有特点，楼梯从两层楼房中间斜穿而上连接大殿，而殿前的“回”形走廊视野开阔，远处是绵延的群山，近景是广袤的草原，都兰河正蜿蜒而过。旧殿里一棵古树配上暗哑的红墙，寂静古朴中更添一分佛法的肃穆。都兰寺一年举行七次法会，分别在农历正月、三月、六月、八月、九月、十月、十二月举行，届时会有内容丰富的佛事活动。

从乌兰县城前往都兰寺需包车，往返40元，建议与哈里哈图国家森林公园一同游览，可获得不错的价格优惠。

哈里哈图国家森林公园

森林公园

免费 矗立在315国道边巨大的假山景区，大门告诉你此处别有洞天。虽然这座森林公园面积巨大，但目前一般游客所能游览的仅为范围极小的山谷一带。景区入口的服务区并无商家入驻，让人有些失望，而扑面而来的清新空气和保存完好的天然树林，却又令人惊喜。可别小看了这些树木，它们的树龄都在300~500年，越往深处，清泉潺潺，山边的高山圆柏、青海云杉越发茂密。每逢夏季，林中坡地绿草盎然，开满黄白相间的野花，是本地居民野炊野营的首选之地。如果时间充裕，不妨在此留宿一晚，星辰虫鸣为伴，自然的野趣妙不可言。景区山间的西面，已建起若干木屋提供食宿（☎180 0977 1660；标双380元起）。除了不能洗澡以外，住宿条件都算相当不错的，周一至周四下午5点后还提供特价房（180元），周末需提前预订。更为物美价廉的选择是，致电木屋租用帐篷（帐篷80元，睡袋30元），在山间的木亭露营。

从乌兰县城前往哈里哈图国家森林公园，包车往返60元，景区大门离景区还有约5公里路程，需与司机事先确认地点，也可乘坐乌兰出发沿315国道去往茶卡方向的班车，在景区大门下车后步行前往，票价10元。

金子海

湖泊

免费 很难想象，在沙漠之中，还隐匿着这样一个美丽的湖泊。相传它是成吉思汗领兵经过此地时，留下的金盏所化而成的，现今湖岸的中央，也为这个传说竖起一座“金盏倒水”的雕塑。湖泊的西侧、西北侧和东侧是万顷沙漠，沙丘起伏绵延，沙质细腻柔软，而东南侧却是成片浓密的芦苇和近百米的草带，鱼嬉鸟鸣，牛羊成群。无论是登上沙丘，还是深入芦苇丛，按下快门的瞬间就是一张风光大片。秋季是金子海最美的季节，芦苇金黄、成群的大雁在此暂栖，云影在湖水里徘徊的氛围也十分美妙，更为加分的是，这里不要门票且游客稀少。

乌兰县城前往金子海有约150公里路程，在进入409县道后，路况较差，包车往返400元起。

住宿

乌兰县城的住宿选择丰富，从招待所到星级宾馆，能满足不同旅行者的需求，但普遍条件较差，住宿集中在乌兰汽车站周边、东大街和车站路一带。

东升宾馆

客栈 ¥

（☎824 6899；解放路3号；标双100元起；@ P）这家家庭式宾馆位置优越，离汽车站近，附近有多家超市和餐厅。房间除地毯较脏以外，其余设施干净，热水充足，淋浴设施较陈旧，但并不影响使用，房间无线网络有时不稳定。老板娘十分热情，能提供较详细的旅行信息。

金穗商务宾馆

酒店 ¥

（☎824 1837，8242024；车站路6号；标双140元起；@ P）在乌兰县城能找到这样一家高性价比的宾馆实属不易，礼貌热情的服务，舒适干净的床品，搭配上房间里随处可见的贴心细节，令人心情愉悦。每个房间都拥有独立的Wi-Fi，提供台式电脑，美中不足的是，房间地毯稍脏，部分房间的淋浴设施存在因堵塞而水流较小的情况。建议你入住前先进行确认。

鸿翔酒店

酒店 ￥￥

(☎824 5666, 824 9899; 东大街商业广场; 标单/双218/288元起; @ P) 鸿翔酒店是县城一家准四星级酒店，占据了商业广场最中心的位置，恢宏的大楼引人注目。酒店于2015年开始营业，设施很新，房间的装潢主要以白色为主，明亮简洁。由于采用锅炉烧水，淋浴需提前20分钟加热。房费含早餐，停车免费。

金子海大酒店

酒店 ￥￥

(☎592 0888; 车站路和北小街交会口北行500米; 标双258元起; @ P) 本地最豪华的酒店，它的出现使得乌兰县的住宿水平上升了一个档次，无论是宽敞舒适的客房，还是训练有素的工作人员，都在暗示着：这里的住宿价值远远超过你所支付的房费。环境安静，房费含自助早餐。

就餐

黎明早餐

早餐 ￥

(☎138 9777 9150; 车站路，申通快递旁; 人均5元; ⏲6:30~12:00) 这家其貌不扬的早餐店在当地人气很高，从开门到打烊，食客不断。早餐选择丰富，包括豆腐脑(4元/碗)、水煎包(1元/个)、豆浆(2元/碗)等。

驼泉撒拉盛宴

清真菜 ￥

(☎824 7222; 东大街10号; 人均10元; ⏲8:30~21:30) 装修一新的店面很容易被一眼认出，餐厅整洁干净，有9张小方桌可供用餐，服务员十分热情。除了清真餐厅常见的面片、卤面等面食外，还提供蛋炒饭、肉炒饭等。

顺鑫自助火锅

火锅 ￥

(☎824 4062; 商业广场五号楼; 人均40元; ⏲10:30~22:30) 如果想给疲惫的味蕾换个口味，那这家自助火锅是不二选择。餐厅提供麻辣锅、番茄锅、酸菜锅等多种锅底，一人一锅，食材均是当天购买的，十分新鲜，晚餐38元/位、午餐35元/位，含酒水。晚餐时间食客较多，建议你提前预订。

到达和离开

火车

乌兰有6班火车经停：往返西宁和格尔木的K9804次列车(经停时间为12:11)、K9807次列车(经停时间为17:30)、7581次列车(经停时间为12:46)和7582次列车(经停时间为15:29)，以及往返西宁和马海的7583次列车(经停时间为21:35)和7584次列车(经停时间为15:08)。但列车班次时常调整，建议提前查询。

长途汽车

乌兰汽车站(☎824 2999; 东小街和农林路交会处)每天有6班车(73.5元; 8:00~16:00，约1.5小时1班; 6.5小时)发往西宁，去往德令哈市每天6班(27元; 8:30~18:00，约2小时1班; 2小时)，去天峻每天1班(20.5元; 12:00; 1.5小时)，去往茶卡镇的班车每天有4班(15元; 10:00、13:00、15:00、17:00; 1.5小时)，每天还有1班从德令哈出发的过路车，经停乌兰去往都兰(43元; 10:30; 4小时)。

当地交通

乌兰县城不大，各处皆步行可达，城内除了出租车外，没有其他公共交通。出租车城内一律5元，前往火车站5元/人，包车20元，均不打表。

格尔木

在靠近格尔木的公路上远观这座城市，它就像一片巨大的海市蜃楼。尽管只有几十年历史，与青藏公路息息相关的格尔木，已成为青海第二大城市。城中的热闹繁华，城外的荒无人烟，更给人梦一般的不真实感。但对旅行者而言，停留在格尔木的理由越来越少，青藏铁路建成后，大多数旅行者会选择从西宁直接坐火车去拉萨，而无须由此周转。不过，如果你的旅行目的地并不是西藏，而是广袤的柴达木盆地，或者直入新疆、甘肃，格尔木仍然是你最佳的中转站之一。格尔木周边也有几个值得你停留的景点，你可以前往中国最大的盐湖——察尔汗盐湖，也可去昆仑山一日游，或是去野牛沟踏青。

历史

建城之前，格尔木现所处的地方是一片无人区，但也是柴达木盆地中不可多得的一小块绿洲。直到1954年，慕生忠将军率领人马在此"安营扎寨"，开始修建一条通往西藏的公路，格尔木幸运地成为青藏公路的起点，也随之有了一个城市的雏形。

作为进入西藏的门户，这座城市在很长时间一直被军人所占据。到了20世纪90年代，现代化改革引发了工作迁徙的热潮，格尔木迎来了大批怀揣淘金梦的内地人。大量的矿产被开发，城市规模也逐渐扩大，让格尔木成为“人流密集的地方”。青藏铁路修建期间，更是让格尔木一时风头无两。

青藏铁路的完工通车，取代了青藏公路进藏物资运输通道的地位，格尔木遭遇了前所未有的“冷遇”，许多前来淘金的人逐渐离开了这里。不过，近一两年，格尔木至敦煌、格尔木至库尔勒两条铁路的开建，或许将重振格尔木作为“交通枢纽”的地位。

景点

格尔木市区内并没有什么景点，但在你游览完周边后，这里的公园也不失为放松休闲的好去处。

将军楼公园

公园

（城西北金峰西路）免费 这座位于近郊的公园，为纪念城市奠基人慕生忠将军，以及青藏公路的筑路工作者而修建。南门入口处的筑路忠魂群雕和公园地标——天路纪念塔，令人印象深刻。园内还有一处**将军纪念馆**（上午8:30~12:00，下午14:30~18:00，周二闭馆）免费，并列的两栋砖楼，其中一栋名为“将军楼”，修建于1956年，是慕生忠将军办公生活的地方，也是方圆千里内矗立起的第一座楼房，还保留了20世纪五六十年代的部队建筑风格。楼内介绍了将军生平、青藏公路修建史和格尔木城市史，其中展出的一张地形图，还为你讲解了青藏公路各段名称的来历。公园的另一侧还有一座大型建筑，是昆仑山地质博物馆旧址，现已无法进入。

从火车站或昆仑广场，可乘2路公交车抵达，在将军楼公园站下车。从市区打车约7元。

长江源村和民族文化村

村落

（格尔木南郊青藏公路）免费 长江源村本身缺乏亮点，但如果你对移民的生活感兴趣，或者是你想感受一下藏族风情，那么可以来青藏公路两侧的这两个村子转一下。长江源村聚集了格尔木下唐古拉山乡的移民，民族文化村则聚集了玉树州曲麻莱县的移民，他们都是为了保护长江源的生态环境而搬迁至此的。村子并不难找，村口就有醒目的“长江源村”牌子。走进村子，你可以看到在政府支持下建成的整齐的藏式房屋，人们也仍然保持着原有的生活方式。村子深处还有一座藏传佛教庙宇，常见三三两两的阿妈虔诚地转经。

从市内往昆仑山方向，坐4路车到终点站即可到达，从市区打车约20元。

住宿

近几年旅游业的发展，使得格尔木的住宿非常丰富，除了各家快捷连锁酒店争相开店外，连希尔顿大酒店也在格尔木安家落户，而近一两年在格尔木新营业的住宿中，不乏一

玩转格尔木

如果你计划在格尔木多待几天，那就趁机对这里做一个深度游吧，以下路线可供参考。

格芒公路半日游 当地人喜爱的周末度假路线，沿途景点包括儿童公园、将军楼公园、金鱼湖度假村和胡杨林公园，可按照自己的兴趣安排前后顺序。

察尔汗—昆仑山一日游 最常规也是最经典的游览线路，以格尔木为起点，一清早沿着215国道造访中国最大的盐湖——察尔汗盐湖，然后在中午时分回到格尔木，沿着109国道，先到纳赤台清泉喝高山清泉，再去无极龙凤宫问道，最后抵达昆仑山口。全程包车费在600~800元。如果时间充裕，你还可以从西大滩东转，看玉珠峰冰川，或者进入可可西里，到达索南达杰保护站。

野牛沟两日游 一早从格尔木出发，沿着109国道，可沿途造访纳赤台清泉和无极龙凤宫，随后从龙凤宫前岔路前进，看玉虚峰和野牛沟岩画，最后拜访西王母瑶池。建议你带上帐篷在这里露营一晚，第二天返回格尔木。如果时间较紧，也可以当天往返。选择这条线路的旅行者并不多，主要因为路途颠簸且包车费用较贵，往返在1500元以上。

格尔木城区

些服务、硬件和性价比都不错的佼佼者。市内住宿主要集中在八一中路、昆仑中路以及火车站一带。

藏驿国际青年旅舍

青年旅舍 ¥

（☎843 3777；柴达木东路54号；铺40元，标双100元起；📶🅿）这家青旅是一个以黄色为基调的藏式风格院落，院子十分宽敞，可免费停车。床位间不是高低床，而是统一采用独立大床的三人间，每间房有单独的Wi-Fi。公共卫浴有24小时热水，但水量一般，可同时容纳两人使用，标间则带独立卫浴。青旅有自己的餐厅，提供家常川菜等，味道可口，价格适中。

★四季春天品质酒店

酒店 ¥¥

（☎723 3555；八一中路华星大厦5F；标单/双228/268元；❄📶🅿）这家2015年8月才开业的酒店，因独具品味的装潢和训练有素的服务，让你在格尔木的住宿有了更高档次的选择。房间的装潢现代大方，配上素雅的国画，显得颇具品位，寝具柔软舒适，卫浴设施整洁干净，配有电吹风等设施，美中不足的是房间不大。酒店还配有独立的健身房，所有房费均含早餐。

格尔木城区

◎ 景点

1 将军楼公园 A1

住宿

2 黄河国际大酒店 B3
3 乐尚宾馆 C2
4 四季春天品质酒店 B2
5 西源假日宾馆 C3
6 怡景品质酒店 C5
7 玉湖大厦 D2
8 藏驿国际青年旅舍 D3

就餐

9 旧院牛肉 B3
10 姥家大灶台 D4
11 撒拉八宫苑 C2
12 伊兴老炮仗 C2
13 原八一市场酿皮店 A1

饮品

14 花之林 C2
15 昆仑广场茶楼 C2

实用信息

16 格尔木市人民医院 B2
17 中国工商银行格尔木支行 C3
中国农业银行八一路分理处 （见18）
18 中国银行广场分理处 C2
19 中国邮政 C5

交通

20 格尔木长途汽车 C5
21 火车站 C5
22 火车票代售点 B3
23 泰山路汽车站 D3

玉湖大厦 酒店 ¥¥

（☎849 1118；八一中路56号；标单/双168元起；📶Ⓟ）这家酒店位于繁华的八一中路上，交通便利，房间宽敞干净，采光不错，Wi-Fi信号强，卫浴设施良好，水量充足。总体性价比很高，适合预算有限的旅行者。

西源假日宾馆 酒店 ¥¥¥

（☎848 8999；江源中路89号；标单/双298元起；📶Ⓟ）酒店并不位于繁华街区，但胜在随时微笑相迎和主动问好的服务。房间风格华丽、整洁干净，连地毯也打理得一丝不苟。房间均配有电脑，但网速一般。酒店不带空调，只提供风扇。所有房费均含早餐。

怡景品质酒店 酒店 ¥

（☎942 7111；火车站江源南路100米处；标单/双148元起；❄📶Ⓟ）这家酒店是火车站附近性价比较高的一家，前身是七天连锁酒店，但经过重新装修后，品质有所提升。房间总体还算干净，有独立网络，网速较快。酒店离火车站和长途汽车站很近，步行5分钟即达。旺季涨价严重，最好提前致电咨询和预订。

乐尚宾馆 宾馆 ¥¥

（☎725 5000，725 5333；昆仑中路183号明珠购物中心西南角；标单/双198元起；📶Ⓟ）这家酒店偏居购物中心一角，虽然前台大厅十分狭窄，但楼上房间还算宽敞。装潢很漂亮，卫生间大小适中，设施新，热水充足，只是朝里的房间因招牌挡住了窗户，通风一般。

黄河国际大酒店 酒店 ¥¥¥

（☎844 7777，725 7888；昆仑中路62号；标单/双568元起；📶Ⓟ❄）当地五星级酒店之一，紧邻格尔木市最热闹的商圈，却能巧妙地闹中取静。宽敞的酒店大厅十分气派，房间空间很大，而且都位于高层，因此光线充足，视野绝佳。

就餐

格尔木的餐厅集中在人气最旺的八一中路和昆仑中路，但真正本地人爱去的餐厅，大多不在这些商圈，需要你花些工夫去"寻味"。

老汉兰州牛肉面 早餐 ¥

（建设中路36-2号；人均10元；🕘6:40~20:00）这家并不起眼的小餐馆位于希尔顿酒店附近，主营的牛肉面深受本地人喜爱，一大早就坐满了食客。牛肉拉面用面筋道，汤头鲜美纯正，是你解决早餐的理想选择。

姥家大灶台（建设路店） 青海菜 ¥¥

（☎845 5988，159 0979 0497；建设中路格尔木市六中旁；人均45元；🕘9:30~22:00）这家餐厅已经在格尔木开设了两家店，建设路这家设在一所废弃的教学楼一楼，每一个包间就是一间教室，颇有意思。包间里设有一个灶台，灶台中间有一口大铁锅，所有的菜品均混合放在锅里烧制而成，香气扑鼻，味道麻辣可口。土鸡39元/斤，排骨19元/斤，素菜10~12元。

旧院牛肉 火锅 ¥¥

（☎841 6086；食品街中段13-5号；人均60元；🕘11:30~22:30）这家餐馆主营石锅牛肉，

牛肉块大鲜美，用料十分扎实，据餐厅介绍，均采自高原牦牛。除此之外，餐厅还提供各类适合煮烫的菜品，种类和大多数火锅店供应的差不多。这家店生意火爆，每天牛肉卖完便关门，建议你提前订位。

伊兴老炮仗 清真菜 ¥

（☎842 4997，133 6979 6699；八一中路昆仑广场斜对面；人均20元起；⏲11:30~22:30）装修一新的店面很容易在八一路上被找到，店里的老炮仗分量十足，一个人点一个小碗就足以吃得很撑。这里还售卖手工酸奶（5元），值得一尝。

撒拉八宫苑 清真菜 ¥¥

（☎849 1333，137 0979 9599；江源北路42号；人均50元起；⏲11:30~22:00）这家餐馆类似一个四合院，周围的平层楼房是包厢，中间的院子用于停车或是宴席，包厢内部则以三面沙发围住桌子，最受欢迎的是青海土火锅（小份120元，大份148元），可选择牛肉还是羊肉，一个小份的土火锅大概够3人食用。青稞饼（28元）也很好吃。

原八一市场酿皮店 小吃 ¥

（金峰西路和盐桥中路交会口东北侧；酿皮7元；⏲11:00~18:00）这家酿皮店之前开在八一市场，因为生意火爆、名气大，搬迁后老板索性取了这个店名，以告知食客。酿皮店内目前有两家老板经营，进门右边桌是卖青海酿皮的，用醋、葱花和辣椒油调拌，味道更迎合大众一些；进门左边桌则卖武威酿皮，配以一种口味偏酸的蘸料食用。你不妨两种酿皮都试一试。

饮品

你能在八一中路和昆仑中路附近，找到为数不多的几家销售咖啡的西餐厅和茶馆，酒吧则集中在城市的西南角。

花之林 茶馆 ¥

（☎724 6666；八一东路69号安居巷口；人均28元；⏲11:00~23:00）在格尔木找到这样一家集功夫茶、创意茶品和甜点于一身的茶馆并不容易，茶馆采用木质装潢，虽然所放音乐和训练并不有素的服务员有些煞气氛，但好在饮品味道不错。每个茶桌均配有告示牌，表明不提供Wi-Fi，提倡人与人面对面交流沟通。

昆仑广场茶楼 茶馆 ¥

（昆仑广场水池边；人均10元；⏲8:30~20:00）昆仑广场水池边有一排廉价的茶座，虽然茶座环境不尽如人意，却是当地人常来的休闲地。茶馆提供最简单的茶品，都是10元/杯，部分茶馆还播放当地出名的“花儿”。

购物

虽然昆仑玉的市场已没有前几年火爆，但你依旧能在格尔木市中心。尤其是格尔木文化馆和昆仑玉市场一带，看见许多售卖昆仑玉的店。除非你有优秀的鉴别能力和厉害的砍价本领，否则容易上当。近年大热的黑枸杞就集中在三角综合市场一带，品质不同，价格差异大，购买需谨慎。

实用信息

危险和麻烦

过马路一定要左顾右盼，这里的司机太爱

“风口浪尖”的黑枸杞

在青海柴达木盆地和新疆塔里木盆地的盐碱之地，生长着一种低矮的灌木，会结出黑色的果子。虽然模样看上去和常见的红枸杞不太一样，但由于它们同属于茄科枸杞属，故被称作“黑枸杞”。据说黑枸杞富含多种活性成分和较高比例的天然原花青素，有降低胆固醇、增强免疫功能、抗衰老、抗癌等功效，因此备受追捧。近年来，随着黑枸杞名气越来越大，价格也是“突飞猛进”，从2013年市场价格每斤60~70元，到现在最高到每斤4400元。巨大的利益，也驱使着当地商人对黑枸杞进行疯狂的采摘，2015年8月，几千名盗采者为盗采黑枸杞，与警方发生了暴力冲突，引发了关注。但相关专家指出，黑枸杞中很多营养成分并不能为人体直接吸收，和普通红枸杞的营养价值并不相差多少。更重要的是，这些低矮灌木丛是草原防风固沙的重要植被，面对这样日益严重的盗采，草原已经变得千疮百孔。

车次时刻表

格尔木长途汽车站

站名	发车时间/班次	票价（元）	行程（小时）	备注
西宁	16:00、17:00、18:00	140	12	豪华卧铺车
德令哈	13:00	71	5	
花土沟	10:00、11:00	106	7	
敦煌	9:00、12:00	105	7	12:00班次为隔日班

泰山路汽车站

站名	发车时间/班次	票价（元）	行程（小时）	备注
都兰	9:00、13:30	67	5	途经诺木洪
德令哈	10:00	69	5	
大柴旦	9:30、17:00	43	3	途经察尔汗
香日德	9:30、14:00	51	4	

"争分夺秒"。晚上，一个人就尽量避免前往偏僻的地方，近年来格尔木有过几起旅客被抢劫事件。

医疗服务

格尔木市人民医院（☎849 6722；昆仑中路18号）位于昆仑广场西侧，昆仑公园的斜对面，是本市最好的一家医院。如果需要看急诊，可以拨打**市急救中心**的电话（☎849 0677）。

银行

格尔木的银行网点非常多，且大多数都有ATM。

中国银行广场分理处（昆仑广场西南角；⏲周一至周五9:00~17:00，周末和节假日10:00~16:30）除取款外还提供货币兑换业务。

中国工商银行格尔木支行（江源南路2号；⏲周一至周五9:00~17:00，周末和节假日10:30~16:00）离火车站和市中心都比较近。

中国农业银行八一路分理处（八一中路27-3号；⏲周一至周五夏季8:30~18:00、冬季9:00~17:00，周末和节假日10:00~16:00）

邮政

中国邮政（迎宾路支局；火车站广场西北角；⏲周一至周五9:00~17:30，周末和节假日11:00~16:00）位于火车站广场西北角，是格尔木最大的邮局。住在市中心的旅行者，可前往八一中路兴隆街的中国邮政营业点。

ℹ 到达和离开

飞机

格尔木机场（☎842 3333）位于市区西15公里处，有直达西宁和西安的航班，全部由东方航空公司经营，很少打折，提前在网站预订也许能便宜一些。去西宁和西安的航班都是每天1班，起飞时间分别是13:00和21:55。

长途汽车

格尔木长途汽车站（☎845 3688；江源南路23号）位于火车站广场北侧，每天有频密班车发往西宁，发往敦煌的班车每天1班，此外，每天还有发往德令哈、花土沟的班车。

泰山路汽车站（☎841 9756；泰山中路13号附近）每天都有班车发往都兰县、德令哈、大柴旦和香日德镇。

火车

格尔木火车站位于城市南边，作为青藏铁路沿线最重要的中转站之一，每天路过格尔木的火车特别多，有开往拉萨、北京、西宁、上海等地的列车。

火车票代售点（昆仑中路68号金轮宾馆大厅；⏲工作日8:30~12:00、14:00~16:30，周末9:00~12:00、13:30~16:00）代售各地车票，网络订票可在此取票。

ℹ 当地交通

抵离机场

从格尔木市区前往机场没有大巴和公交车，

只能乘坐出租车，车费50元左右。

公交车

格尔木市内公交票价1元，皆为自动投币。有几条线路的公交车，可方便地在景点、市中心和火车站之间来往。其中，1路车和5路车从火车站去市中心；2路车从火车站出发，途经市中心前往将军楼；6路车可以从泰山路汽车站去昆仑广场；4路车则从昆仑广场开往城市南郊的唐古拉山乡移民村。

出租车

格尔木市内出租车起步价6元，在市内打车不超过20元。

格尔木周边

察尔汗盐湖

(⏲9:00~17:00) 免费 对那些从未见过盐湖的人来说，察尔汗盐湖非常值得参观。这片方圆5856平方公里的水域是亚洲第一大盐湖。它形成于2亿年前。当喜马拉雅地质运动将青藏高原逐步抬升时，如今的柴达木盆地成为"古地中海"最后的水域，而此时，喜马拉雅山脉已经阻断了来自印度洋的温暖气候，整个盆地逐渐变得干旱炎热，水域面积不断缩小，最终形成了这块矿物质扎堆的盐湖。据说这里储存的食盐，足够全世界的人吃上2000年。进入盐湖区，因运输而修建的道路，将湖水分成了不同的区块，在光线的变幻下，呈现出或蓝或绿的颜色。盐湖的中心码头是游客的聚集地，这里有一尊盐花制成的察尔汗盐湖雕塑，十字形道路可以引领你去往四个不同方向的盐湖区块。如果时间充裕，你可以沿道路往湖区深处走，那里的盐湖更加雪白干净。运气好正赶上机器作业抽取盐卤水的话，你还能看见自然形成的形态迥异、类似一尊尊雕塑的盐花。但遗憾的是，这里并不能像茶卡盐湖一般，拍摄出"天空之境"。

参观完盐湖，别着急离开，盐湖集团公司大门处的盐湖博物馆(门票50元；⏲夏9:30~16:30，冬10:30~16:00)值得一看。博物馆分上、下两层，一层主要介绍盐湖的形成、分类以及国内外盐湖的分布情况，最大亮点是那些花样繁多的盐花。二层则是企业发展厅，主要介绍盐湖集团的历史和未来的发展方向，不要错过其中展出的自制水采船模型和整个盐湖的沙盘地图。

察尔汗盐湖距格尔木市约60公里，如果是自驾游，在门口保安处登记后，可以直接开到中心码头，这样会省很多力。格尔木市内的出租车包车往返需200元，也可在市区河西转盘处拼车前往，单程20元/人，但不能进入盐湖集团，这意味着你要从大门步行至中心码头，往返至少约1个小时。

胡杨林

(门票50元；⏲9:00~18:00)在柴达木盆地，自然成林的胡杨只此一处。深秋10月是观赏胡杨最好的季节，整个林区像一片金色海洋，一到节假日，本地游客便络绎不绝。虽然这片胡杨林在规模上比不上新疆和内蒙古的胡杨林，但如果你之前从未见过胡杨，深秋时节，这里不容错过。

胡杨林位于格尔木西53公里之外的沙漠里，没有公共交通，只能从市区包车，往返200元(含过路费40元)，车程约2小时。可以顺路和金鱼湖度假村一起游玩，需提前和司机讲好。

金鱼湖度假村

免费 从胡杨林向市内进发，有一处金鱼湖度假村。这是围绕着一小片湖建起的以蒙古族文化为主题的度假村。湖水清澈，但草皮不太茂盛，湖边支起了许多蒙古包餐馆，游人可以在蒙古包餐厅内吃各类羊肉制品，或骑马(50元/小时)娱乐。

格尔木至昆仑山口沿线

格尔木至昆仑山口沿线，是从格尔木前往拉萨的必经之地，短短100多公里路程却不乏精彩之处。虽然早在2008年8月这里就成为昆仑山国家地质公园，但除了纳赤台清泉、无极龙凤宫和昆仑山口这些容易到达的景点外，野牛沟、玉虚峰、玉珠峰等景区还是"养在深闺人未识"。

纳赤台清泉

免费 如果你想喝最新鲜、最纯正的昆

仑山矿泉水，那么到纳赤台清泉会让你不虚此行。“纳赤台”系藏语，意为“沼泽中的台地”。此清泉处在海拔3540米的高寒地区，但一年四季从不封冻，是昆仑山中最大的不冻泉。进入大门，首先看见的是一面瑶池会仙图壁雕，正对面是一口不断涌出泉水的泉眼，泉眼周围用块石砌成外圆内八角形的泉台，由于前来接水的游客众多，景区又多修建了另外四口泉眼。景区的后方是一处小型的露天平台，泉水从平台下流出，形成了小型的瀑布景观。冬季时，瀑布会形成一条条冰柱。

纳赤台清泉位于青海省格尔木市西南约94公里的青藏公路边，可与无极龙凤宫和昆仑山口一起游玩。

无极龙凤宫

（⏲8:00~18:00）免费 相对其他著名道观，无极龙凤宫的历史不久，规模不大。但因位于昆仑山这座道教名山之麓，而占了香火的地利，因此，前来朝拜的信众众多。对于一般旅行者而言，这里更像是一个沿途难得的可供休息的场所。这里石质山门宏伟气派，道观前的广场有十八根立柱的大型景观，上面刻有《道德经》。主殿里供奉着西王母、姜子牙及其他道教尊神的雕像，十分精美。同时殿内还供奉了十世班禅大师像，所以也有藏族信众前来朝拜，你还能在这里看见其他道观少见的哈达和经幡。主殿右侧的太子殿，供奉着哪吒。太子殿后是一个石窟，供奉着观音挂象，因为据说观音是道家慈航道长的化身。我们调研期间，主殿背后正在开凿另一个山洞，准备供奉一尊大型的观音雕像。

昆仑山口

免费 海拔4768米的昆仑山口，是许多想要走青藏公路前往拉萨的旅行者挑战高原反应的第一道坎儿。如今这里已经被开发成一个景区，经幡飘扬。山口矗立着刻有国家地质公园和可可西里自然保护区的两座石柱，2013年8月修建的索南达杰雕塑也屹立于此。如果你熟知这位英雄的故事，你会对这尊雕像肃然起敬。山口后方的广场紧邻青藏铁路，呼啸而过的列车会在山口鸣笛，这里也是你拍摄火车的最佳地点。

格尔木市到昆仑山口的路程约150公里，游完纳赤台清泉、无极龙凤宫和昆仑山口全线，包车往返需400~600元，也可以拼车，100元/人。

野牛沟

免费 野牛沟是当地蒙古族牧民的夏季草场，雪山草原的景色美不胜收，野牦牛成群。20世纪80年代到90年代上半期，野牦牛被盗猎者和淘金者大量捕杀，野牛沟因此几乎名存实亡。好在经过近年来的保护，野牦牛的数量得到了一定增长。在人迹罕至的季节，傍晚或清晨，时常可以看到野牦牛出没。但要小心，野牦牛脾气很暴躁，甚至可以顶翻越野车。野牛沟中还有一处**野牛沟岩画**（免费）。据《岩石上的历史画卷》介绍，这些岩画约成于3000年前。岩画共有5组45幅、180个个体形象，系用铁制工具打凿而成，以十分简练的手法，描绘出曾经生活在昆仑山系中的原始先民们丰富多彩的生活。从内容上可分为畜养、鹰、狩猎、出行等。牛的形象在岩画中占很大的比例。

野牛沟在格尔木市东北约120公里处的昆仑山中，从无极龙凤宫前的分叉道进入，前往野牛沟的路况较差，只能包越野车，往返需要1500元以上。

西王母瑶池

免费 位于海拔4300米的天然高原平湖，是道教信徒崇拜的神湖。方圆60平方公里的湖畔水草丰美，湖旁有一平台，立有“西王母瑶池”纪念碑石。传说每年到了农历三月初三、六月初六、八月初八，西王母会在此设蟠桃盛会宴请各路神仙，因此吸引了众多世界各地的信众前来朝拜。

西王母瑶池距格尔木市区250公里，因为路况不好，必须在格尔木包越野车，往返需2000元以上，耗时将近一天，可以和野牛沟一线游玩。

都兰及周边

想要了解吐谷浑王国的历史，都兰是一个很好的选择。人们来到这里，大多是为了一睹当年遗留下来的庞大墓葬群。这里是了解那个强大游牧王国的最便捷之选，你可以亲身站在坟墓上，想象一千多年前繁荣的游牧王国，但如今这里已是苍茫一片。

即使都兰县城灰尘漫天，都兰周边却拥有迷人的自然景色，夏、秋两季是最适合旅行的季节。这里是柴达木盆地边缘最肥美的绿洲，设立有野生动物保护区。夏天时，海寺花海的野花漫山遍野，科肖图的草原丰茂肥沃。当秋天来临，树叶变黄，层林尽染。相较于那些一心发展工业的城市，都兰的自然环境和人文环境都更胜一筹，这里可能是你深入柴达木盆地前，所能见到的最后一抹绿色。

历史

公元317年的冬天，慕容吐谷浑在甘青交界地区去世。自从他30多年前率领一支鲜卑部落来到青海后，就一直和本地羌族争夺生存空间。这个王朝奠基人的死亡，反而成了加速扩张生存空间的导火索，继位的长子慕容吐延英勇善战，很快将部落势力向西拓展到白兰（今都兰地区）。公元329年，慕容吐谷浑的孙子慕容叶延，终于在这片土地上建立了政权，并以“吐谷浑”作为国号。

战争并未停止。建国90年后，吐谷浑在与西北地区的另一个少数民族政权西秦的战争中大败。当时的统治者慕容树洛干逃到柴达木盆地，并在都兰建立了牙帐。但由于丧失土地，气急攻心，慕容树洛干在24岁时病死在都兰，于是他的弟弟慕容阿才临危受命。历史在此时发生了大逆转，慕容阿才在位期间，打败了西秦，侵并本地羌族，收复失地，并把吐谷浑推至巅峰，疆域达110多万平方公里。

从慕容树洛干开始，都兰以及整个柴达木地区，就是树洛干的后方给养基地。随后两百年，历代的吐谷浑可汗，都把都兰作为王室的陵寝之地。如此才有了都兰境内规模庞大的吐谷浑墓葬群。

662年，崛起的吐蕃决定兼并吐谷浑。在与吐蕃的保卫战中，吐谷浑大败，这也宣告了吐谷浑的正式灭亡。1634年，蒙古和硕特部固始汗以青海为基地率军入藏，都兰因丰茂的天然草场成为东蒙古诸部、和硕特西右后旗的驻地。直到民国十九年，都兰被设立为县，并延续至今。

景点

都兰县城本身并没有什么景点，而美景都集中在县城周边。草原、戈壁可在去往格尔木的长途汽车上看见，没有必要专程前往。海寺花海、热水墓葬群等值得旅行者专程探访，而诺木洪地区的贝壳梁，则是一处少见的自然奇观。

都兰近郊

海寺花海 自然景观

（免费，7~8月收取10元环境保护费）前往都兰县东部的海寺花海景区的时间将决定你的体验。如果你在七八月前来，这里有漫山遍野的羊羔，许多不知名的野花开得肆无忌惮，再加上绿茵茵的草场和波浪起伏的山丘作为背景，随意一按快门，就是一张风光大片。如果你错过这个时机，它的平淡，往往会让你为长途奔波和昂贵路费大喊不值。花海的入口处已经修建起了大量的蒙古包，提供烤全羊和烤鸡等当地特色食物，但价格昂贵。

海寺花海距都兰县城约19公里，全程柏油马路，从县城包车往返60~70元，记得留司机的电话，游览完后，可联系司机接送。

热水墓葬群 陵墓

免费 很难想象，在一片荒山的戈壁里，还隐藏着这样庞大的古墓群，由于考古人员从未在墓中发现过一块人骨，故关于墓葬主人身份的争论至今不绝。根据目前的考证，人们还无法确定这片坟墓修建的具体年份，但可以确定的是，当时正值唐朝和西方世界的贸易往来时期。历史上墓葬群曾遭受多批盗墓贼的骚扰，当年马步芳也曾经组织盗挖了一些金银器。

自从1982年正式开始发掘，这里出土的文物一次比一次惊人。如今，搜集到的在都兰墓葬群出土的丝绸残片达350件，图案不重复的达300多种，有18种是中、西亚地区所织造的。其中一件织有钵罗婆文字锦，上面绣有波斯萨珊王朝所使用的文字，意思是“伟大光荣的王中王”。这是世界上唯一一件8世纪的波斯文字锦。

对那些希望看到文物的旅行者来说，热水墓葬群可能会让你失望，因为在此出土的文物都被珍藏在青海省博物馆中。如今这里只能看到一座高高的多层墓室，一些仿若被盗的小墓的墓坑，以及一个关闭的大墓挖掘现场——血渭M01号墓。你最多只能站在破败的多层墓室上，尝试用想象力去还原一千多年前的景象，或是在血渭M01号墓里沿着梯子进入一个狭小的墓室，看看墓室内部构造。

墓葬群的位置极佳，依山傍水，能看出这里以前是水草肥美之地。但现在，山脉、黄土和河滩混为一色，很难分辨哪一座土堆才是坟墓。事实上，坟墓遗址在一块文物保护单位的石碑后，走到石碑前顺石阶爬上山顶，这时你已经站在坟墓之上了，注意观察脚下部分土石砌成的横截面，有一层裸露出的整齐排列的柏木，当地人猜测这里大约有九层这样的柏木，因此把它称为“九层妖塔”。

从都兰县城前往墓葬群只能包车，往返200元。自驾车可以沿着109国道往南行驶大约10公里，走左边的小道通往热水沟，几乎全为碎石路。

科肖图风景区 自然景观

免费 如果你可以忽略因为野炊泛滥而留下的垃圾，这一片巨大的山坡景区非常漂亮。山坡绿草丰茂，山上古柏苍郁，两边的山势陡峭，岩石形态各异。最神奇之处在于山坡自然形成了许多突出的观景平台，从这些平台眺望远方，连绵群山、怪石和草原尽收眼底。黄昏时最美，落日在绿色和褐色为主的色盘上，又铺上了一层温暖的调子。沿山而上，可以看到景区最大的亮点——夏日冰瀑，约30米长、18米宽，积雪形成的冰面终年不化。夏季时，雪山上融化的冰水从冰瀑的一边倾泻流下，便形成了一边瀑布、一边冰瀑的奇观。

景区的山脚下还有一处1999年考古挖掘的古墓，古墓大致的结构形态被保留下来，但由于没有保护措施，墓体风化较为严重。现在古墓位于一处被承包的牧场内。如果感兴趣，你可以在离开景区前，在此停留一下。

科肖图风景区位于都兰县西南50公里处，整体路况较好，包车往返需200元。

香日德镇

班禅行辕 寺庙

免费 香日德班禅寺始建于乾隆四十五年（1780年），由六世班禅罗桑华丹益希倡议修建，以加强内地与藏区的关系。从此，该寺成为历世班禅往返内地时进行政教活动的主要场所。1949年10月1日，滞留香日德班禅行辕的十世班禅额尔德尼·确吉坚赞致电毛泽东：“祝贺中华人民共和国成立，并表示对人民领袖的拥护、爱戴之忱。”这一事件使这里成为重要的爱国主义教育基地。本寺规模不大，院内遍植花草，两边游廊里的转经筒整齐地排列着，主殿里供奉着精美的唐卡。主殿后方的房间放着5个大型转经筒，墙壁上斑驳的壁画更显古意。

都兰县城有频密的班车发往香日德汽车站（见269页），班禅行辕距香日德汽车站约5公里，从镇内打车往返30元。

热水墓葬群为什么荒废？

徐新国是热水墓葬群的最初发现者之一，曾任青海省考古所所长。1982年，他在一次田野调查中意外发现了这里。据他所言，当时墓葬群已经被盗墓贼盗得很严重了。马步芳也曾组织了几十个工人在这里挖掘，主要拿走一些金银器，然后冶炼成金银条。尽管如此，丝绸却被保留了下来，因为最初的盗墓者并没有意识到它们的价值，而且丝绸容易粉化，一撕就碎了。徐新国率领的考古队连续挖掘了4年，主要是今天能看到的血渭M01号大墓。他们发现了一些写着古藏文的金牌和几百片丝绸。但1986年，一个来自北京的专家，认定这个大墓挖到头了，如果继续往下挖，是对人力财力的浪费。于是这个项目被撤销了。

在停止挖掘的6年间，这里成为盗墓者的天堂。本地人知道了这里能出土好东西，也都前来挖掘，而且大家终于明白了，丝绸更值钱。大量的唐代丝绸被盗挖并涌入欧洲市场，热水墓葬群很快引起了国际关注。最终在1993年，考古所恢复了对这里的挖掘，但因经费有限，只能零星挖一些小墓，墓群遗址也得不到妥善保护，故考古队再次放弃了挖掘，热水墓葬群也就荒废了。

都兰野生动物自然保护区

这片野生动物自然保护区的前身是都兰国际狩猎场，从供人狩猎的度假区，变成如今的野生动物自然保护区，或许也显示出当地政府对生态环境和野生动物的保护更加重视了。

从都兰县城出发，当车越发颠簸时，窗外的场景也从荒芜的戈壁变成了草原，自然保护区就在草原深处的一座锈迹斑驳的铁门后面。这是一片面积巨大的天然草场，丰茂的绿草娇艳欲滴，或黄或白的野花漫山遍野，清新的空气里混杂着泥土氤氲出的自然气味，岩羊和白唇鹿悠闲地吃草散步，旱獭不时冒出洞口，叽里呱啦地乱叫。你完全可以走进岩羊和白唇鹿群，和它们近距离待在一起，它们并不会攻击你，反而会不时从你旁边经过，或卧于你身边休息，或与你游戏。保护站西边有几间板房搭起的工作室，有一位守山人常年居住于此，你不妨和他聊一聊，他会告诉你很多关于保护区的故事。这里也提供条件较为简陋的住宿。旅行者不能私自前往野生动物自然保护区，你需要向保护区的肉宝站长（☎159 0977 1666）申请，经同意，他会亲自带领你前往。

诺木洪乡

贝壳梁 自然景观

免费 位于诺木洪乡北侧的贝壳梁，是一处少见的地理奇观。浩瀚的戈壁滩上，突然冒出了上千亿个贝壳，它们组成一条长2000米、宽70多米、高8米的堤梁。这里是迄今中国内陆盆地发现的最大规模的古生物地层。虽然这些贝壳经历了上万年的沧桑，但是年代还没久远到把它们变为化石。据说现在贝壳少了很多，因为当地牧民曾经把贝壳磨碎了做牲畜饲料。为了保护这里的景观，建议你不要带走任何一片贝壳。

都兰县城有班车发往诺木洪乡汽车站（见269页），在诺木洪乡下车后，需转车驶入诺贝公路，贝壳梁位于诺贝公路14公里处，路况总体较好。从诺木洪汽车站包车往返贝壳梁需100元。

住宿

都兰县城有很多宾馆，设施环境基本都很干净整洁。2015年新开的宾馆，品质相比以前都有很大的提升。香日德镇位于109国道上，距离都兰县城60公里，这里也有一些条件不错的宾馆，在6～8月旺季时，往往有价格优惠，预算有限的旅行者可以考虑。

都兰县城

明珠宾馆 宾馆 ¥

（☎833 5000；建设街和新华街交叉口西南角；标单/双136元起；📶P）这家2015年开业的宾馆性价比很高，周围环境安静，房间设施新，硬件较好，服务员热情有礼，会主动帮忙提行李。每天还会提供特价房（86元），适合独自旅行者。

锦城商务宾馆 宾馆 ¥¥

（☎833 5555，138 9708 9110；解放路；标单/双178元起；📶P）这家酒店就位于109国道上，房间明亮、通风很好，总体整洁干净，但部分房间厕所容易堵塞，靠公路的房间晚上会比较吵闹。

金世界国际大酒店 酒店 ¥¥

（☎833 5888，823 5451；新华街；标单/双260元起；📶P❄）这是都兰县最豪华的宾馆，紧邻县委县政府广场。因为远离了县城主干道，周围环境安静。房间很宽敞，床上用品舒适干净，但部分房间卫浴设施不太好，热水加热较慢，建议你入住前先检查房间。

香日德镇

开泰商务宾馆 宾馆 ¥¥

（☎591 0104，591 0999；香日德镇南北街，派出所旁；标单/双178元起；📶P）这家宾馆于2015年开业，房间宽敞舒适，设施很新，热水充足，老板热情，对本地旅游非常熟悉。

鑫瑞宾馆 宾馆 ¥

（☎823 7111；香日德镇长途汽车站对面邮政储蓄向西100米处；标单120元，标双138元起；

(📶P)宾馆位置很好，楼下便是超市和餐厅，离香日德汽车站很近。房间干净、简单，硬件还不错。老板很热情，对独自旅行者很友好。

就餐

金师傅馄饨
早餐 ¥

(☎138 9727 8192；县城建设路，明珠宾馆对面；馄饨17元/碗；⏲6:30~22:30)这家餐馆经营的馄饨一共有11种口味，想多尝几种的话，不妨选择全家福馄饨，挑选任意6种口味混搭。也提供豆浆和油条。

小成都菜馆
川菜 ¥

(☎138 9777 5945，138 9717 2418；县城和平街和建设路交叉口；人均20元；⏲9:30~21:30)餐厅经营川味家常菜，价格便宜，味道正宗，回锅肉18元。生意火爆，特别是晚上的饭点，经常没有位置。

铁哥们至尊肥牛
火锅 ¥¥

(☎833 2669；县城希望路18号，县人民医院斜对面；人均50元；⏲10:30~22:30)这家餐厅环境卫生干净，可以选择一人一锅的肥牛小火锅，也可以选择干锅，菜品较新鲜，种类也比较丰富，干锅味道很不错。

巧媳妇菜馆
青海菜 ¥

(香日德镇长途汽车站对面，邮政储蓄向西100米处；人均25元；⏲10:30~22:30)餐厅是镇上一家口碑不错的炒菜馆，口味清淡，分量足，价格很公道，然而餐馆本身不大，用餐环境一般。

实用信息

邮局在都兰县城中心十字路口东北角，西南角有一台农业银行的ATM，新华路上有中国建设银行营业厅，**农业银行大厅**位于汽车站往南200米左右的国道上。县人民医院在希望路上。

到达和离开

都兰汽车站(☎823 2231)位于城西的109国道上。从都兰汽车站每天有4班车发往西宁(8:10、10:20、13:00、16:30；约9小时；93元)；有3班车发往德令哈(9:00、10:00、11:00；约5小时；49元)，其中10:00出发的班车绕行茶卡，票价为76元；有1班车发往诺木洪(8:00；约6小时；40元)，还有频密班次发往香日德(9:00~18:10，约半小时1班；1小时；15元)。

香日德汽车站(☎823 2021)每天有频密班车发往都兰(8:30~18:00，半小时1班；约1小时；15元)，有1班车发往格尔木(9:00；约5小时；51元)，还有1班车发往诺木洪(12:00；约3.5小时；30元)。

诺木洪汽车站(☎823 9769)每天有3班车发往格尔木(8:30、13:00、17:00；1.5小时；硬座/卧铺30/37元)，有1班车发往都兰(7:20；约5小时；硬座/卧铺40/48元)。如果错过了前往格尔木的班车，车站附近有许多出租车可拼车前往，50元/人。

当地交通

都兰县城不大，各处均步行可达，打车的话城内费用为5元。

大柴旦及周边

这个高原戈壁中的小镇，曾经是柴达木盆地开发热潮的中心。像这片戈壁沙漠的其他城市一样，大柴旦和新中国的建设历史紧密相连。在最红火的20世纪五六十年代，无数内地人涌入这个所谓的“聚宝盆”，最多时聚集了10万人。但格尔木的崛起，正式宣告了这座工业城市的没落。如今，当你走在人烟稀少的街道上，崭新的街道和楼房已经看不到曾经繁华的影子，不过，镇北立于1958年的八里渠纪念碑上遒劲的“英雄举镐劈山”，以及镇南加油站处残柱上“石油碧波腾乌龙”的字样，还是能让人想起当年的豪情。近年来开发的以南八仙魔鬼城为首的旅游资源，则让大柴旦成为柴达木盆地最有潜力的旅游新星，旅行线路和交通也在逐渐成熟。

景点

大柴旦湖和小柴旦湖
湖泊

免费 大柴旦湖在柴旦镇的西边，学名为伊克柴达木湖，湖水清澈。由于湖水盐度适中，这里也盛产卤虫。但是为了保护环境，已经禁止捕捞。湖区东侧分布有草原湿地及大小不一的河流，是柴旦地区牧民重要的冬季草场，也是当地人的一个休闲去处。迁徙季节这里会迎来各种野生鸟类。小柴旦湖在大柴旦镇的南边，又名巴嘎柴达木湖。从格尔木方向开车过来，一路荒漠戈壁，此处的一汪碧水就显得十分夺目。湖水最近处距离215国道只有两三百米。湖对面不远处有一条山脉，叫库尔雷克山，是一片丹霞地貌红山，在晴好的傍晚，夕阳照射在山体上，有五彩的效果，十分壮观，所以当地人也称其为五彩山。

从大柴旦包车前往大柴旦湖和小柴旦湖，往返需200元。前往五彩山则需沿着314省道往德令哈方向行驶50公里，从开源煤矿的指示牌进入。五彩山和大小柴旦湖可一起游览，全程需一天，包车往返需300元。

鸭湖

自然景观

免费 “鸭湖”并不是这片区域的官方名称，仅仅是发现它的旅行者给予它的代称，它的另一个名称是“水中雅丹”。大片的戈壁地里散落着如此多的湖泊已令人称奇，湖泊周围还密集地围绕着本就有魔幻色彩的雅丹地貌岩柱，它们共同形成了水中雅丹的奇观。身临其境，仿佛身处另一个星球，更令人惊叹连连。黄昏时分的水中雅丹最美，光影的变换，为这片景观增添了神秘感。每年6月，无数的野鸭会成为这里的暂居者，这也是“鸭湖”这个代称的由来。

关于水中雅丹的形成，目前还没有统一的结论。有说法认为，前些年柴达木地区降水丰富，导致格尔木河水暴涨，引起河水下游的东台、西台等地区地下水位上升，为最终形成水中雅丹起了推波助澜的作用。

水中雅丹距离大柴旦镇220公里，沿着新315国道行驶至874路标段进入，可以和魔鬼城一起游玩。

魔鬼城

自然景观

免费 大柴旦南八仙魔鬼城，是这片中国面积最大的雅丹地貌中最值得去的景点。但由于交通不便，游人寥寥。直到2008年海西州政府才组织了第一次激情穿越柴达木的探险活动，政府也才在公路旁的石碑上留下“魔鬼城”几个大字。近年来，随着探险活动的增加和媒体的宣传，这片神秘的自然景观吸引了更多旅行者的视线。

和新疆、甘肃的雅丹地貌相比，名气小得多的南八仙魔鬼城，有一个致命的吸引力——除了你自己外，这里可能一个人都没有，风静之时，你甚至可以听到自己的心跳声，绝对是能与火星媲美的“静寂之地”。从远处看，所有凸起的沙堆，像浮在一层水汽上。那些看起来像翻滚的波纹一样的地表，踩上去却坚硬无比。傍晚时分，当夕阳洒在面前这些庞大的沙堆上时，色彩、阴影、空气中的光线，一切都是流动的。但此时可能也是最令人恐惧的时刻，在沙堆间穿梭的风所发出的声音让人战栗。

老315国道被废弃之前，汽车可以直接从南八仙穿越魔鬼城抵达新315国道。但现在最好不要冒这个险，大部分公路已经被沙土掩盖，普通轿车和皮卡车都很难通行，如果陷在此地将非常危险，这里没有信号、没有人烟。2013年海西州政府在老315国道863公里处，开设了一家名为“863户外探险旅游”的营地，为旅行者提供住宿和补给保障，但因在建的敦（煌）格（尔木）铁路经过此地，故我们调研期间营地已经关闭。

尽管如此，普通旅行者仍然可以一睹魔鬼城的风采。你只需要驱车从东台收费站行至鱼卡沿线197—198公路段，徒步进入，在沙

一日自驾魔鬼城

对于那些想要探访魔鬼城的旅行者，我们咨询了当地资深的户外人士，为你提供可自驾和包车前往的一日游线路，至于多日的穿越线路，需请专业的向导规划线路，以保证安全。

你可以从大柴旦镇出发，沿着3011国道，抵达小柴旦湖，湖西面靠公路处，有几十公里荒原范围内唯一的一棵树。然后驶入315国道，从这里开始，你将进入沙漠区，笔直的公路在沙漠中穿行，十分壮观。找到874路标段后，转向南边即可抵达水中雅丹（鸭湖）。接着沿315国道原路返回至东台收费站，朝北进入辅道行驶，197—198公路段的视野开阔，可远观连绵的沙漠和雅丹地貌。尽情观赏后，往北驶回3011国道，途经大柴旦湖，最后回到大柴旦镇。如果时间充裕，还可以继续前往五彩山。

漠中找一个制高点，魔鬼城便尽收眼底，但切记不要贸然深入。如果想要深入魔鬼城，并在魔鬼城露营，一定要提前做好充足的准备。最好请一个向导，规划好线路，四驱越野车是最低配置，记得带上卫星电话，预留好几天的水和食物，并且提前告诉别人你的计划。当夜晚降临，躺在这里遥望寂静的星空时，也许你会觉得一切都是值得的。

从大柴旦包车前往魔鬼城和鸭湖，往返需600元，如果想要深入魔鬼城，可以联系小镇生活俱乐部（见本页），负责人张清哲对魔鬼城探险非常了解。

食宿

作为柴达木地区前往甘肃敦煌最重要的中转站，大柴旦镇上的住宿非常多，但多样化的选择较少，这里几乎都是商务宾馆，各家品质差距不大。2016年5月，大柴旦镇的第一家青年旅舍将开始营业。这里所列价格均为七八月旺季的价格，淡季时价格便宜一半以上。镇上的餐馆以川味为主。住宿餐饮都集中在创新路和团结路上。

万和馨悦酒店 酒店 ¥¥

（☎777 4111，777 4222；创新路；标单/双338元起；📶🅿）房间空间大且干净，虽然装潢显得有些简陋，但设施较新，淋浴水量很小。酒店可以免费停车，房费含早餐。

国华宾馆 酒店 ¥¥

（☎828 2582；车站对面；标单/双220元；📶🅿）房间通风非常好，阳光充足，卫生细节做得不错，但寝具过硬。前台服务态度热情。

茂源华怡 酒店 ¥¥

（☎828 6300；团结路；普标100元，豪标268元起；📶🅿）这家酒店提供廉价的普通标间，除了不带卫浴外，其他硬件都还过得去。房间整洁干净，适合预算有限的旅行者。

一碗香 早餐 ¥

（☎158 9727 8655；创新街万和馨悦酒店楼下；人均12元；⏲7:30～20:30）这个餐馆是当地汉人的最爱，早餐时间一位难求。牛肉面（大碗12元、小碗10元）是这里的特色，早餐还提供米粉、稀饭和肉包子。

新味源饭馆 早餐 ¥

（☎158 9727 8187；人民路建设银行对面；人均15元；⏲7:30～20:00）面食是这家餐馆最受当地人追捧的吃食，也是镇上少有的需要避开用餐高峰时段前往的餐厅，一碗面约15元。

天府酒家 川菜 ¥¥

（☎136 1977 8501，153 0977 8799；创新街和馨悦酒店楼下；人均30元起；⏲9:00～23:30）大柴旦老牌川菜店新开的分店，用餐环境相比老店更胜一筹，经营家常川菜，味道不错，价格实惠，特色菜有水煮肉片（38元）、凉拌牛肉（48元）等。相邻的聚湘福湘菜馆（☎828 1728，139 9747 7868；人均35元起；⏲9:00～23:30）味道也不错，而且生意也较为火爆。

实用信息

小镇生活俱乐部（☎139 9747 7386；大柴旦镇团结路36号春潮宾馆楼下；⏲13:00至次日1:00）这是大柴旦目前唯一一家民间户外组织，负责人张清哲是本地知名户外达人，能为旅行者提供前往魔鬼城的路线咨询、租车、领队等服务。

中国建设银行（⏲周一至周五9:00～17:00，周末和节假日10:30～16:00）位于汽车站的斜对面，设有24小时ATM。

中国工商银行（⏲周一至周五9:00～12:00和14:30～17:00，周末和节假日10:30～16:00）位于汽车站的对面，设有24小时ATM。

中国邮政（⏲周一至周五9:30～17:30，周末和节假日10:30～16:30）位于汽车站的北侧100米左右。

到达和离开

火车

敦格铁路格尔木至马海段于2016年1月正式开行旅客列车，目前途经大柴旦的只有从西宁出发开往马海的7583次列车（经停时间为2:20）和从马海出发开往西宁的7584次列车（经停时间为10:06），大柴旦至西宁行程约8.5小时。值得注意的是，7583次列车仅在每月的10、20、30日（2月为该月最后一天）发车，而7584次列车则在第二天从马海返回西宁。大柴旦火车站位于镇东北方向约2.5公里处，打车前往单程需10元。镇上没有售票点，互联网和电话也无法预订抵离大柴旦站的火车票，你只能在火车站购买。从大柴旦站出发可以直接上火车补票。

长途汽车

大柴旦汽车站位于人民东路上，每天有2班班车发往格尔木（43元；9:30、14:00；3小时），2班发往德令哈（45元；11:00、13:00；3.5小时），1班发往西宁（156元；17:45；12小时），2班发往敦煌（83元；10:30、12:00；约6小时）。

当地交通

大柴旦没有公交车，步行20分钟即可走遍全镇，出租车10元起步。

花土沟

这里是青海省最遥远的角落，却因石油而繁荣。庞大的石油工人群体，促成了这座小镇的快速发展。整洁漂亮的职工楼房、宏伟壮观的石油大厦，将打破你对边远小镇的刻板印象。但近一两年，花土沟也受到了经济放缓的波及，曾经灯红酒绿的夜场，如今只剩寥寥数家还在苦苦支撑。除了那些对沙漠深处的自然地理奇观感兴趣的旅行者外，很少有人来到这里。镇子唯一值得一看的就是附近的千佛崖。如果自驾的话，花土沟至敦煌沿线的公路还算值得走一遭。

景点

千佛崖 峡谷

免费 很少有游客专门为此景点来到花土沟，但其实这里不容错过。千佛崖离镇子非常近，就在花土沟东北6公里处的游园沟内。这里是柴达木盆地非常少见的丹霞地貌，虽然没有坎布拉国家森林公园那么壮观，但却小巧精细，拥有隐藏在山谷内的神秘感。

千佛崖的地貌兼具风蚀和水蚀两种地质作用，是红砂岩褶皱构造。据说这里的岩石有7000多万年历史。天然佛像群主要集中在朝西的一面红色山崖上，远远看去，是从上至下一个个排列整齐的红色泥柱。像大多数牵强附会的景点一样，事实上游客很难从中辨别出佛在哪里。但即便没有这一层宗教色彩，这种地理奇观在其他地方也很少见。

出城走到315国道1公里处，可看到一个指示牌“离千佛崖5公里”，这里有一条土路往东而去。但是2公里后会有一个栏杆，指示非油田车辆不得入内，所以不管是自驾还是包车，从这里开始你都只能徒步而入，进入入口没多远，你可以看见一个“Y”形的分岔路口，请选择左边的道路。从入口到千佛崖需徒步40分钟。我们调研期间，千佛崖峡谷内石油公司有大型机器在作业，灰尘较大，沿路也较危险，这种情况将持续到2017年。从花土沟打车去千佛崖设卡的地方，单程需20元。

食宿

花土沟的酒店非常多，主要分布在镇子东北侧的中心繁华地段。镇内的餐馆种类较少，缺乏特色，昆仑路上的几家餐馆比较受当地人喜爱。

平华大厦 宾馆 ¥¥

（825 4444；昆仑路84号，集贸市场后门向下50米；标单/双200元起；📶 P）这家新开的宾馆设施很新，豪华标间和普通标间的区别，仅在于房间的空间大小。房间整洁干净，均配有电脑，但网速一般，夏季顶楼的房间会比较热。

石油大厦 宾馆 ¥

（891 3500；茫崖民族路3号，标单/双100元起；📶 P）就在花土沟汽车站售票大厅内。因为房间内条件太简陋，这里适合那些途经此地，只需过一夜、第二天一早就走的人。宾馆服务人员会提醒住客班车信息。

京海商务宾馆 宾馆 ¥

（825 7808；茫崖民族路3号，标单/双100元起；📶 P）房间本身并没有什么特色，总体比较整洁干净，提供24小时热水，性价比较高。

茫州大酒店 酒店 ¥

（825 5566；前进路，电信局斜对面；标单/双100元起；📶 P）这是花土沟镇最老牌的酒店，拥有主楼和副楼两栋楼房。副楼是普通标间，硬件设施一般，没有独立卫浴，网速较慢；主楼则是豪华标间，空间更大，设施更新，有独立的网络。豪华标间和普通标间相差40元。

西湖饭馆 小吃 ¥

（158 0977 4375；茫州步行街；人均15

不要错过

免费的风景——花土沟至敦煌

如果你打算从花土沟前往敦煌，那么沿路有诸多不为人知的免费景点值得你停留。这是一条十分成熟的自驾路线，全程约541公里，途经315国道、305省道、215国道三条道路，均为柏油路，路况较好，正常时速自驾完全程约需6小时。

从花土沟出发，第一个值得停留的景点是**冷湖**。它并不是一个湖泊，而是一个命运与石油紧紧相关的城市。20世纪60年代，石油的盛产曾令冷湖成为戈壁滩中的"不夜城"。但随着石油枯竭、环境恶化，人们逐渐离开了这里，最终，冷湖成了一座废城。意外的是，那些遗留下来的残垣断壁和废弃的设施，矗立在戈壁沙漠中，更加深了戈壁的荒凉之感，令人震撼。你不妨停下来，听听戈壁呼啸的风，看看工业历史所留下的斑驳痕迹。

当车驶入305省道，进入甘肃境内时，你会途经第二个免费的景点——**大苏干湖和小苏干湖**，这两个位于阿尔金山南麓脚下的湖泊，或许是你对戈壁沙漠审美疲劳的一根救命稻草。大苏干湖遍布大量的沼泽和河流湿地，是候鸟自然保护区，有大小白天鹅等10种濒危动物，夏季这里会不定期举办阿肯弹唱会。小苏干湖在大苏干湖以东20公里处，湖中长满了水草，春天绿草茵茵，夏天水草丰美，秋天金黄灿烂，从开阔的水域上空可远眺雪山白云，美不胜收。离开大小苏干湖，一路向北，翻过人迹罕至的当金山山口，即可抵达敦煌。

元；⏲8:00~22:00）这家餐馆主营炒肉丝，有十几种不同的口味，配以面条而食，肉丝味道不赖，面条筋道。小份肉丝13~20元，大份则22~28元。

好吃馆

川菜 ¥

（☎136 1977 5298；昆仑路近交警大队；人均30元；⏲10:00~22:00）店面并不起眼，但生意火爆，一到饭点便一位难求。食客多为石油公司的员工，炒菜味道正宗、分量大、价格优惠，老板娘热情周到。

实用信息

在出行时，请选择正规出租车，而不建议选择那些自称有石油公司关卡通行证的私家车。即使选择，也建议你先谈好价格和路线细节，以防上当受骗。

中国邮政（⏲周一至周五8:30~18:00，周末和节假日夏季9:30~18:00，冬季10:00~18:00）位于昆仑路集贸中心处。**建设银行**（⏲9:30~17:30，节假日10:00~17:00）也在附近，设有ATM。

到达和离开

飞机

花土沟机场位于花土沟镇南约5公里处，2015年9月开通了花土沟—敦煌—西宁的航线，由东方航空公司执飞，预计于2016年年初正式对外售票。

长途汽车

花土沟汽车站（☎825 1567；创业路和盐湖路交会口）每天有2班车发往西宁（283元；9:00、15:30；约20小时），途经德令哈、乌兰、茶卡和黑马河；有1班车发往格尔木（104元；9:30；约5小时）；有2班车发往敦煌（105元；8:30、12:00；约8小时）。

当地交通

没有公共交通从花土沟镇前往机场，目前只能打车，单程需30元。花土沟镇不大，皆可步行到达。镇内打出租车5元。

了解青海

今日青海 276
随着“大美青海”的传播，旅行者的目光持续凝聚在这个天高地阔的西部大省。旅游业的发展和环境的变化正从不同方面影响着青海。

历史 278
青海一直是个充满了神话传说和风流人物的地方，各不相同的民族与文化，随着年代的变迁在这里交替上演着传奇。

青海人 288
诗人和歌者，烈酒和佩刀，青海人的豪迈和浪漫，在这地广人稀的大舞台上交相辉映。

宗教 291
青海是藏传佛教复兴和发展的重地。伊斯兰教和民间信仰的流传，也是青海文化多样性的表现。

建筑和艺术 298
青海的艺术和宗教永远也脱不开关系，而各种民间歌舞形式则是更为生机勃勃的艺术表现。

唐卡 308
独特的表现形式与非凡的艺术造诣使唐卡成为了解藏族的百科全书。

饮食 310
大块吃肉大口喝酒的粗犷，是青海饮食最典型的印象。面食、各种小吃和酸奶，则丰富了青海人的餐桌。

环境 313
因为电影《可可西里》，人们开始注意到了可可西里的藏羚羊。而除了这些身披“软黄金”的生灵，青海的环境还有更多值得关注的地方。

今日青海

近年来，越来越多的目光和脚步汇聚天高地阔的青海。动车驶入、高原高速公路通车、新航点的接连通航为人们的到访提供了便利；旅游资源和攻略信息高频率地出现在媒体广告和网络社交平台，景区和旅游项目的开发建设如火如荼。然而，一片盛景背后，生态环境的逐渐恶化、基础设施和经营管理手段的落后，也逐渐显现出来。

推荐读物

《荒野尘梦》，陈渠珍著。这本有中国版《鲁宾逊漂流记》美誉的奇书，记载着20世纪上半叶"湘西王"陈渠珍在西藏和青海的亲身经历。

《亲历可可西里10年：志愿者讲述》，杨欣等著。索南达杰保护站志愿者们的口述，记载了一个真实而闪耀人性的可可西里。

最佳影片

《可可西里》（2004年）陆川导演。讲述为保护藏羚羊而牺牲的藏族英雄索南达杰的故事，展示真实而残酷的可可西里盗猎现象。

《离天最近的生灵》（2014年）杜溥导演。通过两代藏民的生活点滴，记录了牦牛诞生、演化和造福人类的历史。

《三江源》（2005年）李虹导演。带有颠覆意义的纪录片，全面而深刻地展现出三江源的自然生态与人文环境。

最佳音乐

《在那遥远的地方》王洛宾的经典民歌脍炙人口，只是歌中牧羊的姑娘已然了无踪迹。

《九月》由海子的诗改编的《九月》，让周云蓬唱出了孤远荒凉的意境。

交通的畅与隘

2014年12月可算是西宁交通网络升级的里程碑。西宁—曼谷、西宁—首尔直飞航线开通，使曹家堡机场跃升为国际机场。而在城市的另一头，经过4年的升级改造，西宁火车站揭开了面纱。12月26日兰新铁路第二双线的开通，让青海驶入动车时代。从青海前往丝绸之路上的城市，可轻松来个一日往返或周末游。

2015年，德令哈和花土沟机场的通航，使青海民用机场数量达到5个，大武机场和祁连机场也在建设之中。高速公路爬雪山过草原，逐步形成路网覆盖。首条高寒高海拔的高速化公路共（共和）玉（玉树）高速，以及从阿尼玛卿腹地长驱直入的花（花石峡）久（久治）高速，均已基本建成通车。不仅使西宁至玉树的车程缩短至8小时，也使面见"神山"阿尼玛卿变得更容易。

然而青海的基础道路状况却不容乐观。不少远离城镇的景点都无公共交通前往，甚至要在砂石路上颠簸数个小时才能抵达，动辄上千元的包车费用更是令人咋舌。七八月和"十一"的旅游旺季，从西宁前往青海湖、祁连等热门景区的公路堵塞严重，周末时当地居民也齐齐上路，让人心焦的"最后1公里"，成了整片旅游交通脉络的隘口。

旅游业的促与滞

越来越多旅行者青睐青海，引来了国际酒店集团的目光，而深受国外背包客追捧的胶囊旅馆，也在西宁流行起来。在海北、海东地区，景区周边的村庄则兴起了农家乐。

青海旅游季节性很强，每年"十一"过后至次年4月，大部分地区风雪肆虐，酒店和景区纷纷歇业。七八月气候宜人，招牌景致和人文节会竞相展现，可游人的"井喷"

却暴露了景区基础设施建设和管理的滞后——路边游客随处停车拍照，堵塞交通也造成危险；景区交通车辆接驳不畅，上百人排队等待；当地人开设私人道路、私人景点乱收费，也随处可见。

这种矛盾在2015年客流量翻倍的茶卡盐湖暴露得尤为明显：数以万计的游人穿着从摊贩处租用的鞋套踩入盐湖深处，踩碎了盐结晶，翻起了湖底的淤泥。加上天气导致湖面干旱，“天空之镜”变成了“臭泥潭”，招牌的小火车也因铁轨被游客踩坏而停运。“十一”小长假过后，茶卡景区进入封闭式升级改造时期，以整治盐湖环境、改造基础设施和提升服务功能，成效将在2016年6月1日开园后见分晓。

生态的进与退

生态环境的恶化一直困扰着青海。近年来，政府投入大量资金用于青海南部牧区的生态保护,使果洛、黄南草原的鼠患得到控制。在玉树的多个自然保护区，湿地和野生动物物种在逐渐恢复，打击野生动物盗猎也颇见成效。然而，旅游业的一些无序发展却成了环境保护的新敌，许多牧民放弃了牧业劳动，急功近利地寻找致富之路，造成的生态破坏难以估量。

每年五六月的虫草季，玉树、果洛便会迎来“挖草大军”，草原上留下无数坑洞，再加上践踏、车碾，令百万平方米草原遭殃。近年来身价迅速攀升的黑枸杞也引来疯狂采挖，剪枝、掘根等毁灭性的采摘行为，让柴达木盆地本就脆弱的生态雪上加霜。在青海东北部，不少草场变为耕地，加速了土壤沙化，还危害到动物的生存环境。2015年7月，刚察县境内17只普氏原羚（这种羚羊的种群数量低于大熊猫）群体溺亡，便是因为青海湖河流上游那些用于农业灌溉的私建水渠。每年大量洄游产卵的湟鱼也因误进水渠而搁浅致死。此外，景区周边村镇在旅游旺季纷纷启动创收模式——青海湖岸边搭起了望不到边的帐篷，村民在草场上开辟了沙土小道连接起公路和湖畔，国家保护动物湟鱼也频频被端上餐桌……而旅游大军离去后，留下的巨量垃圾，被大风带到河流中和草原深处，导致水流堵塞、植被枯萎，越来越多的牛羊因误食垃圾而死去。

青海湖边，牧民南加组织的民间志愿者，十几年来一直在为生态保护默默付出。公益组织“自然大学”，每年都举办多种生态保护项目，倡导公众共同参与。但本地牧民和民间环保组织的力量显得杯水车薪。2015年6月，年仅26岁的青年作家、青海湖环保志愿者卡瓦娘吉，在拆解所在村一张非法捕捞湟鱼的渔网时，不慎陷入湖中水坑遇难。对这片广袤而脆弱的土地而言，生态保护已远远超出民间环保组织的能力范围了。

快速参考

人口：**566万**

面积：**约72万平方公里**

国内生产总值（GDP）：**2301.12亿元（2014年）**

GDP增长率：**9.2%**

人口(每平方公里)

青海人都住在

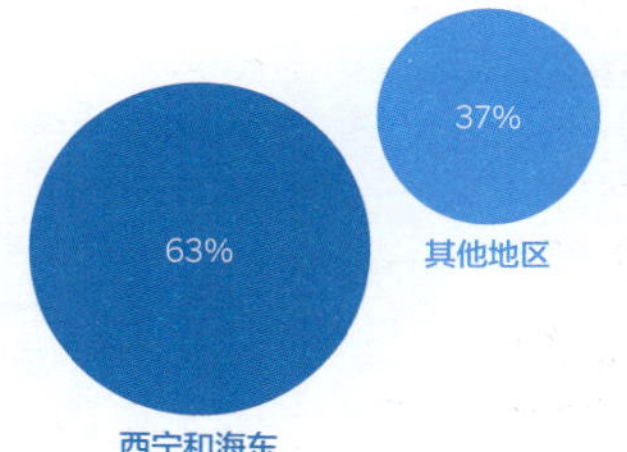

每100个青海人中

53 个是汉族人
24 个是藏族人
15 个是回族人
4 个是土族人
2 个是撒拉族人
2 个是蒙古族人

历史

从最早开发青海的羌族到最早建立独立政权的吐谷浑，从称雄河湟的吐蕃人到三代统治青海的回族马家，从诞生了“两弹”的原子城到穿越冻土区的青藏铁路，不同民族与各色人物在青海的历史上书写了各自的风流传奇。

周人自称华夏，把华夏周围四方的人，分别称为东夷、南蛮、西戎、北狄。西戎是古代华夏人对西方少数民族的统称。

羌人祖先

许多人学会写“羌”字是从唐代诗人王之涣的《凉州词》开始的：“羌笛何须怨杨柳，春风不度玉门关。”世代逐水草而居的羌人，的确擅长音乐。他们还是最早驯养家畜、最早培育麦类、最早开发青海的人。羌人也是华夏族的重要源头，或许每个中国人骨子里，都有N分之一的羌人血脉。

大约4000年前，青海开始从蛮荒走向文明。后人在河湟谷地与柴达木盆地里找到了青铜时代遗留下来的陶器、骨器与墓葬。拓荒者们被称作羌人，意思是西戎的牧羊人。到了西汉，羌人已经具备了与长安城抗衡的实力。汉武帝出征匈奴时，索性一并收拾了这个心腹大患，不敌霍去病大军的羌人只能选择归附朝廷。公元前60年，汉朝在河湟地区先后设安夷、破羌等县郡（听名字就趾高气扬），将羌地正式纳入中央郡县体系，并推行百试百灵的屯田政策，“植人”汉人与汉族农耕文化，试图收服同化不羁的羌民。

汉朝覆灭后，河湟地区陷入混乱，并先后落入吐谷浑与吐蕃手中。时至今日，“纯正”的羌人在青海已不可寻，只有在四川阿坝地区留有遗响。

吐谷浑和丝绸之路青海道

吐谷浑算是青海第一个真正意义上的独立政权。它起源于辽东地区一支受亲族排挤、被迫远走西域的鲜卑族部落，统治青海长达350年。不同于后来的吐蕃人，吐谷浑在政治上野心不大，历代吐谷浑王大多向中原王

大事年表

约23,000年前

青海高原上有人类活动。

约5000年前

三苗移民与当地先民共同开发青海，形成羌人。

公元前121年

汉武帝命霍去病率汉军进入湟水流域，在西宁以西置临羌县和破羌县。

巍巍昆仑下的西王母古国

翻开《山海经·海内西经》，远古的气息扑面而来："海内昆仑之虚，在西北，帝之下都……"传说昆仑山是天帝在下界的都城，众神聚居的地方。我们熟悉的盘古开天辟地、精卫填海、女娲造人、共工怒触不周山等神话，都派生于昆仑神话体系。昆仑神话的中心人物则是神秘的西王母。在古书记载中，她一会儿是《山海经》里披头散发、身披豹皮的骇人模样，一会儿又是《穆天子传》中年三十许、与周穆王诗词唱和的美艳女王；传统道教中将她归为女神之首；而民间信仰里，她则是瑶池蟠桃会的沙龙女主人——王母娘娘。

如今越来越多学者认定，历史上西王母确有其人，她的身份应是距今约四五千年前的西域部落女首领。有人更大胆地推断她是一位有着中亚人种血统的羌族女子，因而不但白皙貌美，且通晓中原文化，"蓬发戴胜"的装束打扮，也与羌人的习俗相类；而"西王母国"，则是一个疆域辽阔，包括今天昆仑、祁连两大山脉之间广阔地带的母系氏族古国。在青海湖西畔的海西蒙古族藏族自治州以及湟源县的日月山中，都发现了数量众多的石洞群，接近传说中的"西王母石室"。

朝称臣，安于藩属地位。那吐谷浑人都在忙些什么呢？

原来，游牧出身的吐谷浑，却出人意料地很有商业头脑。平定青海后，他们着手恢复汉代曾兴盛一时的丝绸之路，做起了国际贸易。魏晋南北朝时期，河西一带烽烟四起，吐谷浑趁着北方河西走廊被战争阻断之际，大力复兴丝绸之路的南道即青海道，为过往商旅提供保护、翻译、向导服务，赚得盆满钵满。此外吐谷浑还有一件秘密武器，就是良马"青海骢"。隋唐时期青海骢大受皇室与王公贵族喜爱，除了可作为珍贵的贡品笼络人心外，还能挣来大笔"外汇"。

可惜的是，吐谷浑专心搞经济建设的梦想，被隋炀帝西征粉碎了。唐初崛起的吐蕃，终于在高宗龙朔三年（663年）将吐谷浑灭国，丝绸之路青海道也落入了吐蕃人手中。亡国后的吐谷浑人大多东迁至山西一带，留在青海的吐谷浑人归顺吐蕃，后成为当地土族的先民。

根据《北史·吐谷浑传》记载，吐谷浑人培育"青海骢"的独门秘籍，是将从波斯引进的优良母马赶入青海湖心的海心山上，过一段时间母马就会怀孕，生下日行千里的神驹。传说隋炀帝在击败吐谷浑后也曾依葫芦画瓢，却因为参不透吐谷浑的机密技术一次也没成功。

称雄河湟的吐蕃人

7世纪初，松赞干布在逻些（今拉萨）建立吐蕃王朝。这位开国君主无愧"赞普"（意为雄强丈夫，是吐蕃君长的尊称）名号，有勇有谋，远交近攻，一方面派使臣入长安求娶文成公主，殷殷请求结为"甥舅之亲"，一方面不客气地出兵青海，灭了吐谷浑。此时吐谷浑仍是唐朝属国，自然向朝

222年	329年	641年	663年
曹魏政权在今西宁市修建西平郡城。	叶延以祖父之名为国号，建立吐谷浑政权。	文成公主取道唐蕃古道，嫁往吐蕃，吐蕃赞普松赞干布到柏海迎接。	吐蕃攻灭吐谷浑国，后者首领诺曷钵率领残部投唐凉州，留驻青海的吐谷浑人发展为今日土族。

廷寻求庇护。唐高宗气不打一处来，立即派大将薛仁贵西征，没想到苦战三年，依然不敌吐蕃40万大军，只能铩羽而归。吐蕃倒也不相逼，只牢牢盘踞水草丰美的河湟地区，同时在西域大举扩张，与唐朝并驾齐驱。

在唐蕃和战不定的百年间，历史的聚光灯一直牢牢对准河湟谷地。它不但是两国刀兵相见的阵地，有时也成为友好和平的通道。沿着当年文成公主走过的旧路，唐朝又嫁出一位金城公主到吐蕃。经过一个世纪的经营，吐蕃达到全盛，不仅将整个青康藏尽收囊中，疆域还直达克什米尔与尼泊尔。只是登高必跌重，由于过度扩张消耗大量国力，此后短短五十年间，吐蕃便因为内乱覆灭，此时唐朝也因安史之乱奏响了灭亡的前奏。三百年的唐蕃角力就此画上句号。

尽管如此，河湟地区仍然掌握在吐蕃族人手里。北宋初年，吐蕃后裔唃厮啰在青海东部称王。这个弱小的王国，夹在西夏、辽国与宋国的缝隙中艰难求存，却也给谷地带来了数十年和平。

康巴与安多的前世今生

藏语有卫藏、安多与康巴三大方言，按照方言不同，藏族分为了三大地区：西藏属于卫藏地区，青海南部的玉树属于康巴藏区（又称多康、康区），东北部果洛、黄南等地属于安多藏区。

隋朝时候，玉树有苏毗、多弥两个羌族小国。翻看地图你会发现，它们正好挡住了松赞干布向北扩张的道路，不好意思，只好先拿你们开刀了。玉树很快被纳为吐蕃的一个茹（相当于省），从此开始藏化。12世纪中叶，在吐蕃灭国300年后，藏民直哇阿鲁带领他的部落从四川康定迁入

丝绸之路南线遗迹

227国道青海段的走向与古时的西平张掖道大致相似，又叫“宁张公路”，曾是古“丝绸之路”南线中重要的一段，是从甘肃河西走廊到青海东部的一条快速通道，在历代军事上同样发挥过重大作用。张骞第一次出使西域、霍去病两次北击匈奴、隋炀帝杨广西征吐谷浑，走的都是这条路。

如今的国道227线是青海南接青藏、青新公路，北连欧亚大陆桥的重要出省通道，它起自青海西宁市，经大通桥头镇、青石嘴、峨堡、扁都口（省界）至甘肃省张掖市，全长347公里，沿途可以看到老爷山、明长城、祁连森林、祁连山等景观，最后进入甘肃河西走廊地区与312国道相连。是一条相对生僻的旅游线路。

670年	1015年	约12世纪中叶	1227年
唐蕃激战大非川，唐大将薛仁贵为吐蕃所败。	唃厮啰建立起以吐蕃族为主体的宗喀政权，为河湟谷地带来短暂和平。	藏族人直哇阿鲁统一玉树，建立囊谦王国。	蒙古军队进入青海东部。

安多的菩萨，康巴的女王

藏区有句人人皆知的俗话，“卫藏的菩萨，安多的马，康巴的汉子”。不过别拘泥于传统印象，在青海，安多并不只有马，康巴也不仅仅出汉子。

卫藏是藏传佛教的法域、古代吐蕃王朝的中心。吐蕃人将青藏高原的北部、东部称为“多康”，意为向外发展的道路、外围地区。随着多康（包含今天的玉树）范围扩大，河湟地区被称为“朵思麻”，即多康地区的下部，这一地区又因为包含阿尼玛卿山与朵拉沃仁山（小积石山），故别称“安多”。安多地区水草丰美，自古盛产骏马，然而值得一提的是，安多在藏传佛教传承上功不可没。公元838年，信奉苯教的朗达玛上台，在吐蕃国内大举毁法灭佛，造成“卫藏无法”长达百年。在安多地区吐蕃后裔的努力下，才保住了藏传佛教的火种并回传卫藏。这趟“法”失而求诸野，在藏传佛教史上被称为佛法后弘期的下路弘传。

康巴地区的玉树苏毗国，历史上曾是女权国家，由大小两位女王共同治理，男子无权参政，只能狩猎耕田服兵役，地位低下。难怪有人猜想西游记中的女儿国就在此地。也有学者认为，这是西王母古国曾经存在的有力佐证。在被吐蕃收编后，玉树迅速藏化，唐代以后的典籍再也找不到关于苏毗的记载，彪悍的康巴汉子一转阴盛阳衰的局面，取代了娇滴滴的女王。

玉树南部。他摆平了持续多年的玉树各部纷争，成功实现政教合一的统治，人称“囊谦王”。囊谦王朝统治玉树长达800年，直到1958年民主改革为止。

格鲁派，藏语为“格鲁巴”，意为善规派，倡导严守戒律。

果洛等地的藏化略晚于玉树。藏族文化为了进入这块吐谷浑旧地，颇费了一番力气。首先，无论吐谷浑人还是唐人，都必须学习吐蕃话，改穿吐蕃服饰；会说还得会写，必须学习新创制的藏文。宗教上，藏传佛教、苯教以及中原佛教在安多“斗法”数百年，经历了艰巨漫长的融合过程。

元朝统一青海后，康巴与安多藏区都归专门的宣慰使司管辖。虽然元朝是个短命的王朝，但蒙古人一直没忘记这片广袤的牧场。不久蒙古人势力便重回安多，藏传佛教也开始传入各大部落，融入蒙古人的血液之中。

安多的果洛曾是藏族英雄格萨尔王赛马称王的地方，神圣的阿尼玛卿雪山横亘全境，藏民相信它能主宰安多地区的浮沉沧桑。可是“青海王”马氏军阀对此不以为然，为了争夺雪山金矿的开采权，从马麒到马步芳父子，曾七次派兵攻打果洛，两家结下血海深仇。最后一次交战发生在1941年，

13世纪初

蒙古军队从中亚各国调发的穆斯林组成的军队屯驻青海，繁衍生息。

1357年

宗喀巴出生在湟中县一个佛教家庭。

1370年

朱元璋派大将邓愈率军进入青海，河州（今甘肃临夏）以西尽属明朝。

1373年

明朝改西宁州为西宁卫。

针对果洛人的屠杀竟持续了3个月。同属安多的黄南，发展要顺利得多。作为热贡艺术之乡与格鲁派开山祖师宗喀巴诞生之地，光是买卖唐卡，就足以让许多人获得财富与名声。虽是藏区，但居住在黄南的回族、土族、撒拉族与汉族人口也不少，加上来来往往的游客，让这里成为安多最多元、富有活力、可能也是最“不像藏区”的地区。

“第二佛陀”

元朝末期，时值藏历第六绕迥的火鸡年，一个男婴带着各种吉祥异象，降生在湟中县一户笃信佛教的人家。他就是日后领导藏地宗教复兴的宗喀巴。

在各种传略中，幼年的宗喀巴很早就流露出异于寻常儿童的沉静与多思。他7岁在安多出家，16岁前往卫藏朝拜、学法，10年间已将显、密二教的教法都系统学习了一遍，未满30岁便成为著名的论师。

当时藏地刚结束黑暗时期，不少僧侣“积极入世”，在民间娶妻生子，置买田地，拒绝受比丘戒的约束。31岁那年，宗喀巴在一次讲经中戴上持戒律者的标志——黄帽，宣布要重整戒律，振兴藏传佛教。为了身体力行，宗喀巴日常持戒很严，据说他38岁时在西藏闭关，礼佛350万次，石地上磨出的凹痕至今可见。明朝永乐皇帝慕名请他进京，欲封他为法王，也被他谢绝。在他的影响下，清规戒律与刻苦修行才重新回到了藏传佛教的传统中。

宗喀巴的另一项功绩是著书立说。他一生中写成了十多卷的著作，从佛法到医学、历法、造像度量，包罗万象。最重要的著作《菩提道次第广论》与《密宗道次第广论》，由浅入深地讲述了佛教要义与循序渐进的修行方法，为格鲁派的创立奠定了思想基础。

1409年，宗喀巴在拉萨大昭寺举行大祈愿法会，不分教派、不论高低贵贱都可参加，与会僧俗达数万之众。此后，一年一度的法会成为惯例，沿袭至今。同年，他在拉萨以东建立甘丹寺，正式成立格鲁派。信众将他奉为释迦牟尼佛之后，上天派来的“第二佛陀”。宗喀巴住世63年，弟子众多，最著名的两位是根敦朱巴与克珠杰，后世的追封如雷贯耳，前者是一世达赖，后者则是一世班禅。

从“回回军”到马家军

世居青海东部与东北部的回民祖先，能追溯到一千多年前阿拉伯、波

约14世纪末	1409年	1559年	1578年
世居中亚撒马尔罕的撒鲁尔部落，迁徙到青海循化定居，是为青海撒拉族祖先。	宗喀巴创立格鲁派。	俺答汗率部移牧青海。	俺答汗与三世达赖相会于青海湖畔，成为格鲁派护教法王。

蒙古法王兴衰记

作为藏传佛教中最年轻的教派，格鲁派后来居上，成为诸派之首，固然是宗喀巴大师教徒有方，但这军功章里，也有蒙古人的一半。

元朝灭亡后，蒙古与西藏之间的联系一度中断。16世纪中叶，蒙古土默特部首领俺答汗占领了环青海湖地区，可他出身偏支，并非黄金家族的正统。为了提高地位，俺答汗首先皈依了格鲁派，然后派出使者，恭请格鲁派领袖索南嘉措到青海传教。1578年双方在青海湖畔的仰华寺会面，互赠封号，索南嘉措被封为“圣识一切瓦齐尔达赖喇嘛”，是为三世达赖，他又向上追认了两世，第一世便是宗喀巴的弟子根敦朱巴；俺答汗则成为黄教第一个“护教法王”，他的曾孙后来还被指认为四世达赖。

俺答汗死后，四世达赖突然圆寂。外间风言风语，都说年轻的达赖并非自然死亡，而是遭到了当时统治西藏、拥护噶玛噶举派的藏巴汗暗杀。宗教斗争的残酷，与政治斗争相类，格鲁派已然命悬一线，必须尽快寻找新的武装依靠。

天助黄教，继位的五世达赖很有手腕。他联手扎什伦布寺寺主罗桑·却吉坚赞（后来的四世班禅）立即发出密函，邀请信奉黄教的和硕特部领袖固始汗入藏“护教”。固始汗正在新疆伊犁一带晃悠，为和硕特部生计发愁。得到这个消息，他喜出望外，毫不含糊地倾全部之力，于1637年南下，夺取了青海。站稳脚跟后，固始汗挥军西藏，这时他已经60岁，却越战越勇，终于打败了藏巴汗，成为“全藏三区之王”。

固始汗没想到的是，五世达赖真正想要的不是什么蒙古法王，而是政教合一、自己说了算。在入主布达拉宫后，五世达赖仅用了短短数年，便架空了和硕特部的权势，成为西藏的实际统治者。清军入关后，他应顺治帝邀请居留北京弘法，更是威望大增。

五世达赖圆寂后，固始汗的子孙开始按捺不住了。当时大权把持在五世达赖弟子桑杰嘉措手里，继位的拉藏汗非常不满，于是他又想到了从前藏巴汗用过的招数，向年轻的六世达赖仓央嘉措开刀，要求废黜这位“来路不明、品行不良”的诗人，重新寻找转世灵童。这场达赖继承人之争，以戏剧性的螳螂捕蝉黄雀在后结束。1717年，内乱的和硕特汗国被准噶尔汗国逮个正着，一举歼灭。

当时驻守安多的，是固始汗之孙罗卜藏丹津。继承了祖先的灵活头脑，罗卜藏丹津趁机主动拉拢康熙皇帝，表示愿意协助清兵入藏，讨伐准噶尔，条件是康熙封他为藏王。康熙假意答应，却在大败准噶尔军后，转身就宣布废除藏王，将自己的亲信派驻西藏。

罗卜藏丹津哪里肯善罢甘休，马上联合安多蒙古各部甚至昔日的对头准噶尔，发誓要反清，却无奈斗不过老的，又打不过小的。康熙死后，雍正的西征军不仅打败了罗卜藏丹津，还连准噶尔汗国也一并收拾了。从此蒙古各部落再也没有与朝廷抗衡的实力，清政府也取代蒙古法王成为格鲁派的庇护者。

1725年	1862～1873年	1912年	1929年
雍正帝设置青海蒙古二十九旗，设立西宁办事大臣，并改西宁卫为西宁府。	西北回民起义，马氏军阀开始崛起。	民国政府改青海办事大臣为青海办事长官，后又将青海事务划归蒙番宣慰使管理。	青海建省，孙连仲任主席，但政权把握在马家军手中。

“东南万里红巾扰，西北千群白帽来。”清末流传的这副对联语言虽简陋，却也体现了当时席卷南北的两大民间起义来势之凶猛。

斯等伊斯兰国家的战争移民。彼时西域的大舞台上，大唐与吐蕃斗得正酣，中亚的大食抓住机会，时而联合唐朝插上一脚，时而联合吐蕃打上一拳，时而互相干仗，造成丝绸之路时断时续。随大食军队东进的伤兵、随从、商队，有家归不得，只能长期滞留青海。一来二去，他们的后裔成为青海最早的穆斯林。

成吉思汗征服西亚后，将战争中俘虏的中亚、西亚地区的穆斯林编成“回回军”（元代史书称东来的阿拉伯人、波斯人和中亚各族为“回回”）屯驻在环青海湖地区。因为骁勇善战，该军在蒙古军队里颇受重视。通过与当地蒙古族、藏族通婚，婚后妇女也都改信伊斯兰教，回族先民的人数大大增加。

清朝同治年间，西北各省相继爆发回民反清运动，开端是为了抗击朝廷暴政，但随着情况失控，最后演变成两族之间血流成河的屠杀。青海“马家军”正是在此乱世发迹，领头的名叫马海宴，原本是河湟一带驮帮头目，投靠了甘肃河州（今临夏）大阿訇马占鳌的反清部队。在河州太子寺一战中，马海宴逼退清朝名将左宗棠。心机深远的他，竟出人意料地乘胜投降，立刻摇身一变，从叛将变成了功臣。马家三代在青海的统治由此开始。

时间进入民国，轮到马海宴的孙子马步芳坐镇西宁。这位土皇帝据说头脑精明、情绪热烈，却又残暴成性、荒淫无度。手握重兵的他根本没把

花儿与军阀

在西部歌王王洛宾的众多“粉丝”中，马步芳也是其中一个。1941年，28岁的王洛宾因涉嫌是“中共特务”被国民党军统关押在兰州，三年后经过多方营救（其中也有马步芳的功劳）来到西宁。马步芳为他举行了欢迎宴会，任命他为青海军区音乐总教官，并让独生子马继援拜他为音乐老师。在庆祝抗战胜利的社火比赛上，马步芳自己也出了个节目，演唱的正是王洛宾根据海东民歌改编的《花儿与少年》。这首歌也是青海花儿中传唱最广的一首。40多年后，应邀赴台演出的王洛宾与马继援重逢，唏嘘万千。

喜欢花儿的马步芳，自己也被编进了花儿里。在青海有一首著名的花儿，人人都能哼两句：“马步芳修下的乐家湾，拔走了心上的少年；淌下的眼泪和个成面，给阿哥烙下的盘缠。”歌中的乐家湾，指的大概是西宁东郊的乐家湾机场（今天曹家堡机场的前身），也有人认为唱的是乐家湾植树造林运动。原来当年马步芳非常重视绿化，规定每逢清明前后，军队停止训练，机关停止办公，全民义务植树，甚至强行征调民夫，将树的成活率与人的“成活率”挂钩。这荒唐的命令，倒也为如今的西宁留下了成片绿荫。

1936 年	1939 年	1944～1949 年	1949 年
红四方面军途经果洛藏区，遭到马家军疯狂围剿。	马步芳派遣青海骑兵师出省抗日。	王洛宾在青海创作了《半个月亮爬上来》《阿拉木汗》等一系列著名音乐作品。	西宁解放，马步芳逃往台湾，后流亡埃及。

南京政府放在眼里，当地人也只知马家军，不知党国。在他的统治下，西宁开始了非常缓慢的城市化。

1936年10月，在党中央的指示下，红军第四方面军渡过黄河，深入祁连山脚下的河西走廊，为了打通与苏联之间的交通，开始最后一次长征。时值秋冬，天气苦寒，长途跋涉、粮草不足的红军多次遭到数量几倍于己的马步芳军队袭击，最后只有400多人坚持走到新疆。据当事人回忆，光是被马步芳下令活埋、虐杀的红军将士就达3000人。同样是这个马步芳，在卢沟桥事变后马上组织骑兵师出省抗日，在河南淮阳打游击，歼灭数千日军，由于作战勇猛，自身伤亡也很惨重。在宝塔一带阵地战中，为了掩护骑兵师主力撤退，百余名将士与日军拼到弹尽粮绝，最后投水自尽。

青海解放后，马步芳辗转流亡埃及，终生未得再履故土。

天路

很难想象1300多年前，人们是如何仰仗马匹、骆驼与牦牛，在青藏高原上走出一条唐蕃古道。远嫁的文成公主从长安城出发，经过甘肃入青海，登日月山，涉倒淌河，穿过草原、湖泊，越过唐古拉山口，最终抵达拉萨，整整走了三年。

1954年4月，为了给驻扎西藏的解放军运送粮食，已经两次沿着唐蕃古道徒步进藏的西藏运输总队政委慕生忠向当时主持军队工作的彭德怀提议，修建一条从格尔木到拉萨的公路。国务院批了第一笔经费30万元，估计能修5公里，而根据当时不太准确的测量，格尔木到拉萨至少有1200公里。

根据中科院一份调查显示，近三十年来青藏高原冻土持续退化。全球变暖固然是罪魁祸首，但频繁的人类活动也有不可推卸的责任。

慕生忠打算先修到可可西里，并带着19个干部、1200多名工人开工了，所有的工具是每人一把铁锹、一把十字镐，竟然只用了79天就打通了格尔木与可可西里无人区。6个多月后，慕生忠的队伍把路修到了拉萨。没有人知道，当初随着他从格尔木出发的队友，只剩下多少个活着看到了通车典礼。根据中新社的报道，青藏公路通车50多年来，为了维护这条天路的安全与畅通，青藏兵站投入了数十万执勤官兵，770多人献出了生命。

20世纪70年代以来，青藏公路由于状况不断，一直在改建。改建工程最艰巨的部分，是在铺设路面的同时保护地下的多年冻土层。这也是后来青藏铁路建设中的第一大难题。1984年西宁至格尔木的青藏铁路一期投入运营，但是需要穿越可可西里550公里冻土层的青藏铁路二期，则在技术、环境的多方探讨求证下直到2001年才动工。比起早年“大干快上”的做法，青藏铁路在尊重自然规律、保护环境上的确有了长足的进步。建设时

1954年	1958年	1978年	1979年
青藏公路通车，柴达木盆地发现石油。	金银滩草原核武器研制基地完成选址，开始秘密动工。	塔尔寺重新开放。	黄河上游第一座大型梯级电站龙羊峡水电站实现工程截流；青藏铁路铺轨到格尔木。

不但采用以桥代路、铺设通风路基、保温层、热棒等方法，尽量保持冻土区的温度，还首次在高寒地区移植了8万多平方米湿地，建设了33个野生动物通道，方便藏羚羊等动物迁徙。

2006年7月1日，青藏铁路全线通车。蜂拥而至的游客，坐在经过加氧处理的车厢内，透过封闭的车窗眺望窗外曾经遥不可及的风景。新来的铁路让旧时忙碌的公路黯然失色，格尔木甚至取消了直达拉萨的汽车。相对环保压力，有人更担心铁路对藏族传统文化会产生巨大冲击。

草原深处的秘密

20世纪50年代末，美苏冷战的铁幕逼近中国。当时正值三年自然灾害，苏联又撤走了所有在华专家，打算取消一切援助，但是为了回应1958年台海危机后美国的核威胁，以及在苏联人面前争一口气，中央决定哪怕“当了裤子”也要发展核武器。核武器研制基地最后选址青海湖东畔的金银滩草原，后来的掩护名称为“青海矿区国营221厂”，但在任何已出版的地图上都找不到它。为了迅速建设基地，1700多户牧民被迫火速搬离世代生活的金银滩草原。

“文革”的破坏力无所不在，连这座与世隔绝的兵工厂里，“两派”也闹起了争斗，影响到氢弹的研制。1967年，毛泽东不得不亲自下令221厂暂停“四大”（指大鸣、大放、大辩论、大字报），科研工作才得以继续。

在短短几个月的时间里，221厂集结了2万多名工作人员，后来还有王淦昌、邓稼先、朱光亚等以后赫赫有名的科学家加入进来，但当时他们全都隐姓埋名，连家属也不清楚他们身在何处。三年自然灾害时期，由于粮食匮乏，大家只能靠青稞面和稗子面充饥，许多人因为营养不良全身浮肿。由于客观条件所限，当时的安全防护措施也非常简陋，但在那个特殊的年代，技术人员及工人只是一心要让原子弹赶快研制成功。

就在如此艰苦的环境中，1964年8月，首套核试验装置在绝密护送下离开221厂运到了新疆的罗布泊。这年10月16日下午3点，我国第一颗原子弹在罗布泊爆炸成功。3年后，第一颗氢弹也宣告成功爆炸，它的诞生地同样是神秘的221厂。

20世纪80年代末，国家撤销了一批军工企业，完成历史使命的221厂也在其中。1995年新华社正式发布了这个消息。1999年国家表彰“两弹一星”功臣时，王淦昌、邓稼先已经离世，朱光亚也已进入暮年。现在的核武器研制基地被称为“原子城”，已经成为国家爱国主义教育示范基地，向公众开放。

在青海草原的深处，还有另一段历史，是新中国成立后到20世纪70年代，在劳改农场里接受改造的数十万劳改犯，其中多数属于“反革命”。这

1987年	1996年	2000年	2002年
中央军委下令撤销“221厂”，即核武器研制基地。	青海都兰吐蕃墓群的发掘被列入当年全国十大考古发现。	青海三江源自然保护区成立。	第一届环青海湖国际自行车赛在青海举行，这是世界上海拔最高的国际性公路自行车赛。

个1997年已经废除的罪名，当时几乎无所不包，从国民党军官、持不同政见者，到所谓乱搞男女关系的人，都属于“反革命”范畴。遭到流放的人群中，不乏社会名流、高级知识分子。他们中的有些人，因为饥饿、劳累与沉重的心理负担，甚至没能活下来。

西部大开发中的青海

自从实行西部大开发战略以来，青海迎来了发展最快的十年。两个超级工程引人瞩目：青藏铁路与西气东输。前者虽然在环境与文化保护上如履薄冰，但没人能否认它拉动了青海的经济与旅游增长。对西气东输有些人则有不同看法，他们认为内地得到的益处大于青海，这个工程没有给当地的发展做出实质性贡献。

不仅是东西差异，青海内部的地区差异也在逐渐拉大。十年间青海的高速公路从无到有，可新增的路线80%都在西宁周边。根据国家统计局2013年9月的数据显示，西宁房价涨幅不输北上广。可是在广大藏区，国家扶持的重点还停留在城镇供水这样最基本的生活需求上。西部大开发的阳光，需要更多时间，才能均衡地照在每个青海人身上。

2010年的玉树地震在国人为汶川地震滴血的心上又撒了一把盐，玉树的灾后重建也备受关注。一年多以来，玉树周边牧区恢复比较快，但县城结古镇的建设还需加速。努力振兴玉树，是又一个十年里，历史交给青海的第一个任务。

玉树重建的悲与喜

2013年10月，玉树藏族自治州政府宣布，州府结古镇成功地撤县立市。撤县立市让本地人逐渐告别“小县居民”的身份，向“城里人”迈了一步，更为脚踏实地的重建工作并没有让人们等得太久。2015年，随着共玉高速公路一期的基本建成通车，以及玉树至治多、多杂公路和珍称公路的建成通车，都改善了进出玉树和下属乡镇的交通状况，也让旅行者开始走得更深更远。更为温暖的是，2015年11月，历时7个月的玉树州无电地区独立光伏电站建设完成，并开始进入试运行阶段，玉树地区季节性缺电的难题将得到根本性解决。在这些支撑基本生活的钢筋铁骨陆续到位以后，玉树人真正需要长期直面的问题，也许是重组震后每个支离破碎的家庭，开始向天崩地裂的惨痛回忆微笑着告别。

2006年	2008年12月	2010年4月14日	2014年12月8日
青藏铁路全线通车。	西宁曾经的标志性建筑“大十字天桥”拆除，拟建地下商城和通道。	玉树发生7.1级地震，2220人遇难。4月21日全国下半旗哀悼罹难同胞。	穿越青藏高原多年冻土区的首条高海拔、高寒地区的第一条高速化公路共玉公路（一期）基本建成通车。

青海人

青海历史上多为藏区，但因和甘肃、新疆、四川为邻，互通往来频繁，逐渐变成了多民族的聚居地。各族人的许多习惯因此同化和交融，譬如：爱喝酒、擅长歌舞、性格豪爽、民风淳朴。由于深居闭塞的内陆高原，商旅匮乏，经济发展缓慢，安于现状者居多，闯荡世界者尤少。冬季里懒洋洋地窝着晒个太阳，时时享受生活才是青海人的本色。

汉族人口总比例：53.02%
少数民族总比例：46.98%
西宁及东部农业区占全省土地比例：2.84%
西宁及东部农业区人口占全省比例：67.2%
牧区占全省土地比例：97.16%
牧区人口占全省比例：32.8%

歌者和诗人，酒和浪漫

很多人关于青海的最初印象，来源于那首脍炙人口的由王洛宾根据青海民歌改编的《在那遥远的地方》，歌里那位"好姑娘"，"如明月般的眼睛"和令人"回头留恋地张望的粉红笑脸"，在那个年代里不知曾出现在多少人的梦中，让人念念不忘。以至于到了现在，但凡在青海湖边的金银滩路过，导游就会招呼游客们下车，去开满野花的草地上体会一下当年风流歌王在此遭遇牧羊姑娘的感觉——虽然看不到帐房和羊群，更不见姑娘和"她的小皮鞭"，但这遥远的浪漫仍让人们乐此不疲。

"姐姐，今夜我在德令哈……"，海子的一番极尽孤独的呢喃，让戈壁和青稞在那个白衣飘飘的年代里幻化为神物。当"今夜我不关心人类，我只想你"成为情书里被引用无数遍的金句时，为此奔赴德令哈的文艺青年们也许会失望地发现，原来德令哈，真的只是"雨水中一座荒凉的城"，那里除了空空的戈壁一无所有。

虽然海子与王洛宾都并非青海人，然而一诗一歌，吟唱的却都是青海。也许青海就有这样一种魔力，连过路人都会透过这里的荒凉和孤独，感受并传递出热情和温柔。在这截然相反、滋味杂呈的繁复意象里，青海人自身性格中的不羁与柔情也借此表露无遗。而酒，兴许是促使这一切人性本质释放的最好催化剂。

青海人爱喝酒（信奉伊斯兰教的青海人不在其中），尤其爱喝高度青稞酒，在这里"酒肉"和"朋友"是难以分开的，也是他们豪爽性格的最好诠释。不管是否相识，就算语言不通，只要三杯黄汤下肚，这些都不再是交流的阻碍。所谓"四海之内皆兄弟，五湖里外都朋友"，青海人的好客能在酒桌上展示得淋漓尽致，要是喝得兴起，还能边喝边唱起小曲儿来。由陌生到熟稔，对青海人来说，不过就是把酒言欢、推杯举盏中瞬间的事。这种植入骨髓的浪漫，同酒气一样，会无时无刻地从他们的每个毛孔里散发开来。

流放地里飘"花儿"

历史上的青海一向以流放犯人的荒蛮之地的面貌出现。一批又一批在主流社会找不到立足之地的失意者或倒霉蛋被迫来到青海，不管是避难逃荒还是亡命求生，他们在青海这个天高皇帝远的避难所安顿下来，开始自己新的生活。

生命是有魔力的。不管怎样的艰难困苦，在接受命运的苦难和磨砺的同时，青海人还不忘用歌和欢乐来点缀生活。于是这里又成了"花儿"的故乡。青海人以把日子过得慢为荣，他们觉得一年忙到头那不是生活，所以即使在繁华的都市西宁，从11月到次年的5月，青海人多半都像这片土地上的动植物一样，在忙着休养生息。而到了春暖花开时，人们的心头也如同被春风轻拂过一般，自然而然地解了冻。千树万树梨花开的黄河边、山头上，满是唱着"花儿"、诉说情话的年轻男女，那朝气蓬勃的样子，仿佛冬天从来不曾降临。

青海人的忘忧能力，堪称一流。

喝酒易误事。为安全起见，旅行者务必请你的包车司机在途中不要喝酒。在藏族宴会上，主人力邀你加入酒局，生硬的拒绝会带来尴尬，如不胜酒力，可礼貌告知，或用嘴唇小抿一下表示客气。记得抿前用无名指点三次酒在空气中轻弹，这是藏族敬天地神佛的习俗，同时也是对主人的尊敬。

青海的民族

汉族

相传，青海的第一批汉人是被迫从南京的"朱梓巷"移民来的，而那些被流放青海戈壁的人在释放后也扩充了青海汉族的队伍。但汉族真正大批涌入还是在1949年后，他们对当时青海的经济、文化、风俗习惯及社会所带去的影响是巨大的。现主要杂居在省会西宁及格尔木、德令哈等城市。

藏族

藏族在青海的历史可追溯至南北朝甚至更早。他们是青海少数民族中人口最多、居住最广的。青海的藏族分为安多和康巴两大族群，其语言和服饰各有不同。由于地域辽阔，根据生活习性还能区分成游牧和农耕两派。他们几乎全民信佛，宗教对藏族各种习俗有着广泛而深远的影响。

回族

回族信仰伊斯兰教，在青海的人口数和分布范围仅次于藏族。除了汉语外，宗教信仰使得他们仍会使用一些简单的阿拉伯语和波斯语。回族最隆重的节日是开斋节，一般为三天。按教法规定，伊斯兰教历的每年九月为斋戒月，开斋节即是斋月的结束。

青海人的"原声原味"

➡**夜市**：扑鼻的牛羊肉味，带动每个小摊子此起彼伏的青海话叫卖声，是青海人最真实的生活。

➡**清真大寺**：阿訇的声音从清真寺内传来，伴着厚重又浓烈的香味，仿佛魔幻剧场景。

➡**佛的寺院**：清澈的松香味，僧人们嗡嗡的念经声，一切都让人感觉安详。

➡**班车**：充斥着酥油味、体味、脚臭味、烟味、肉味等各类奇怪味道，时不时还有山寨手机高声放歌。

➡**民族串联**：各民族不同的生活习惯让他们身上带着不同的味道，发音各异的方言让交流变成了一件趣事。

《静静的嘛呢石》(2005年)是藏族人自编自导自演却未公映的一部好片。电影用藏历新年作背景，对人性中的原欲作出平静而深入的探讨。难得的是，片子一点都不闷。

撒拉族

又称"撒拉尔"或"撒拉"，是河湟地区另一个独有的少数民族，主要聚居在循化撒拉族自治县和毗邻的化隆县甘都乡。以汉语作为日常的通用语言。撒拉族和回族同信伊斯兰教，生活习俗也有许多相同的地方，通过不断地联姻和迁居，与回族及其他民族相互融合，使得这个民族得以注入新鲜血液并不断扩充，成为中国最年轻的民族之一。

由于没有本族文字，撒拉族的历史资料主要靠老族人的口头传说来保存。他们的祖先是突厥人的一支，原本与中亚的阿塞拜疆族是属同一血脉，元代后期从撒马尔罕长途跋涉迁徙到了青海循化落户生根。

土族

这个河湟地区独有的少数民族和蒙古族及历史上的吐谷浑国有着密切关系。土族的先民们来到河湟流域后，一部分融入了汉、藏民族，另一部分通过近八百年的发展，延续了本族的文化和习俗，也吸收了一些外族人作为扩展。土族居民原信奉多神教，也有一些人信奉道教。元、明以后普遍信奉藏传佛教，其他宗教信仰仍然存在。语言则由蒙古尔语演变而来，历史上没有本族文字。

蒙古族

青海的蒙古族和藏族相似，他们普遍信奉格鲁派藏传佛教。在盛大喜庆的日子里，蒙古族会在宴席上为长者或贵宾敬奉上美味的烤全羊。

宗教

都说“大美青海”，别以为只是指自然风光。青海粗犷的外表下，有珠玉纷呈的细腻内涵，不愧为宗教人文控的大爱之选。要至纯至正，玉树和果洛各派藏传佛教的庙宇灿若繁星；要多元化，河湟谷地多宗教并存；要出彩，同仁巫文化和热贡文化齐辉，人无我有、人有我精：你恋与不恋，最纯正的宗教人文体验就在这里。

藏传佛教

相对于卫藏这一“法域”核心，青海实在偏远。正是因为能在关键时刻远离是非之地，在朗达玛灭佛时，这里就成了前弘期法脉的避难所——就这样，风凉水冷的青海被历史选中，成为后弘期的发祥地、藏传佛教复兴和发展的重要舞台。

尊者称谓同义词辨识

藏传佛教博大精深，光是尊者称谓，就让人眼花缭乱：有活佛、喇嘛、上师、法王、法主、仁波切、班智达等。其中活佛、喇嘛和法王均流传甚广、歧义甚多。

汉地所称“**活佛**”，藏语称“祖古”（sprul sku），指的是转世的修行者，不是“活着的佛”；佛教认为佛是超越生死、不生不灭的。“**喇嘛**”源自梵语guru，本意为“上师”，指德才兼备、能引导信徒走上成佛之道的导师。虽然它似乎成了活佛的另一称谓，但严格来说活佛不一定是上师。

“**法王**”藏语原为“曲吉杰布”，指拥护佛教的吐蕃赞普，实非对僧侣的称谓。后来蒙元政权以之作为册封蒙藏重要僧侣（如八思巴）的非常设荣誉职衔；其在明朝进一步成为中央对蒙古和西藏地区设置的僧官制度中的最高级官衔。这种本为官衔的称谓通过转世延续至今，已在民间被引申应用为传法首领的称谓。然而，一些高僧大德也谨慎地认为，只有释迦牟尼才是真正的“法王”。

“**仁波切**”（rinpoche）意为珍宝，是对修行有所成就的僧人的亲切尊称，这个称谓并不专属于转世者。“仁波切”和“上师”是在藏地旅行时通用性较好的对高僧的得体称呼。

明朝封授三位藏传佛教的领袖或高僧为“法王”分区统领藏区教务：噶举派大宝法王，势力范围在藏东；萨迦派大乘法王，在后藏；格鲁派大慈法王，在前藏。大宝法王封授最早，礼遇最隆重，其所属噶举派在当时实力也最强。萨迦派的第一位“大乘法王”是元帝师贡噶坚赞之孙贡嘎扎西。大慈法王释迦也失是宗喀巴的八大弟子之一，格鲁派在清朝进入鼎盛时期后以“达赖”和“班禅”封号为至尊，而“大慈法王”的封号没有流传下来。

主要宗派

藏传佛教宗派的产生起源于师承不同，导致所奉经典和修持密法的不同。

大约在7世纪，佛教由天竺和唐朝两路传入吐蕃，与本土的苯教争执几百年，逐渐融合为早期藏传佛教宁玛派的雏形。9世纪朗达玛灭佛后，10

转世不是轮回

佛教认为普通的生命因悟性和修为所限，逃脱不了“轮回”辗转生灭之苦；而那些至少修至阿罗汉正果的觉者是有能力超脱轮回、不再受到因果业报制约的。因此修行者的转世就不是“生死轮回”的结果，而是这些充满使命感的修行达人们甘愿回到世间继续和俗人一样承受生死之苦，同时普度众生。

这种设想在宗教处于实际统治地位的藏区得到了落实，因为它能解决一个很实际的重大问题：教派首领的继承。转世制度由黑帽系噶举派在13世纪开创，在被格鲁派采用后举世闻名，目前内蒙古自治区、西藏自治区和蒙古国等地有数以千计的活佛转世系统。在格鲁派统揽藏区政教大权后，几次摄政僧侣涉嫌操纵转世灵童认定的迷离案情把清廷弄得很头大。乾隆末年，中央政府开始以金瓶掣签的方式介入藏蒙最高宗教领袖的转世灵童认定，以革除流弊，提高公信力。

世纪末一些译师再次从印度等地引入佛法，从而形成了一批被统称为“新译密咒派”的派别，包括噶当、萨迦、噶举等。15世纪初格鲁派创立，逐渐融合了噶当派，奉“中观应成派”学说为正见，迅速崛起为藏传佛教的主流。经过格鲁派的大力推广，如今的藏传佛教主要宗派在显宗教义教法上趋同，关键区别在于各自修习的密法（“不共修法”）。就佛法而言，这些区别都是法门，终究是圆融一体、互不相违的。

宁玛派

宁玛派六大主寺包括卫藏山南的敏珠林寺、多吉扎寺，康区甘孜的噶陀寺（青海达日查朗寺为其重要属寺）、白玉寺（青海果洛白玉寺为其重要属寺）、佐青寺（竹庆寺）以及雪谦寺（协庆寺）。卫藏山南的桑耶寺为宁玛派祖庭。

“宁玛”在藏语里面是古旧的意思，可见此派源远流长。

话说公元8世纪，莲花生等天竺高僧进藏传入了如今宁玛派教义中最精深的《大圆满法》。但和小说中的那些历尽磨难的无上秘笈不同，这些前弘期的经典安然躲过了9世纪朗达玛灭佛的百年浩劫，并在后弘期赢得了一批坚定的信奉者，宁玛派渐渐成形于11世纪，并在种种神迹传说中独放异彩，比如虹化和伏藏。

宁玛派最殊胜的教法是“**大圆满**”，大意是指能使你置身明灵空寂、圆满无缺解脱妙境的最佳法门。据说臻于大圆满后，圆寂时色身会**虹化**（长者经长年修炼而使身体聚集巨大能量，圆寂之际，肉身被能量转化为光质，缩小甚至溶化在虹光中，留下指甲、舍利子等证物）。一座有号召力的宁玛派寺院，总是会以曾有多少人在此虹化作为“成绩单”来证明它的实力。要练就虹化，就必须修习大圆满的精髓“宁提”法门，“**龙钦宁提**”（也称龙钦心髓）是最受欢迎的宁提法本。而这种通往终极成就的最后一道法门，是青海果洛多智钦寺寺主所持有的开放专利。这也是为什么宁玛派的主要派系会有“非常6+1”种：六大主寺分别发展出六大寺系，而多智钦寺一系以寺主为龙钦宁提法主而单列。宁玛派从未出过固定世系的执教掌门，这些大寺的法台一直以“意见领袖”的身份联合管理全教。

宁玛派还有神奇的“伏藏”传承。“伏藏”是指在传法机缘不成熟时，高僧将有形和无形的法藏，藏于寺院周边、深山、岩洞乃至人的意识里，以免法脉失传。伏藏分为书藏、圣物藏和识藏三种形态。书藏所藏为经书、咒文或史诗；圣物藏所藏的是法器、座像、高僧遗物等；“识藏”最为神奇，是把法门义理埋藏在人的意识深处，然后在某种神秘力量启示下，被授藏经文的人就能将其诵出或记录成文。善于发掘伏藏的人，被称为伏藏师或掘藏师。

据说伏藏始自苯教遭佛教打压时期的小试牛刀：在那个还不流行将信息上传到云端的时代，莲花生等宁玛派先祖常用此法，将传播因缘未成熟的法藏如此秘藏起来，待后世门人应运发掘。后来宁玛派将这个高招分享给整个藏传佛教。在凡夫俗子看来，伏藏这种“慢递+寻宝”的方式太玄了，相隔几百年，后人能确认“收货”吗？别担心，宁玛派总是神人辈出，好多高僧都是因为寻宝有功且鉴宝有方而法台高升的。前面提到的“龙钦宁提”，据说正是18世纪由晋美林巴凭着前世佛缘而打开了自己的**识藏**所取得的。

噶举派

噶举派气质独特，是隐士、苦行僧、巫师和艺术家。它喜欢把寺庙建到仙气渺渺的深山高崖，对彻底的出世主义者米拉日巴推崇备至；凭空催动三昧真火，将佛法与密咒共冶一炉；米拉日巴即兴创作十万道歌，大宝法王在音乐、舞蹈、绘画等才艺上展现天赋——对于噶举派，你无法不神往。

“噶举”大意为口耳相传的**金刚乘**密法，重视修习**大手印**和**那洛六法**。注意，此“大手印”绝非金庸笔下西域僧人类似铁砂掌的同名武功；这里是指禅定中个体意识同宇宙本体息息相印，得见圆明自性的至高成就境界。相对于格鲁派像哲人般、爱从纯粹哲学角度去思辨，噶举派更像灵修导师，无心纠缠于佛学名词，而关注心理感受和实修效果。像**拙火定**那样硬桥硬马的真功夫，就是实修佐证之一。月黑风高夜，比赛进行时：隆冬时节在零下二三十度的冰封河面上，几位修士赤身跏趺坐于冰雪中，每人身披一块被冰水浸透的床单，不久床单开始冒水蒸气，一个小时不到，竟活活被体温烤干了。几位“火大”的修士淡定地反复烤床单直到天亮，谁烤得多就胜出；如果不比烤床单，就比这一宿谁身边的雪化得最多。这叫人瞠目结舌的一幕在20世纪30年代被一位西方人发现之后，又在80年代应一群美国医学博士的要求再次展示，结果美国博士们变成狗仔队，缠着高僧们研究数年仍啧啧称奇，服到不行。这就是传说中的**拙火定**神功，**那洛六法**的基本功而已。

流传千年来，噶举派传承支系之庞杂，早已远超“四大派八小派”的笼统说法。原“四大派”之首的噶玛噶举借大宝法王的号召力仍保持绝对领先态势；人气较旺的还有原“八小派”中的直贡噶举、达隆噶举和竹巴噶举。青海玉树正是国内噶举派寺庙分布最集中的地方。

不过，史学界也认为对密法功效的追求在15世纪初走到极端，导致了藏传佛教像晚期的印度佛教跌入密教深渊，僧侣不屑于习经持戒，而妄求密咒法术和长生不死；比如拙火定再怎样精深，也只是帮助得定的法门而已，着相不得。格鲁派的出现及时刹住这种舍本逐末的风气，让藏传佛教回到经教修身的主线上来；而经显宗调和后的噶举、萨迦等派也因为保留

米拉日巴是怎样炼成的

米拉日巴的生平和一般高僧由香花美誉铺就的成长道路大为不同。

被夺家产并遭驱逐的寡母，将米拉日巴打造成苦大仇深、巫术高明的复仇少年。直到快意恩仇带来了生灵涂炭，他才幡然醒悟，决心悔过自新，休习正法，改信佛教。玛尔巴（噶举派的开山祖师）对这位犯有前科的年轻人百般顾虑，小伙子则默默地以长期异常繁重的劳役来展现诚意，终于打动上师得到了真传。此后近20年自虐式的深山苦修，使他脱胎换骨为证道的高僧，而自我放逐的岁月也让他变为诗人，以道歌十万篇感召追随者如云……

不是每个充满佛性的浪子回头励志故事都理所当然地以大团圆结局：年少时用巫术咒杀无辜的这位佛教宗师，对自己耄耋之年被毒死的完结方式，应该不会感到太遗憾吧。

密宗的光辉传统，成就了藏传佛教的“西密”传奇。

萨迦派

萨迦派守望藏传佛教文化不遗余力。元朝时以帝师之名号令藏、汉、印度、北庭名僧云集大都（今北京），用梵文原本对勘藏、汉文佛教大藏经典历时3年，为《藏文大藏经》的编定和刻印打下基础。藏文化雕版印刷“活化石”德格印经院也是由萨迦派更庆寺所建。主寺萨迦寺至今仍是藏传佛教中藏书最为丰富的一座寺院。

萨迦派的“品牌形象设计”无疑是很成功的：辨识度最高的就是寺院建筑外墙上刷着的红、白、黑三色花条。三种颜色分别代表文殊、观音和金刚手菩萨三位怙主，而萨迦法王一直以“三怙主的化身”传承至今。主寺为后藏萨迦寺。

凭借离印度较近的地缘优势，萨迦派天生适合做学霸，各种显宗流派都能掺和些。它在显宗上注重经论的翻译及辩经，**中观应成**学说（佛法为空）和其相对的**唯识见**（佛法为有）都有传承；但自身则很中庸地认为佛法非空非有。不同于宁玛和噶举强调顿悟，它主张按严格次第渐修，“道果法”是其特色修法。《十三金法》为该派的王牌密法（不共修法）。

相对于萨迦派的教义教法，世人似乎更津津乐道于它那曾经显赫又短暂的辉煌。被尊为“萨迦五祖”的八思巴声名鹊起于1258年在元上都隆重举行的一场佛道辩论会，佛教方以年仅23岁的八思巴为辩论组组长，辩论以道教一方服输、十七名道士削发为僧而告终。不久他受封国师并被忽必烈重用，掌管全国佛教和藏区事务，由此首开西藏政教合一先河，萨迦派进入全盛时期。八思巴奔走于蒙藏之间，几度路过玉树，将萨迦派传入青海，称多尕藏寺见证了这段历史。元朝北遁后，失去依靠的萨迦派不时与噶举派争夺密法和政教权，导致藏地教风涣散，催化了格鲁派的迅速崛起。

世人更愿意“八卦”的，就是萨迦派法位的家族世袭现象。其实早在灭佛的百年间，后世被宁玛派奉为前辈的在家秘密修行人就有法脉家传的情况，至今宁玛、噶举个别派系领袖结婚生子也不鲜见。但萨迦派法嗣结婚生子已成定制（不继承法位的出家子女不能结婚），这点上确实比别的宗派要鲜明。如今萨迦派由度母宫和圆满宫两房的长子轮流掌教。

格鲁派

格鲁派崛起于明清时期，在青海660多座藏传佛教（含苯教）寺庙中占据半壁江山，主要大寺集中在东部河湟谷地。宁玛派最早进驻青海，目前约有170多座寺庙，集中在果洛地区，果洛寺庙总数中的近八成属于宁玛派。噶举派和萨迦派寺院分别约100座和30座，主要集中在玉树。觉囊派在青海的6座寺庙集中在果洛。苯教的11座寺庙主要在黄南和海东。

一顶显眼的黄帽子，藏着格鲁派的教义：后弘期以来，藏地的持律大德均戴黄僧帽。“格鲁”藏语意为“善规”。15世纪初，教风萎靡，宗喀巴创立格鲁派时没有像平常那样戴红僧帽，而选择戴黄僧帽，以示戒法重兴的决心，黄帽因而成为格鲁派标志。

佛教与其说是宗教，其实更像哲学：不以神为中心，却极为重视**见地**（看待事物的终极方式）的思辨。宗喀巴能被奉为大宗师，务虚思辨那是一流的，他完善的**应成派中观见**学说，使格鲁派与多多少少偏**唯识见**的宁玛、噶举、萨迦、觉囊等派在思维出发点上区别开来。粗浅地讲，争辩焦点在于佛法真谛（“胜义”）到底是空还是有，格鲁派说“毕竟空”，其他派认为好歹“有”点（“**胜义有**”）；禅宗旁白：空和有都是圆觉自性在表达上的方便，不必执着。如果你看着犯晕，这很正常，这历史遗留兼国际难题，早在天竺就辩论了数百年。想弄明白点，宗喀巴首本名作《菩提道次第广论》是极好的课外阅读作业。格鲁派在教法上糅合了几乎各派元素，所创的格西学位含金量甚高，各种藏传佛教显宗修学制度趋于完备。大威德法是它最重要的密法。

凭借浊世清流的气质，格鲁派创教伊始便人气急升。它创教比其他教派足足晚了几百年，却能迅速定鼎全藏，其后发优势远不止教义教法的先进性本身。大概是宗喀巴出色的外联能力为格鲁派注入了发展基因：宗喀巴以降第三、五、七世达赖喇嘛的长袖善舞让格鲁派在四邻纷飞的战火中不仅毫发无伤还能左右逢源，最终实现政教合一。在这个过程中，河湟谷地和环青海湖一带作为卫藏联系清朝和蒙古政权的桥头堡，由稳定政权力撑的格鲁派得到突飞猛进的发展，青海五大格鲁派寺庙均位于此。这片地区还为藏传佛教界输送了大批高级别世系的名僧，当代的就有十世班禅和六世嘉木样等。

格鲁派六大寺：位于拉萨周边的甘丹寺（格鲁派祖寺，宗喀巴创建）、哲蚌寺（规模最大），以及沙拉寺（大慈法王创建）、日喀则扎什伦布寺（班禅驻锡地）、青海塔尔寺（宗喀巴出生地）和甘南拉卜楞寺（嘉木样驻锡地）。青海格鲁派五大寺：塔尔寺、夏琼寺、隆务寺、佑宁寺、广惠寺。

觉囊派

怎么竟然还存在一个觉囊派?！你可能会很诧异，当年十世班禅对此也很诧异——普通人诧异是因为孤陋寡闻；班禅诧异是喜出望外，他当然听说过这个曾经与其他四大教派齐头并进的教派，但印象里，觉囊派难道不是300年前已不存在了吗?

话说该派始于宋代，元代在卫藏盛极一时并开始传入安多；沉寂到明万历年间再度中兴，巅峰时期曾远赴漠北为蒙古汗王传法，成功开拓了大片新教区，传法领袖**多罗那他**（1575~1635年）被尊为“哲布尊丹巴”，从而开创了蒙古最重要的转世世系。然后，极盛的觉囊派彻底消失了，事关觉囊派的两个思想利器是：**“时轮金刚法”**和**“它空见”**。前者人见人爱，因为“在所有的续部中，时轮金刚是最高的大法，是一切本尊之王”（当代哲蚌寺大堪布评价），各宗派最高级的僧侣都渴望修习到正宗的时轮金刚法；后者却比较要命，其略带唯物色彩的见地不时遭到非议，在五世达赖的政治布局中，“它空见”成为异端，觉囊派被勒令改宗格鲁，寺产充公、封禁经籍印版。刚从漠北赶来卫藏继承法座、涉世未深的一世哲布尊丹巴（多罗那他的转世）被迫改宗格鲁派。

几百年来卫藏僧侣时常为正宗时轮金刚法失传而心有戚戚，没人知道，天无绝人之路：当年觉囊派的一些门人对本教不抛弃不放弃，有生力量秘密转移到安多深处的子寺，把时轮金刚原原本本地延续下来。偏僻的四川壤塘由此成为觉囊派的再传法源，教区辐射到青海果洛等地。20世纪80年代，这支纯净法脉的重现让十世班禅眼前一亮，藏传佛教界再度喜迎“金刚”归来。有机会到青海可以去班玛看看造型独特的觉囊派寺院阿什羌寺，甚至沿着玛柯河谷一直南下，去往四川的再传法源壤塘。

苯教

名称听起来有点令人困惑，似乎不是一个“派”，而是一个“教”。因为苯教僧人头裹黑巾，俗称“黑教”。确实，苯教是传自古象雄地区的藏区本土原始宗教，这个没有独立教义、典籍，重视巫术和祈祷的原始巫教，也曾与藏传佛教平起平坐，但那都是老黄历了。传说自从苯教首领阿穷杰博与莲花生大士斗法败阵后，苯教诸神就被藏传佛教收为各路护法。而史实中，在8世纪吐蕃赞普赤德松赞组织的一次佛、苯辩论会上，苯教落败，被藏王下令改信佛教或者放弃宗教教职成为平民。就这样佛教将千年来一直在藏区呼风唤雨的苯教化作一个“有益补充”。须知藏传佛教其他教派均按顺时针转经，苯教却是逆时针转的；苯教雍仲符号也刚好与佛教万字符“卍”的转向相反：如此格格不入的两个宗教，终归不打不相识，最后彻底融合。

可不要因为苯教是创建于公元前5世纪的原始宗教就给它扣上“out”

的帽子，实际上，苯教是藏传佛教独特魅力的一大源头，像万物有灵引出的神山圣湖崇拜、天葬、杂密咒术等经久不衰的传统，以及被宁玛派发扬光大的伏藏传承，都是苯教的原创。如今苯教最集中的教区在卫藏的那曲、昌都和安多甘南等地，黄南同仁的旺加寺是青海最大的苯教寺院。

“伊斯兰”系阿拉伯语“顺从”之意，指顺从和信仰真主安拉，以求得两世（现世和末日后的后世）的和平安宁。穆斯林需念清真言作为信仰的表白：万物非主，唯有真主，穆罕默德是安拉的使者。当众表白一次，名义上就是一名穆斯林了。伊斯兰教主要分为逊尼和什叶两大派系，前者被认为是主流派别，中国的穆斯林也大多属于逊尼派。

伊斯兰教

可口的清真饮食、繁荣的物资流通——不辞劳苦的穆斯林带给世界的深远改变远不止这些。在一位美国历史学家所撰写的《影响人类历史进程100位名人榜》中，排第一位的，是伊斯兰教奠基人穆罕默德，汉语尊称“穆圣”。不过，对于奠定伊斯兰教在中国西北的地位，穆圣时代的文化商贸交流方式还是太斯文了点；是横冲直撞的蒙古铁骑，让伊斯兰教在中国西北格局大开，终成定势。

伊斯兰教于7世纪随商旅从中国南部沿海城市和西北丝绸之路传入。青海位于丝绸之路南线（青海道）和唐蕃古道两条大动脉的交会处，唐宋间西域商贾往来不断。西北战乱频繁时，适逢唃厮啰政权招商轻税、武装护卫商队出入境，西域商人们逐渐在河湟流域聚集，成为该地区的回族先民。随着蒙古铁蹄踏平欧亚大陆，再次贯通的东西干道上，有呼啸而来、屯居于甘宁河湟的“西域亲军”（蒙古人从中西亚整编并带回的当地军兵，如保安族的先祖），也有迁居循化的部族（如撒拉族来自撒马尔罕的先祖）。这些信奉伊斯兰教的民族集体空降青海和中国西北的其他地区，使伊斯兰教在该地区得以广泛传播。然而，这些还只能算蒙古西征捎给真主的副产品；真正的献礼，是主政青海的元宗室诸王（安西王、西宁王等）以及汗国（察合台汗国）前赴后继地举国皈依，让伊斯兰教牢牢地扎根在中国西北至今。

要了解穆斯林的习俗，不得不提其秉持的五项基本功课。**念功**，念清真言。**礼功**是穆斯林与安拉心灵交流的礼拜时间，每天五次，每周一次主麻日聚礼拜，每年两次的会礼拜（古尔邦节和开斋节的礼拜）。**斋功**，成年穆斯林在斋月里清心寡欲，黎明到日落期间不可进食。**课功**，有一定财力的穆斯林每年需将自己至少2.5%的盈余现金用于教内公益，在中国可以直接交给那些穷困无依的穆斯林（但亲戚不算）。西宁一带的穆斯林较为富裕，所以常有贫困地区的穆斯林前来寻求施予。**朝功**，一生至少一次在教历12月8至10日到麦加朝觐。

民间信仰

民间信仰大多是原始宗教或古代英雄崇拜的遗蜕，他们小众、非主流，还有点奇葩，是异彩纷呈的人文亮点。随着社会发展，它们在别处逐渐淡化，而青海广袤的天地还为他们保留了一片本色的空间。

格萨尔王崇拜

青南高原上有多少个县城，就几乎有多少个以“格萨尔”命名的中心广场；偶尔不叫格萨尔广场的，也会叫“珠姆广场”——珠姆是格萨尔王的爱妃；上点档次的酒店往往名为“岭国酒店”——岭国是格萨尔王的领地。无处不在的格萨尔到底是何方神圣？

格萨尔王的生平很戏剧化，戏剧到基本只属于民间文学范畴（主要载于《格萨尔王传》)，其人其事在正史中鲜见记述，但还是被热情的本地学者考据为11世纪果洛的一个部落首领。传说格萨尔王自幼家贫凄苦，少年时代通过赛马称王改变命运，成为岭国之王，一生戎马，统一了许多部落。大概是因为这种极具牧区特色的奋斗史契合了当地人心中对英雄的典型想象，后世继续给他附会上除暴安良、霍岭大战等事迹。后来宁玛派僧人将其认定为本门祖师莲花生的化身（竹巴噶举则认定他是莲师弟子的转世），杰出的军事成就进一步升级到降妖伏魔的神勇功绩。终于，格萨尔王幻化为藏族人心目中的战神、护法神，果洛玉树等地区对这一偶像鼎力拥戴，自称是格萨尔后裔。

格萨尔王崇拜对文艺创作的影响不可估量，青海非物质文化遗产名录的项目里有半打都与之相关。果洛许多寺庙组织了格萨尔藏戏团，开创的“马背藏戏”很有群众基础。最令人瞩目的要属尚未搜集完整便已铁定是世界最长史诗的《格萨尔王传》，其幕后缔造者、传唱艺人和记述者们大多目不识丁，却会突然变身为才思喷涌的大诗人，成年累月激情澎湃地传颂格萨尔的功绩。人们相信，这就是格萨尔王神迹的自然流露。

巫文化

巫术和宗教都有信仰、教义、神话和仪式，但巫术更简陋些，也不在单纯的思辨上浪费时间。

同仁有很多独具特色的人文体验，可谓人无我有、人有我精。如果说精美绝伦的热贡艺术是“人有我精”，那么叫人瞠目结舌的巫文化习俗就是那个“人无我有”。

每年一度盛大的六月会上，那些昨天还屏住呼吸在唐卡上细细描画的民间画师，今天开始就争着拿五寸长的钢钎（类似自行车轮辐条）戳在自己脸上、背上，还要排队让巫师“拉哇”在额头上砍出血痕。“拉哇”自己更是在降神后开始终日癫狂地颤抖，口中念念有词，把自己额头砍得血流如注，以鲜血这种珍贵的生命之源当作祭品献给阿米夏琼等热贡众神。这些重口味的血肉祭，正是人类早期巫文化的一个显著体现。据说隆务寺活佛曾几次禁止这种有违佛教不杀生教义的祭祀方式，但收效甚微。六月会上还有起源于原始生殖崇拜的唱“拉伊”（情歌）活动，这也是巫文化的一个缩影。

在同仁，与六月会同样诡异的，还有跳“於菟”（古汉语意为老虎），但并不血腥，只是顽皮。虽说是以驱邪为目的，但更像是童心未泯的集体恶作剧。几个精壮小伙儿大冬天光着膀子，全身用油彩画上虎豹斑纹，嘴里啃着生肉，然后在全村挨家挨户翻墙而入，搅得大家鸡犬不宁。各家需以事先准备好的圈饼打发“老虎”们，像送瘟神一样把它们请走，这样家里的晦气也被冲个一干二净。这种对老虎的崇拜，被认为脱胎自古代巫文化中的图腾崇拜。

建筑和艺术

粗犷淳朴的高原文化，中原与藏地交会的地理位置，为青海的建筑和艺术赋予了生命的力量、独特的个性、历史的厚重与新时代的勃勃生机。从传唱不衰的花儿民歌，到仪式繁复的宗教舞蹈；从远古时代保留至今的夯土建筑技术，到精雕细绘的佛教寺院；从穿针走线的精美刺绣，到描金绘彩的热贡唐卡……一场场精妙绝伦的视听盛宴，等待着你用心享用。

建筑

历史上，青海曾是中原、吐蕃、中亚和其他少数民族多种文明交会的地区。历史的长河翻滚，沉淀出青海各民族独具个性、又饱含多文化交融之美的建筑特色。

宗教建筑

青海宗教建筑的文化多元性，无疑是青海建筑的一大特点。由于青海所处的特殊地理位置，汉文化对青海的宗教建筑影响颇大。受“文革”的影响，各宗教建筑都遭到了不同程度的损毁，几经修复，风韵犹存，仍能让我们一领其独特的艺术魅力。

藏传佛教宗教建筑

“平屋顶，红、白墙，黑窗框”，如果这是你对藏区建筑的粗浅认识，那么到了青海，你会发现，这里的寺院建筑看上去总显得有点与众不同。

9世纪后期藏传佛教在青海广泛流传。入元后，随着元朝势力对藏区的控制，中原文化逐渐渗透。到了明清时期，青海的佛教寺院进入大规模营造期，不少寺院的修筑，直接由中央政府拨款，甚至由汉地工匠进行技

青海的佛塔

佛塔起源自印度，是藏区寺院和村野随处可见的宗教建筑。佛塔由塔基、塔座、塔身和塔顶四部分组成。建筑样式融合了印度塔的神韵，在功用上，则用以宣扬佛法、纪念高僧功绩，或存放其舍利、遗骨为主。**塔尔寺**的“如来八塔”，为赞颂释迦牟尼一生八大功德而建，也是青海地区极具代表性的佛塔建筑，充分体现了青海佛塔的建筑基调——八塔“一”字排列，塔座逐层起高，四周彩绘有雪山狮子等藏传佛教图案，塔身通体雪白，圆柱形的塔身顶部微微隆起，一侧设有拱门，塔顶饰有鎏金日、月。与如来八塔相比，**龙恩寺**（见184页）的佛塔显然有点另类：一座是纯正的印度式佛塔，塔身为白色半球形，塔顶四方绘有精致的佛眼；另一座则是金黄色的梯形高塔，据说是效仿释迦牟尼修炼成佛之地的塔修建而成的。此外，方形塔身的佛塔在青海藏区也较为常见。

术援建，众多“历史遗留问题”使得青海的寺院建筑，杂糅了藏、汉的建筑艺术风格。

与平式屋顶、上饰法器和吉祥物等传统藏传佛教建筑不同，重檐歇山式、单檐歇山式的汉式屋顶设计，也被广泛应用于青海各寺院。以汉地常用的石条、青砖作为石块墙体的补充，同时融进藏式的鞭麻墙，是青海寺院建筑的另一大特点。墙体外饰上，时轮金刚、梵文咒语、宗教壁画，又赋予了其鲜明的藏式特征。这些建筑风格，在**塔尔寺**（见75页）上体现得最为明显。

塔尔寺的主体建筑大金瓦殿，是一座具有藏汉合璧建筑特色的重檐宫殿式金顶建筑，分上、中、下三层——基底由条石砌成，之上是琉璃瓦砖墙；第二层正面有小回廊，其余三面是藏式鞭麻墙，两侧的墙壁上各镶有梵文铜镜；顶层为重檐歇山式金顶，檐口装饰有镀金云头、滴水莲瓣，四角设有金刚套兽和铜铃。另一侧的小金瓦殿则为单檐歇山式屋顶。寺内主要殿堂、檐廊、回廊的墙壁上都绘有宗教壁画，殿内唐卡高悬。

鞭麻是高原的一种特有植物，在藏传佛教传统寺院建筑中，多将鞭麻染成赭红色，切成段后码齐在墙体上部，俗称鞭麻墙。这种建筑构造，既减轻了墙体负重，又利于室内通风换气。

回族宗教建筑

青海的回族建筑清真寺，与世界各地清真寺设计元素趋同：主要建筑是尖顶球形屋顶的大殿，供信徒祷告，殿内的壁龛指向麦加的方向，大殿两侧的唤礼楼，供宣礼者召唤教徒祷告，建筑装饰上以花卉纹样为主。另一方面，青海的主要清真寺建筑多兴建于明清之后。受中原文化和多民族杂居文化的影响，其结构与建筑细节上，又不乏中国传统建筑之美。

显著的中国古典建筑风格是青海清真寺的一大特色。西宁的**东关清真大寺**（见61页），整体布局为中国传统殿宇式建筑风格，大殿外形仿照明代“金銮殿”的形式，砖木结构，外壁用大青砖砌成，前廊两侧饰有精致砖雕，大殿屋顶覆以琉璃瓦和小青瓦。南、北两侧各一座两层高的厢楼，为汉地传统的歇山式建筑。此外，汉族的木雕艺术同样被大量用于清真寺的装饰上。循化的清水清真寺以木雕著称，大殿门框、梁柱、藻井等处都有精美木雕，内容繁复、雕工精美。除了喜鹊、鹿等汉族传统喜庆图案外，还不难找到法螺、宝盖等藏族传统图案。

民居建筑

青海东部农业区居住着汉、回、土、撒拉、藏、蒙古族，西、南部则以藏、蒙古族为主。在漫长的历史发展中，各民族间文化上互相渗透、融合，另一方面，青海严酷的自然条件，也使得青海民居在不同的地理环境和生活方式影响下，产生了巨大差异。

帐房

帐房是藏区游牧民的古老住宅，青海的游牧民依旧生活在这种便于搬迁的传统民居里。日月山以西，广袤的草原逐渐铺陈开来，放眼望去，一座座尖顶、低矮的黑褐色帐房分散在平坦开阔的草地上。帐房的主体部分是一块以牦牛毛纺织而成的毡毯，中心部位由直立在地面上的木棍撑起，形成居住空间，毡毯四周固定在地面上，结构类似户外野营帐篷。帐房面积一般都不大，十几到二十多平方米，普遍较矮，支点多在2米以内。麻雀虽小，五脏俱全，厨房、卧室、佛堂一应俱全。除了传统的牦牛毡毯帐房外，如今，白色棉布材质的帐房也随处可见，不少帐房上还缝制有吉祥节、祥

卡约文化存在于约公元前900年至前600年，是中国西北地区的青铜时期文化。其因1923年首先发现于青海湟中卡约村而得名，主要分布在青海境内的黄河上游及其支流湟水流域。

篱笆木楼

循化县的孟达地区，至今还保留了不同于庄窠的撒拉族传统建筑——篱笆木楼。

孟达地区林木资源丰富，又是坡陡而平地少。来自中亚的撒拉族先人在此定居后，充分考虑当地的自然条件，又结合周边少数民族的建筑样式，自主研发了这种综合其他民居所长、又取材方便不占地方、同时具有鲜明特色的建筑。与庄窠类似，篱笆木楼以木材作为建筑的框架支撑，但与前者完全不同的是，墙体是由杂木枝条编织而成的中空结构，两面再抹以草泥，既减轻了楼体自重，又起到了保温隔热作用。与碉房和庄窠类似，木质的门窗和柱子雕有精美花纹。由于撒拉族过去以农牧兼作的生活方式为主，篱笆木楼又借鉴了碉房的建筑功能：低层为牲畜圈棚和仓库，二楼则是卧室和客房。

所以，1989年中国发行的一套中国民居邮票中，撒拉族的"篱笆木楼"因其独特的建筑样式，被选作青海民居的代表。由于经济发展和新型建筑材料的出现，近几十年来，篱笆木楼已濒临绝迹，2008年被列入《国家级非物质文化遗产保护名录》。

云等藏传佛教的装饰图案。

碉房

青海南部玉树、果洛、黄南州的部分地区，主要居住着信奉藏传佛教的藏族和土族，在这里，石头或石片搭建的碉房是主要民居形式。碉房主要为石、木结构：墙体采用大小均匀的石块，逐层堆砌，再以小石块和黏土填补缝隙，窗框、房梁则由木头搭建。碉房一般两三层高，底层为牲畜圈棚，二层为卧室、厨房和佛堂。屋顶为平式，用作打麦和晒谷场。在碉房建筑上，青海的绘画艺术被体现得淋漓尽致，窗框和房椽上通常绘有色彩浓郁的精美花纹，以藏传佛教宗教元素为主。

互助土族自治县五十乡土观村，形成于唐朝末期，这里尚保留了大规模的土族庄窠建筑群，虽然不少民居已经过"现代化"改造（如在墙体贴上瓷砖，加装铝合金窗框等），但仍有六七座庄窠建筑保持了"原汁原味"的传统特色。

庄窠

庄窠又被称为"庄廓"，是居住在青海东部农业区的回、藏、土、撒拉族居民普遍采用的建筑样式。庄窠以黄土和木材为主要建筑材料：黄土夯筑院墙和居室墙体，木材架梁承重。据考证，青海东部的先民早在卡约文化时期，就掌握了夯土技术。

在院落布局上，庄窠受汉文化影响较大：独门独院，院内布局有四合院、三合院等样式，主楼坐北朝南，一至两层高，院子东、西两侧为厢房。前檐和窗棂饰有精美木雕，受汉文化影响，其主题多为寿山福海、牡丹富贵等汉族传统吉祥图案。屋顶施以草泥，用小磙碾压平，用作晒谷场。庄窠的特别之处在于其室内多筑有土炕，并留有洞口，冬季时在土炕下生火，起到为室内加温的作用。

循化撒拉族自治县大庄村，现存14座保存完好的篱笆木楼，其中4座建于明清时期。

不同民族间的庄窠建筑还有些细微差别：回族庄窠院门多饰有砖雕，进门是照壁，院内设有自用井；藏族和土族因信奉藏传佛教，院内立有经幡旗杆，角落里还设有煨桑炉。

绘画

14世纪至15世纪，藏传佛教传入同仁地区，由于藏传佛教的兴起及寺院建筑的不断扩充和装饰，热贡隆务河畔的吾屯上庄和下庄、年都乎、郭麻日、尕赛日等自然村，兴起了主要为宗教服务的绘画、雕塑等艺术。同时，混居青海的土、撒拉、蒙古等少数民族的传统手工艺，如刺绣、剪纸等，虽发迹中原，但在藏文化的影响下，汇聚成了一支新的血脉。

唐卡

随着青藏铁路开通，藏传佛教文化生活的方方面面逐渐渗透至内地。长期以来，一直受当地政府保护与发扬的“热贡唐卡”“藏娘唐卡”“吾屯村”渐渐被越来越多的人所熟知。

从热贡文化艺术网（www.regongart.com）上，你能了解到关于热贡艺术的方方面面。

热贡（藏语“金色谷地”）位于青海黄南藏族自治州同仁县隆务河畔，早在15世纪或更早便以艺术而得名。这一地区的吾屯、年都乎、郭麻日等藏族、土族聚居村，数百年来，村中男子十有八九都传承着从宗教寺院走出来的民间佛教绘塑艺术，其从艺人员之众多，群体技艺之精湛，令人叹为观止，故这里有“藏画之乡”的美誉。随着画师们的足迹，唐卡艺术已遍及西藏、青海、四川、北京、甘肃、内蒙古等国内各地，以及印度、尼泊尔、泰国、蒙古等国。热贡绘画唐卡色彩艳丽，善用黄金、纯银等进行画面装饰，呈现出金碧辉煌的艺术效果，造型趋于写意，从根源上说属于西藏勉唐画派。

位于玉树地区的藏娘，又称“佐娘”，是热贡唐卡之外青海唐卡绘画的另一重要流派。其色彩、质地、构图等方面与热贡唐卡有着诸多相似之处，但在主题与画风上更具浓郁的生活气息，画面更加鲜活而富有情趣。此外，藏娘唐卡的绘画技艺基本上属于家族传承，主要靠师徒之间的言传身受，有些艺人世家尚保留有部分珍贵的大小不一的唐卡草图。

壁画

壁画的历史比唐卡更久远，是以建筑为载体的藏传佛教绘画形式。由于没有唐卡便携，壁画的传播范围有限，仅供前去庙宇朝拜的信徒或旅行者观瞻，而且虽同属于“热贡艺术”，但名声远没有唐卡来得响亮。壁画对庙宇起到极强的装饰作用，内容和题材与唐卡类似。广阔的作画空间，十分方便用来讲述佛教故事。铺满整个墙壁的巨幅佛经“连环画”，为信徒们带来影院级别的效果，极具视觉传达力。

勉唐画派，开创于15世纪，是藏区近代影响最大的绘画流派，以拉萨为活动中心，主要流行于卫藏地区。该画派的创始人是勉拉·顿珠嘉措。他出生于洛扎勉唐（今山南地区），勉唐画派便由此而得名。

壁画按照表现形式分两种：墙壁上的宗教画和柱头、梁枋上的装饰画。前者制作方法又分两种：一种是布幔画，先在白布上绘制内容，再嵌以木框，装钉在墙壁上；另一种是直接画在经过特别处理的墙面上。在青海的诸多藏传佛教寺庙中，属**塔尔寺**（见75页）和**瞿昙寺**（见84页）的壁画特色最为突出。

塔尔寺壁画兼具了“布幔壁画”和“墙绘壁画”两种制作形式，讲经院内的壁画为前者，壁画以柱为界，一柱一幅，又被称为“间堂壁画”。壁画与唐卡的作画材料相仿，皆以矿物质提取的颜料着色，色彩经久不褪。始建于1392年的瞿昙寺，为明朝的皇家寺院，除了墙体剥落等原因造成的损毁外，寺内至今仍有约360平方米的壁画留存，穿越600余年的宗教故事历历在目。画作出自明代宫廷画师之手，以汉地绘画风格讲述藏传佛教的宗教故事，创意超出你的想象。

手工艺

酥油花

酥油花源于西藏的苯教，被藏传佛教吸纳并传承至今，得益于宗喀巴

如何制作酥油花

酥油花的制作分为四道工序:

首先要“扎骨架”。用加工的柔软草束、麻绳、竹竿、棍子等物,根据想表达的内容,扎成大小不同形态的“骨架”,即所塑造的基本模型。

其次得“做胚胎”。用上一年拆下来的陈旧酥油花,掺和草木灰反复捶打,制成韧性好、弹性强的黑色塑造油泥。然后裹在骨架上完成粗糙但准确的一个个初步造型,其塑法近似面塑或泥塑。

再次是“敷塑”。塑造的第二道原料是在加工成膏状的乳白色酥油中揉进各色矿物质颜料,调和成五颜六色的油塑原料,仔细涂塑在做好的形体上,有的还要用金、银粉勾勒,完成各色形象的塑造。要是塑造红花绿叶,或是玲珑剔透的珠玉宝石,则直接用彩色油料一次塑成。

最后一道工序是“装盘”。把塑好的酥油花按设计总图的要求,用铁丝一一安装到位,固定在几块大木板上或特制的盆内,高低错落有致,件件立体悬空,可以从不同的角度观瞻玩味。

(1357~1419年)大师的“跨界”精神。

公元641年,文成公主入藏时带去释迦牟尼佛像一尊,将其供奉在大昭寺内。这尊佛像原来没有冠冕,宗喀巴学佛成功以后,在佛像头上献了莲花形的“护法牌子”,身上献了“披肩”,还供奉了一束“酥油花”,从此,酥油花便名正言顺地登上了藏传佛教的殿堂。不久,以酥油花礼佛的方式传回了宗喀巴的诞生地——塔尔寺,其制作手艺,在当地艺人们长期精心研制下达到了很高的艺术造诣。

酥油花虽名曰“花”,但其题材多样、内容丰富,主要以佛祖神仙、菩萨金刚、飞禽走兽、花鸟鱼虫、山林树木、花卉盆景组成各种故事情节,形成完整的立体画面。其形式继承藏传佛教艺术精、繁、巧的特点,在一个有限的空间中容纳极多的内容。大至一两米、小至十到二十毫米的人物走兽,个个精到、写实,而其姿态神韵力求传神达意。

酥油花的造型特点和手法类似国外盛行的蜡像艺术,但因为酥油具有低温凝固、遇热融化的特性,不宜长期保存。塔尔寺僧人一般只在冬天制作酥油花,他们不仅要忍受身体的严寒,手指还要时不时浸入冰水,以防止手温让酥油胚变形。恶劣的创作环境,诞生了精美绝伦的艺术作品,伴随而来的还有僧人手上的冻疮。但内心的虔诚和对艺术至美的追求,已使他们完全超越了肉体上的痛苦。

塔尔寺酥油花在每年农历正月十五灯节时展出。一到春天,精美的杰作慢慢融化,颇有沙画坛城的意味。

堆绣

堆绣是广泛流传于青海湟中地区的一种手工艺,以“剪”“堆”“绣”等技法塑造平面艺术形象,相传有600多年历史。在塔尔寺建寺之初,堆绣技艺便与唐卡艺术相结合,被应用在了寺院装饰上。

堆绣的制作程序分为图案设计、剪裁、堆贴及部分上色等。与传统刺绣手法不同,堆绣工艺品是用各色棉布、绸、缎,剪成佛像、人物、花卉、鸟兽等,构成完整的画面,以堆贴为主,绣制为辅。一幅好的堆绣作品人物栩栩如生，画面层次分明。

在表现手法上，堆绣分为 “平堆”和“棱堆”。“平堆”是将图案直接堆贴在布幔上，其特点是画面均匀平展，色块突出，装饰性强；“棱堆”也叫“立体堆”，与平堆不同之处在于，图案与布幔之间还要填充进羊毛或棉花，使画面微微隆起，其作品具有强烈的立体感，如同一幅丝质的彩色浮雕。

青海的堆绣艺术因塔尔寺的堆绣唐卡而声名远播，“堆绣”同“壁画”“酥油花”并称“塔尔寺三绝”。但与壁画、酥油花不同的是，堆绣作品一般不表现大场面，着重于人物造型和神态，讲究各色绸缎的搭配。随着社会的发展和当地政府对堆绣艺术的扶持，如今堆绣已不再拘泥于佛教题材，民间传统吉祥图案、花卉、山水风景等堆绣纪念品也纷纷涌入市场，以满足普通大众的审美需求。

刺绣

青海刺绣远没有苏绣、蜀绣闻名，很容易被人忽略，但只要你足够细心，不难发现其身影。身着盛装的藏族姑娘配饰、端午节热闹市集上的荷包、蒙古族姑娘脚上的布鞋、农贸市场的手工鞋垫、土族娃娃的肚兜……甚至青海的“花儿”也有唱词道：“没换个记首没搭话，两人的心里是照洋蜡……”这里的“记首”指的就是女孩子送给意中人的定情信物——手工绣品。

在青海，刺绣流传于汉、藏、蒙、土、回各民族之间，风格、内容互相影响、渗透，逐渐形成了自己的特色。除了花草、动物、字符、几何纹样这些刺绣界常见的经典元素外，藏族、蒙古族、土族由于信仰藏传佛教，宗教元素也被纳入其中，如吉祥八宝、狮象瑞云、光圈云气等，不仅用于日常装饰，相当一部分刺绣还直接为宗教服务，最突出的就是堆绣唐卡。藏族刺绣吸收唐卡的构图方式，辅以汉族刺绣技艺，追求浅浮雕和富丽堂皇的艺术效果，风格粗犷豪放。与藏族刺绣大面积的色彩渲染不同，土族刺绣做工精细，以双线边盘边绣的方式构绘内容，绣面繁琐华丽。回族、撒拉族受伊斯兰教的影响，鲜见动物图案，以植物、花卉为主，纹样简洁。

剪纸

青海剪纸发端于中原，主要集中在东部农业区。湟中、大通、湟源、互助、循化等地不乏民间剪纸能手，有的已经成为剪纸专业户，作品进入市场销售。省内有名的剪纸艺人王凤英、李桂兰、刘生兰、田秀年等，其作品不仅在艺术馆展出，有的还销往海外。

在青海，剪纸除了用以装饰居室、烘托节日气氛外，还与当地刺绣艺术相辅相成：先在白纸上设计“花样儿”，剪下后固定在绣布上，再依“样”绣花。为刺绣服务的剪纸，在构图上更注意刺绣的功能效果，式样规整、紧奏，图案性强。

音乐

青海广袤的大地孕育了多层次的音乐表现形式，从东到西，从南到北，曲调悠扬繁杂。

民间音乐

花儿

花儿发源于古代河州（今甘肃省临夏县），又沿着丝绸之路传播至青

宴席曲

宴席曲是回族人民在喜庆宴席上表演的一种民间歌唱艺术（在青海方言中“宴席”代指婚礼），广泛流传于青海东部农业区。受伊斯兰教的影响，回族婚礼上不兴吹打，于是，以歌舞助兴的方式便逐渐流行起来。

宴席曲在演唱上有独唱、齐唱和对问答、随唱的形式，在民和、化隆等地还采取简单化妆并伴以舞蹈动作的演唱形式。宴席曲的题材广泛，有表现青年男女婚姻爱情的，有反应青海回族风俗礼仪、道德观念的，还有的取材自汉族民间故事。

如今，除了在婚礼上演唱外，不少经典曲目在加入新的思想内容和艺术形式后被搬上舞台。

海、宁夏以及新疆部分地区。在青海，花儿主要流传在东部地区，这里的汉族、回族、撒拉族无论在田间耕作、山野放牧、外出打工或路途赶车，只要有闲暇时间，都要唱上几句悠扬的“花儿”。

对花儿的文献记载，初见于清代乾隆年间临洮籍诗人吴镇（1721~1792年）的“花儿饶比兴，番女亦风流”，据推测约有300多年历史，2009年被联合国列入《人类非物质文化遗产代表作名录》。

花儿分独唱、对唱和联唱三种形式，歌词多即兴而编，语言朴实，旋律高亢豪放，内容涉及天文地理、历史、民间生活等方方面面，但尤以抒表爱意的情歌居多。也因此，形成了一套严格的规定：花儿不能在室内或村内唱，故又称“野曲”；辈分不同者，有血缘关系者，也不能互相对歌。时至今日，当地群众对此仍恪守不渝。

若恰巧在农历四月至六月来到青海，便有机会经历一场花儿盛宴。每年，青海的诸多“花儿会”便在这一时间段举行，届时山花浪漫，人们身着节日盛装，在山野间敞开嘹亮歌喉，视觉、听觉双丰收。若错过档期也不要紧，大街小巷的音像店里，不难找到一张“花儿”专辑，其中，“花儿王子”马俊最受当地人的推崇。

藏族民歌

对于藏族而言，唱歌就跟说话一样，而他们的歌曲又和日常生活息息相关：

“勒”，汉语解释为“酒曲”，在青海藏区流传广泛，这与藏民族好酒的性格分不开。可独唱、对唱、合唱，其中对唱较为常见。“勒”是一种问事型歌曲，由一方起问，另一方答歌，歌词多为即兴创作，除了比歌喉外，更是人生经验和智慧的比拼。比较常见于节日、婚宴的酒席。

“拉伊”流传于安多青年男女之间，为藏族情歌，多见于集会和高山草原，对歌时还要避开长辈。与“拉伊”类似又不同的是“若田”，虽也以爱情为主题，但通常为独唱，类似爱情类的流行歌曲。

“刚柔”则男女老少皆宜，风格为抒情，歌唱时还伴随着原地转圈屈膝的动作，表达喜悦之情。

此外，在日常劳作中，青海的藏族人也会哼上几嗓“勒伊”；放牧时、挤奶时甚至集体劳作时，都有相应的歌谣用来解闷儿。

戏曲

平弦、越弦和贤孝是青海主要的戏曲形式，流行于以西宁为中心的河湟地区，皆发源于外省，在吸纳本地小调和融入地方方言后，逐渐发展成独具当地特色的地方曲艺。

平弦又叫“西宁赋子”，因运用定调唱法且均为平调而得名，内容多取自汉族民间传说。平弦200多年前从中国北方地区传入，但曲牌溯源可追至元代小曲。它歌词文雅，许多唱段还带有古典诗词的遗风。如今，平弦唱腔以西宁话为主，但韵白又掺入京剧和秦腔的念法。

越弦与平弦相对，少了“阳春白雪”，以俗语白话讲述老百姓自己的故事。自清代由从陕西传入，落地青海后又吸纳了民间小调和古代小曲，从唱腔、语言和风格上形成独到特色。

贤孝起源于甘肃临夏，曲目以弃恶扬善、表贤达孝为主，因而得名。与前两种有固定舞台和伴奏的戏曲不同，贤孝艺人大部分为盲人，走街串巷，自弹自唱，贤孝作为他们的主要谋生手段流传下来。随着社会的发展，贤孝逐渐走向没落。2008年，贤孝被列入《国家级非物质文化遗产保护名录》。

这些传统曲艺备受当地政府的鼓励与扶持，知名曲目被录制成影视剧在青海地方电视台播出，此外，各知名视频网站也能在线观看到大量剧目。

河湟地区泛指青海省东部日月山以东、同仁县以北，大坂山与积石山之间，黄河与湟水流域的狭长三角地带。

流行音乐和摇滚乐

在青海，流行音乐圈主要以能歌善舞的藏族歌手为主。这些歌手在内地鲜有耳闻，在当地却有不少拥趸，其间也不乏一些摇滚乐队涌现。当地政府对流行音乐也抱有鼓励的态度，开设网站推广当地流行音乐，流行歌手也频频现身综艺节目。历年来，在青海湖畔的金银滩举办音乐节已经成为惯例。2015年5月“西部好声音”大型歌手选秀在西宁开幕，为音乐新人提供了展示的舞台。同年7月，青海湖畔举行的“风马音乐节”，更请来知名歌手郑钧、许巍、布衣乐队助阵，进一步推动了当地原创音乐势力的发展。在当地广受欢迎的歌手有谢旦、完玛三智、杨秀措等，摇滚圈中董事长乐队、LP乐队小有名气。

在青海湖音乐网（http://mp3.amdotibet.com）可欣赏到广为流传的藏族歌手音乐，以及部分藏族民间传统音乐。

舞蹈

舞蹈主要流行于青海中西部藏区，且围绕两大主题展开：“宗教”和“生活”。前者多为宗教祭祀服务，后者则与人们的日常生活息息相关，不

打搅儿

打搅儿主要流行于青海东部的河湟流域，是在汉族、回族、撒拉族等群众中广为流传的曲艺曲种之一。它是由民间曲艺艺人即兴演唱的风趣幽默的小段，其形式介于绕口令和顺口溜之间，是一种通俗直白的说唱艺术。

打搅儿一般多在演唱平弦戏、贤孝、越弦、宴席曲前后或中间穿插进行，主要用来招徕观众，调节正曲故事中凄凉、悲哀的情绪，或演唱休息时活跃场内气氛，起垫场的作用，与正式演唱内容无关。后来，打搅儿的曲目逐渐增多，独自形成以讽喻见长、以幽默风趣为格调的一个曲种。

过有时两者又相互混合，界限模糊。

民间舞蹈

“会说话就会唱歌，能走路就会跳舞”是对藏族人民能歌善舞的形象概括。青海的民间舞蹈，以藏区最有特色，发源于西藏，又融进了当地的风俗、文化特色，每年的六月会，是一次藏族民间舞蹈的集体大会演。

锅庄舞又称为“果卓”“歌庄”“卓”等，藏语意为“圆圈歌舞”，在青海藏区流行广泛。锅庄舞是随着藏民族生产、生活的发展变化而产生和演变的，既有表现打青稞、捻羊毛、喂牲口、酿酒等内容的劳动歌舞，也有表现藏族风俗习惯、男婚女嫁、新屋落成、迎宾待客等内容的生活歌舞，种类繁多。“天上有多少颗星，果卓就有多少调；山上有多少棵树，果卓就有多少词；牦牛身上有多少毛，果卓就有多少舞姿”是人们对锅庄舞的朴素赞美。

宗教舞蹈

由于宗教的影响，上千年来逐渐演化出专司祭祀的舞蹈。与普通的民间舞蹈取材于日常劳作不同，宗教舞蹈以驱魔祈福甚至宣传佛法为宗旨，以前不在公开场合展演，但随着社会发展，宗教舞蹈逐渐走向群众，如今还会在六月会上现身。

羌姆是起源于西藏的宗教祭祀舞蹈，在青海被称为“跳欠”，用以驱鬼求神、宣扬佛法、解说因果关系和推广佛教故事。羌姆的形成和8世纪时来西藏传教的莲花生大士不无关系。佛教推广前期极其不顺，受到原始宗教“苯教”的阻挠，老百姓们也不接受。聪明的莲花生索性一股脑把苯教的诸神都招安了，封为护法神，既保住了苯教诸神的职位，又巩固了佛祖的地位，一举两得。随着佛教地位的日渐提升，莲花生为了进一步巩固两教的和谐关系，结合故土印度的“金刚舞”元素，又吸纳藏地舞步，创立了由苯教众神集体参演的宗教祭祀舞蹈，结果广受好评，逐渐被各派吸收采纳。如今，每逢释迦牟尼诞辰、藏历新年以及藏传佛教的重要节日，各大藏传佛教寺院都会举行羌姆活动。由于其极强的宗教性，舞者都由寺院喇嘛担当。他们头戴造型各异的护法神、动物甚至是骷髅面具，浑身披红挂绿，在舞钹、牛角号、唢呐等乐器的伴奏下，完成一场神圣的宗教仪式。

蟒鼓藏语称“拉阿”，意为“神鼓”。鼓框铁制，鼓面桃形，单面蒙山羊皮，鼓柄缀有铁环。领舞者的鼓面绘有地方保护神图像，其他舞者的鼓面则是飞蟒马珍宝太极图。

蟒鼓舞是青海循化藏区特有的藏族宗教祭祀舞蹈，是每年农历六月举行的当地神灵祭祀活动中的一项重要活动，用以禳灾驱邪，保佑村民人寿年丰。蟒鼓舞以舞者左手握蟒鼓，右手掌神鞭，一步一击，三步一击，边击边舞而得名。由于这一地区历史上受到吐蕃、吐谷浑、西夏、蒙古和汉文化的影响，蟒鼓舞也极具多元性，以集体舞的形式，表现请神、敬神、送神、降魔等宗教仪式。

锅哇又叫武士舞，流传于玉树地区，起源于古代战争时期，是勇士出征前所跳的一种民间祭祀舞。玉树的萨迦派寺院将锅哇列入宗教舞蹈系列，如今锅哇只在宗教仪式和盛大节庆场面中出现。

文学

青海的文学与青海人的生活、性格和辽阔宽广的高原地域息息相关，虽受到中原文学的影响，但偏远的地理位置又让青海文学呈现出一种边缘化的特质。

20世纪30年代，是青海文学的启蒙期，其间出现了文坛重要人物李作英，除了抨击民国政府的战斗檄文外，他还以诗歌见长，被称为“青海小李白”。新中国成立后，青海的文学地域性鲜明，这一时期，反映河湟农村生活的小说曾一度风行，梁祝恨的《媳妇》、王浩的《杏花雪飘》极具时代代表性。新中国建立后的政治运动中，大批知识分子来到青海，他们脱离主流文学渠道，以描写自身生存境遇和生命体验为主，并在小范围内形成了独特的文学流派“流寓文学”。20世纪80年代以后，青海文学进入繁荣发展期，小说、散文、诗歌、评论等文学形式齐头并进。其间，回、藏民族作家的作品也逐渐受到青海文坛瞩目。回族作家马有福的《鸦儿鸦儿一溜儿》，带来了一股鲜明而清新的审美风格。藏族作家德本加的多部作品获得“章恰尔文学奖”“野牦牛藏语文学奖”，部分小说被翻译成英、法、德、日等文字远播海外。

影视

青海的影视事业起步较晚，1985年在青海拍摄的电视剧《格萨尔》是青海影视剧的开篇之作。1993年，以王洛宾在青海采风的经历改编的电影《在那遥远的地方》上映，受到广泛关注与好评，全国再次掀起关于西部歌王王洛宾的热议。

青海的影视剧始终与当地人的生活与传统文化息息相关，其间不乏藏族杰出影视艺术家的佳作。多智合是国内为数不多的用藏语进行剧本创作的编剧兼导演。2009年，他编剧、执导的8集电视剧《昨天的故事》，在藏语地区热播并斩获多项大奖。2012年，他再次执导的电影《曲马河》，围绕马的命运讲人性的故事，同时展示了传统草原文化与现代社会发展，紧跟时代脉搏。本地方言电影是青海影视业的另一大特色，以方言电影《幻蝶》等为代表。《幻蝶》讲述了一个外出打工的青海青年变性道路上的曲折故事，是展现当地小人物草根生活的经典作品。

唐卡

“唐卡”是藏语的音译，通俗点说，就是彩缎装裱后的卷轴画，内容以藏传佛教宗教元素和文化为主。从佛陀到高僧大德，从宗教故事到民间传说，从天象医学到文学戏曲，包罗万象，活脱脱一部绘画版百科全书。青海以热贡地区出品的唐卡最为著名，其技艺既传承了唐卡古老的绘画手法，在画风上又迎合了汉地的审美情趣，不但受到来自内地和海外收藏家的喜爱，而且越来越多的艺术和佛教爱好者也蜂拥而至，以求得一幅名师佳作。

浅识唐卡

2014年香港佳士得秋季艺术品拍卖会上，上海藏家刘益谦以3.48亿港币（约合2.78亿元人民币），拍下一巨幅明代永乐御制红阎摩敌刺绣唐卡，创下艺术品拍卖新纪录。

五世达赖的《大昭寺志》记载，第一幅唐卡是松赞干布（617~650年）在一次神示后，用自己的鼻血绘成的白拉姆像。目前，学术界普遍公认，唐卡形成于公元7世纪的吐蕃时期。

唐卡的种类非常繁多，如果简单地看，根据制作工艺和材料的不同，手绘的唐卡叫“止唐”，丝绸剪裁粘贴或缝纫而成的唐卡叫“规唐”。我们现在常说起的“唐卡”，大多指的是手绘的“止唐”，“规唐”现在又被称为“堆绣”。除了常规画在布面上的外，还有画在皮革、骨头和普通纸张上的唐卡。

各种颜色都有的唐卡叫彩唐，也是最常见的唐卡。除此之外，还有金唐、黑唐、红唐等。

最初，唐卡都是由寺院的僧人供奉给寺庙的零散作品。唐卡高悬在大殿内，为礼佛的信徒带来心灵上的慰藉，教徒对于唐卡也只是单纯的偶像崇拜，其绘画价值长时间被尘封。随着青藏铁路的开通，大批旅行者涌入藏区，藏传佛教辉煌的文化艺术也随着铁轨滚滚驶向世界。2009年，热贡艺术被联合国教科文组织列入《人类非物质文化遗产代表作名录》，其中，唐卡是其重要组成部分。唐卡关注度逐年升温，北京、上海乃至香港，唐卡展和拍卖会层出不穷，唐卡拍卖成交价一次次刷新了人们对这项古老绘画艺术的认知。

热贡与唐卡

同仁的热贡画院（☎879 9888；www.rghy.net）是当地创办最早的画院，可以在此学习唐卡绘制，这里更倾向于接受藏区学生。另一家同样在热贡地区吾屯的龙树画院，收的汉地学生数量要稍微多一些。

关于热贡与唐卡的渊源有多种说法。较主流的观点认为，在隆务寺修建时期，由于缺乏佛像画师，因此他们从西藏请来画技高超的艾巴画师。艾巴是卫藏南部地区的一个地名，那里盛产画家（布达拉宫的佛像、佛塔据说也是他们的杰作）。

从15世纪到18世纪期间，不断有来自藏区各地的著名画师，为隆务寺及其属寺作画。热贡当地的画师们因此能学到各种风格的画派技法，综合百家，使当地唐卡绘画得到迅猛发展。这一时期，受勉唐画派的影响，热贡唐卡在构图上日趋严谨，线条更加流畅细腻，继承了卫藏地区唐卡描金的技法，并逐渐形成自己独特的风格。此后几百年的演变中，热贡唐卡风格

热贡唐卡之殇

1986年热贡艺术馆成立后，一批"大师"级画师受到社会的重视，此后，唐卡艺术不断受到当地政府的大力扶持，发展基地、文化公司层出不穷。热贡唐卡声名鹊起，唐卡制作进入"企业化"模式，知名画师们即使端坐家中，供不应求的唐卡订单也让他们有了发家致富的机会。和多年前那些专门为寺庙作画的画师相比，如今的他们，都希望自己能加快绘制唐卡的速度，但一幅优秀的唐卡又是在缓慢和虔诚的心态中完成的。另一方面，当地推出的唐卡制作培训项目虽培育出大量画师，但这些"速成"艺人因为缺少宗教的熏陶，只能照本宣科，难以表达佛像深刻的韵味。矛盾和挣扎已经成为整个热贡地区的焦虑。

在同仁，画师越来越多，但寻到一幅优秀的唐卡却并非易事。商业带来的艺术上的浮躁，和这个时代的任何地方并无二致。唐卡的现代转型之路，虽极为艰难和复杂，但相对于新中国成立前，唐卡技艺深锁于寺院，只掌握在极少数人手中的封闭格局，如今宽松的发展空间，仍然给唐卡提供了一种自我探寻的机会。

愈加明显，描金被大面积用于装饰唐卡，构图繁复饱满，色彩对比强烈，艳而不俗。

一幅优秀的唐卡，不仅要工艺绝美，最好在内容上还能描绘出广阔深远的宗教故事。但唐卡也有其"死板"——或者称之为传统的地方。人们对于佛、菩萨的绘像的画面内容，很早便有了基本的规则。今天，同仁地区的许多艺人，为了迎合客户的需要，已经尝试打破诸多规则，唐卡上展现的内容越来越丰富，龙、凤等瑞兽被绘入唐卡。画师在唐卡上署名也成为常态（依据传统，画师不允许在唐卡上署名），据说有人拿着自己的照片，想把自己的面容和菩萨一起画在唐卡内，画师也愿遵嘱而行。但如何在保持传统与突破求变的过程中寻求一种平衡，是热贡乃至整个唐卡界面临的最大问题。

过去，唐卡主要以反映藏区宗教、文化生活为主。如今，反映当代题材的唐卡不断涌现，2009年，热贡知名画师娘本绘制的《文成公主进藏图》和《开国大典》两幅唐卡，作为新中国成立60周年贺礼，献给了国务院。

唐卡的绘制

唐卡的绘制工序，分为制作画布、勾描、上色、装裱四步。由于线条和颜色是最容易看出画之优劣的地方，所以也最重要。撇开宗教赋予唐卡的神秘面纱不谈，它更像是我们在美术课上曾学过的工笔画。素描绘画，能考证出一个画师的基本功。佛像的神韵、栩栩如生的人物，甚至是花鸟鱼虫、亭台楼阁都要精细到位。制作一幅唐卡是一个漫长的过程，几个月或一年，有时甚至会长达几年。

一张完美的画布是唐卡创作的开始。根据唐卡作画尺寸，选取一张无瑕疵的纯棉白布固定在木质画框内。动物皮胶、石灰粉和水熬煮后为画布上浆，干燥后洇湿，用光滑的石片或贝壳反复打磨，直至画布光滑为止。

唐卡的绘制需要严格遵循造像度量规则。先确定主佛位置，依据《造像度量经》记载的度量标准，用铅笔绘制佛像、饰物和背景。定稿后，再用毛笔勾线、上色。最后，用调释过的金粉颜料勾饰佛身饰物，再经由石笔打磨后，上过金粉的部位便熠熠生辉。

绘制完成的唐卡经过装裱后，一般还要请喇嘛念经加持，并在背面盖上喇嘛的朱砂手印。

唐卡上色的传统颜料包括金、银、珍珠、玛瑙、珊瑚、绿松石、孔雀石、朱砂等矿物颜料，以及藏红花、大黄、蓝靛等植物颜料。

饮食

青海的饮食，归根到底是两个主题：面和肉。任凭米饭炒菜乃至洋快餐招摇过市、花样百出，也敌不过这对老搭档的默契联手，从古至今仍盘踞着高原人的饭桌。虽说青海属于多民族聚居地，有不同的宗教信仰，不同的生活习惯，可到了吃饭这件事情上倒是颇有共性：大早上就着饼子来一碗热乎乎的羊杂汤，中午是漂着辣子的牛肉面或是汤、炒、拌各种形式的面片，晚上吃完手抓和焖肉还不过瘾的青海人，在各大营业至凌晨的清真馆子里吃着烤肉串和羊排，喝着小酒，吆喝得此起彼伏。米饭炒菜虽然也常出现，但在传统的青海人看来，始终只能算是走过场的配角。

或许是高寒地区的缘故，西北人做菜大多喜咸多盐，就连茶水里都能喝出盐味。菜肴口感必须浓烈，胡椒辣椒必须齐备，否则这就不能算是个菜。为满足高原人群对食物和热量的需求，所食用的牛羊肉要以肥硕丰美为上选，很有地方特色和民族风格。除此之外，驰骋神州大地乃至海外的川菜系在西北也很流行，炒菜和火锅常是用来点缀饭桌的必需品。

青海的小吃绝对不能忽略。从没有任何添加剂的原生态酸奶到口感筋斗醇厚的酿皮，以及形味都酷似江南酒酿的甜醅……粗犷豪迈的西北人做出的小食虽然不够精致，但也足能轻挑你的味蕾。

大碗喝酒，大口吃肉

对于素食者来说，在青海旅行可能是痛苦的。一来因为蔬果稀缺而畜牧业发达，一盘大白菜的价格会和牛羊肉不相上下，在一些偏远地区尤其如此；二来在这个连寺院里的僧人都允许吃肉的地方，想找素食馆显然是很难的。素食者唯一的选择，可能就是在点菜时选择菜单上的素菜部分，或是吃面条时请店家给予光面。当然，牧民的糌粑加酥油是全素的——如果你能忍受餐餐如此的话。

但如果你是肉食动物，那么来青海就对了！那些传说中“喝着矿泉水吃着虫草”、从小在草原上撒欢长大的绵羊们，肉质鲜嫩，做成手抓肉后更是香而不膻，可谓口感一流。在青海，手抓羊肉一般有两种做法，白条和黄焖。白条手抓要选用上好的羊肋条，直接用清水煮熟，吃的时候沾上椒盐和辣酱。得用新鲜羊肉现做，热腾腾的最好吃，但现在有些饭店为赚钱，会事先做好了放在冰箱里冷藏；黄焖手抓则是在已煮好的白条基础上，把羊肉和土豆一起焖烧，有点新疆风味。特别要推荐的是羊脖子肉，因为这个部位的肉几乎没有脂肪层，所以吃起来格外滑嫩弹牙，对一些不爱吃肥羊肉的食客们来说简直是福音。

除了手抓，羊肉的做法还有传统的烧烤。当一排排羊肉串、羊排、羊腰、羊筋和羊腱子在烧烤架上散发出诱人的香味时，相信你的口水也会像

青海特色小吃

➡狗浇尿 青海特有的一种油饼，分半发酵的“半死面”和不发酵的“死面”两种，撒上香豆粉后，把饼放进热锅，沿锅边浇上一圈青海菜籽油，不停转动薄饼煎熟，口感酥脆绵软。20世纪50年代前青海居民多用陶制的小油壶放油，烙饼时用小油壶沿锅边浇油的动作，像狗在墙根撒尿，所以叫“狗浇尿”。

➡酿皮 青海地方风味浓厚的传统小吃。是用做面筋剩下的碱面面糊，放进开水锅里熘熟或蒸熟做成的。吃时切成长条，配上面筋和香菜，浇拌上调料就行。蒸熟的酿皮较厚，色泽偏褐色，口感筋道；熘的颜色嫩黄，吃上去稍软。名声在外的莫家街上老字号“马忠酿皮”，近年来被游客包围；当地人还会选商业巷口的“兄弟酿皮”吃，两家口味其实都挺纯正，各有特色。

➡什锦酸奶人参果 人参果，学名“蕨麻”，以青海果洛、玉树地区产的为上品。它是一种甜食辅料，又能做藏药，营养价值很高；青海的酸奶又酸又厚，用提炼过酥油的牦牛奶制成，奶香浓郁。用煮熟的人参果搭配新鲜的牦牛酸奶，做成的什锦酸奶可谓酸甜美味、相得益彰。不过这道菜一般只有在藏区才可吃到。

➡甜醅 青海有个顺口溜：“甜醅儿甜，娃娃阿爷含口水咽，一碗两碗开了个胃，三碗四碗顶一顿饭。”实际无论是制作工艺还是味道，都很像中国内地的“酒酿”，只是原材料换成了青稞，所以口感更醇香甘甜些。

➡羊肠面 在洗净的羊肠里装入剁碎的羊肉和拌有羊血、葱、姜、花椒、精盐等佐料的豆面粉，扎口煮熟，同时用煮羊肠的热汤煮面。吃的时候在面碗里切上一段羊肠配热羊汤，再加上萝卜和葱蒜丁，肠段细脆馅软，面条悠长爽口，实属美味。

➡麦仁粥 用脱皮的小麦粒和切成小块的牛、羊肉佐以各种调料熬煮成的粥，香浓黏稠。像是青海地方上的一种“腊八粥”，因添加的材料以青稞和牛羊肉为主而显得不同。在一般夜市小摊上都有。

➡糌粑 藏族人日常主食之一。其实就是把炒好磨细的青稞面，和茶水、酥油搅拌在一起，用手拌匀后捏成团拿着吃。友情提示：捏前可让主人提供热水洗个手。

那滴落在炭火里的肉油一样，无法抑制。羊排和烤肉串是常规品，一般夜市或烧烤摊上都能见到，羊腰是男士们的青睐，最有青海特色的当属烤羊腱子。羊腱子指的是羊小腿部分的肉，不带一点肥腻，烤后吃起来又香又筋斗，保管能让你吮指回味。要是再配上点小酒，那可真是神仙般的体验。

牧区的藏族人因为生活环境使然，会在冬天时用新鲜宰杀的牦牛做些冰冻生牛肉，想吃的时候只要略微解冻，用刀割一小片送进嘴里就行。同时还有一种风干肉，也是用的纯天然无污染的新鲜生牛肉，直接风干后保存，每逢有宾客到来时才会端上。虽然这些肉都是生的，但是通过冰冻和风干，吃起来倒是别有一番风味，不介意的人可以尝试一下。

至于多下来的牛羊杂碎，青海人不会浪费，通常它们会被做成杂碎汤登场。放上一撮胡椒，在大清早喝上一碗，清香可口，油而不腻，不仅解馋，还能提供抵御一天严寒的热量，绝对给力。

“面面”俱到花样多

青海人爱吃面食，并且能把这看似单一的食物做得让人眼花缭乱。光青海的青稞酒口感非常好，醇香清甜，喝起来不辣口，酒精度数也不高。但后劲很足，所以千万不能贪杯，要适可而止。互助产的青稞酒最好，“天佑德”“八大作坊”“坛头”“永庆和”和“互助”等都算是老字号，全省各地超市里都能买到。

面条的宽细就能分成：一细、二细、毛细、韭叶、一宽、二宽、大宽。做法则有炒面、炮仗、烩面、干拌、卤面等，味道各有千秋。喜欢汤汁味浓的可以选其中的烩面和卤面来尝试，如果想来点更富西北特色的，那么炮仗和干拌可以一搏你的欢心。

这里隆重介绍一下粉汤。不管是口味还是分量，它都更像是女性的专利。传统的粉汤是用淀粉块做的，而我们现在能在面食店里吃到的，已经是改良简化后，直接用粉条做成的了。制作过程也简化了许多，以往要取小块的新鲜羊肋条肉，用盐、花椒粉、酱油爆炒后，加肉汤、凉粉、白菜炖烂的过程，变成了以事先煮好的羊肉和汤直接下葱、菠菜、木耳、红辣椒和胡椒粉，烧开就能吃。即使这样，粉汤还是值得平常吃不惯面食的姑娘们一试的，一碗热腾腾易入口的粉汤，既满足了口味，又暖和了肠胃，何乐而不为呢？

西北水果甜

青海本地的蔬菜瓜果产量不高，在西宁市场上出现的时令水果，大多是从甘肃、宁夏、新疆等地来的。如果是在夏天来青海，葡萄、生梨、西瓜、甜瓜等鲜美多汁的瓜果新鲜上市时，你会发现它们的身价比在内地的大城市里要来得便宜许多，所以，请猛吃！

青海的方言把“爆竹”称为“炮仗”。炮仗面的做法，是把拉面在炒锅里截断，加上牛肉或羊肉、木耳、黄花菜等一起在锅中翻炒至入味。因为长度近似爆竹而得名。

少数民族的饮食风俗

在青海这样的多民族地区旅行，尊重他们的风俗习惯是必须的。比如：回族、撒拉族信奉伊斯兰教，“猪肉”这两个字对他们是大忌，所以进清真饭馆不仅不能吃，最好提都不要提起。不少清真饭馆里还禁止喝酒。藏族则信奉佛教，所以除牛羊肉外，不吃其他偶蹄类动物，有些地区因为还保留着水葬的习俗，所以不吃任何水中生物并且严禁捕杀。

环境

从辽阔的雪域高原到荒漠无边的柴达木盆地，从“生命禁区”可可西里到丰饶的河湟谷地，江河、湖泊、高原、山地无所不有，组成了青海丰富多元的环境。然而，青海大部分地区属于高原地带和三江源地区，生态环境非常脆弱。土地沙化、水土流失都是沉疴，非法捕捞、滥挖虫草等现象也屡见不鲜，除了藏羚羊，青海还有许多环境问题亟待关注。

青海长云暗雪山，是人们惯常对青海整体山川地貌的第一印象——碧波万里的青海湖，皑皑雪顶的绝岭群峰，层层叠叠的云朵排阵压过——一幅苍茫辽阔的景象。而且这种印象会随思路的惯性延展深入，一直融汇成一个足够广大的平面——青藏高原。当然这样先入为主的印象常常会让人局限在一个视角，从而忽视了青海特有的多元、立体的画面。其实这完整的画面中，还应该有西北部“聚宝盆”柴达木盆地以及东部富庶丰饶、多元文化齐聚的河湟谷地。青南高原、柴达木盆地以及河湟谷地，其实它们也代表了青海省最基本的三块区域——青藏高原、西北干旱区和东部季风区，同时这三大区域也是中国三大自然区域的划分。

由于这三大区域集中拼合在一个省区范围之内，所以造成这样一种印象——边疆人民视之为内地，内地人民视之为边疆。而作为一个旅行者则会得益于这样奇妙的构成拼合——在一个省区内领略到多幅自然画面的切换，多种人情风物的混合，多元文化的冲击。

地理与地貌环境

山地

青海可谓是山地之省，平均海拔在3500米以上。山地面积约占全省总面积的一半之上，山脉基本都成东西向有序排列，构成青海地貌的轮廓骨架。而几条重要的山脉——祁连山、昆仑山、唐古拉山，也成为重要的自然地理分界线。

祁连山是青海与甘肃的分界线，同时也分割了塔里木盆地与河西走廊。如果大胆设想一下，没有了祁连山横亘在这其间，内蒙古的腾格里沙漠、巴丹吉林沙漠以及新疆的罗布泊、塔克拉玛干沙漠就将会和柴达木沙漠连成一片，那是怎样一番景象？如果没有了祁连山，也可以说没了河西走廊——祁连山北坡的冰山雪水是其源源不断的生命之水，同时融水也浇灌了南坡柴达木盆地边缘的大地，造就一个个如德令哈、乌兰、天峻、刚察这样的城镇。

布喀达坂峰，位于东昆仑山的西部，海拔6860米，为青海省的最高峰。全省的最低点，在位于湟水于民和下川口村出省处，海拔1650米。两地高差达5200多米，全省地势呈自西向东倾斜状。

与祁连山隔着柴达木盆地遥遥相望的山脉，是昆仑山脉。昆仑山脉西起帕米尔高原，横贯新疆、西藏、青海、四川4省区，深入到青海境内的一日月山，是青藏线离开西宁所要翻越的第一座山，海拔3500米，但并不显高。虽然貌不惊人，可从地理位置上却是一座举足轻重的山。重要性在于，它界分了农业区和牧业区、季风区和非季风区、外流河湖区和内流河湖区三者。

段，称之为东昆仑山。这一段东昆仑山，界隔着柴达木盆地和青南高原，翻过昆仑山山口，会发现两边截然不同的景象，一边是雪域高原，一边则是黄沙漫漫、荒漠无边的柴达木干旱区。被誉为"亚洲脊柱"的昆仑山，向东分成几列山——巴颜喀拉山、阿尼玛卿山等，纵贯平行，逶迤而去。其中巴颜喀拉山，是中国母亲河——长江、黄河在青海境内的分水岭，由于河流的袭夺，"强势"（水量大、流速快）的长江总是把河流引向自己这边，由此造成长江水多，黄河水少这样水量不均的现象。早年曾有人设想，在巴颜喀拉山山体中打通一隧道，通过隧道将长江之水引向黄河，以丰补歉，不过此"南水北调"的设想到今日也迟迟未实现。

顺着中国的母亲河长江溯源而上，一直经过通天河、沱沱河，到达各拉丹东雪山。从雪山脚下的姜根迪如冰川滴下一颗颗水珠——此处便是长江的源头。仰头而望，就能见到青海与西藏的界山——唐古拉山，其主峰也就是各拉丹东雪峰，海拔6621米。唐古拉山口，是经青藏线进入西藏的必经之地，也是此线将翻越的最高点（海拔5231米）。如果不是令人头疼的高原反应以及路边的纪念碑标志牌给予的提醒，会很不经意间就错过这个鼎鼎大名的地方。切莫责怪自己的粗心大意，只怪这山北山南是同一分景象——高寒草原、缓缓挪动的牛羊以及跟随的牧民，无甚差别。

盆地

如果从卫星地图上查找青海，会发现在西北部一大片灰浆涂抹般的灰白色区域，这里就是中国四大盆地之一的柴达木盆地。除此之外，还有若干散布在高山绝岭之间的山间盆地——青海湖盆地、哈拉湖盆地、茶卡盆地、星宿海盆地等，坐落在河谷峡川间的小型盆地——黄河谷底中的共和盆地、湟水谷底中的西宁盆地、大通河谷底中的门源盆地等。这些盆地大多都是构造性断陷盆地，都为青海省的远古地质构造运动所造就。

茫茫戈壁，漫漫沙丘，一眼望不尽的荒原旷野，是柴达木盆地给人的最初印象，随之便会得出这样的结论——荒凉、贫瘠。然而就是这样一块地方却有着"聚宝盆"的称号，这里的地表上分布着大大小小的30多个盐湖——察尔汉盐湖、大浪滩盐湖以及东、西台吉乃尔盐湖等。这些盐湖，出产着大量的食用盐——氯化钠的同时，还蕴藏着大量农业生产所需的化肥——氯化钾。而且盐湖中保有着一些稀有金属，除了钾、硼、镁等，还有就是用于制造电池的锂。不仅如此，这里的地表下蕴藏着大量号称"液体黄金"的石油以及天然气，油气总资源量预计可达到450万吨油气当量。

其实早在5.6亿年前的早古生代初期，柴达木盆地是一片浅浅的海洋，而后到了一亿多年后的古生代末期，由于大地板块的俯冲及碰撞作用，柴达木开始逐渐隆升抬高。从3.2亿年的石炭纪到2.2亿年的三叠纪，柴达木盆地渐渐从海洋过渡到陆地，加之少量的火山喷发，陆地的雏形已显露出来。在2亿年前，由于大陆板块运动的进一步作用，海水逐渐从盆地退去，从而上升为陆地。海水退去了，可高浓度的海水却还残留在地势相对低洼的地方，经过长年累月的蒸发，形成现在的盐湖。相对于陆地的抬升，所对应的是地块的沉陷，随之形成了构造断陷盆地。地下的沉积物经过2亿年的时光，形成了现在的石油。据勘测，在柴达木盆地具有石油前景的中、新生界沉积面积达到了9.6万平方公里，最大沉积厚度可达17,200米以上。

数亿年前的大地海陆之间的抬升沉陷运动，同样造就了青海湖盆地，也让我们拥有了中国最大的咸水湖、内陆湖——青海湖。喜马拉雅造山运动，使得青海湖盆地在早年业已形成的断裂带发生更加剧烈复杂的断块升降运动，中心盆地陷落，而周边的日月山、大通山、青海南山隆起为更高的山地。

江河

青海也是著名的“三江源”地区，这三条江分别是长江、黄河、澜沧江。三江源，是三条江河的源头地区，总面积为31.8万平方公里，这里的冰川、湖泊、溪流、沼泽共同提供了三条江河的生命之水，由此也被称为“江湖之源”“中华水塔”。

一颗水珠，从格拉丹冬冰川滴落的那一瞬间起，就开始了它万里长江6300公里的第一段行程。它的名称也随着行程不断变化着，沱沱河、通天河、金沙江……这些河流经过沿途10省，最终在上海崇明岛的身边奔流入海。从古至今，历代对江源的考证，颇费周折。有史料记载的是，1639年，已近花甲的徐霞客溯金沙江而上，在对金沙江的水文状况进行了详细的考察后，在其《溯江纪源考》中首次提出了“推江源者，必当以金沙为首”的论断。从此，金沙江成为长江干流的上源，而后至于清代，当朝“屡遣使臣，往穷江源，测量地度，绘入舆图”，也只绘出了通天河、木鲁乌苏河等河流。对江源的真正确定，直至1976年，长江水利委员会会同多家单位，在兰州军区的支持下组成28人的考察队，首次确定了长江源头为唐古拉山脉主峰各拉丹东雪山西南侧的沱沱河。

对于三江源这片区域，国家在2003年建立国家级保护区，保护区面积为15.23万平方公里。从保护的面积来看，三江源保护区所辐射的影响区域包括三大流域的面积——长江流域180万平方公里，澜沧江流域16万平方公里，黄河流域75万平方公里。可以说，三江源辐射的三大流域有270万平方公里，占整个国土面积的近1/3。

“黄河之水天上来”，是古人对黄河源头的瑰丽想象，当然不能作数。黄河作为中国的第二大河，早在公元3世纪秦汉之前就有重源伏流之说——西汉，张骞出使西域，捎回来黄河源头在帕米尔的信息，此信息便记载在以张骞第一个“探险报告”为依据的《史记·大宛列传》中。此段信息指出古塔里木河入注罗布泊后伏流地下，到青海后重源复出，此水源由此判定为黄河源头。而后各朝代都有对河源地的考证，基本确定在巴颜喀拉山一带。1985年黄河水利委员会根据历史传统和各家意见确定巴颜喀拉山北麓约古宗列曲为黄河正源。

“三江”中的澜沧江，是条国际性的河流，发源于唐古拉山北麓杂多县西北部查加日玛山西侧，流经西藏、云南，从云南勐腊县出关，成为老挝和缅甸的界河后，始称为湄公河。而后经泰国、柬埔寨、越南，最终在越南胡志明市流入南海。流经各国在这条国际性河流上已兴建或还在规划筹建多座电站，电站大坝势必将改变湄公河流域的生态环境和自然资源，由此也会引起流经各方的矛盾和争端。

湖泊

很难想象这样一幅和谐的画面——一面碧蓝的湖水，湖边是绿草茵茵的草甸，成千上万只藏羚羊在每年6~8月之间聚集于此产羔——是发生在有着“生命禁区”之称的可可西里。这面湖水就是太阳湖，它位于可可西里北部，海拔6860米的布喀达坂峰南面，水深40米，面积100平方公里。也就是在太阳湖边，1994年1月18日，为了保护藏羚羊的顺利生产，西部工委首任书记索南达杰只身与18名盗猎分子搏斗，最后倒在这片他挚爱的土地上，长眠不醒。

2004年的影片《可可西里》讲述了同样的一个故事——一群汉子不

扎陵湖和鄂陵湖是青海省内最大的两个淡水湖，为黄河源头的姊妹湖，两者相距不过10公里左右。相传古时候两湖被称为"柏海"，大唐的文成公主就是在这里被松赞干布迎娶并完婚的。由此这里成了藏区信徒的朝拜圣地，湖畔建起了寺庙，数百米的嘛呢石墙围合，经幡林立。

惜生命，去保护大地的生灵。影片给予可可西里的画面，是黄沙漫天的荒漠戈壁，寸草不生的雪原，陷人的流沙。这样的景象稍为有点片面，可能在有意无意间，错过了可可西里的湖泊群。据资料统计，可可西里湖面大于0.5平方公里的湖泊就有121个，在湖泊率上可媲美世界上湖泊率最高的"千湖之国"——芬兰，而且比国内有"千湖之省"的湖北还要高出几成，是中国湖泊分布最密集的地区。

除此之外，青海还拥有全国最大的咸水湖、最大的内陆湖——青海湖，以及世界著名的内陆盐湖——察尔汗盐湖。察尔汗盐湖的总面积达5856平方公里，这里食盐、镁、钾的储量，远超中东死海和美国大盐湖。青藏高原的不断隆升，加之全球气候变暖的因素，使得分布在青海的湖泊普遍有水面下降、湖水不断盐化的趋势，青海已是中国盐湖分布最为集中的省份之一。根据生态专家的研究推算，百年后的青海湖也将变为盐湖，到时湖中鱼类会消失，百鸟翔集的景象再也见不到了。

野生动植物

如果一位旅行者从青海省省会西宁出发，走青藏线进藏，一路看下来，基本会对青海省的动植物情况来一次巡览。

植物

青海是全国省区中森林覆盖率最低的一个省。从西宁出发，在湟水河谷和祁连山东部就能见到青海仅有的森林地带，树种稀少，多为针叶林的云杉、松柏、桦树、杨树等。在森林的边缘，常会遇到绿绿的草原，这样草原与森林交错过渡的景象，是受各自降水量的多少影响而造成的。每值夏季，草地上满是跳跃的野花，背景是挺拔的林木，爽心悦目。

脚步不停，翻过日月山，就是青海湖。湖边是典型的温性草原，这里有草原所要具备的一切要素——蓝天白云、一望无垠的草地，风吹草低见的牛羊、策马扬鞭的牧人。内地的东南季风吹到此为止，降水也就此戛然而停。从此过去就是柴达木盆地的地界，丰美的草原渐变成贫瘠的荒漠。

进入柴达木盆地，满眼是砾石戈壁荒滩，地形没有起伏。地表平坦的沙砾地上多是一丛丛的低矮灌木，最常见的是驼绒藜、柽柳、白刺、沙拐枣等这样耐盐抗旱的灌木荒漠植被。这些植物为了生存，尽量减少水分的流失蒸发，枝叶基本已转化为披针形、条形甚至硬刺。而且为了获得更多的水分，基本都有发达的根系系统。

动物

面对着恶劣的生存环境，能生活在青海大地上的动物种类并不多，其中大型动物种类要相对多些。在玉树通天河一带能见到水獭、大鲵（娃娃鱼）等，在湟水河谷森林地带能碰见猕猴，在草原上常见的是处于食物链低端的一些小型动物——鼠兔、旱獭、雉鸡等。更多的是，在高寒地带荒原中生活着的大型动物野牦牛，它们常群聚在一起，以数十头或数百头的集团规模，边食边漫游在草原荒漠上。藏羚羊，则是青海高原有蹄类动物中数量最多的一种，也是最受外界注目的一种，现存种群数量约在7~10万只。白唇鹿在省区范围分布广泛，让青海素有"白唇鹿故乡"的称号。此外，岩羊、藏原羚、藏野驴、盘羊等在全省都有广泛分布。这些物种都来自中亚山地和荒漠地区，并已经适应了高寒环境。

主要环境问题

青海大部分区域地处高原地带和三江源地区，生态环境相对敏感脆弱。加之近几十年来，人类活动频繁和全球气候变化加剧，随之而来的是各种生态环境问题的出现，导致青海生态环境系统的生态功能和承载能力急剧下降。

水土流失

青海号称“中华水塔”，据有关资料统计，长江、黄河、澜沧江分别有25%、49.2%、15%的水量来自三江源地区。长江上游区域由于对森林乱砍滥伐，过度放牧、挖取虫草等破坏草原植被的现象屡禁不止，以及挖金、工程建设等因素的存在，导致大面积的水土流失，泥沙淤积在下游河床，使得长江中下游段河床逐年抬升，一到汛期便成悬河，洪水泛滥。黄河的情况也大致相同，每年输入黄河的泥沙量就达8814万吨。

土地沙化

据青海省林业勘察部门的普查，全省沙漠化面积在以年均递增2%的速度扩大，主要表现为掩埋农田、毁坏庄稼、草场退化、土质粗化、土地生产率降低，出现沙进人退的局面，这些沙漠化区域主要分布在柴达木盆地、共和盆地、环青海湖区以及黄河源头区。据统计，三江源区的1.5亿亩退化、沙化草地中，失去生态功能的“黑土滩”面积达7000多万亩。虽然目前局部地区已得到有效控制，如共和盆地的沙珠玉荒漠绿洲，柴达木盆地的香日德、诺木洪、格尔木绿洲等地区，但整体上土地沙化仍呈蔓延扩大趋势。

还有就是草原的退化，由于过度放牧，盲目追求牲畜存栏率，导致牲畜数量远远超过草场所能承受的极限。放牧过度的严重地段，甚至出现寸草不生，地表完全裸露的“黑土滩”，从此完全失去草场的放牧功能。为此，政府也采取了相关措施以缓解此类现象的恶化，开始实施退耕还林还草、退牧还草等工程。北京大学吕植教授认为，通过遥感监测和模型分析，2005年至2011年三江源区植被指数93.1%没有变化，同时有5%变好，但还有1.9%变差。

生态系统遭破坏

青海省内有众多的湖泊河流，有着大量的天然鱼类资源，不过过度的捕捞也使得种群数量大大降低，甚至有些物种已受到濒临灭绝的威胁。现

一根虫草等于0.3平方米草地

冬虫夏草，是一种真菌与昆虫幼虫的合体，有较高的滋补药用价值，据说青海出产的冬虫夏草是品质最好的。真正的冬虫夏草基本为野生，生长在海拔3000米至5000米雪线附近的草坡上，每逢长成季节，当地人就会全家出动，持镐支帐，在虫草可能出现的地方进行地毯式搜寻。据现场勘测，挖取一根冬虫夏草至少要毁坏0.3平方米的草地，据初步估算，全省每年因滥挖冬虫夏草毁坏的草地约有10万亩。

流离失所的野生动物

由于水土流失、土地沙化以及草场退化等多种因素的影响，野生动物同样也受到生存区域缩小、生存环境恶化的威胁。当然，人类的捕杀是直接降低野生动物种群数量，直至灭绝的最恶劣的方式之一。可可西里的藏羚羊就是一例，为了获得一条沙图什的“戒指披肩”，必须用3~4头藏羚羊的生命换取。据说这么一条“戒指披肩”在欧美市场的售价达到上万美元，由于暴利的存在，盗猎分子便长期活跃在可可西里地区，而藏羚羊的数量也从半个世纪前的百万只锐减到如今的7万至10万只。

青海湖中的裸鲤的数量就只有50年前的10%，玛可河中的川陕哲罗鲑现已到了灭绝的边缘，分布于海西、果洛盐湖的卤虫，也由于非法捕捞，资源量锐减，听说在各大盐湖中曾出现过上万人捕捞卤虫的情况。

未来的方向

根据三江源自然保护区生态保护和建设总体规划，国家计划投入75亿元，利用7年时间，使三江源区域的退化、沙化草地得到治理和恢复。75亿元的投入对象包括“黑土滩”治理、封山育林、草原防火、森林防火、鼠害防治、沙漠化治理等项目。根据三江源试验区规划，到2015年，力争完成退牧还草950万公顷，治理荒漠化土地10万公顷，治理水土流失面积2.3万公顷，植被平均覆盖度提高15%~20%，保护湿地面积12万公顷，有效控制超载过牧，自然保护区管护不断加强，生物多样性逐步恢复，城市生活垃圾无害化处理率力争达到60%，江河径流量基本保持稳定，Ⅰ类水质河段增加，总体保持在Ⅱ类以上。

生存指南

出行指南........320

住宿........320
证件........321
保险........321
银行........322
购物........322
邮政........322
电话........322
上网........322
营业时间........322
气候........323
旅游信息........323
团队游........323
课程........323
摄影和摄像........324
危险和麻烦........324
独自旅行者........325
残障旅行者........325
女性旅行者........325
同性恋旅行者........325
志愿服务........325
活动........325

交通指南........327

到达和离开........327
飞机........327
火车........327
长途汽车........328
省内交通........328
飞机........328
火车........329
长途汽车........329
自驾车和包车........329
当地交通........329
公交车........329
出租车........329
自行车........329
马和牦牛........330

健康指南........331

出发前........331
保险........331
其他准备........331
旅途中........331
传染性疾病........331
环境引发的疾病和不适........331
带孩子旅行........333

出行指南

住宿

近年来，随着旅游业的不断升温，青海各地从廉价农家乐、家庭旅馆到中高档的宾馆酒店数量不断增加。但每年七八月的旅游旺季，即使房价飙升两三倍，仍会出现一床难求的情况，所以必须提前预订。逢五六月的虫草季，玉树地区的住宿会比较紧张，房价可能会小幅上涨。

西宁是青海最发达的城市，也是旅行者前往各地的主要中转站，各种类型的住宿资源都十分丰富。出了西宁，住宿类型会相对单调，价格无大差异的招待所，床位在30～40元左右，好一点的宾馆酒店标间一般在150～200元。在一些风景区和牧区能找到特色住宿，譬如帐房宾馆、蒙古包等；而在寒冷的冬季，一些偏远地区的宾馆常常会人走楼空，暂时歇业，能开门迎客的，缺水断电也是常事，住宿条件很难令人满意。

我们调研时，青海最流行的订房网站是**美团网**（www.meituan.com），而**去哪儿网**（www.qunar.com）的资源也比较丰富，下列各种类型的住宿在这些网站都能找到。

青年旅舍

近年来，除了游客比较集中的西宁和环青海湖地区，格尔木、玉树、祁连等地也有了青旅。在青旅很容易得到旅游信息并迅速结交到志同道合的旅伴，同时青旅还提供电脑、上网、厨房、自助洗衣、订票、包车等一系列服务。但如果你喜欢私密、安静的环境，青旅并不是最好的选择。

国际青年旅舍组织中国总部（YHA China; www.yhachina.com）在青海有多家加盟旅舍，宿舍床位40元起，持有YHA会员卡（年费50元）可以享受会员价，通常每个铺位优惠5元，或者每个房间优惠10～30元。

万里路国际青年旅舍（www.chinayha.com）是中国本土的青年旅舍连锁店，万里路会员卡持有者可享受住宿会员价，优惠程度与YHA会员卡相类似，还可延长退房时间至14:00。青海的几家加盟旅舍同时也认可YHA会员卡。

另外，在国外流行的胶囊式酒店（也称为“太空舱”），也在西宁安家落户，目前已有好几家。它类似于青旅的多人间，但私密性更强。

家庭旅馆和公寓

在西宁比较普遍，通常是在公寓楼中的一套房或套房中的一间，与其他客人或主人共用厨房、卫生间。价格与快捷酒店相当但更温馨舒适，且大

住宿和餐饮价格范围

本书所列的住宿价格皆为旺季价格，其中标间价格为带卫生间的双床或大床房的房价，普间价格为不含卫生间的房型价格，青年旅舍则加标床位价格。除非特别注明，否则房价不含早餐。

分类	房价范围	餐饮价格范围
¥（经济）	150元以下	30元以下
¥¥（中档）	150~350元	30~100元
¥¥¥（高档）	350元以上	100元以上

多配备冰箱、洗衣机等电器，也可以使用厨房，适合长住。

农家院

门源、祁连最“流行”的住宿形式。景区附近的村民纷纷把自家房屋改建成客房，并提供餐饮。各家规模大小不等，条件设施普遍比较简陋但还算舒适，价格也实惠。最大的优势就是可以亲近自然和当地民风。此外，北山森林公园、坎布拉国家森林公园等大型景区内，也有不少农家乐，老板也多是景区内的“原住民”。

宾馆酒店

在比较小的县城，若没有星级宾馆，那么政府宾馆应该是相对舒适安全的。普通县城会有两到三星级宾馆，价位在200元左右；经济比较发达的县市很可能会有四星级，价位一般在200～400元；西宁、格尔木或玉树等热门城镇，五星级也很好找。建议你了解一下宾馆的新旧程度，一家新开的三星级宾馆和一家装修了十年的四星级酒店相比，前者很可能是更舒适的选择。

连锁快捷酒店

品牌连锁酒店是不少人出门的常规选择，交通一般都比较方便，没有惊喜也不会有太大失望，而且官网经常有优惠活动。常见的如家、7天、锦江之星、格林豪泰等连锁酒店，基本上只在西宁有，主要分布在城中心和交通枢纽附近。

小旅馆和招待所

在青海境内的城镇，这类住宿是最常见的，房间价格多为100～200元，没什么个性，住客鱼龙混杂，入住前最好用你的江湖经验判断一下。在果洛、玉树、黄南等藏传佛教氛围浓郁的地区，许多寺院开设的宾馆会比较安全，但条件都比较一般。

露营

除非是为了徒步转山，或到无人区探险，否则背着帐篷到青海旅行，实在有些累赘。而且如果是冬季，在人迹罕至的高原或柴达木盆地露营，不变成冻肉，也有可能成为野兽过冬的干粮。深入偏远地区时，就近找当地人家借宿是一种较好的方式。

要是想体验一下露营的感觉，可以在青海湖边入住蒙古包或藏式帐篷，至少温饱和安全都有保障。

证件

身份证或护照必须随身携带，在一些敏感地区或特殊时期，它们可以有效证明你的身份。学生、军人等可以凭证件得到门票优惠，这些证件将为你省下一大笔费用。佛教的皈依证也能免去寺院门票。

若打算从青海前往西藏，所有外国人、海外华人及台湾旅行者（香港、澳门居民持中国特区护照或“港澳居民来往内地通行证”者除外）都必须有西藏自治区旅游局签发的批准函，以参团的方式进入西藏，证件不齐者会在青藏边境检查站受阻并被遣返青海。

保险

为了尽可能降低旅行风险，购买保险非常重要。一份合理的旅行保险，可以对你旅行中因人身意外、财物遗失、医疗急救乃至因交通延误等导致的损失，进行一定比例的赔偿。因此在购买前，还应仔细推敲每一项条款。

如果是参团出游，团费中一般都已包含旅行社责任险，但这个险种只承担因旅行社的过错给旅游者带来的损失，旅游意外险需自行购买。至于自驾游的旅行者，建议你为汽车购买全车盗抢险或车辆损失险，比较昂贵的相机之类的装备，也可以考虑购买财产险。由于去往各景点多需要包车，而大多数车辆为私人运营，这意味着一旦出事就没有任何保障可言，所以一份旅游意外险对自助游的旅行者十分必要。

喜欢户外运动的旅行者需要注意：传统的旅游意外险一般都不包括极限运动造成的损失，所以旅行者需要另行购买人身伤害险。**美亚保险**（www.chartisinsurance.com.cn）和**华泰保险**（www.ehuatai.com）专门推出了针对自助旅行和户外运动的险种，承保多种热门户外运动项目，如骑马、滑雪、登山、自行车、野外生存、溯溪、攀岩等，也有高山保险（海拔6000米以上），但滑翔伞和跳伞活动除外。华泰的“安途”系列不仅承保团队成员各项户外运动的意外风险，而且针对领队责任设计了特别风险保障，很适合团队户外活动的旅行者。你可以在当地旅行社购买保险，也可通过类似**磨房**（www.doyouhike.net）和**绿野户外网**（www.lvye.info）这样的旅行网站购买保险，保险公司通常会在那里推出既贴心又优惠的综合套餐。

银行

青海的银行机构在西宁和海东一带比较完备，国有四大行均设有分理处。而各州政府所在地、县城的主要街道上都能找到营业网点和带有银联标志的ATM。偏远地区通常只有农行和邮政储蓄，但由于能刷卡的地方并不多，建议你只要到县城以外，就随身揣着足够现金。

购物

青海本地的许多土特产，都带有浓厚的民族特色。最常见的民族服饰和手工艺品，价格不高又有实用价值。西宁水井巷市场、东关清真大寺附近的伊斯兰民族市场都是淘货的好地方。如果更青睐原创，西宁几家做手工的特色小店（见71页）值得关注。对于旅行社推荐的购物场所，我们的态度是坚决不去。

牦牛肉干、酸奶是大多数旅行者都会购买的青海特产，销售的渠道也特别多，因此一些"三无"产品也流入市场。请尽量到正规超市或市场里购买，最好不要购买散装肉干。产自牧区的牦牛酸奶比一般的老酸奶更有特色和营养价值。互助的青稞酒也很知名。

黄南的唐卡及囊谦的黑陶都是值得购买的艺术品。但前者金贵，后者易碎，都不是好伺候的主儿。藏刀也是很受欢迎的纪念品，切记要把它们放进托运行李内，达到管制级别的刀具，最好买了当场安排邮递回家。

玉树的虫草和柴达木的枸杞都是青海臻品，但因利欲驱使，让购买这些名贵药材的行为变成了高风险的事，市面上的各种欺诈伎俩令人真假难辨。不要贪便宜而光顾流动的商贩，最好去有一定规模的虫草专卖店，多了解、多比较；或找懂辨识的当地人陪同前往。西宁的七一路东段虫草、枸杞商铺集中，可以看看。

请不要购买任何由珍稀野生动植物制成的产品，没有买卖就没有杀戮，你的买卖行为等同于支持非法捕杀，也可能触犯法律。

邮政

只要是县城一级就有邮局，寄包裹不是问题。在**国家邮政局**（www.chinapost.gov.cn）的网站上可以查到供参考的邮政资费。包裹分普包、快包、EMS等多种服务，但有时邮局不太愿意给你普包的单子，要坚持一下。

在较大的城市和县城能找到顺丰、申通、圆通等民营快递的网点，具体请参照快递官网。

需要注意的是，在一些小乡镇邮政所寄信或明信片，最好亲手交给邮政局的工作人员，因为那里的邮箱或邮筒很多时候仅是个被废弃的摆设。

电话

无论是移动、联通还是电信，手机信号基本都已覆盖至各村、镇。在重要的公路铁路，如青藏铁路和环青海湖沿线也没问题。但在高原牧区、山中或乡间公路上，信号就无法得到保证，此时电信和移动略有优势。目前三大公司的3G或4G套餐均可实现全国漫游接听免费，旅行时间较长或者通话频繁的，可以申请一个某时段内全国漫游免费拨打的套餐。

由于手机的普及，公用电话和IP话吧正在不断减少。如果拨打报警电话，尽量使用座机，方便警方迅速定位。一些中、高档旅馆的房间里为住客提供免费畅打国内长途的座机。

上网

包括玉树、果洛、柴达木盆地地区在内，青海绝大部分的住处都可提供无线上网。甚至部分景区也有无线网络覆盖，咖啡馆中的Wi-Fi也很常见。

再偏远的城乡也能找到网吧，甚至有些寺院都可上网。但不要对机器配置和网速有过多要求，它们只为当地的网游爱好者而设，环境嘈杂，无处理图片或文字的相关应用程序。目前在网吧上网，都需要出示二代身份证。

营业时间

由于气候原因，青海旅游的季节性较强。每年5～10月以外的时间大多十分寒冷，甚至大雪封山，即使在青海最温暖的海东地区，也有部分景区暂停营业（有的是无人管理，但仍可进入；有的是完全关闭），部分景区则摇身变为冰雪乐园。

营业期间，大部分景区开放时间为8:30～17:00，旅游旺季不少景区24小时开放。博物馆周一闭馆。探访不那么热门的藏传佛教寺庙，最好避开午休（11:30~14:00）时段，并在17:00前赶到，否则常常无法参观。各地银行和邮局的营业时间一般是9:00~11:30、14:00~17:00，周末营业时间缩短或休息。

气候

青海夏凉冬冷，日夜温差大，大部分区域处于高海拔地区，缺氧、无雨多旱、风沙大、太阳辐射强。可参见18页的“行前参考”了解青海的最佳旅行时间。**中国天气网**（www.weather.com.cn）及**天气在线**（www.t7online.com）上有青海所有市县的天气情况，可预报三天。

旅游信息

西宁是获取旅游资讯最便利的地方，在火车站出站口、飞机场到达大厅和力盟商业巷，都设有**西宁市旅游咨询服务中心**（☎400 609 7103，633 4264），可咨询省内参团、包车游的具体情况。或选择正规大型的旅行社进行咨询。

青海省旅游局的官网**青海旅游网**（www.qhly.gov.cn/）应该说是最权威的旅游信息来源。登录**西宁汽车站**官网（www.qhsxnqcz.com/），可查询西宁各汽车站发往省内各地的班车时刻信息。

青年旅舍是交换旅游信息的好地方。一般当地最贵的酒店大堂或总台，常会有一些旅游资料免费供人取阅。在开发到位的旅游景点，附设的游客信息中心，也会提供免费或收费的资料和地图，甚至能打听到一些实用信息。最直接的办法是跟当地人交流，出租车司机、导游、户外向导、商贩，都是很好的消息来源。在普通话不通用的地区不妨询问当地的中小学生。

西宁

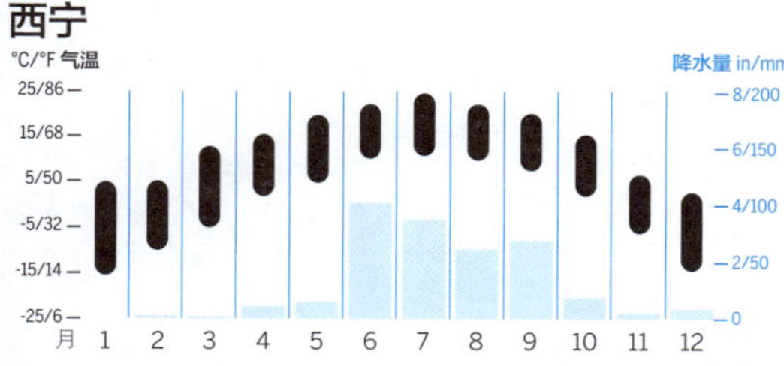

玉树

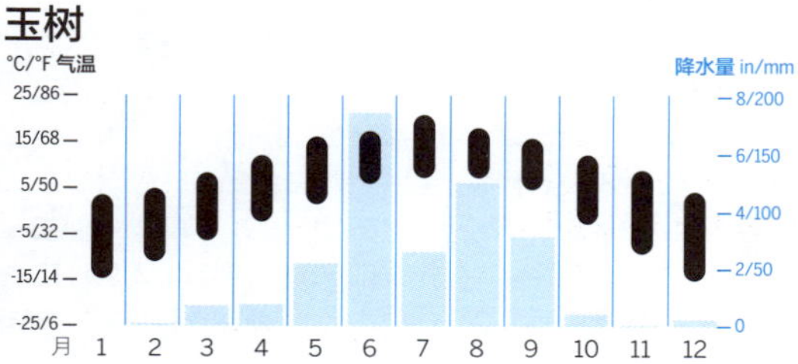

格尔木

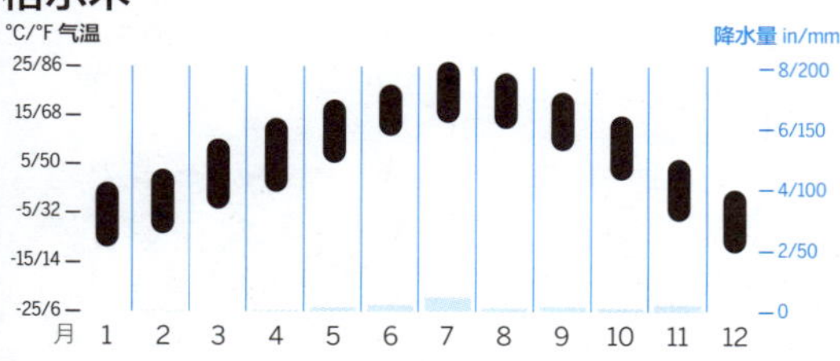

团队游

在青海当地可以报名参加的团队，以西宁为主，海东、格尔木等城市也会有，其他地方则缺乏足够的客源支持。特别是在每年七八月的旅游旺季，西宁各家旅行社的宣传单铺天盖地，以去往青海湖、茶卡盐湖、门源、祁连和海东的路线为主打，时长从1日游到1周的都有，甚至还包括跨省（主要是甘肃和西藏）的线路。团队游最大的好处是可以轻易解决交通问题，有时还有门票优惠。可普遍的问题是，绝大多数旅行社也只是充当中介的角色，还可能浪费不少时间在无聊的购物上，所以报名前，确认口碑很重要，务必签订正规的旅游合同。

跟旅行社的团队游相比，有些户外俱乐部和户外旅行网站组织的活动，更投合背包客的口味：路线灵活，节目有趣，还有摄影、登山、骑行等主题线路。但报名前务必也了解一下机构的经营资质。

课程

青海有一些针对本地人开设的培训课程，也对旅行者开放。在囊谦的黑陶制作基地（见230页）和黄南的唐卡画师的画院中，都有短期的学艺课可以参加。

摄影和摄像

很多宗教场所都禁止拍照，尤其是藏传佛教寺庙的佛殿和佛像。但由于不文明的拍照行为屡禁不止，如今在塔尔寺的几个佛殿中都张贴有"单反流氓请自重"的告示，寺院的僧人对仍然举起相机的旅行者直接训斥，丝毫不留情面。为避免此类"丢份儿"的事发生，请您务必收起相机和手机，用心观赏。即便有些佛殿允许拍照，也不要使用闪光灯，以免对佛像和壁画造成破坏。拍摄人物照之前，要事先征得对方同意，拍完之后要表示感谢，若答应寄赠照片的请务必言而有信。

在日月山口和青海湖边，穿着民族服装的当地人和披红戴花的牦牛跟旅行者有偿合影已经成为一个"产业"，请不要纵容他们的漫天要价。开发旅游让不少村民丢失了淳朴，在某种程度上也和旅行者对这些行为的默许和妥协有关。

此外，不要因你的失礼而破坏了属于大家的景观，如跨过栏杆进入花田拍照，把花田踩得一片狼藉等。在地形复杂的地方拍照请务必注意安全，不要到危险的悬崖攀爬取景，自驾车经过风景优美的路段时也不要随意停靠拍照，以免影响通行。在沉迷于美景的同时，别忘了珍重自己、尊重他人。

危险和麻烦

除一些特殊时期外，青海的治安状况还是不错的。在县一级的地方村镇，都设有公安机关和其下属职能机构，但不要相信他们能解决一切问题，特别是在一些边远荒僻的无人区。所以，在未开发地区最好还是多人同行。另外，当地人也会提醒深夜不宜出门闲逛，女生在晚间尽量不要单独出行。

交通安全

除西宁、海东以外，青海多是高原荒漠区域，自驾者要小心驾驶，包车或搭车也尽量选择车况较好和稳重有经验的司机。如果是在雨季出行，沿线交通可能会因塌方而随时中断，冬季更有可能道路结冰、大雪封山，要多关注相关信息，关注天气和路况新闻。

由于地广人稀，自驾车时在路况较好的公路需要注意控制车速，否则影响行车安全不说，不久后还会收到一堆罚单。

掮客

在各大城市和旅游景点，最容易遭遇的麻烦就是"拉客"。少数情况下他们对你是有帮助的，但更多时候，是将你引向一处偏僻的旅馆、一趟耽误你时间的班车或者物无所值的一日游。简单的谢绝是合适的处理方式。如果一位出租汽车司机过分努力地向你推荐某一家宾馆，同时诋毁你想去的住处，通常是期望从宾馆获得一份回扣而已。也请避免让初识的本地人（比如司机、导游、客栈主人等），带你去购买虫草等昂贵的药材或玉器首饰，如果不识货，你的部分花销极有可能会不知不觉地进了他们的腰包。

偷窃和欺诈

其实在哪儿都会发生，包括你自己居住的城市。一般来说，车站和景区是偷窃高发地点，需格外留意，在人流量较

留心"不速之客"

牧区或草原上（特别是玉树和果洛地区）随处可见的流浪狗，对于旅行者最具有威胁性。尤其是在寺院和经幡堆附近，往往集结了大批闲散流浪狗群。即便你是爱狗人士，也不要随便靠近它们，毫不留情的一口，可能会给你的旅行增添无数麻烦，甚至可能致命。如果与它们正面遭遇，千万不要背转身拔腿逃窜，可以学当地人就近捡石头击退它们。若需要在户外露营，请随身携带打狗棒等物品。

在青海行车，时常碰到牛羊群、野生动物占道或横穿马路。请时刻注意前方路况，并缓慢行驶，耐心地等候它们让出马路。若是撞伤了它们，可能会引致大额的赔偿。且这里不是市场，即使付款也不能带走你的货物。

在青海湖和门源盆地的油菜花季，路边的蜂箱聚集了大量的蜜蜂，花田中也有不少蜜蜂飞舞，可以佩戴头巾墨镜稍做遮挡。不要去招惹它们，即使落到你的身上也别用手拍打，轻轻赶走就好。

大的商业区也要注意防盗。

近年来，青年旅舍的多人间已经成了小偷喜欢下手的新地点，所以现金和贵重物品如电脑、相机等，一定不要随意留在房里，在背包上加锁或寄存前台都是相对保险的办法。

无论是购物还是餐饮，对于没有明码标价的商品，一定要明确单价和计价单位（一斤？一只？）才可消费，避免吃完后出现天价账单。在青海湖边曾经出现过点菜菜单标价和结账菜单价格大相径庭的情况，最保险的办法是要求店家在点菜时就把单价标出，算出总账并当场结账。

包车游览时，尽量选择当地正规的出租车或青海本地车，部分外地车辆（主要是甘肃的返程车）时有宰客现象。自驾时，也不要为了接近美景而驶入无人的小路，你也许会身陷被强行收费的困境。

独自旅行者

要独自应对和解决路上遇到的所有问题，个人的经验和应变能力很重要。不过在公共交通无法到达的地方，为安全因素和交通成本两方面考虑，最好还是找人结伴同行，甚至共享美食。想找到临时的伙伴，除了事先在旅游论坛、网站留言外，也可以到青旅或在班车上看看是否有人同行。若是一个人在路上，记得要及时把自己的行踪告知家人或朋友。

残障旅行者

在西宁和部分成熟景区，有一些并不完善的无障碍设施，残障者在这些地方旅行还算勉强可行，并且能有一定的门票折扣。但青海大部分地区都没有相关配套设施，无人陪伴的残障人士想要独自旅行是非常困难的，省内的交通就是一大障碍。如果一定要来青海自助游，请在到达后雇请旅行社协助，并尽量选择乘坐飞机和入住高级酒店。

女性旅行者

总的来说，女性在青海旅行还是比较安全的，甚至偶尔还能得到额外的关照。尽量保持大方得体，微笑是最好的沟通方式。在宗教场所（清真寺、佛教寺庙）或宗教气氛较浓的地方（神山圣湖、宗教法会会场），请注意穿着不要过于暴露，也不要高声喊叫，避免招致反感。清真寺的礼拜大殿、寺庙的部分佛堂僧舍，或某些宗教仪式、法会期间（如佛教农历六月十五至八月初一的"结夏安居"期）不允许女性进入，敬请遵守。在玉树、果洛等藏族地区，注意尊重当地人的风俗习惯，和陌生男性打交道时，态度不能暧昧或轻浮，不要轻易答应别人的要求，不要独自进入偏远的地区。一些青年旅舍可能会安排陌生男女同室混住，如果不习惯，可以请旅舍给你重新安排。

同性恋旅行者

和中国大陆的其他省份一样，在青海，城市对同性恋者的接纳态度较乡村更为宽容。只要别太张扬，同性恋旅行者在这里不会遇到太多麻烦。

志愿服务

把旅行和公益结合起来，会让整段旅程更有意义，也能使你对青海产生更深刻的了解。青海有诸多公益组织，从扶贫、环保到助学支教，不定期招收义工。有兴趣的旅行者可以通过以下网站了解信息：

NGO发展交流网（www.ngocn.net）"招募"一栏中能找到来青海担当志愿者的机会。

中国青年志愿者网（www.zgzyz.org.cn）经常会有各地招募志愿者的信息更新。

绿色江河（www.green-river.org）有一系列针对青藏高原环境保护而开展的公益项目。

格桑花助学（www.gesanghua.org）致力于西部助学的民间组织，常有义工招募信息。

活动

徒步

青海的徒步线路基本都围绕着雪山、湖泊、草原、沙漠展开，其中**年保玉则**（见186页）就有多条经典线路，徒步**阿尼玛卿**（见173页）和**尕朵觉悟**（见236页），能满足你对神山圣湖的追求，也可以试试对体力要求较低的**青海湖转湖**。如果只是想简单走走，**勒巴沟**（见215页）和**北山林场**（见82页）是简单又不失趣味的选择。冬季青海湖面结冰后，**海心山徒步穿冰**是一个新鲜的体验。

自驾

青海多交通不便的高原荒漠，且大多景点不通班车，自驾无疑是最佳的旅行方式之一。可可西里、祁连山腹地、柴达木盆地、黄河源区都是比较经典的路线，不过也存在相当大的风险和难度，如有意前往，要做好充分的前期准备工作。西宁的**神州租车**（见48页）提供租车服务并支持异地还车（比如在西宁借、兰州还），还有多家本地的租车公司，都提供轿车、越野车或商务车、小巴等多种车型，具体租赁方式和费用可参见48页西宁的旅游信息。

自行车

骑行是一种更主动更自由的游玩方式。当然，如果有骑行经验和强壮的体魄，也可长距离骑行。近年来，随着公路路面的不断改善，青海成为越来越多自行车爱好者的乐园。

难度最大、最经典的路线当属**青藏公路**，沿途美丽的高原风光和一路平坦的柏油马路，吸引着络绎不绝的骑行者来此一试身手。其次是**青海湖骑行**（见133页），环湖公路路况良好，非常适合骑行入门爱好者。另外，历史上的**唐蕃古道**（见215页）也是不错的线路。

西宁本地有一些骑行组织和户外俱乐部，可留意**8264户外资料网**（www.8264.com）上“驴友论坛”内的最新信息，如果时间合适，与当地人同行可能会很有意思。在西宁和西海镇都有自行车出租，远途骑行者可以在西宁、格尔木买新车，或者把自己的爱车托运到青海。

观鸟

青海最容易亲近和观察到鸟类活动的地点当然是**鸟岛**（见126页），玉树的**隆宝滩自然保护区**（见216页）和柴达木的**可鲁克湖**（见254页）是观察黑颈鹤的最佳地点。冬天的青海湖边时不时能看到天鹅。观鸟是一项季节性非常强的活动，需要对鸟类习性有一定掌握度，还得有运气。

观野生动物

对于普通旅行者来说，深入可可西里显得有些遥不可及。但在曲麻莱到不冻泉的公路上，不时能看到藏羚羊、藏野驴等野生动物的影子，也可到**索南杰达自然保护站**（见242页）看看，该站点也招收志愿者驻站。在玉树的**尕尔寺**（见234页）一带，常有野生鹿群出没。由玛多前往**扎陵湖和鄂陵湖**（见169页）的途中也常与野生动物偶遇。祁连鹿场（见102页）则是个半野生鹿驯养基地，能近距离观察到鹿的活动。

位于柴达木盆地的**都兰野生动物自然保护区**（见268页）物种比较丰富，其中不乏十余种国家级保护动物，但需事先联系站长方可前往。

骑马

骑马在青海更多的是作为旅行者的一种代步工具，在年保玉则、阿尼玛卿、尕朵觉悟等徒步路线上都有马队提供服务。青海湖边、祁连草原等景区，也有专门为游客设置的骑马游玩项目。

登山

青海是登山者的乐园，目前全境有14座雪山对外开放。其中入门级的雪峰**玉珠峰**现建有国家登山训练基地，可以在此进行最基础的登山训练。此外，西宁以北200多公里的**岗什卡雪峰**（见98页）也是一座适合初级登山者的入门级雪峰。

滑雪

在青海，目前致力打造的淡季旅游项目中，滑雪就是其中一项。目前比较完善的有大通鹞子沟滑雪场，互助的彩虹部落也有体验式滑雪和多种冰上游乐项目。我们调研时，卓尔山、门源岗什卡雪峰下等多处滑雪场在建，预计2016年冬完工。

交通指南

到达和离开

作为西藏的重要门户之一，青海一直以来都是旅行者进藏最直接的通道和中转站。古时，无论是柴达木盆地南沿的丝绸之路，还是横穿青藏高原的唐蕃古道，青海的漫漫征途艰难险阻，对于每个旅行者而言都是一次严酷的身心考验。相比之下，如今的交通方便了许多，航空、铁路、公路的快速发展，让你来青海旅行变得快捷简单。

飞机

机场

西宁曹家堡机场无疑是青海省最重要的门户航空港。目前，在青海省运营的航空公司有15家，西宁的通航点覆盖了国内大多数的经济发达城市，已实现与全国省会城市（除兰州外）全部通航。2014年，还开通了西宁至首尔、西宁至曼谷两条国际航线。

除了省会西宁，青海还有5个支线机场——玉树巴塘机场、格尔木机场、德令哈机场、花土沟机场以及果洛玛沁机场，后者于2016年7月正式通航。

玉树巴塘机场目前已开通玉树往返成都、拉萨、西宁、西安的航线，在每年5月至8月的虫草季和旅游旺季尤为卖座。即使淡季，玉树到西宁能买到7折、8折的机票，已经算是运气很好了，反而玉树到拉萨的航班经常有半价票放出。需要注意的是，虽然乘坐飞机能大幅缩短行程时间，但因为突然进入高海拔地区，缺失了身体对高原的逐渐适应过程，容易引发高原反应。

格尔木机场每天都有往返西安和数班往返西宁的航班，通常都能拿到好的折扣，而班次较少的飞往拉萨的航班票价却居高不下。

花土沟机场则开通了西宁—敦煌—花土沟的往返航线。

机票

随着电子商务网站的迅速发展，传统的柜台购票方式已少人问津，网络购票成为首选。机票价格可以先查询有比价功能的**去哪儿网**（www.qunar.com）或**阿里旅行·去啊**（www.alitrip.com），常能淘到低折扣机票。也可以通过**携程旅行网**（☎400 621 5588；www.ctrip.com）或**途牛旅游网**（www.tuniu.com）预订。直接在航空公司官网上订票，通常会得到比电话预订更低的折扣。

值得一提的是，虽然西宁目前已与30多个城市通航，但在每年7月、8月和“十一”小长假的旅游旺季，机票价格恒居高位，甚至一票难求。不妨查询一下飞往兰州的机票，时常会有惊喜价格。从兰州中川机场乘城际快车，40分钟就可到达兰州站，再换乘动车只需要一小时出头即可到达西宁，即使需要折腾一番，但省下几百块钱也是值得的。

火车

随着兰新铁路第二双线的通车，西宁作为西北铁路交通枢纽的功能更加凸显，已成为连接内地与西藏、新疆的桥梁。因此，从西宁往西，铁路也从单纯的交通工具转变成一种新的观光方式。

然而抵离西宁的车票在每年夏季都十分紧俏，尤其是暑假期间，需要提前一个月购买。若需在柜台购票，除了前往火车站外，不少城镇的邮政营业厅都设有火车票代售点。建议你使用网络购票

(www.12306.cn)、电话购票(☎9510 5105),或使用铁路客户服务中心的手机客户端(在苹果的"App Store"和安卓的各个电子市场,输入"铁路12306"搜索便可下载)。这几种方式都可以用银行卡或支付宝付款。

动车

兰新铁路第二双线穿越青海,从西宁乘动车到达乌鲁木齐仅需10小时,到兰州也缩短到1小时10分,不管是接驳普通列车前往各地,还是转乘机场城际快车去往兰州机场都很方便。

普通列车

从外省沿铁路进入青海目前只有三条线路,兰新铁路第二双线通往新疆、青藏铁路通往西藏,以及经兰州转入其他线路通往全国各大城市。目前,格尔木到敦煌、格尔木到库尔勒两条铁路正在建设中,预计分别于2018年、2019年完工。

青藏铁路是青海的明星线路。沿途路过众多的站点,同时也是景点——昆仑山口、玉珠峰、不冻泉、纳赤台、五道梁、沱沱河、通天河、唐古拉山口、安多、那曲、当雄、羊八井等,最后到达拉萨。提醒各位,想要真正领略到沿途风光,一定要选择白天时段的列车,不然就会在昏昏沉睡中错过一切。

长途汽车

青海与外界相连的公路,主要有"两横"(109国道、315国道)和"三纵"(214国道、215国道、227国道)。109国道即著名的青藏线,从北京到拉萨,全长4590公里。沿途翻越日月山、昆仑山、风火山、唐古拉山等高原山地直奔拉萨,但原本活跃在此段公路上的长途班车,在青藏铁路通车后已基本绝迹。国道214线是青海进入西藏的第二条通道。因为有文成公主进藏的动人故事点缀,它又被称为"唐蕃古道",沿途风景非常优美,往返于玉树与西藏昌都的班车在这条路上运行。

215国道是沟通甘肃、新疆、青海、西藏四省区和纵贯柴达木盆地的重要干线。其间会路过著名的"万丈盐桥",桥就架设在号称"盐湖之王"的察尔汗盐湖上,路基、路面用料几乎都是纯结晶盐。敦煌与格尔木之间每天都有长途班车来往,此外,还有从敦煌直接开往拉萨的汽车也途经格尔木。

227国道的青海段又叫"宁张公路",始起西宁,翻越大坂山,横穿祁连山脉,进入甘肃河西走廊与312国道相连,走向与古时的西平张掖道大致相似,是古代"丝绸之路"南线的一段,在历代军事上发挥过重大作用。沿途可以看到老山、明长城、祁连森林、祁连山等景观。227国道是不少长途班车往来于甘肃张掖、武威地区和青海海北地区、西宁的必经之路。

此外,还有相当多的班车从甘肃临夏、甘南方向由青海东部进入海东和黄南地区。

若想直接前往玉树、果洛地区,未必一定要从西宁出发。不妨考虑从西藏昌都或四川甘孜进入玉树,从四川阿坝进入果洛,或直接从成都乘班车直达玛沁或玉树。但不管从西宁还是川、藏方向进入,路途都十分遥远,动辄需要十几、二十多小时。同时,在这些公路上乘车旅行,都是一段考验意志的经历——海拔经常超过4000米、途中翻越数个4000米以上的垭口、车速很慢、路途荒凉遥远、手机没有信号、车况路况未知……但它定会成为你高原旅途难忘回忆的一部分。

省内交通

青海的省内交通以长途汽车为主,飞机和火车线路并不发达,可作为辅助工具。在西宁周边的海东和青海湖周边地区有着青海最发达的公路运输网络,海北、海南和黄南州次之。要前往较偏远的海西、果洛和玉树地区则要舟车劳顿,但飞往德令哈、格尔木、花土沟和玉树的航线,也许能缓解这一难题。此外,共玉高速(共和至玉树)和花久高速(花石峡到久治)已经部分通车,预计2016年均能全线贯通,届时汽运情况也将会有所改善。

飞机

青海的省内航线有西宁往返玉树、格尔木、德令哈、花土沟和果洛玛沁5条,多为商务人士和公务人员在高原地区出行的主要通行工具,特别是去往格尔木和玉树两地,大部分人都选择从西宁转乘航班的方式到达,既节省时间又避免了长途颠簸。不过对于旅行者而言,旺季无折扣的高价机票会有很大的压力,淡季倒可以碰碰运气。而德令哈机场和果洛玛沁机场往返西宁的航班，采取的是“廉价通勤航空”模式，票价含税在200元左右，实惠便捷。

火车

兰新第二双线在青海境内穿过海东市、西宁市和门源县三地，共设6站，青藏线经停西宁、德令哈和格尔木3站。

长途汽车

西宁无疑是青海的最大交通枢纽，5个客运站基本涵括了发往省内各州市和主要县、镇的班车。西宁站内的长途班车管理比较规范，车型多为大巴和中巴，发车准时。在旅游旺季，各站都会临时增开热门景点的旅游专线和增加普通班车班次。目前，西宁始发的班车车票均可在携程网上提前预订（具体订购方式请参见72页西宁到达离开）。

想要前往更深入的乡、镇目的地，需要在州府或县城转车。这些车辆有车站管理的中巴，也有私人运营的小面包车，部分线路不在汽车站停靠，但都有固定的等车地点。发车时间也不一定，班次较少的线路通常坐满就走，所以最好提前到达。具体信息参见各景点或目的地的“到达和离开”。

去往海西、果洛和玉树州的公路交通仍然缓慢而辛苦。虽然司机在中途会停车让乘客吃饭和小憩，但由于路途遥远，如遇修路或堵车等情况，时常被困在前不着村后不着店的地方，所以建议你行车前多备点水和干粮，以应不时之需，但不俗的高原景观或许秀色可餐。

自驾车和包车

由于绝大多数景点都在城镇以外，且无班车到达，自驾和包车可算是青海旅游最方便省时的方式了，可以按个人喜好规划行程和节奏，减少其他因素的限制。

由于青海地形和路况复杂多变，特别是在旅游旺季道路拥挤不堪，如果不是对自己的驾驶技术十分自信，想提高点行车安全系数，我们建议你包车游览。当地的司机师傅不但熟悉车况路况、地形方位，还对景点、食宿情况有一定了解，他们可以给出建议或办法节约一些费用。有关自驾车和包车的具体信息可参照74页西宁当地交通，或各目的地章节到达和离开。

当地交通

在青海，公交车、出租车、自行车都可以是有效的代步工具。不过公交车只在少数中心城市出现，坐出租车会更稳妥些。好在青海的城镇都不大，即使当地缺少以上所列交通工具，你还能有最简单保险的方法：靠脚走。

公交车

西宁的公交线路四通八达，能满足旅行者的交通需求，唯一的不足是夜间收车太早，夏天基本是晚上8点、9点就没车了，冬季还要提前。市内公交票价为1元，还有开往周边区县如大通、湟中、平安、互助等地的长线公交车，票价3~6元不等，与长途汽车相比价格便宜一半，但行驶时间要多出一倍。

在格尔木、玉树、海东，公交系统也相对规范，票价都是1元。而一些县城虽然也有公交车，但多承包给个人经营，发车时间和频率不定，不熟悉情况的话不建议你乘坐。

出租车

青海90%的城镇都有出租车，不过除了西宁和格尔木，其他地方基本都不打表，城内为一口价，随时上下，出城则需讨价还价。

不打表通常也就意味着没有发票，因此下车时一定要注意自己的随身物品，不要遗落在车上。

自行车

骑自行车在青海本地逐渐成为一种潮流，这种低碳环保同时又能健身的出行方式，特别适合于城镇及周边的短途旅行。在衣着方面，短途骑行并不一定要穿骑行服，衣着宽松舒服即可，不管路况好坏都请戴上头盔，保证安全。如夜间骑行，照明设备非常重要，而摸黑骑车是相当危险的。

西宁部分青年旅舍和自行车俱乐部都有出租自行车的服务，租金按自行车的品质定价，一般在30~50元/天，押金为1000~2000元，可惜西宁并不是一个适合骑车游逛的城市，倒是可以安排个一日游，从城区骑车到塔尔寺。

环青海湖是青海最招牌和热门的骑行路线，视情况需要3~5天不等，但务必带上防风防雨的装备，夏天要做好防晒措施。湖周骑行的租赁服务和保障设施都相当完善，具体情

搭车一族

早年在青藏、川藏、滇藏线一带旅行的背包客，可能都有过“扛大箱”的经历。所谓“扛大箱”，就是在路边拦车，或坐或躺，在大货车的后厢里人货混装。这种方式曾经流行一时，在一度销声匿迹后，近年来又重返江湖。

搭车是迫不得已而为之的事情。特别是在比较偏僻的地区，没有班车或是错过了唯一的车次，搭车可能就是离开当地的最佳办法。实在无车可搭的时候，拖拉机、摩托、驴车都可利用，走一程算一程。

想在途中搭车需要注意几点：

➡在司机经停和休息处（加油站、途中食宿点等）等候寻找，这样才有更多机会和司机套上近乎，聊上几句，从而获得被捎带的机会。

➡在路边截车，最好别在上坡、下坡和弯道处等这些不方便停车的地方等候，在这些路段挥手叫唤即使抛媚眼都没用，安全第一。

➡如果身边有美女或当地人，最好让他们冲锋在前，这样被搭的概率会高很多。

➡上车前，问清楚司机是否收费，免得上车后司机坐地起价，闹得双方不开心。不过大多数司机都不会要钱或会收得很少，尤其是在偏僻的牧区，半路搭车对当地人来说很平常。

从个人安全考虑，我们并不推荐搭车。万不得已的话，最好是在白天进行，并要确保有人知道自己的行程，以防万一。

况参见133页青海湖骑行。

马和牦牛

这两项交通工具最为原始，一般只在转山或徒步探险时才会用到，但如今也在不少景区的娱乐项目中出现。骑马是一件看起来潇洒帅气、实际并不轻松的事，骑术再精湛的骑师也会有马失前蹄的时候，所以不管是骑马上山，还是纵马狂奔，千万不要得意忘形。牦牛通常只被用来驮货，不要心血来潮想去骑它们，否则你会被摔得很惨。

健康指南

总的来说，青海是一个安全的旅游目的地，但这并不意味着可以对旅途中的健康问题掉以轻心。省会西宁是医疗条件最好的城市。其次是城镇密集的河湟地区，医疗设施完善。偏远的牧区和沙漠地区的医疗条件就没那么好了，如有意外发生，请及时赶回西宁或医疗条件完备的地方就医，以免耽误病情。

本章内容旨在为旅行者提供一些有关健康的必要建议，并不能取代专业医务人员的指示。

出发前

保险

由于事故和疾病发生的可能性随时存在，尤其是在特殊区域开展特殊活动时，如攀岩、攀冰、登山、江河漂流、山地徒步等，即使体格健壮身手敏捷者，旅行前的一份相关保险仍必不可少。具体内容可参见“出行指南”章节中保险部分（见321页）。

其他准备

在出发前一定要确认自身的健康情况。如果打算长期旅行，最好启程前去看一下牙医。如果你需要特殊药物，一定要多准备一些，因为在当地很可能买不到。在你的行囊中应该多带些常用药品。为避免一切麻烦，处方或医生提供的证明文件一定要字迹清晰，以证明你用药的合法性、经常性。

旅途中

传染性疾病

流感

多见于冬季，症状包括高烧、肌肉疼痛无力、流鼻涕、咳嗽和咽喉肿痛。对于65岁以上老人及心脏病、糖尿病患者可能会有严重威胁，目前没有针对流感的有效治疗方法，只能静养，服用感冒药减轻痛苦。高海拔会加重上呼吸道感染（包括流感）的危险性。去青海旅行，须格外注意保暖。

狂犬病

深入青海的乡间，不少当地人都有养狗来看家护院的习惯，尤其在藏区。进入草原牧场和农地时要格外小心，万一被咬，可自行先用肥皂和水清洗伤口至少30分钟，并使用碘基抗化脓药物，伤口较小时不要包扎或遮盖，需将伤口裸露，除非伤及大的血管才要包扎止血。无论伤口大小，都要用最快的速度去医院治疗，并注射狂犬疫苗。

口蹄疫

口蹄疫是猪、牛、羊等主要家畜和其他家养、野生偶蹄动物共患的一种急性高度接触性传染病。该病传播途径多、速度快，被世界动物卫生组织（OIE）列为A类传染病之首。青海曾有几次爆发口蹄疫的案例，牛尤其是犊牛对口蹄疫病毒最易感。病畜的水疱液、乳汁、尿液、口涎、泪液和粪便中均含有病毒。由于本病具有流行快、传播广、发病急、危害大等流行病学特点，并可经呼吸道传染及多种途径感染到人类，所以在牧区旅行时需提高防范。

环境引发的疾病和不适

高原反应

在青海果洛、玉树等地区旅行，最大的危险可能来自高原反应。

高原反应的症状一般包括头痛、胸闷、气短、心悸、恶心呕吐、口唇紫绀、失眠和血压升高等，这些症状通常第一、二天比较明显，以后就会逐渐减轻或消失。但也有少数人因劳累、受寒和上呼吸道感染等原因，症状可能逐渐加重，发展成为高原肺水肿或脑水肿。

建议在到达高海拔地区后，不要急速行走或奔跑，避免暴饮暴食，以免加重消化器官负担，尽量不要饮酒和吸烟，多喝水，多吃蔬菜和水果等富含维生素的食品，注意保暖，少洗澡以避免受凉感冒和消耗体力。不要在开始就吸氧，防止产生依赖性。

如果出现高原反应症状，建议就地休息一到两天，直至症状减轻。之后便可以继续升高，但我们建议，到达海拔3000米或以上时，每天上升的海拔以不超300米为宜。假如症状不减或者加重，应迅速下撤到海拔较低的地方。

皮肤晒伤

在青海的高海拔地区旅行要特别注意防晒。高原天气干燥，空气稀薄，日照和紫外线都非常强烈，即使在多云天气，皮肤也可能被暴烈的阳光迅速晒伤。因此，在户外活动时要做好一切防晒措施，包括长袖衣裤、头巾、帽子和墨镜，建议使用SPF30以上的防晒霜，并及时补涂。尽量避免在每天最热的时候（上午10点到下午2点）在太阳下暴晒，如果皮肤不幸晒伤，应用冷敷和使用相关药物以减少不适，并补涂防晒修复液，直至晒伤恢复。

当地人对付阳光还有自己的一项绝招——不洗脸。传说尘垢隔离层可能对皮肤有防护作用。另外，由于干燥，嘴唇很容易开裂，因此带一支保湿滋润的润唇膏也很必要。

中暑

行走在干燥闷热、太阳辐射强烈的地区如柴达木盆地，人体很容易出现中暑现象。中暑是一种严重的急症，症状来得很突然，伴有虚弱、恶心、体热且燥、体温超过41℃、晕眩、迷糊、失去协调性、抽搐、甚至昏迷失去知觉。人体感觉到有中暑症状时，要立即转移到通风、凉爽的地方休息。如有人中暑昏迷，应给他们脱衣服、扇风，用凉的湿毛巾敷在他们身上，特别是腹股沟和腋窝下。中暑后可服用藿香正气水、藿香正气丸、仁丹、十滴水等药物，并在太阳穴、人中处涂抹风油精。

体温过低

体温过低与中暑的危险性同样严重，体温降到32℃以下时可能会致命。症状包括：肢体皮肤（尤其手指、脚趾）麻木、颤抖、言语含混、神志不清、晕眩、虚脱，等等。救治轻度体温过低症的办法是：转移到能避风雨的地方，脱去湿冷衣物换上干的，服用热饮（无酒精），吃些易消化的食物。及时发现、判断并救护，是防止进一步恶化的唯一途径。在

旅途中饮食的注意事项

即使舟车劳顿，在旅途中保持饮食均衡仍很重要。饮食不佳或种类有限导致的食欲不振，因为时间有限无法按时吃饭，都会使你体重迅速减轻，并威胁到健康。煮鸡蛋、牛奶、豆腐、豆类和坚果都是获得蛋白质的良好途径。可以剥皮的水果（例如香蕉、橙子或柑橘）通常可以提供大量维生素，每天一根香蕉能够帮助平衡体内的微量元素、增进消化。瓜类果肉容易隐匿细菌，肠胃敏感人士慎食。鲜榨果汁、鲜牛奶和没有消毒包装的冰淇淋也可能不卫生。试着多吃些谷物（包括米）和面包。如果你的饮食不均衡或食物摄取不足的话，通过服用维生素和含铁、钙的药片补充也是个不错的选择。

在极端干燥的气候条件下，一定要保证饮水，不要等到渴了才去喝。不想排尿或尿液呈暗黄色都是危险的标志。长途旅行时最好随身携带水瓶。不要喝生水，包括自来水。高海拔地区貌似纯净的水源也可能会被牛羊粪便污染。最简单的净化水的办法是：煮沸。瓶装饮料一般来说比较可靠，购买时要检查瓶盖是否封好。

美食令人难以抗拒。但不要太过放纵口腹之欲，注意适度。对生肉、半生不熟的肉说“不”。

高海拔地区进行徒步、骑车、登山、攀冰活动或在户外露营时，需注意保暖防寒，否则可能发生体温过低的危险。

预防很简单，你必须随时做好防寒、防风、防雨雪的准备，这些都可以通过合适的衣物装备来实现。请记住，进行户外运动要避免穿棉质的贴身衣物，它们容易吸汗造成湿冷，并带走体热，最好穿保暖隔水、并帮助排汗的速干衣。另外，帽子也很重要，因为身体热量会通过头部散失。外衣要牢固防水。随身带一些食物和水，含糖的食品可以快速补充热量。

风沙

风沙对于人体各个部位都会造成不同程度的损害。如飘进眼睛，可能引起干涩、疲劳，甚至引起各种炎症。随身备瓶眼药水能有效缓解风沙的伤害。一副防风沙的护目镜同样能有效保护眼睛。

食物

食用蔬菜和水果应用清水洗净，可能的话应该去皮。如果吃饭的地方看起来干净而且经营状况良好，经营人员看上去也显得干净、健康的话，食物通常会比较安全。一般来说，买卖兴隆的地方应该比较卫生，而生意萧条的餐馆必然有其原因，至少在客流量大的餐馆中，食物更新较快，被长时间置放的过期食品出现的概率较小。

带孩子旅行

虽然儿童适应高原的能力较强，有些甚至会胜过成人，但在发现孩子有头痛、发烧、呕吐、食欲不振等类似高原反应的情况时，应根据病症轻重，观察并及时下撤到低海拔地区，否则后果可能会比成人患病更严重。

青海单调的饮食对孩子的营养来说可能是一种考验，在旅途中应注意果蔬和维生素的摄入，尽量保持营养平衡对孩子的发育生长有好处。

幕后

说出你的想法

我们很重视旅行者的反馈——你的评价将鼓励我们前行，把书做得更好。我们同样热爱旅行的团队会认真阅读你的来信，无论表扬还是批评都非常欢迎。虽然很难一一回复，但我们保证会将你的反馈信息及时交到相关作者手中，使下一版更完美。我们也会在下一版中特别鸣谢来信读者。

请把你的想法发送到**china@lonelyplanet.com.au**，谢谢！

请注意：我们可能会将你的意见编辑、复制并整合到Lonely Planet的系列产品中，例如旅行指南、网站和数字产品。如果不希望书中出现自己的意见或不希望提及自己的名字，请提前告知。请访问lonelyplanet.com/privacy来了解我们的隐私政策。

致谢

何苗苗

感谢父亲每日不辞劳苦地开车和母亲的陪伴，协助我在青海最拥挤的时段完成了调研；感谢张洁、张然每日到我家照顾小猫，为皇家开枝散叶；感谢刘岗、丫头和许多不厌其烦地提供当地信息的朋友；最后隆重感谢西宁的马晓青一家和马永宏大哥，你们的周到招待和慷慨帮助让我淋漓酣畅地体验了一把青海人的热情、淳朴和实在。

尼佬

感谢杜春华非常详细耐心的指引，感谢杨熠作为本地人所提供的信息和指点。特别要感谢蒋建国和明明，作为杰出的旅伴，你们让我可以去探索很多一个人几乎没法去的地方。

盛洋

感谢尖扎县文化馆馆长、同仁旅游局朱姑娘、青海指南针户外的山野游人等各路贵人提供重要信息，感谢诸位好友远程分享或牵线搭桥，更要谢谢旅行中每一位不知姓名，却在我最需要帮助的时刻伸出援手的当地人。谢谢家人（尤其是在西宁工作的姨夫）的理解与支持，谢谢人类学伙伴莹珊加盟并解决掉各式牛羊肉。最后感谢为本书耗费心力的所有人，也谢谢你的使用与对瑕疵的包容。

沈明笃

感谢我的父亲母亲，赐予我生命和能量，支持我在这条发现自己的路上坚定前行；感谢我的爱人小扎西，陪伴我用车轮丈量每一段调研旅途，狂风暴雪不离不弃；感谢旅途中有幸相遇和同行的所有人，你们让道路和天空充满色彩。感谢在今生今世的缘分中指引我的亲友、万物和生灵。最后，感谢本书的前两版作者黄米团，你对玉树的细致了解全程指引了我的写作，愿你在那边平安喜乐，一切都好。

丁桢桢

感谢上一版《青海》的作者魏斌，其成果给予我本次调研很大的帮助；感谢在青海湖遇到的朋友：金小圆、刘超，还有骑行路上每一次擦肩而过相互鼓励的骑行者们。感谢海南州旅游局的公保才旦以及环保志愿者邵文杰提供的帮助。感谢程尧平一直以来的无条件支持。但最想感谢的是不厌其烦一遍遍审稿改稿的小伙伴们，你们激励着我下次要做得更好。

杨欣松

感谢沐昀和黎瑾的信任与帮助，让我能前往柴达木盆地调研，也感谢你们的包容。感谢柴达木盆地令人惊艳的景色带给我无尽的感动，感谢在路上所有素不相识的人对我的帮助。感谢格尔木的才让太夫妇，亲自开车带我调研格尔木周边。感谢大柴旦的张清哲，为我提供了详实的信息。感谢德令哈的天歌，为我在柴达木盆地调研提供的所有便利。感谢其他的作者们，每一次与你们合作的过程都是一段美好的回忆。

声明

本书地图由中国地图出版社提供，审图号GS (2016) 548号。

封面图片：玉树赛马会，GETTY IMAGES提供。

关于本书

这是Lonely Planet《青海》的第三版。本书的作者为何苗苗、丁桢桢、尼佬、沈明笃、盛洋和杨欣松。在此一并致谢第二版作者黄文洁、杜春华、王菁、魏斌、姚望、袁亮、杨洪蛟、易晓春和谭川遥。

本书由以下人员制作完成：

项目负责 关媛媛
内容统筹 谭川遥
内容策划 黎 瑾 沐 昀
视觉设计 李小棠 陈 斌
协调调度 丁立松 富晓敏 高 原
责任编辑 杨 玲
编 辑 梁含依
地图编辑 马 珊
地图制图 刘红艳 田 越
终 审 朱 萌
流 程 孙经纬
排 版 北京梧桐影电脑科技有限公司

感谢杜春华、刘维佳、熊毅、王歆、刘泽刚、韩娜、刘丽丽、张本秀、王瑶瑶、魏嘉昕为本书提供的帮助。

索引

A

阿咪东索 101~102
阿尼玛卿 173~178, **174**, **8~9**
阿柔大寺 102
阿什羌寺和贾贡巴寺 194
昂拉千户庄园 154~155

B

八一冰川 100, **17**
巴塘机场 231
巴塘温泉 215~216
白佛寺 112
白公山 254~255
白马寺 81
白玉寺 191
白扎古盐场 234
白扎寺 193~194
百里油菜花海 96~97
柏树山 251
班禅拉泽 117
班禅行辕 267
班玛 193~196
爆轰试验场 108~109
北山国家森林公园 82
贝壳梁 268
不冻泉 243

C

才角寺 234~235
查朗寺 183
茶卡盐湖 118, **31**
茶卡镇 118~120
察尔汗盐湖 264
察那卡多 178
禅古寺 215
长江七渡口 239~240
长江源村和民族文化村 259
称多 225~227

D

褡裢湖 254
达坂山观景台 97
达那寺 233
达那寺温泉 233~234
达日 182~184
大柴旦湖和小柴旦湖 269~270
大柴旦及周边 269~272, **37**, **49**
大金瓦殿 76
大经堂 75~76
大苏干湖和小苏干湖 273
大武（玛沁）178~182, **180**
大峡谷（白扎林场）234
丹斗寺 86~87
丹噶尔古城 77
当代山观景台 209
当卡寺 211
德合隆寺 192
德令哈 248~254, **249**, **34**
德钦寺 155~156
东程寺 226
东关清真大寺 61
东吉多卡寺 184
冬给措纳湖 170~171
都兰及周边 265~269
都兰寺 256~257
都兰野生动物自然保护区 268
度母 235

E

峨堡 102
洱海 113
二二一厂图书馆科技楼 107
二二一基地应急
地下指挥中心 107
二分厂 108
二郎剑景区 114~115
二郎剑景区（151基地）114~116
二郎神庙 151~152

F

伏俟城 127~128

G

嘎丁寺 236
尕藏寺 226
尕朵觉悟 236~238
尕朵觉悟神山 237
尕尔寺 234
尕拉尕山垭口 231
尕日拉垭口 231
改加寺 232
甘德 184~186
刚察大寺 130~131
刚察县及周边 130~133, **131**
岗那格玛错 172
岗什卡雪峰 98

000 地图页码
000 图片页码

格尔木 258~264, **260**
格尔木至昆仑山口沿线 264~265
格尔木周边 264
格萨尔林卡 182~183
根敦群培大师故居 153
公雅寺 234
贡保洞 117
贡萨寺 238~239
贡萨寺旧址 239
固始汗雕塑 248
关角展线 256
贵德 121~124, **122**
贵德国家地质公园 123
贵南 124
郭麻日 150
郭麻日寺 150

H

哈拉湖 254, **200**
哈里哈图国家森林公园 257
哈熊沟 255
海东 78~92, **80**
海寺花海 266
海西州民族博物馆 248~249
海心山和三块石 127, **15**
海子诗歌陈列馆 250
和科寺 172
和日石经墙 160
河南 161~163
黑河大峡谷 100
黑河桥 188
黑马河及周边 116~118
黑塔 235
胡杨林 264
互助 79~82
花海芬芳浴 96~97
花海鸳鸯 98
花土沟 272~273
化隆 86~88
环湖东路 113~114
环湖西路 128~129
黄河龙羊大峡谷 120~121
黄河源头 242, **14**
湟中 77

J

吉德寺和玛柯河谷 194~195
吉曲嘉玛嘛呢石堆 231
吉然寺 231
甲乙寺 113
尖扎 154~157
江秦《甘珠尔》石刻经文城 239
江日堂天葬台 193
将军楼公园 259
街子清真大寺 89~90
结古寺 208, **38~39**
金沙湾景区 113
金银滩 109
金鱼湖度假村 264
金子海 257
久治 192~193
觉拉寺 235~236
觉隆嘎峡谷 231

K

坎布拉国家森林公园 157~160, **157**
科肖图风景区 267
昆仑山口 265

L

拉布寺 216, 225
拉加寺 179
拉日寺 178~179
喇家遗址 85
澜沧江 227
浪士当中心景区 83
老城区 144
老爷山 77~78
乐都 84~86
勒巴沟 215, **38**
勒巴沟小环线 215~216
冷湖 273
李家峡水库 158~159
柳湾彩陶博物馆 85~86
龙恩寺 184~185
龙羊峡 120~121
龙羊峡大坝 120
隆宝滩黑颈鹤保护区 216
隆务寺 143
鲁仓寺 124
鲁芒沟岩画 255
洛多杰智合寺 156
骆驼泉 89

M

麻达寺 216
马步芳公馆 61~64
玛多 169~173
玛尔当湖 188
玛柯河谷 194~195
玛柯林场和仁玉原始森林 195
麦秀秋色 153
门源 96~100, **96**, **13**
孟达天池 91
乜那塔 121
民族团结进步塔 250
魔鬼城 270~271
漠河盐场 118

N

纳赤台清泉 264~265
南海殿 122~123
南凉虎台遗址公园 66
南山 65~66
南宗沟 158
囊谦 228~231, **15**
囊谦寺 229
囊谦周边 231~238
年保玉则 186~192, **11**, **199**, **200**
年保玉则国家地质公园 186~187
年保玉则山 187
年都乎 151~152, **22**
年都乎寺 151
年钦夏格日山 130
鸟岛 126~127, **17**
鸟岛镇 126~127
诺木洪乡 268

P

平安 79~82

Q

祁连 100~102, **94**
祁连鹿场 102
祈寿殿 75
千佛崖 272
千年石棺古墓群 240
青海湖北岸 130~133, **106**
青海湖东岸 107~114, **106**
青海湖南岸 114~126, **106**
青海湖骑行 133~137, **134**, **50**, **52**, **198~199**
青海湖西岸 126~130, **106**
青海省博物馆 64~65
青唐城遗址公园 66
瞿昙寺 84~85
曲库乎 152~153
曲麻莱 240~242
曲麻莱县旧址 242
泉湾 127

R

热贡艺术博物馆 144~145
热水墓葬群 266~267
日干措 188~189
日干措湖 188~189
日历寺（斯日寺） 227~228
日月山和倒淌河 115
如来八塔 25

S

赛巴寺 216
赛康寺 236~237
赛宗寺 124~125
桑周寺 225
沙岛景区 112
沙柳河景区 131
沙陀寺 127
晒经台 216
上星站 109
狮龙宫殿（狮龙虎顶宫殿）183
十二盘坡 84
十世班禅故居 90
石藏寺 126
时轮经院 76
双朋西 153~154
苏莽寺 236
酥油花馆 76
索南达杰自然保护站 242

T

塔尔寺 75~77
塔秀寺 124
唐蕃古道上的结古镇 215
天峻 255~256
天堂寺 83
同德 125~126
同仁 141~148, **142**, **32~33**
同仁周边 148~154, **149**
土林国家地质公园 121
土楼观 65

W

王洛宾音乐艺术馆 107~108
旺加寺 152
文昌庙 125
文成公主庙 215
文措湖 186
文都大寺 90~91
无极龙凤宫 265
吾屯 148~150
吾屯上寺 150, **33**
吾屯下寺 149

X

西海公园 250~251
西海郡故城遗址 109
西海影剧院 107
西海镇（原子城）107~112, **108**
西宁及周边 60, **58**
西宁市 60, **62~63**, **16**
　方位 60~61
　景点 61~66
　住宿 66~68
　就餐 68~70
　饮品和娱乐 70~71
　购物 71~72
　实用信息 72
　到达和离开 72~74
　当地交通 74~75
西宁市博物馆 66
西山 66
西王母石室 255
西王母瑶池 265
下大武乡 177~178
夏安居 153
夏琼寺 87
夏日寺 239
夏宗寺 81~82
仙米国家森林公园 97
仙女湖 161~162, 187
仙女湖北岸 186~187
仙女湾景区 130
香龙沟峡谷 231
香日德镇 267
香扎寺 162
小泊湖 113
小金瓦殿 75
小寺庙 235
新寨嘉那嘛呢石堆 209
新寨嘛呢石堆 208
兴海 124~125
星宿海 242
星宿海和黄河源 170
星星海 171
雪山乡 174~175
循化 88~92, **89**

Y

鸭湖 270
烟瘴挂 240
妖女湖 188
妖女湖南岸 186~188
野马滩 172
野牛沟 265
一郎剑景区 115

000 地图页码
000 图片页码

佑宁寺 79~81
玉皇阁古建筑群 121
玉树地震遗址和
抗震救灾纪念馆 209
玉树市（结古镇）208~214, **210**
玉树州博物馆 209
元圃达坂景区 84
原子城纪念馆 107
圆山观花台 96

Z

杂多 227~228, **22**
藏娘古塔 225
藏文化博物院 65
泽库 160~161
扎仓温泉 122
扎德滩 173~174
扎陵湖和鄂陵湖 169~170
扎龙沟景区 83~84
扎曲河 231
照壁山景区 96
珍珠寺 123
知亥代垭口 174
治多 238~239
仲晴寺 240~241
卓尔山风景区 101, **31**, **46**
宗达寺（宗郭寺）232
宗日遗址 125
佐青寺 227

地图图例

景 点

- 佛寺
- 城堡
- 教堂
- 清真寺
- 纪念碑
- 孔庙
- 道观
- 世界遗产
- 博物馆
- 遗址
- 酒窖
- 动物园
- 温泉
- 剧院
- 一般景点

活动、课程和团队游

- 潜水/浮潜
- 划艇
- 滑雪
- 冲浪
- 游泳/游泳池
- 蹦极
- 徒步
- 帆板
- 其他活动、课程、团队游

住 宿

- 酒店
- 露营

就 餐

- 就餐

饮 品

- 酒吧
- 咖啡

娱 乐

- 娱乐

购 物

- 购物

实用信息

- 银行
- 使馆
- 医院/药店
- 网吧
- 公安局
- 邮局/邮筒
- 公共电话
- 卫生间
- 旅游信息
- 无障碍通道
- 其他信息

地 理

- 海滩
- 灯塔
- 瞭望台
- 山峰
- 栖身所、棚屋
- 森林公园

行政区划

- 首都
- 省级行政中心
- 地级市行政中心
- 自治州行政中心
- 县级行政中心
- 乡、镇、街道
- 村

交 通

- 机场
- 过境处
- 公共汽车
- 渡船
- 地铁
- 停车场
- 加油站
- 自行车租赁
- 出租车
- 火车站
- 有轨电车
- 索道缆车
- 其他交通工具

道 路

- 高速公路
- G213 国道
- S203 省道
- X013 县、乡道
- 铁路
- 地铁
- 收费公路
- 高速公路
- 一级公路
- 二级公路
- 三级公路
- 小路
- 未封闭道路
- 购物中心/商业街
- 台阶
- 隧道
- 步行天桥
- 步行游览路
- 小路

境 界

- 国界
- 未定国界
- 地区界
- 军事分界线/停火线
- 省界
- 未定省界
- 特别行政区界
- 地级界
- 县级界
- 海洋公园界
- 城墙
- 悬崖

水 系

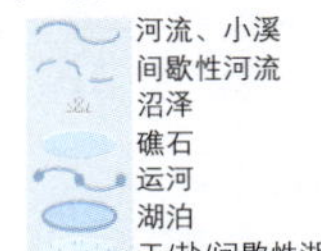

- 河流、小溪
- 间歇性河流
- 沼泽
- 礁石
- 运河
- 湖泊
- 干/盐/间歇性湖
- 冰川

地区特征

- 海滩/沙漠
- 基督教墓地
- 其他墓地
- 公园/森林
- 运动场所
- 重要景点(建筑)
- 一般景点(建筑)

注：并非所有图例都在此显示。

我们的故事

一辆破旧的老汽车，一点点钱，一份冒险的感觉——1972年，当托尼（Tony Wheeler）和莫琳（Maureen Wheeler）夫妇踏上那趟决定他们人生的旅程时，这就是全部的行头。他们穿越欧亚大陆，历时数月到达澳大利亚。旅途结束时，风尘仆仆的两人灵机一闪，在厨房的餐桌上制作完成了他们的第一本旅行指南——《便宜走亚洲》（*Across Asia on the Cheap*）。仅仅一周时间，销量就达到了1500本。Lonely Planet 从此诞生。

现在，Lonely Planet 在墨尔本、伦敦、奥克兰、德里和北京都设有公司，有超过600名员工及作者。在中国，Lonely Planet 被称为“孤独星球”。我们恪守托尼的信条：“一本好的旅行指南应该做好三件事：有用、有意义和有趣。”

我们的作者

黎瑾

内容策划 北疆草原出生的成都人，童年的记忆是仿佛永不停息地辗转在山川戈壁之间。背包走过了许多国家和地区，只是为了看看这个世界，永远保持对陌生和未知的好奇心与探索欲。近来以撰稿和编辑为生，以星辰大海为征途，目前行驶在自驾穿越亚欧的旅程中，依然只喜欢所有不切实际的东西，还有人。

何苗苗

统筹作者；西宁和海东；祁连山区 她能1个月宅在家看书，也常出没在世界各个角落。Lonely Planet的工作让她学会如何更深入地了解当地，好奇心也转变成责任感。这次调研，这个望“面”生畏的南方姑娘不得不尝遍西宁大街小巷，却激活了潜伏三十多年的西北基因，以致回家后对那儿的面食朝思暮想，数度梦回。她还为本书撰写了“今日青海”和“生存指南”。

尼佬

果洛 居住在云南山区的尼佬，从2009年起便参与了将近20本Lonely Planet中文旅行指南的内容创作。旅行之外，他为《南方都市报》《悦游Condé Nast Traveler》《三联生活周刊》《南方周末》《南方人物周刊》《悦食》等媒体撰写专栏或专稿，同时持续写作他的个人旅行博客“背包辞典”。

盛洋

黄南 香港中文大学人类学硕士，曾在间隔年参与乡村社区营造，目前也是建筑文化类书刊的英/日文译者。坚持把旅费当作学费，以走进insider眼里的世界为宗旨。此次调研，这片“身怀绝技”的黄南热土——无论是热贡艺术与古堡石窟，还是奇妙的蒙、藏、土、汉聚落文化，都满足了这位人类学学徒的好奇心。

沈明笃

玉树 江苏人，做过律师、行政和高校老师，但生活中最喜欢读书和旅行。不满足于走马观花，更想看到风景背后的故事，因此加入Lonely Planet团队，书写、了解、深度游。近几年来她以摩旅的方式几乎走遍了中国西部，这本书是她参加写作的第6本Lonely Planet中文旅行指南，期待未来会有更多。

丁桢桢

环青海湖和海南 地道江南女子，偏生北方心性，不拘小节，乐观豁达，时常幸福感满分。喜欢独自游荡，迷恋辽阔的地平线。山川湖海是她所欲也，昼夜、厨房与爱亦她所欲也。一直以来想要尝试骑行却偷懒没能实现，没想到因此次调研青海湖圆了一个骑行梦。虽然骑行时不小心扭伤脚瘸了半个月，但还是坚持走完了调研行程，期盼下次能够在冬季前往青海，看一眼青海湖另一面的美。

杨欣松

柴达木盆地 作为一个热爱自由的90后，一有时间，杨欣松就走在路上，他钟情于独自上路，因为这样能够留有更多的时间去思考旅行，他享受着旅程中每一个“突如其来”。柴达木盆地调研是一次辛苦的行程，尽管每天都精疲力尽，但在这里他收获了值得铭记的感动和美景。他也参与了Lonely Planet《四川和重庆》和《成都》的调研。

魏斌

自称Lonely planet最不务正业中文作者，因醉心于藏文化，现躲在印度北部山区某藏传佛教圣地潜心学习唐卡绘画。曾参与Lonely Planet《青海》第二版和《东北》第一版的写作。她为本书撰写了“建筑和艺术”及“唐卡”专题。

青海

中文第三版

图书在版编目（CIP）数据

青海 / 澳大利亚 LonelyPlanet 公司编 . -- 2 版 . -- 北京 : 中国地图出版社 , 2016.6
（中国旅行指南系列）
ISBN 978-7-5031-9105-3

Ⅰ . ①青… Ⅱ . ①澳… Ⅲ . ①旅游指南－青海省 Ⅳ . ① K928.944

中国版本图书馆 CIP 数据核字 (2016) 第 096787 号

出版发行	中国地图出版社
社　址	北京市白纸坊西街 3 号
邮政编码	100054
网　址	www.sinomaps.com
印　刷	北京华联印刷有限公司
经　销	新华书店
成品规格	197mm × 128mm
印　张	10.75
字　数	585 千字
版　次	2016 年 6 月第 2 版
印　次	2016 年 6 月北京第 3 次印刷
定　价	59.00 元
书　号	ISBN 978-7-5031-9105-3
审 图 号	GS（2016）548 号
图　字	01-2014-3600

如有印装质量问题，请与我社发行部（010-83543956）联系